經濟學

ECONOMICS

修訂三版

賴錦璋 著

三民書局

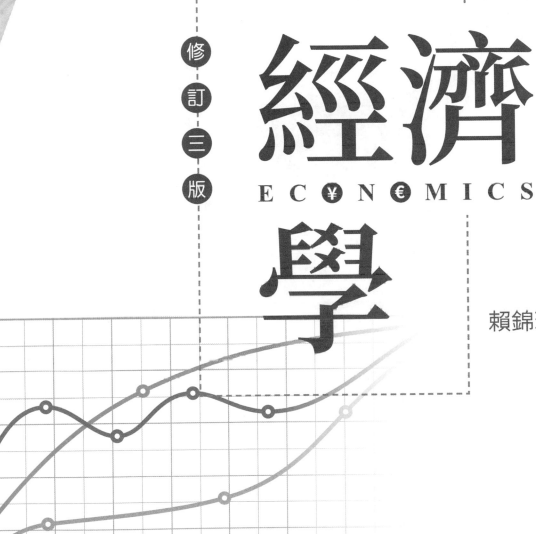

修訂三版自序

自本書二版問世以來，臺灣所面臨的經濟挑戰可以說是瞬息萬變，書中所陳述的許多範例以及資料顯然已過時。因此承蒙三民書局建議，適當修改本書部分範例以及一些疏漏之處，期待本書能更符合學生學習上的需求。

當然本書得以再版還是必須感謝三民書局十幾年來的支持與鼓勵，以及編輯部的辛勞指正。若書中有任何錯誤，概由作者承擔。最後對淡江大學提供作者二十多年來優良教學環境以及與學生之間教學相長的機會表達最深的謝意。

賴錦璋　謹識

2020 年 12 月

自　序

經過數年的努力，終於將在學校十二年教授經濟學的經驗寫成這一本教科書，由於筆者從理工科跨越經濟學領域，對於曾經面臨學習經濟學的「無力感」印象至今仍然猶新。因此在撰寫這本書時，經常提醒自己如何以「口語化」的方式來介紹經濟學，所以本書盡量以日常的生活經驗來輔助讀者對經濟理論的理解，希望避免許多學生唸完第一年經濟學之後只記得供需曲線！為了避免這種遺憾，書中有許多範例與數字的演練，希望對讀者有所助益。

本書得以出版必須感謝過去多年以來教導我的師長以及三民書局的協助，尤其編輯部仔細的校閱，本書方得以此面貌問世，當然若書中有任何疏失，概由作者承擔。

最後要感謝淡江大學提供一個良好的教學與研究環境，並且也要感謝我的家人長期對我的支持。

賴錦璋　謹識

2006 年 9 月

經濟學 contents

第 1 章

導　論

經濟學源自於政治學，但是它對人類的重要性卻不遜於政治學甚或超越，歷經兩百多年的考驗，我們發現每天看到的訊息如油價曾經漲超過 150 美元（2006 年），但是在 2020 年又曾經跌到負油價、到底農產品要不要輸往大陸？到底要不要實施最低稅負？人民幣升值到底對臺灣的影響如何等等，都一再顯示經濟事件早已成為我們日常生活中不可或缺的一環。所以如何透過經濟學分析架構與背後的經濟直覺來幫助我們了解、預測與掌控周遭的經濟事件的發展，也顯得格外重要。

在本章中，我們首先將定義何謂經濟學，並且討論一些基本觀念與術語，透過這些介紹，可以幫助讀者與作者間有一共同架構來欣賞經濟學中犀利的經濟直覺。

1.1 經濟學的定義

什麼叫做經濟學 (economics)？簡單來講就是研究人類經濟行為的一種社會科學，依照李又剛等❶認為經濟學是「研究經濟體系的各部門如何將稀少性的資源 (scarce resources)，有效率配置在各種最終用途 (end uses) 上」的社會科學。從以上定義可以清晰地闡明經濟學的起源，因為各部門可資運用的資源太過稀少，可是各部門的慾望卻無窮，因此必須透過經濟學來解決各部門有關資源配置方面的問題。例如，就家計部門觀點（也就是消費者），在資源有限（即所得固定）情況下，如何有效率花完其所得而獲得最大滿足感，就是經濟學要討論的其中一個重點。或者政府部門在既定政府預算限制下，尋找一些公共計畫能夠追求全民福利極大都是經濟學研討的主題之一，例如 2020 年，面臨 COVID-19 新冠肺炎事件，政府在預算窘迫情況下，依然發行振興券也是經濟學主題。

經濟學基本術語

在以上經濟學定義中，出現了一些專有名詞，介紹如下：

一、經濟體系的各部門

我們會經常提及「經濟體系的各部門」，所謂各部門主要有以下四項：

1. 家計部門 (household)

由獨立居住地空間的個人或者多人所組成的群體，它同時扮演產品與勞務 (goods and services) 的需求或者生產要素 (factors) 的提供者。例如，消費者通常是產品的購買者或者勞動的供給者。

2. 廠商部門 (firm)

一結合各生產要素單位的集合，也就是由單一管理體系所控制的生產單位。在經濟體系中，廠商同時扮演產品與勞務的供給者以及生產要素的雇用者。例如，嘉

❶ 李又剛、林志鴻與賴錦璋，《經濟學原理》（華泰書局）。

義林聰明沙鍋魚頭在產品市場上為沙鍋魚頭的供給者，同時在勞動市場上也是勞動的雇用者。

3. 國外部門 (international sector)

有關商品與勞務進出口的相關組織，透過此組織可以將全世界的貿易連接在一起。例如台積電可以為 Intel 晶圓代工，我國也可以自 Intel 進口 CPU 等。

4. 公共部門 (public sector)

在經濟運作過程中，有些事關公眾的利益部分無法透過市場機制解決，如防治污染，國防提供等等，此時必須依賴公共部門的運作，也就是政府 (government) 來解決公共利益的問題，政府部門一方面是財貨與勞務或生產要素的需求者，同時也是產品與勞務的供給者。

二、資源稀少性

在經濟學定義中我們談及資源稀少性的概念，在不須支付任何代價下，當經濟體系各部門對資源的需求遠大於它的供給時，就構成了稀少性。凡是符合稀少性的產品或者勞務，經濟學家稱之為經濟財 (economic goods)，例如蔬菜、汽車等實體產品 (physical products)，或者法律諮詢、教育等無實體的產品 (nonphysical goods)。反之，若資源可以無償取得時，經濟學家就稱之為自由財 (free goods)，諸如空氣與陽光等。當然自由財與經濟財區別有時是相對的，早期沒有工業污染之前，新鮮空氣到處都有，因此空氣為自由財，但是現今空氣污染嚴重，許多家庭都安裝空氣清淨器，此時新鮮的空氣就為經濟財。

三、生產性資源與消費性資源

資源一般可以分為生產性資源與消費性資源，生產性資源又稱之為生產要素 (inputs)，而生產要素又可以分成以下四大種類：

1. 勞動 (labor)

指家計部門藉由體力與智力所提供的勞務，勞動者所獲得的報酬稱之為工資 (wage)。

2. 資本 (capital)

一般經濟學所強調的資本為實體資本 (physical capital)，例如廠商與機器設備，資本報酬稱之為利息 (interest)。

3. 土地 (land)

為所有自然資源之統稱，例如礦產、水資源或者土地資源等等，土地的報酬稱之為租金 (rent)。

4. 企業家精神 (entrepreneurial ability)

指企業家為獲得超額經濟利潤，所從事風險性的投資活動就稱之為企業家精神，其報酬為利潤 (profit)。

經濟學是選擇性的科學

由於經濟體系裡資源相對稀少，所以無法滿足各部門的需求，因此就必須面臨「選擇」的問題，以使各項稀少性的資源，能使經濟體系各部門在各種不同的最終用途上，獲得最大的滿足。例如：

1. 對家計部門而言

藉由提供各種生產要素獲得可支配所得來消費，因此家計部門必須做選擇，諸如受教育時間、每天工作時間、每天要吃什麼、休閒時間等等使自己獲得最高的滿足。

2. 對廠商部門而言

它必須面對選擇最有效率生產組合，以最低成本方式來生產利潤極大的產量，因此如何選擇一個利潤極大產量？如何雇用各種不同生產要素組合讓生產成本越低越好？都是一個經濟選擇的問題。

3. 對政府部門而言

它必須在有限的預算下，選擇哪些公共計畫是人民最需要的，另外一方面應如何徵收到足夠的稅源，不會引起人民太大的反感，這都是經濟抉擇的問題。

由以上說明可知由於資源有限，因此人類必須作選擇來追求滿足感極大，但是如果資源只有一種用途的話，那也不用作選擇了！因此資源必須有多種用途人類才可以作選擇。例如一個囚犯沒有任何自由，必須依照長官的命令作任何事情，因此就囚犯而言，他是沒有機會成本的。但是當資源用於某一種用途時，通常無法使用於其他用途，所以就產生機會成本的觀念，也就是說由於資源的互斥性，人類在從事選擇時必然產生機會成本。

所謂的機會成本 (opportunity cost) 指經濟體系各部門選擇之後，必須放棄掉其他的選擇（用途），這些被捨棄的其他選擇中屬於次佳 (next-best) 機會就稱之為機會成本。例如小林平生有三大志願可供當做職業的選擇，第一賣旗魚羹，月入 10 萬。第二教書，月入 15 萬。第三打棒球，月入 30 萬。如果小林最終選擇打棒球的職業，則選擇打棒球的機會成本為教書，其值為 15 萬。因此機會成本不管經濟個體有沒有實際支付代價，只要真正有所犧牲的成本，不管有沒有付錢，都必須列入機會成本。例如，小林每到冬天到陽臺舒舒服服曬太陽，表面上沒有任何成本，但是小林因為曬太陽沒有去賺錢，因此小林從事選擇「曬太陽」所引起的機會成本可能為沒有去工作引起所得減少部分。

古諺云：「天底下沒有白吃的午餐」。為什麼沒有白吃的午餐？表面上您沒有付錢，但是您可能因此積欠對方人情，此時所積欠的人情就是您吃午餐的機會成本。

範例

一、真的賺錢還是假的賺錢？

為什麼經濟學家認為從事經濟決策時應考慮機會成本而非實際支付的成本？例如政府到底要扶植航太工業還是生化科技呢？假設航發主任提出只要政府投資 100 億，十年後必定回收 200 億，如果這些預言都會實現，表示政府應該立刻同意此項計畫？我們須注意，沒錯，十年賺 1 倍回來在公營事業中算是不錯的績效，但是依照機會成本觀點，政府如果將此 100 億資金運用於生化科技，一樣十年但卻可賺 300 億，那政府投資到航太工業到底是賺還是賠？這是顯而易見的。因此經濟學家主張從事經濟決策時應依照機會成本的觀點為之。

生產可能曲線

在經濟學之中，最能夠詮釋機會成本的觀念首推生產可能曲線 (production possibilities curve)，指在資源及技術不變的情況之下，整個經濟體系所能生產各種財貨最大產量的組合。

例如，假設小林準備研究所考試，只考經濟學（分數為 X）與會計學（分數為 Y）兩科，且小林預計花 10,000 小時唸書（此為資源不變的意義），如果小林唸書的「技術」分別為 $X=\sqrt{L_X}$, $Y=\sqrt{L_Y}$，其中 L_X, L_Y 分別為投入唸經濟學與會計學的時間，而 X, Y 為其得到的分數。由於資源限制為 $L_X + L_Y = 10,000$，因此小林可能獲得經濟學分數與會計學分數最大可能組合必須滿足 $X^2 + Y^2 = 10,000$，此即為小林面對的生產可能曲線。如下圖所示：

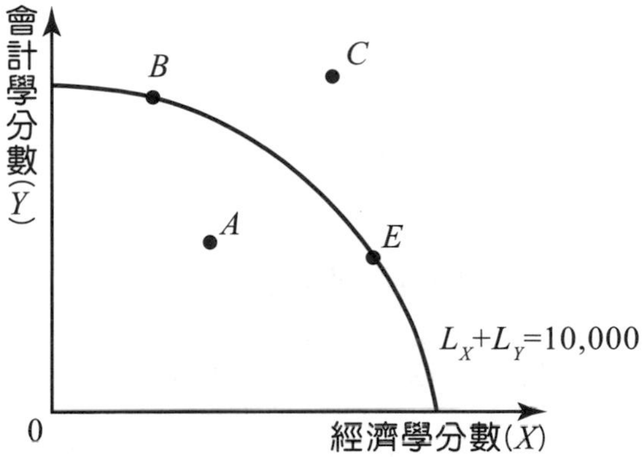

▲ 圖 1.1 生產可能曲線

此時在生產可能曲線上任何一點如 B 點及 E 點所示資源與技術充分發揮，代表著此時分數可以達到最大的組合，但是如果位於 A 點，則表示小林沒有充分利用資源或者唸書沒有效率，此時又稱之為 X－無效率（指沒有充分利用資源而發生浪費的情形）。但是如果小林希望有 C 點的分數組合，則在目前資源及技術限制下，是沒有希望的。

從圖 1.1 可知，從 B 點往 E 點移動，表示小林希望提高經濟學分數，此時小林必須花較多時間唸經濟學，但是在時間限制下，會計學分數必然減少，因此生產可能曲線為負斜率反映機會成本的觀念，也就是要多得到經濟學分數 X（有所得）那麼必須犧牲的會計學分數 Y（必有所失），因此犧牲會計學分數就是多得經濟學分數的機會成本。

機會成本遞增

細心的讀者應該注意我們將生產可能曲線畫成凹向原點，其實背後有其經濟涵義存在。生產可能曲線凹向原點，表示其切線斜率隨著 X 增加越來越陡，所以要了解生產可能曲線凹向原點的經濟涵義必須先了解其斜率的經濟涵義。如圖 1.2 所示：

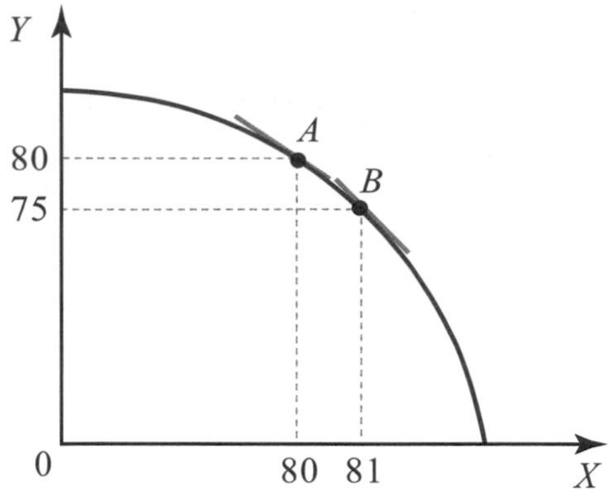

▲ 圖 1.2 機會成本遞增

當生產可能曲線由 A 點移往 B 點時，其生產可能曲線的斜率為 $-\frac{\Delta Y}{\Delta X}$ ❷，因為這個定義太重要了，經濟學給它一個專有名詞為邊際轉換率 (marginal rate of transformation, *MRT*)，此時由 A 點到 B 點的邊際轉換率為 $MRT = -\frac{75-80}{81-80} = 5$，表示多得 1 分經濟學必須犧牲 5 分會計學，因此 *MRT* 值大小可以反映多得 1 分經濟學的機會成本。

一般心理法則告訴我們，當您的經濟學分數越來越高時，想要再多拿 1 分經濟學，必定越來越難，例如已經得到 99 分，想要再多拿 1 分想必難如登天，那何謂「困難」? 以經濟學觀點就是您要犧牲很大的代價也就是機會成本非常高。因此如果您認同此一心理法則，則生產可能曲線必然凹向原點，此又稱之為邊際機會成本遞增法則 (law of increasing marginal opportunity cost)。

範例

二、集中火力還是全面準備？

很多同學在面臨升學時必定碰到一個問題，到底要專攻一科還是每一科都要花時間準備？其實站在追求分數最高的觀點，如果集中火力準備其中一科例如經濟學，或許您可以得到很高的分數，但是您犧牲的代價是其他科目損失很高的分數，試想，您已經有 99 分經濟學的實力，為了再多拿 1 分經濟學您要花多少的時間？與其如此還不如將這些時間用於其他科目，輕輕鬆鬆可以從 0 分

❷ 由於正負號會影響經濟學家對大小的判斷，習慣上如果確定為負值，則定義時會再加負號，以便得到正值，以利於作大小判斷。

進步到 30、40 分！

其實這個觀念可以應用到很多的實例，例如追捕張錫銘過程警方動用很多警力，如果原先警力有效運用於維護地方治安，則為了追捕一個人反而對其他治安造成很大的傷害。又如，最近幾年惡水為患，因此政府誓言集中所有火力來治水，但是在短期內集中所有資源去治水，就像經濟學要拿 100 分，那其他政府的施政目標呢？它可能的代價在哪裡？其實都要全面考慮清楚。

1.2 市場價格機能

我們已經討論經濟學目的在於配置有限的資源來滿足人類的慾望，那我們應該如何配置有限的資源呢？基本上人類都是「自利」的，也就是追求最大滿足，因此家計部門透過願意支付的最高價格來顯示對財貨與勞務的偏好，而生產者依據消費者的偏好來決定生產的種類與數量，因此在競爭均衡下，也就是家計部門追求最大滿足感，廠商追求最大的利潤，雙方利益折衝的結果，透過市場供需均衡來決定資源的最適配置。

例如 2004 年，桃園中壢與平鎮地區由於石門水庫嚴重淤泥導致無法供水長達 25 天，此時居民對 20 公升水箱需求特別強烈（因為可以提水），所以居民願意支付購買水箱的價格大幅提高，廠商看到中壢、平鎮居民願意支付購買水箱的價格提高之後就知道中壢、平鎮居民的偏好，因此廠商就願意大幅增產滿足人民的需求，此時對廠商與中壢、平鎮居民雙方都有好處，因此可以提高資源的配置效率，這就是價格機能可貴之處。

我們大致已經介紹價格機能的可貴，但是它有什麼作用呢？我們將透過一個最簡單兩部門模型的經濟循環圖 (circular flows of economic activities) 來加以說明，所謂兩部門模型就是指包含家計部門與廠商部門的經濟體系，為了避免複雜起見，我們先忽略政府部門與國外部門。

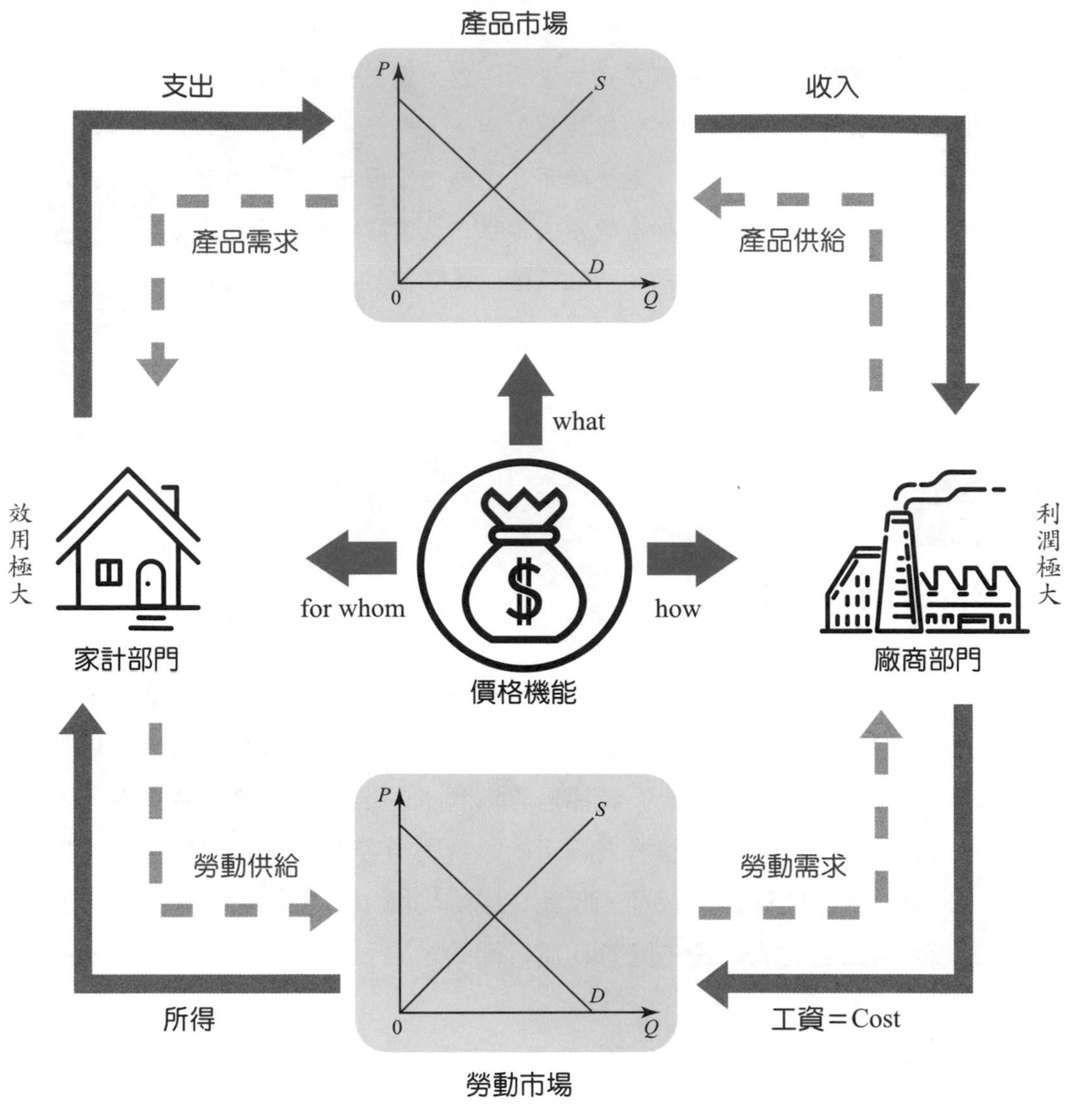

▲圖 1.3 經濟循環圖

家計部門與廠商部門在經濟體系運作過程中同時扮演兩種角色，一是需求者與供給者，也就是說消費者在產品市場為財貨的購買者，同時在勞動市場上也是勞動的提供者，但是不管他的角色如何，家計部門必定在追求最大的滿足（經濟學家稱之為效用極大）。同理，廠商在產品市場上為財貨的提供者，在勞動市場上為勞動的雇用者，但是廠商不管在哪一個市場目標都在追求利潤極大。所以一個最簡單的經濟模型必須包含商品市場與勞動市場，而參與者為家計部門與廠商。

因為有兩個市場，所以就存在兩種價格，一為商品的價格稱之為物價，一為勞動的價格稱之為工資，透過物價與工資的價格機能，它可以告訴我們哪些事情呢❸？

1. 生產什麼 (what)

也就是透過價格機能告訴廠商到底要生產何種財貨與數量，例如在颱風過後菜價大漲，就會吸引一大堆菜農提高產量。停車位價格大漲，就會吸引一些建商興建停車場來滿足消費者的需求，所以透過價格機能可以解決商品提供的問題。

2. 如何生產 (how)

以兩部門觀點，廠商在追求利潤極大的動機下，依照員工生產力高低與其貢獻，來決定最適雇用量。廣義來講，透過價格機能，廠商可以有效結合各種生產資源以最低成本方式來生產消費者所需的財貨。例如人民接受更高的教育之後，生產力提高，廠商自然願意以較高的薪資來雇用更多的人。

3. 為誰生產 (for whom)

也就是透過市場價格機能將財貨分配給最需要的人。例如在 921 大地震之後，災區物資極端的缺乏，怎麼分配救援物資？一個合理的準則就是應該將物資分配給最需要的人，但是誰最需要？很簡單，誰出價最高就賣給誰，透過價格機能，自然使財貨分配給最需要的人。但是這種分配方式也顯示出價格機能無法兼顧的一面，就是分配公平的問題，而公平問題的解決方式尚待努力。

以上分析是透過物價來解決 what, how 以及 for whom 的問題，同理各位讀者也可以嘗試分析工資的價格機能如何解決 what, how 以及 for whom 的問題，這兩種觀念是對稱的。

1.3 建構經濟理論的方法

基本上經濟學家在透視經濟現象時，不是散彈槍打鳥，漫無目標，首先經濟學家會找一個具體且有趣的題目，因為每一個經濟學家的時間等資源都是有限的，不可能去討論一切周遭的經濟問題，所以一定找一個有趣的經濟問題。例如韓國與臺

❸ 本章分析假設在完全競爭市場之下，有關完全競爭市場觀念可以參閱以後的章節。

灣都在發展電子產業，為何韓國電子產業在政府支撐下規模都很龐大，為什麼打不敗臺灣的「小電子業」？當然您也可以研究漢武帝有幾顆蛀牙對漢朝經濟的影響，但是大部分經濟學家認為那種問題不會很有趣。

第二，如果確定主題之後，就必須利用相關假設條件對問題予以簡化進而尋找影響研究主題背後的經濟誘因為何？以本節例子來講，影響韓國電子業無法打敗臺灣電子業因素很多，您可以列出關稅保護、限制進口、臺灣人比較勤奮等等許多的因素，您必須利用假設條件，把一些不重要或者無法掌控的因素排除，尋找出切中要害的主因，這也是經濟理論困難之處。

第三，當您找出相關因素（誘因）之後就可以建構相關模型來預測相關的經濟現象，例如我們發現大部分電子產業產品壽命週期短，因此適合小型公司來生產，所以臺灣電子產業雖然規模小，但是應變靈活因此有其生存之道。而韓國電子產業最後只適合發展壽命週期長的產品。因此我們可以發現每一國家都在發展其「相對有利」的產品。

最後以建構好的模型配合嚴謹的邏輯推理我們就可以發展相關的經濟理論。例如我們以每一個國家都會生產其「相對有利」的產品去解釋以及預測未來國際貿易的走向等等，就是經濟學家終極的目標。

1.4 經濟學的相關觀念

實證經濟學與規範經濟學

在研究經濟學的過程中，最主要有兩種分析方式，即實證經濟學與規範經濟學，這兩種分析方式本質上有極大的差異，茲分述如下：

一、實證經濟學 (positive economics)

其精神在於在建構經濟理論時，秉持著實事求是的精神，也就是針對經濟問題的癥結進行研究，不加入個人主觀意見，完全就事實說明與推演。

例如，當臺灣開放外勞時，對本國就業量的影響如何？此時經濟學家完全就其建構模型來推演，不加入個人主觀判斷。又如，臺灣許多農民準備進軍大陸推銷水果，此時經濟學家提出一套模型說明可能對臺灣農民所得長短期的影響就是實證經濟學。另外，研究全民健保實施之後為什麼會有醫療資源浪費的情況，也都是屬於實證經濟學研究的範疇。

二、規範經濟學 (normative economics)

此時經濟學家會加入個人價值判斷，建議相關單位如何 (what ought to be) 提出相關對策來解決經濟問題。諸如由於引進外勞本國失業率會增加，因此有些經濟學家主張禁止外勞進口以提高本國就業。但是也有些經濟學家提出相反的觀點，他們認為引進外勞，可以降低廠商生產成本，提高利潤，進而促使廠商從事更多研發，反而有利本國員工就業。因此相同問題，可能不同經濟學家有不同的答案，這就是規範經濟學的問題所在。由於每個人主觀價值判斷不同，因此相同問題可能有不同的解釋與答案，這也就是為什麼經濟學領域中會發生百家爭鳴的原因。

個體經濟學與總體經濟學

根據研究領域的不同，我們可將經濟學區分為個體經濟學與總體經濟學。

一、個體經濟學 (microeconomics)

原則上以家計部門與廠商部門作為研究對象，例如消費者的行為、廠商甚或者產業的行為，也就是說個體經濟學主要目的在掌握個別經濟部門相關決策的依據，以及他們的交互關係，進而研究市場價格機能充分運作與失靈情況下，價格機能如何決定資源的配置。

例如，我們要研究明明豆芽菜長在室內不受颱風影響，為什麼颱風天過後，豆芽菜價格也跟著上漲？這種「個別」價格變動分析就是個體經濟學範疇。又如，我們要研究電視機市場價格到底是競爭非常激烈還是勾結非常嚴重？雖然生產電視機的廠商者眾，而購買者更多，但是它還是屬於「個體」經濟學的範圍。

二、總體經濟學 (macroeconomics)

從國家整體的觀點來觀察整個經濟社會的脈動，並提出相關政策來達成經濟政策目標就稱之為總體經濟學。例如我們研究個別廠商定價甚或產業定價都屬於個體經濟學，但是如果我們要研究全國「一般」物價水準如何決定就屬於總體經濟學。又如研究個別廠商雇用員工的數量屬於個體經濟學，但是如果要研究全國就業量與失業人口，就屬於總體經濟學。因此當研究重心擺在有關一國之物價水準、利率、失業與匯率等決定因素時，為總體經濟學探討的目標。

研究經濟學常犯的錯誤

當我們在觀察經濟現象想進一步得到通則或者經濟理論時，通常會犯了常見的錯誤，主要有以下三種情況：

1. 合成的謬誤 (fallacy of composition)

指對個體有利，以為對總體也有利。例如，政府如果頒發獎金 100 萬元給小林，想必小林的效用必然提高，但是若政府對全國人民同時頒發 100 萬元，如果全國產出不變，則此項政策只會使物價同步上漲，對全國人民不一定有利。又如當颱風天過後，菜價大漲，如果只有小林增產，當然對小林有利，但是如果全國農夫都增產，則菜價終必大跌，此時對全國農夫不一定有利。

2. 分割的謬誤 (fallacy of division)

認為對全體有利必然對個體有利就犯了分割的謬誤。例如加入 WTO 之後，許多人認為可以提高一國福利水準，對一國是有利的，但是許多農產品可能面臨國外競爭，反而倒閉，因此加入 WTO 之後不一定對全國每一個人是有利的。

3. 因果的謬誤 (post hoc fallacy)

指兩個不相干的事件發生之後，就以為這兩件事具有因果關係就犯了因果的謬誤。例如，當小林由 1 歲長到 15 歲時，臺灣的國民所得也由平均每人 800 美元增加至 8,000 美元，因此我們認為小林的長高帶動臺灣國民所得提高？顯然這兩個完全是不相干的事件。

重要名詞

- ◆ 稀少性的資源 (scarce resources)
- ◆ 最終用途 (end uses)
- ◆ 家計部門 (household)
- ◆ 產品與勞務 (goods and services)
- ◆ 生產要素 (factors)
- ◆ 經濟財 (economic goods)
- ◆ 實體產品 (physical products)
- ◆ 無實體的產品 (nonphysical goods)
- ◆ 自由財 (free goods)
- ◆ 機會成本 (opportunity cost)
- ◆ 次佳 (next-best)
- ◆ 生產可能曲線 (production possibilities curve)
- ◆ 邊際轉換率 (marginal rate of transformation, MRT)
- ◆ 邊際機會成本遞增法則 (law of increasing marginal opportunity cost)
- ◆ 經濟循環圖 (circular flows of economic activities)
- ◆ 生產什麼 (what)
- ◆ 如何生產 (how)
- ◆ 為誰生產 (for whom)
- ◆ 實證經濟學 (positive economics)
- ◆ 規範經濟學 (normative economics)
- ◆ 個體經濟學 (microeconomics)
- ◆ 總體經濟學 (macroeconomics)
- ◆ 合成的謬誤 (fallacy of composition)
- ◆ 分割的謬誤 (fallacy of division)
- ◆ 因果的謬誤 (post hoc fallacy)

摘要

★ 1. 經濟學是「研究經濟體系的各部門如何將稀少性的資源有效率配置在各種最終用途上」的社會科學。

★ 2. 在不須支付任何代價下，當經濟體系各部門對資源的需求遠大於它的供給時，就構成了稀少性。凡是符合稀少性的產品或者勞務，經濟學家稱之為經濟財，若資源可以無償取得時，就稱之為自由財。

★ 3. 由於經濟體系裡資源相對稀少，無法滿足各部門的需求，因此就必須面臨「選擇」的問題，以使各項稀少性的資源，能使經濟體系各部門在各種不同的最終用途上，獲得最大的滿足。

★ 4. 機會成本指經濟體系各部門選擇之後，必須放棄掉其他的選擇（用途），這些被捨棄的其他選擇中屬於次佳的機會就稱之為機會成本。

★ 5. 生產可能曲線指在資源及技術不變的情況之下，整個經濟體系所能生產各種財貨最大產量的組合。

★ 6.消費者在產品市場為財貨的購買者，同時在勞動市場上是勞動的提供者，但是不管他的角色如何，家計部門必定在追求最大的滿足（經濟學家稱之為效用極大）。

★ 7.廠商在產品市場上為財貨的提供者，在勞動市場上為勞動的雇用者，但是不管廠商在哪一個市場，目標都在追求利潤極大。

★ 8.透過物價與工資的價格機能，它可以告訴我們生產什麼、如何生產、為誰生產。

★ 9.實證經濟學之精神為在建構經濟理論時，秉持著實事求是的精神，也就是針對經濟問題的癥結進行研究，不加入個人主觀意見，完全就事實說明與推演。

★ 10.規範經濟學中經濟學家會加入個人價值判斷，建議相關單位如何提出相關對策來解決經濟問題。

★ 11.個體經濟學原則上以家計部門與廠商部門作為研究對象。

★ 12.總體經濟學從國家整體的觀點來觀察整個經濟社會的脈動，並提出相關政策來達成經濟政策目標。

★ 13.研究經濟學常犯的錯誤有合成的謬誤、分割的謬誤、因果的謬誤。

習題

1. 請解釋唸大學的機會成本為何？
2. 請舉出一例說明機會成本遞增的觀點。
3. 何謂生產可能曲線？若 X, Y 的生產函數分別為 $X = L_X^2, Y = L_Y^2$，則此時機會成本遞增或遞減？
4. 請建構一個有趣的經濟故事，並且找出其經濟誘因為何？
5. 當我們討論應不應該加入 WTO 為規範經濟學或者實證經濟學？
6. 討論石油價格上漲為個體經濟或者總體經濟？而討論石油價格上漲為何導致一般物價水準上漲屬於個體或者總體經濟學？
7. 請舉出分割的謬誤的例子。

Note

第2章

需求與供給

亞當斯密（Adam Smith, 1723～1790，又稱經濟學之父）指出價格機能猶如一隻「看不見的手」，但是這隻看不見的手卻可以指引資源配置達到最有效率的境界。因此價格機能就亞當斯密的眼光來看，雖然「看不到」但卻是有脈絡可尋的，亦即市場價格必然有兩股力量相互折衝，一個是「需求力量」，例如消費者在購買物品的時候希望價格越低越好，可是另一股「供給力量」面臨價格越低時，廠商就沒有意願生產，透過這兩股力量，就可以決定財貨與勞務的市場價格。這種觀念一直到馬歇爾 (Marshall, 1890) 發表的《經濟學原理》中，詳細說明產品與勞務的價格是如何透過供需力量共同決定才大功告成，因此供需理論就成為經濟學入門最重要的觀念之一。

2.1 需求理論

在產品市場上，需求理論主角就是指消費者，而消費者會在其所得限制下，購買不同的財貨來滿足其需求，所以我們一開始必須澄清慾望 (wants) 與需求 (demand) 的差別。一般來講，慾望是一種「不負責任」的需求，時下年輕人常說只要我喜歡有什麼不可以，因為他不用考慮任何限制條件，所以是一種慾望的表現。但是在現實社會裡，因為有很多的限制如所得限制、法律限制等因素，使得經常出現「只要我喜歡經常不可以」的現象，這才是需求的表現。例如，小林家境清寒，但是他希望能擁有一臺 Benz，此時他這種期待在所得限制下是辦不到的，所以這種期待是一種慾望而非需求。反過來講，小王擁有能力買得起 Benz，只是他在挑不同型式來獲得最高滿足，此時他對 Benz 就有需求。在了解需求的基本觀念之後，我們可以定義需求 (demand) 為在某一段期間內，其他情況不變之下，消費者面臨各種不同的價格，願意並且能夠購買的數量。

從以上的定義可知，經濟學家對需求定義要求非常嚴格，由於影響需求的因素非常多，因此我們先假設這些其他因素不變來簡化分析，所以消費者在面臨各種不同價格下，為何要強調「能夠」呢？因為需求必須在「消費者買得起」的條件下才算需求，那為何要強調「願意」購買呢？因為消費者的慾望無窮，所以消費者必然在追求最大的滿足，因此如果消費者願意買，表示目前的購買組合已經讓他獲得最大的滿足。

表示需求的種類

了解需求的定義之後，經濟學家會透過各種表示法來顯示需求的概念以便於從事各種經濟分析，而第一種方法就是需求表：

一、需求表 (demand table)

例如，我們問小林在其他情況不變之下，當水蜜桃價格分別為 200 元、150 元、100 元及 50 元的情況下，小林願意分別購買多少個水蜜桃？此時我們可以將小林的答案用以下的需求表加以表示，也就是透過表列方式來表示小林對水蜜桃的需求。

▼ 表 2.1 需求表

價格	需求量
200	10
150	20
100	30
50	40

二、需求曲線 (demand curve)

若碰到許多資料時，利用需求表將十分麻煩，因此經濟學就利用需求曲線來表示小林對水蜜桃的需求，如下圖所示：

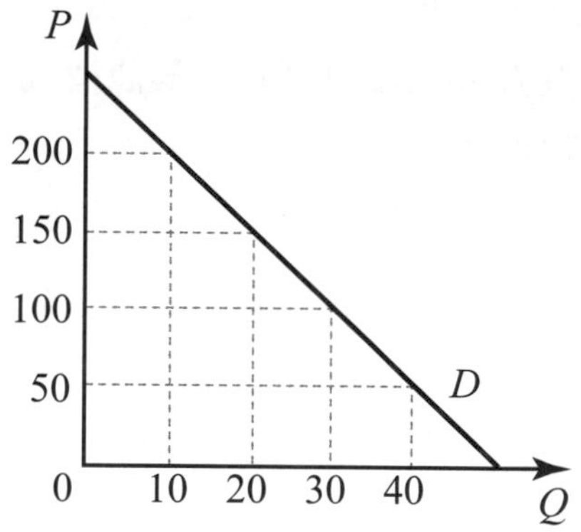

▲ 圖 2.1 需求曲線

根據圖 2.1，當水蜜桃價格下跌時，小林的購買數量會增加，表示價格變動與需求量變動為反向，因此正常情況下，需求曲線應為負斜率。

三、需求函數 (demand function)

有些情況下經濟學家會利用數學來表示經濟現象，主要是因數學為世界共同語言且簡潔，但是讀者必須注意沒有經濟直覺即使利用數學也是沒有經濟意義。一般而言，我們可以將圖 2.1 之需求曲線利用以下關係來表示：

$$Q_X^D = f(P_X, \overline{P_Y, P_e, M, Taste, \cdots})$$

其中 Q_X^D 表示消費者對 X 財的需求量，P_X 表示 X 財的價格，P_Y 表示相關物品的價格，M 代表所得，$Taste$ 表示消費者的偏好，因此 $\overline{P_Y, P_e, M, Taste}$ 代表影響需求的其他因素不變。

需求法則 (law of demand)

當我們列出小林對水蜜桃的需求表時，「特意」強調當價格下跌時，小林的需求量會增加，乃是建立在一般的心理法則下，也就是在其他情況不變之下，需求量與市場價格呈現反向關係，此即為需求法則。為什麼經濟學家會假設存在有需求法則？我們將在第 4 章加以說明，而根據一般心理法則告訴我們，在其他情況不變之下，當消費某種財貨數量越多，就會覺得此種財貨越不重要，因此消費者願意支付的購買價格就越來越低。

範例

一、價格越高，越想買？

每次看到價格越高買得越多，反之價格越低越不敢買就是代表違反需求法則嗎？其實不然，絕大部分發生以上情況都是因為其他情況改變所致。例如 2019 年底，爆發 COVID-19 新冠肺炎病毒事件，這種傳染率特高的病毒一時之間在世界各國間爆發傳染，引起各國人民恐慌，當然也包括臺灣在內。為了尋求自保，所有人都在搶買口罩，即使口罩在國外一盒（50 片）高達 300 美元依然有人在買，也就是一片口罩折合新臺幣約 180 元，而爆發肺炎之前一片口罩才 2.5 元。這種現象顯示違反需求法則嗎？當然不是，而是因為 COVID-19 事件導致口罩需求增加，引發口罩價格上漲，絕非違反需求法則。

又例如當 COVID-19 在美國蔓延之後，世界各國為了自保均實施邊境管制與限制正常社交活動，使得各種財貨需求大幅萎縮，進而影響到投資者對未來景氣的預期，終於在 2020 年 3 月份，美股單週雪崩式大跌 4,000 多點。而臺灣更從高點 12,000 點一舉跌破十年線，單月大跌 1,584 點，為歷史第七大跌幅。在這種慘跌情況下，我們發現臺股的日成交量反而下跌，表示投資者越來越不敢買股票。其實這不是違反需求法則，主因是因為投資者擔心 COVID-19 無法在短期結束，人民支出減少，訂單減少，景氣會變差。也就是說這種現象是因人民預期變動因素使然，不應視為違反需求法則。

世界上有沒有違反需求法則的例子呢？季芬 (Robert Giffen, 1837～1910) 提出一個非常重要的例子，為了紀念他因此就稱之為季芬財 (Giffen goods)。當時季芬觀察到英國貧窮農夫的主食為馬鈴薯，當馬鈴薯價格上漲時，雖然農夫想少買馬鈴薯，可是因為馬鈴薯價格上漲之後使得農夫更加貧窮，無法購買其他較「高檔」的食物，反而被迫買更多的馬鈴薯，因此發生違反需求法則的現象。

需求量變動與需求變動

雖然影響需求的因素很多，但是我們可以將影響需求的因素分成兩大類，一就是自身價格變動，另外為影響需求其他因素改變，茲分述如下：

一、需求量變動 (change in quantity of demand)

指財貨本身價格變動導致對需求量的影響，如下圖所示，當財貨價格由 P_0 下跌至 P_1 時，需求量將沿著同一條需求曲線由 Q_0 增加至 Q_1，此即為需求量變動。

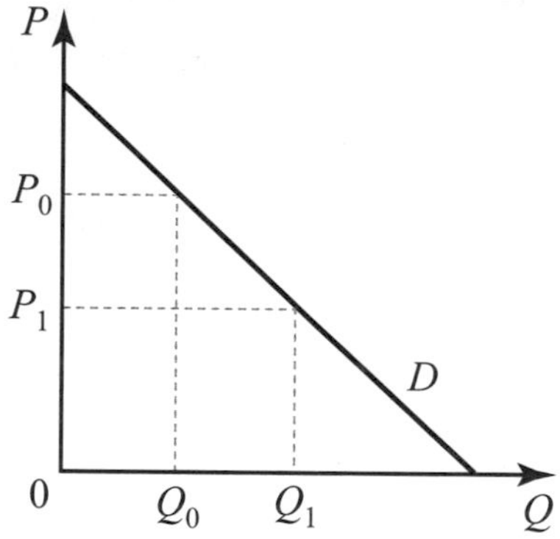

▲ 圖 2.2　需求量變動

二、需求變動 (change in demand)

指影響需求的其他因素改變導致消費者購買數量改變就稱之為需求變動，根據定義，發生需求變動時即使價格不變，需求量也會跟著改變，如圖 2.3 所示。

假設毛鳳豆經醫學報導可以治療癌症，則此時即使毛鳳豆的價格不變，癌症患者也會增加對毛鳳豆的需求，亦即需求曲線會由 D_0 右移至 D_1，因此在價格為 P_0

下，需求量將由 Q_0 增加至 Q_1，所以只要是需求變動必然引起整條需求曲線移動。

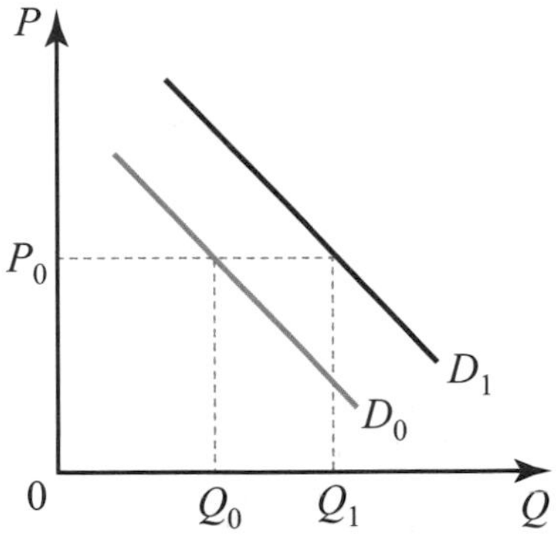

▲ 圖 2.3　需求變動

影響需求變動的因素

影響需求變動的因素很多，其中比較重要的因素如下所述：

一、所得 (*M*)

所得是影響消費選擇機會的重要因素，但是所得增加時卻不一定會增加 *X* 財的需求量，例如當所得提高時，基於舒適性可能會購買汽車取代機車。所以其他情況不變之下，若所得增加會導致需求增加的財貨稱之為正常財 (normal goods)。反之其他情況不變之下，所得增加會減少需求的財貨稱之為劣等財 (inferior goods)。

範例

二、小孩是劣等財嗎？

有經濟學家研究歐美國家生育率與所得之間的關係發現，所得越高的國家，其生育率反而越低，如果按照以上的定義，則小孩似乎為劣等財？但是小孩那麼可愛，怎麼會是劣等財呢？

其實劣等財是在其他情況不變之下，所得增加需求反而減少才稱之為劣等財，但是所得越高的國家，婦女生小孩的機會成本越高，或者所得提高之後對休閒需求越強烈等等其他因素，導致生小孩意願越來越弱，因此所得越高國家生小孩意願越低是受到其他因素影響所致，而非小孩是劣等財。

二、相關物品的價格 (P_Y)

相關物品價格變動對自身產品需求的影響亦不確定，例如，當發生口蹄疫時，消費者不敢吃豬肉，但是可以改吃雞肉，所以豬肉與雞肉為消費上的替代品。因此經濟學家定義在其他情況不變下，當 Y 物品價格上漲導致 X 財貨需求增加時，則稱 X, Y 為替代品 (substitutes)。

但是 X, Y 也可能必須同時購買才能產生功用者稱之為互補品 (complements)，例如汽車與石油，鋼筆與墨水等等。當汽車價格上漲 ($P_Y \uparrow$) 時，將導致汽車的需求量減少，因而對石油需求減少 ($D_X \downarrow$)，因此經濟學家定義在其他情況不變之下，如果 Y 物品價格上漲導致 X 財貨需求減少時，則稱 X, Y 為互補品。

三、預期價格 (P^e)

通常預期價格變動與實際物價變動對需求的影響恰好相反，例如每次颱風來臨之前，家庭主婦預知蔬菜的價格將大漲，因此在颱風來臨之前就先搶購蔬菜（也就是需求增加)，反而導致蔬菜價格「提前」上漲。

四、消費者偏好

例如每當情人節到來，熱戀中男女都會購買玫瑰花，導致玫瑰花的需求增加。

五、網路外部性 (network externality)

自從網路快速發展進而影響到人類生活之後，我們發現許多消費行為與其他參與者的數量有關，例如電話越多之後，人們就越依賴電話。越多人上網之後 (MSN)，就會吸引更多人上網 (MSN)，這種特性稱之為網路外部性效果。因此若發生網路外部性，將會因使用人數增加而使需求增加。

六、需求者數目

正常情況下，如果消費者數量越多，市場上願意購買的數量也就越多，因此市場的需求也會較高。

市場需求曲線

雖然我們已經建立個人的需求曲線，並且已經知道影響個人需求的因素，但是市場的價格是由市場共同決定，而非個人所決定，因此我們必須了解如何透過個人需求曲線求得市場的需求曲線。這個觀念非常重要，例如早上小林到 7–11 去買飲料，小林發現架子上有很多的飲料，可是小林只買一瓶，為什麼 7–11 不降價呢？顯然的理由是小林購買的數量太「渺小」了，不足以撼動市場價格，因為市場價格乃由市場供需共同決定而非決定於個人的需求。

但是如何決定市場的需求呢？本章先討論私有財的市場需求，而公共財的市場需求留待市場失靈一章再加以探討。所謂私有財，像個人吃的水蜜桃、水梨、蓮霧等等，這些財貨共同具有以下特性：

1. 消費排他性 (excludability in consumption)

小林購買某一私有財之後，即可以排除他人消費，有獨自消費的權利。

2. 敵對性 (rivalry)

小林吃了某粒水蜜桃之後，無法同時與他人分享。

由於私有財同時具有排他性與敵對性，若小林消費 q_1 數量漢堡，小王消費 q_2 數量的漢堡，而且社會只有小林與小王二人，則社會總需求量 $Q^* = q_1 + q_2$，由於數量在橫軸，因此又稱之為水平加總 (horizon summation)，或者稱數量加總 (quantity summation)，如圖 2.4 所示：

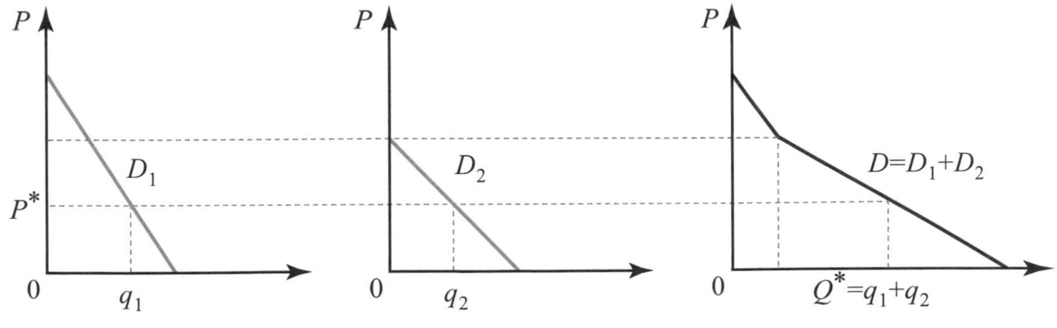

▲ 圖 2.4　市場需求曲線

D_1 與 D_2 分別代表著小林與小王對漢堡的個人需求曲線，若市場價格為 P^*，則小林買 q_1 個而小王買 q_2 個，因此市場總購買量在 P^* 價格水準之下為 $Q^* = q_1 + q_2$，可得漢堡的市場需求曲線 $D = D_1 + D_2$。

2.2 供給理論

在第 1 章中我們已經了解市場運作最重要的兩個力量，一個就是消費者的需求，另外就是廠商的供給力量，因此要了解市場價格決定過程，也必須先了解廠商的商品供給行為。

對於廠商財貨的供給 (quantity supplied)，經濟學家一樣給予嚴格的定義，供給指在某段時間內，其他情況不變之下，生產者面臨各種不同價格所願意而且能夠生產的數量。

從另外一個角度來講，我們也可以定義供給為生產者面對各種不同數量下所必須收取的最低價格。

從以上供給的定義可知，所謂有能力表示廠商的供給必須限制在廠商有能力生產上，如果廠商沒有能力生產，則不算供給。那廠商為何願意生產呢？因為在目前市場限制條件下，廠商已經獲得利潤極大。

供給函數與供給法則 (law of supply)

根據供給的定義我們可以將供給函數表示如下：

$$Q_X^S = g(P_X，\overline{P_Y，\text{工資，技術，}\cdots})$$

其中影響供給最重要的因素為自身價格，當然影響供給多寡還有其他因素，為了分析方便起見，這些其他因素 $\overline{P_Y，\text{工資，技術，}}$⋯通通假設不變。

那麼供給與價格之間的關係如何呢？如同需求法則，經濟學家也建立供給法則 (law of supply)，指在其他情況不變之下，廠商所能夠且願意生產的數量與價格呈現同向變動。

如果供給法則成立，將使廠商的供給曲線為正斜率，如下圖所示：

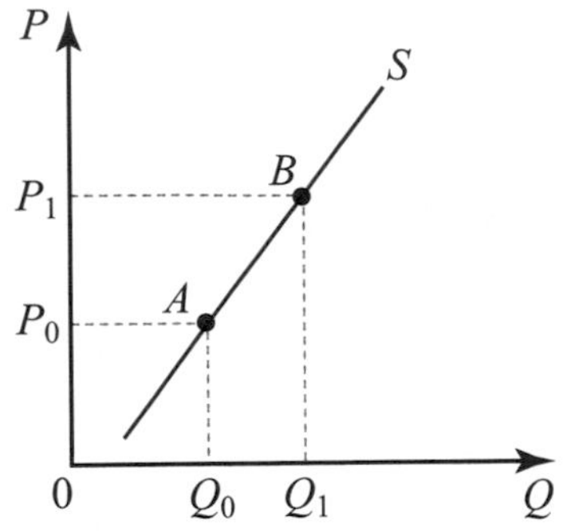

▲圖 2.5　供給曲線

當市場價格由 P_0 上漲為 P_1 時，廠商願意生產的數量將由 Q_0 提高為 Q_1。

為什麼經濟學家會假設存在供給法則呢？一般來講，大部分廠商都在追求利潤極大，所以其他情況不變之下（如工資、原料價格不變），當商品價格上漲，廠商必然願意提供更多的財貨。另外從機會成本角度也可以解釋供給法則為何成立，圖 1.2 顯示廠商在增產過程中，切線隨著 X 增加越來越陡，表示「機會成本」越來越高，因此必須索取的最低價格也就越來越高。

那供給法則有沒有例外呢？如果是針對廠商的供給，那就沒有例外，但是如果是針對家計部門的供給，如勞動的供給就可能發生例外，例如當工資從低水準開始往上漲時，個別勞工願意工作時間將會逐漸的提高，但是工資上漲的同時也使家計部門所得跟著提高，所以家計部門將增加對休閒時間的需求，導致工作意願減少，所以當後者效果太強時將導致勞動供給時間減少。

供給量變動與供給變動

如同需求變動與需求量變動，對供給來講，我們也可以區分為供給變動與供給量變動。

一、供給量變動 (change in quantity of supply)

為當本身財貨價格變動對供給量的影響，既然是自身價格改變，所以供給量變動將會在同一條供給曲線移動。

二、供給變動 (change in supply)

其他影響供給的因素改變導致生產者願意生產的數量發生改變則稱為供給變動 (change in supply)，當發生供給變動時，將使整條供給曲線移動。

影響供給變動的因素

而影響供給變動的主要因素有哪些呢？主要有以下的因素：

一、生產成本的變動

例如原料價格上漲、工資上漲等等因素，這些因素將使廠商生產成本提高，如下圖所示：

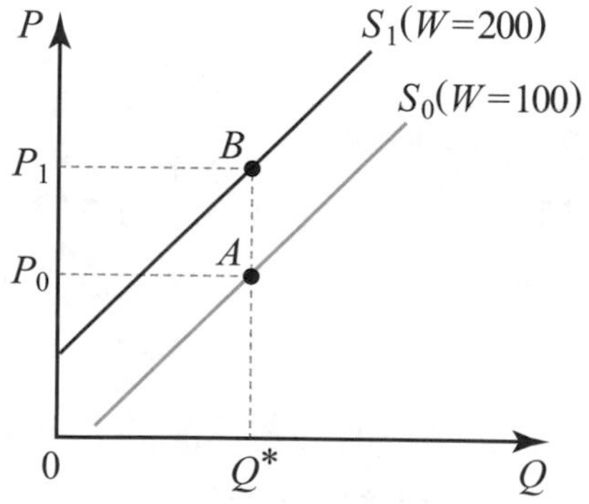

▲ 圖 2.6　供給變動

若工資上漲時，在產量不變情況下，為了反映成本，廠商所必須收取的最低價格將由 P_0 漲至 P_1，因此廠商的供給曲線將由 S_0 $(W = 100)$ 上移至 S_1 $(W = 200)$。

二、相關物品的價格

就如同需求理論可以分為需求替代品與互補品，我們也可以劃分生產替代品與互補品。所謂生產替代品指當生產相關物品價格 P_Y 上漲時，導致廠商的供給 Q_X^S 減少謂之。例如某成衣工廠同時生產成衣與嬰兒的衣服，如果嬰兒的衣服價格大漲，則此成衣廠將多生產嬰兒的衣服，如果產能固定，此時生產成衣的數量必然減少，所以嬰兒衣服與成衣為生產上的替代品 (substitutes in production)，但是明顯非為消費上的替代品。

除了生產的替代品之外，還有一種可能是 X, Y 兩種商品的供給會同時增加的，例如，牛排與皮鞋的供給會同時增加或者減少，如果醫學報導顯示吃牛排可能導致心臟病，於是民眾對牛排的需求將大減，牛排價格因而大跌 ($P_Y\downarrow$)。當商人宰殺的牛隻變少時，則皮鞋的供給將會減少 ($Q_X^S\downarrow$)。所以經濟學家定義如果相關物品價格 P_Y 與 X 的供給呈同向關係時，則 X, Y 稱為生產上的互補品 (complements in production)。

三、廠商對價格的預期

雖然市場價格上漲會使廠商的供給量增加，但是如果預期價格上漲，廠商的供給反而會減少，例如臺灣準備加入 WTO 之前，由於零售商預期米酒因菸酒稅問題將會由 25 元上漲至 180 元，因此大量囤積米酒，市面上反而買不到米酒。

影響供給變動的因素很多，其他因素如供給者數目、生產技術等等，讀者可以自行舉更多例子來加以說明。

市場供給曲線

當我們知道個別廠商的供給曲線之後，一樣可以透過水平加總求得市場供給曲線，亦即在完全競爭體系下，市場的供給量是由該價格下所有廠商供給量的水平加總而得，即：

$$S = Q(P) = \sum_{n=1}^{N} q_n(p)$$

其中 $Q(P)$ 表示市場的供給量，而 $q_n(p)$ 表示個別廠商的供給量。假設只有兩家廠商 A、B，其個別供給曲線分別為 S_1 與 S_2，如下圖所示：

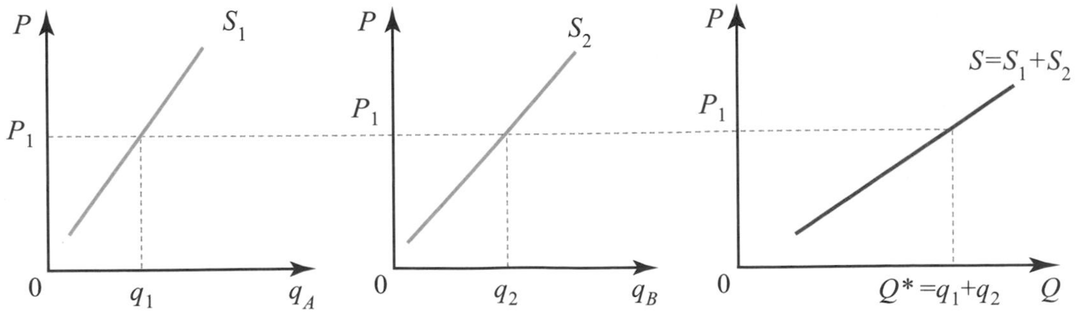

▲ 圖 2.7　市場供給曲線

當市場價格為 P_1 時，圖 2.7 中顯示廠商 A 願意生產 q_1 的產量，而廠商 B 願意生產 q_2 的產量，因此整個產業願意供給的數量為 $Q = q_1 + q_2$，當我們變動各種不同價格就可以得到不同價格水準之下產業願意供給的數量，此關係就是完全競爭產業的供給曲線 $S = Q(P)$。

2.3 價格機能與市場均衡

當我們了解到市場的供給與需求之後，接下來我們就可以探討市場供需力量的運作過程，在美好的市場（即完全競爭市場）假設之下，如果市場價格過高，那麼需求者將會進行抵制，也就是減少其需求量，當廠商發現他所生產的財貨無法銷售出去時，則最終必然降價求售。反之，若市場價格過低，則廠商將因入不敷出，最後因虧本而退出市場，所以當消費者發現他買不到財貨時，最終也會提高買價來吸引廠商增產。因此所謂的市場價格機能就是透過價格的指引使得資源達到最有效率的配置，也就是能讓消費者在既定所得限制下獲得最大的滿足，也可以讓廠商獲得最大的利潤。

超額供給與超額需求

市場價格機能根據 Marshall 論點基本上就建立在超額供給與超額需求的觀念之上❶，如圖 2.8 所示。

當市場價格等於 P_1 時，我們發現市場供給大於市場需求（即 $Q_1 > Q_2$），此時稱之為超額供給 (excess supply)，表示市場供過於求，因此廠商有降價的壓力。反之如果市場價格為 P_2 時，則市場需求大於市場供給（即 $Q_3 > Q_4$），稱之為超額需求 (excess demand)，表示市場發生供不應求，此時市場價格將有上漲的壓力。

❶ 嚴格來講，本節調整均衡過程為 Walras 均衡。Walras 認為若市場發生供過於求 ($S > D$)，市場價格將會調降，反之若供不應求，市場價格將會調漲。

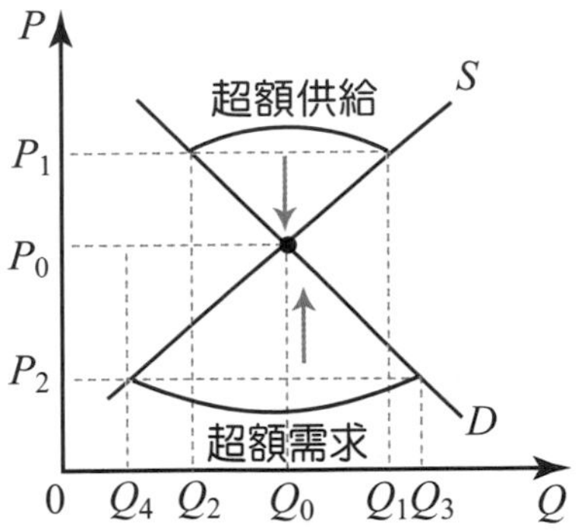

▲ 圖 2.8　市場價格機能

而當市場價格為 P_0 時，生產者剛好銷售完畢利潤最大下的產量，因此沒有動機去改變目前的狀態。而消費者剛好也買到效用極大時所需的數量，因此也沒有動機去改變目前的狀態，此時 P_0 就稱為市場均衡的價格，而所對應的數量就是市場均衡的數量 Q_0。藉由價格變動來調和供需雙方的衝突，又稱之為價格調整機能 (price mechanism)。

比較靜態分析

市場價格機能有何作用呢？最主要目的在於提供預測價格與數量變動方向，這就是比較靜態分析的重點，所謂比較靜態分析指外生變數（亦指影響供需的其他因素）改變，對內生變數（即指價格與數量）的影響。最主要有以下八種型態的變化：

1. 需求增加

若需求增加，則市場均衡價格上漲，數量會增加，如圖 2.9 所示。

例如，每次颱風天過後，葉菜類蔬菜價格高漲，導致一般家庭主婦轉向購買豆芽菜，豆芽菜價格上漲，成交量增加。

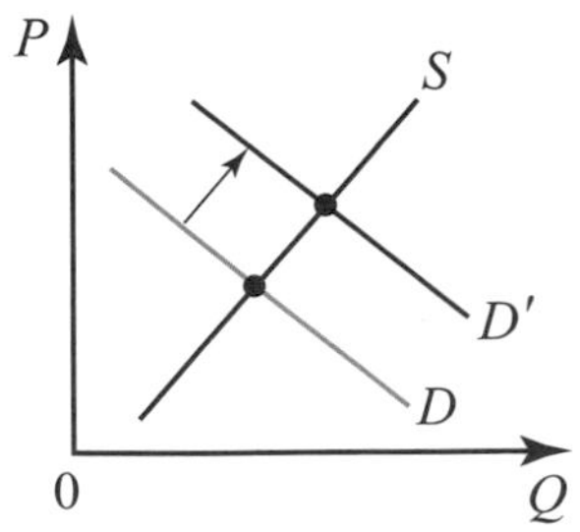

▲ 圖 2.9

2. 供給增加

若供給增加，則市場均衡價格下跌，數量會增加，如圖 2.10 所示。

例如，2018 年香蕉因為種植過多導致生產過剩，使得市場價格大跌，果農紛紛走上街頭要求政府解決問題。

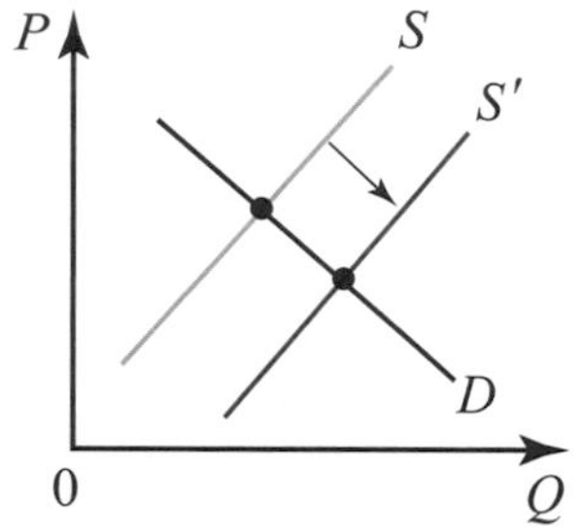

▲ 圖 2.10

3. 需求減少

若需求減少，則市場均衡價格下跌，數量會減少，如圖 2.11 所示。

例如第二次職棒掃黑時，部分球迷受到影響，使得市場對職棒的需求減少，進場球迷數量因此隨之減少。

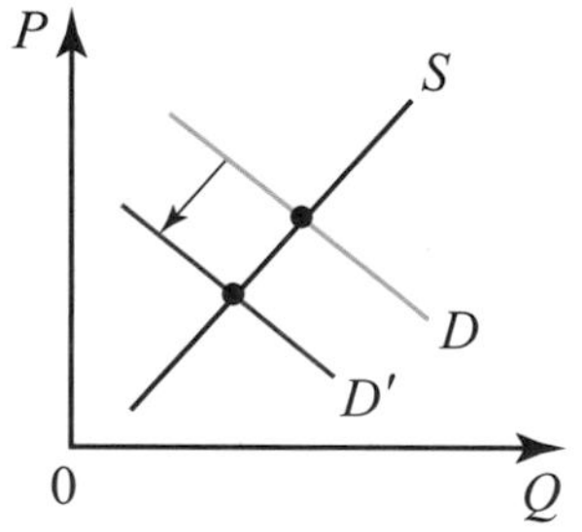

▲ 圖 2.11

4. 供給減少

若供給減少，則市場均衡價格上漲，數量會減少，如圖 2.12 所示。

例如，2005 年臺灣水果開始大舉進攻大陸市場，短期間臺灣市場中「土產」水果量大幅減少，使得土產水果成交價格大漲。

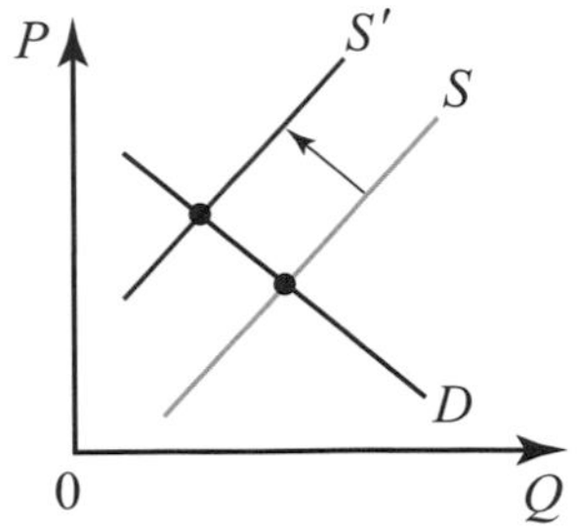

▲ 圖 2.12

5. 供給增加、需求增加

若供給增加、需求增加，則市場成交數量必定增加，但是價格不確定，如圖 2.13 所示。

例如隨著所得提高，大家對電子產品的需求增加，但是同時資訊技術進步導致供給也增加，因此成交量必然增加，但是均衡市場價格就不確定。

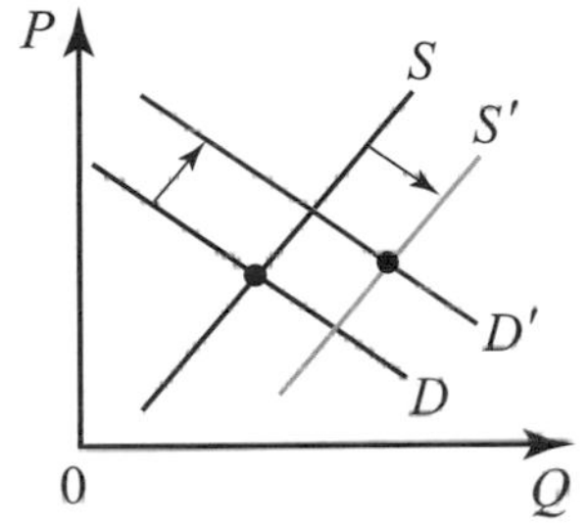

▲ 圖 2.13

6. 供給增加、需求減少

若供給增加、需求減少，則市場成交數量不確定，但市場價格下跌，如圖 2.14 所示：

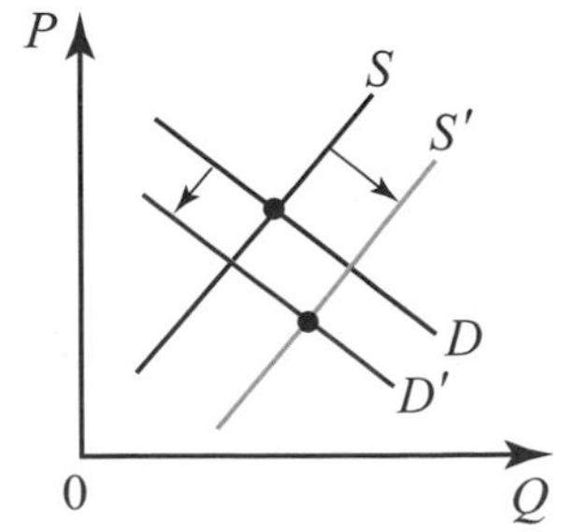

▲ 圖 2.14

例如，如果大家預期明年金瓜石將開採大量黃金，則大家預期明年黃金價格將大跌，因此在今年黃金零售市場上，金飾店老闆會趕快賣出手中持有的黃金，而一些投資者在今年會減少對黃金的購買，最後今年的黃金價格就會應聲下跌。

7.供給減少、需求增加

若供給減少、需求增加，則市場價格必然提高，但是數量不確定，如圖 2.15 所示。

例如 2005 年因為原料價格上漲，導致人民預期房價上漲，因此導致建商現在就開始惜售，而購屋者開始搶購的現象，立刻引起房屋市場價格大漲。

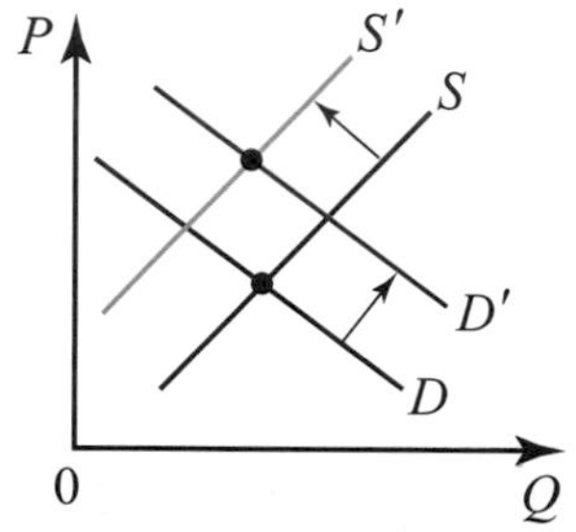

▲ 圖 2.15

8.供給減少、需求減少

若供給減少、需求減少，則市場數量必然減少，但是價格不確定，如圖 2.16 所示。

例如，口蹄疫發生之後，大量豬隻被撲殺，但是消費者也不敢買豬肉，所以會發生供給與需求同時減少的情形，此時市場成交量必然減少，可是市場價格上漲與否就不確定。

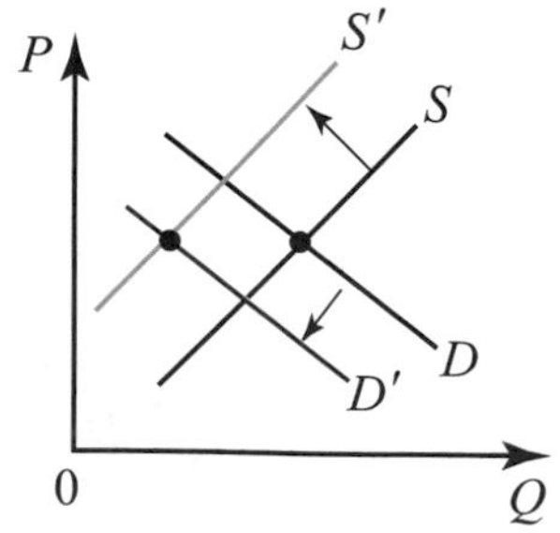

▲ 圖 2.16

範例

三、預期自我實現

在 2019 年臺灣引發了一次不應該發生的衛生紙之亂，起因是因為一個大賣場收銀員誤傳衛生紙即將漲價，導致很多消費者怕買不到，因此拼命搶購，造成更多的人買不到。事實上這種預期自我實現會發生在各種情境，例如我們在準備大學聯考時，如果你自信的認為未來成績會很好，那麼你必然會更加用功，最終就會考上理想的學校。反之，如果你自己認為資質差，一定考不好，那麼你一定不會把心思放在學業上，長此以往，最終必定與心目中的學校背道而馳。所以父母為什麼會不厭其煩勉勵自己小孩保有上進之心，無非在達成預期自我實現的目標而已。

2.4 消費者剩餘與生產者剩餘

雖然我們一直強調市場價格機能將引導資源達到最有效率的配置，但什麼是效率呢？我們將利用消費者剩餘與生產者剩餘的觀點來判斷資源配置達到效率與否。

消費者剩餘 (consumer surplus, C.S.)

小林非常喜歡吃水蜜桃，因此願意支付每一個 200 元去購買，可是當他走到中壢 Sogo 看到吳志揚縣長在大拍賣，一個只賣 50 元，如果小林買一個，對小林而言將物超所值 150 元，這物超所值部分就是消費者剩餘。所以消費者剩餘可以定義為消費者願意支付的最高金額減去實際支付的金額。

但是如何從圖形中觀察到消費者剩餘是多少呢？如下圖所示：

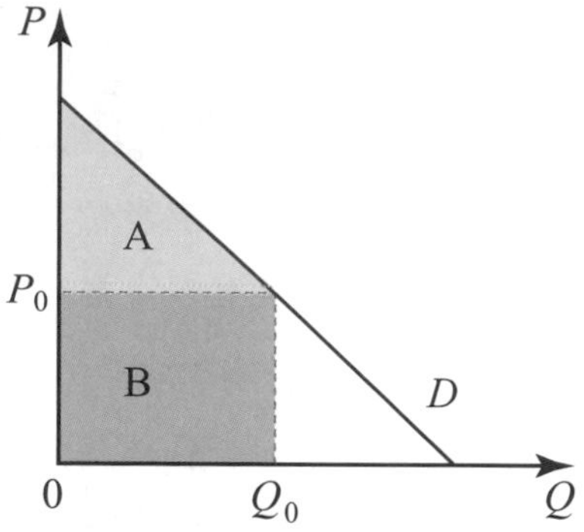

▲ 圖 2.17　消費者剩餘

若市場價格為 P_0，消費者購買數量將為 Q_0，則此時消費者感受到的物超所值是多少呢？由於需求曲線底下的面積為消費者購買 Q_0 數量下所願意支付的最高金額，其值為 A + B。可是消費者購買 Q_0 數量只有支付 $P_0 \times Q_0$ 的金額，其值為 B，所以消費者剩餘的面積為 A，恰好為消費者支付的價格線與需求線所夾的面積。

消費者剩餘的觀念可以用來解釋價格機能為何是有效率的，一般來講，財貨分配應該給最需要的人，此時獲得消費者剩餘也會最高。但是我們不知道誰最需要，所以就交由市場價格來決定，誰出價最高誰就可以買到他最需要的財貨。例如小林最喜歡吃水蜜桃，則小林願意支付購買水蜜桃的價格最高，表示小林買水蜜桃之後，水蜜桃達到最佳的配置，也就是效率的意義。

範例

四、免費停車

由於所得高，因此臺灣的汽車滿街跑，所以對停車位永遠感覺不夠，因此有些官員認為為了提高人民福祉，應該開放公共停車位，讓人民免費停車。

如果我們站在效率觀點，則此種想法太過天真，試想若免費停車，則許多路霸將會占有大部分停車位，此時如果您臨時想要停車將很難找到停車位，而現有停車位將會發生無效率使用。同理，每次在期中、期末考時，很多同學「免費」占有圖書館的位子，您想此時學生有沒有充分利用圖書館的資源呢？

生產者剩餘 (producer surplus, P.S.)

生產者剩餘觀念同消費者剩餘，也就是讓生產者感覺到「賺到」的部分，但是生產者剩餘與利潤的觀念卻有所不同，生產者剩餘是指生產者收入與欲使廠商繼續生產所必須擁有的最低收入的差額。

讀者想必對「欲使廠商繼續生產所必須擁有的最低收入」的意義感到困惑，例如小林經營一家水餃店，每個月支付肉、員工等薪水需要 10 萬元，另外還必須支付每月 5 萬元的房租（假設簽訂一年的契約），則短期內如果小林要繼續經營所必須擁有的最低收入為何？

如果小林繼續經營，每個月的收入只有 12 萬元，此時小林面臨虧損 3 萬元 $[=12-(10+5)]$，但是小林還是願意繼續經營！因為如果退出生產，每個月還要繳交 5 萬元的房租，小林發現繼續生產的虧損還比較小，因此願意繼續生產。所以讀者可以發現只要小林的收入超過 10 萬元就願意繼續生產，此時「欲使廠商繼續生產所必須擁有的最低收入」就等於 10 萬元，此 10 萬元在經濟學中就稱之為變動成本 (variable cost)。

從圖形中如何表示生產者剩餘呢？如下圖所示：

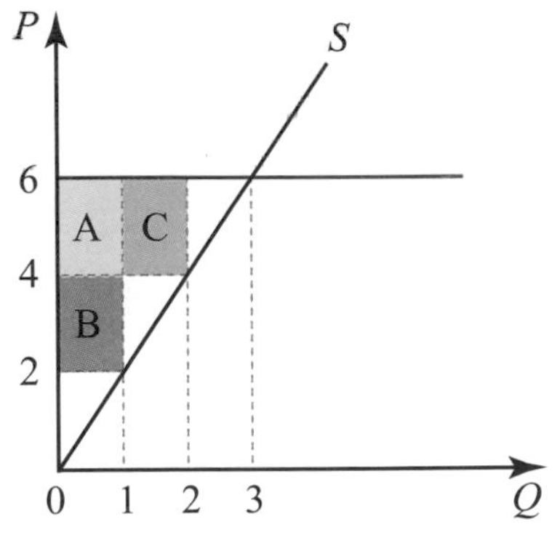

▲ 圖 2.18　生產者剩餘

假設廠商賣第一、二、三個財貨所必須收取的最低價格分別為 2、4、6 元，若市場價格為 6 元，則廠商賣第一個產品可以獲得 $(6-2)=4$ 元的生產者剩餘，其值為 A + B，同理賣第二個可以賺得 $(6-4)=2$ 的生產者剩餘，其值為 C 的面積。當我們可以無限細分財貨時，則生產者剩餘將為價格線與供給曲線所夾的面積。

2.5 價格直接管制

政府通常會為了某些政策目的，而對市場價格或者數量進行管制，但是我們發現在完全競爭市場假設之下，管制的結果通常都會導致資源配置無效率。

價格高限 (price ceiling)

在 2005 年，原油價格飆漲，導致台塑與中油一年之內調高石油價格超過四成，國內民眾叫苦連天，政府面臨民眾壓力進場管制石油市場價格不能太高，不能高於原先市場的均衡價格，就稱之為價格高限。顯然政府實施價格高（上）限目的在於保護消費者，因此政府將會規定商品的價格有一最高的上限，此一最高價格必然低於原先市場均衡價格，否則不具任何的經濟意義。

但是政府保護消費者的目標是否一定可以達成？如下圖所示：

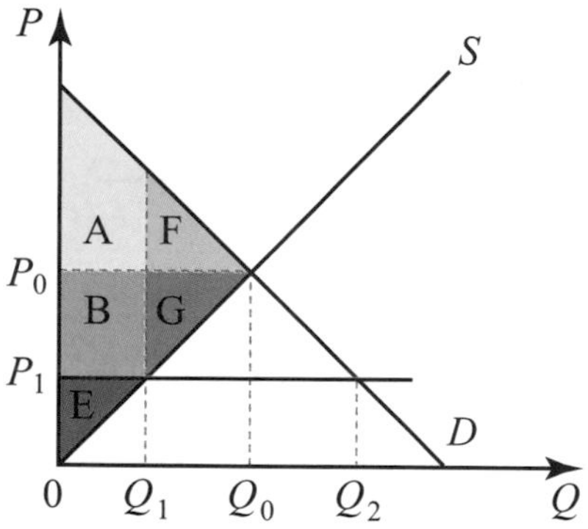

▲ 圖 2.19　價格高限的經濟效果

假設沒有管制前市場均衡價格為 P_0，成交數量為 Q_0，若政府基於保護消費者，規定市場價格不得高於 P_1，此時消費者雖然願意購買 Q_2 的數量，但是廠商只願意生產 Q_1 的數量，所以最後成交量將取最小者，即為 Q_1，此為短邊原則。我們可以將實施價格高限的經濟效果列表如下所示：

▼ 表 2.2　價格高限的比較

	管制前	管制後	變動量
市場價格	P_0	P_1	P_1-P_0
市場數量	Q_0	Q_1	Q_1-Q_0
消費者剩餘	A＋F	A＋B	B－F
生產者剩餘	B＋E＋G	E	－B－G
社會總剩餘	A＋B＋E＋F＋G	A＋B＋E	－F－G

從上表所示，實施價格高限之後，由於價格變低導致生產者剩餘減少，其值為 –B – G，但是消費者剩餘變動量為 B – F，也不一定比管制前增加，也就是說，政府實施價格高限目的雖然想要保護消費者，但是消費者卻不一定受益。而且當我們加總管制前後消費者剩餘變動量與生產者剩餘變動量，發現其值為 –F – G，表示管制後的社會總剩餘（消費者剩餘與生產者剩餘總合）反而低於未管制前的社會總剩餘，此差額部分經濟學家稱之為超額負擔 (excess burden)。

實施價格高限除了有超額負擔的缺點之外，另外還可能發生如排隊或者競租成本、地下經濟、消費者主權喪失等成本，所以實施價格高限是否有必要需詳細評估。

範例

五、一個口罩「只有」5 元？

自從 COVID-19 爆發之後，由於國內產能不足，政府基於保證每一個人都能買得到口罩，規定一個口罩售價 5 元，最初每人一個禮拜只能買兩個口罩。一個口罩只有 5 元羨煞許多國家人民，但是政府這種基於公平所實施的管制措施到底發生哪些問題？第一個，明顯對上班通勤族以及學生造成非常大的困擾，兩個口罩要用五天，所以類似蒸口罩等各種延長口罩壽命的方法層出不窮，因此價格高限管制一定能夠提高對這些人（包括需要到醫院照顧親人者）的消費者剩餘嗎？顯然大有疑問。第二個，國內生產口罩廠商一定「不爽」，口罩出口到國外，可以賣到新臺幣 180 元，國內只賣 5 元，所以生產者剩餘一定會減少。第三個，為了公平買到口罩，很多家庭必須派出婦孺老幼前去排隊買口罩，產生了龐大的等待的時間成本，甚至發生黑市交易，導致劣質口罩也出現在市場上。管制口罩價格優點在於每一個人都可以買到少量口罩，但是同時會發生以上的這些問題。任何公共政策的實施必有正反兩方的看法，而執政者目標就是要選擇對人民最有利的措施。

價格低限 (price floor)

每一次當農產品生產過剩時，例如早期玉井的芒果，2018 年的鳳梨與香蕉，農民都因價格過低而要求政府收購，也就是說，因商品的價格過低，所以政府基於保護生產者的利益，進場管制市場的價格不能太低，不能低於市場原先的均衡價格，就稱之為價格低（下）限。顯然政府實施價格低限目的在於保護生產者，因此政府將會規定商品的價格有一最低的下限，此一最低價格必然高於原先市場均衡價格，否則不具任何的經濟意義。

但是政府保護生產者的目標是否一定可以達成？如下圖所示：

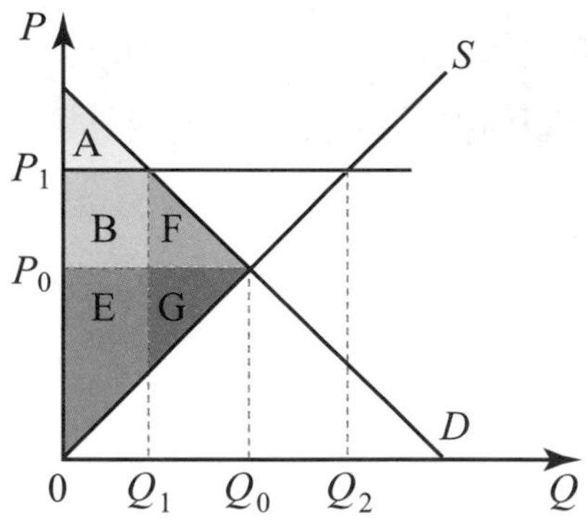

▲ 圖 2.20　價格低限的經濟效果

假設沒有管制前市場均衡價格為 P_0，成交數量為 Q_0，若政府基於保護生產者，規定市場價格不得低於 P_1，此時生產者雖然願意生產 Q_2 的數量，但是消費者只願意購買 Q_1 的數量，所以依據短邊原則，最後成交數量將為 Q_1。我們可以將實施價格低限的經濟效果如表 2.3 所示。

實施價格低限之後，由於價格變高導致消費者剩餘必然減少，其值為 –B – F，但是生產者剩餘變動量為 B – G，也不一定增加，也就是說，政府實施價格低限目的雖然想要保護生產者，但是生產者卻不一定受益。而且當我們加總消費者剩餘變動量與生產者剩餘變動量，發現其值為 –F – G，表示管制後的社會總剩餘反而低於未管制前的社會總剩餘，還是發生超額負擔。

▼ 表 2.3　價格低限的比較

	管制前	管制後	變動量
市場價格	P_0	P_1	$P_1 - P_0$
市場數量	Q_0	Q_1	$Q_1 - Q_0$
消費者剩餘	A + B + F	A	–B – F
生產者剩餘	E + G	B + E	B – G
社會總剩餘	A + B + E + F + G	A + B + E	–F – G

實施價格高限除了有超額負擔的缺點之外，另外還可能發生如超額供給、資源閒置等成本，所以政府想要藉由政府力量去「保護」生產者，背後還是有許多的機會成本。

重要名詞

- 慾望 (wants)
- 需求 (demand)
- 需求表 (demand table)
- 需求曲線 (demand curve)
- 需求函數 (demand function)
- 需求法則 (law of demand)
- 季芬財 (Giffen goods)
- 需求量變動 (change in quantity of demand)
- 需求變動 (change in demand)
- 正常財 (normal goods)
- 劣等財 (inferior goods)
- 替代品 (substitutes)
- 互補品 (complements)
- 網路外部性 (network externality)
- 消費排他性 (excludability in consumption)
- 敵對性 (rivalry)
- 水平加總 (horizon summation)
- 數量加總 (vertical summation)
- 供給 (supply)
- 供給法則 (law of supply)
- 供給量變動 (change in quantity of supply)
- 供給變動 (change in supply)
- 生產替代品 (substitutes in production)
- 生產互補品 (complements in production)
- 超額供給 (excess supply)
- 超額需求 (excess demand)

◆ 價格調整機能 (price mechanism)
◆ 消費者剩餘 (consumer surplus)
◆ 生產者剩餘 (producer surplus)
◆ 變動成本 (variable cost)
◆ 價格高限 (price ceiling)
◆ 超額負擔 (excess burden)
◆ 價格低限 (price floor)

摘要

★ 1. 需求指在某一段期間內，其他情況不變之下，消費者面臨各種不同的價格，願意並且能夠購買的數量。

★ 2. 需求法則指在其他情況不變之下，需求量與市場價格會呈現反向關係。

★ 3. 需求變動指影響需求的其他因素改變導致消費者購買數量的改變。需求量變動指財貨本身價格變動導致需求量的變動。

★ 4. 在其他情況不變之下，若所得增加會導致需求增加的財貨稱之為正常財。反之所得增加會減少需求的財貨稱之為劣等財。

★ 5. 在其他情況不變下，當 Y 物品價格上漲導致 X 財貨需求增加時，稱 X, Y 為替代品。如果 Y 物品價格上漲導致 X 財貨需求減少時，則稱 X, Y 為互補品。

★ 6. 由於私有財同時具有排他性與敵對性，因此社會總需求量可利用水平加總（或者稱數量加總）求得。

★ 7. 供給指在某段時間內，其他情況不變之下，生產者面臨各種不同價格所願意而且能夠生產的數量。

★ 8. 供給法則指在其他情況不變之下，廠商能夠且願意生產的數量與價格會呈現同向變動。

★ 9. 供給變動指影響供給的其他因素改變導致生產者願意生產的數量發生改變。供給量變動為財貨本身價格變動導致供給量的變動。

★ 10. 生產替代品指當生產相關物品價格 P_Y 上漲時，導致廠商的供給 Q_X^S 減少謂之。如果相關物品價格 P_Y 與 X 的供給呈同向關係時，則 X, Y 稱為生產上的互補品。

★ 11. 藉由價格變動來調和供需雙方的衝突，稱之為價格調整機能。

★ 12. 消費者剩餘指消費者願意支付的最高金額減去實際支付的金額。生產者剩餘指生產者收入與欲使廠商繼續生產所必須擁有的最低收入的差額。

★ 13. 價格高（上）限指政府管制市場價格不能太高，不能高於原先市場的均衡價格。價格低（下）限指政府基於保護生產者的利益，進場管制市場的價格不能太低，不能低於市場原先的均衡價格。

習題

1. 當汽油價格上漲對汽車需求曲線的影響為何？
2. 為什麼房屋價格越高，房屋成交量反而越多？
3. 年輕人喜歡到麥當勞打工而不喜歡當黑手表示供給法則不成立？
4. 討論違反供給法則的情形。
5. 試分析下列情形對豬肉價格的影響：
   (1)鴨肉價格大漲
   (2)開放豬肉進口
   (3)發生口蹄疫
   (4)養豬飼料成本提高
6. 當需求曲線為 $P=100-Q$，供給曲線為 $Q=P$ 時，生產者剩餘與消費者剩餘各為何？
7. 請利用消費者剩餘與生產者剩餘說明價格機能的可貴。
8. 最低工資率屬於價格高限還是低限？
9. 是非題：請評論以下敘述的對錯。
   (1)當水蜜桃價格上漲將導致西瓜的需求量增加。
   (2)當水蜜桃價格上漲將導致西瓜的供給量增加。
   (3)當汽油價格上漲將使汽車的供給減少。
   (4)需求增加將使價格上漲，價格上漲將使需求量減少，所以需求增加將使需求量減少。
10. 如果小林只消費 X、Y、Z 三種財貨，且其所得 M 完全用於消費。已知小林對 Z 的需求函數為：$Q_Z=4,500-0.5M+4P_X-30P_Y-20P_Z$ 其中，P_X、P_Y、P_Z 分別是 X、Y、Z 三種財貨的價格。則：
    (1) Z 是正常財還是劣等財？
    (2) Z、Y 是替代品還是互補品？
    (3) Z、X 是替代品還是互補品？
    (4) Z 有沒有滿足需求法則？
11. 下列何者為非？
    (1)如果豬肉可以用來生產香腸或者培根，當培根價格上漲時，其他情況不變之下，香腸價格下跌。

(2)當皮鞋價格上漲，將導致牛排價格下跌。

(3)產品的生產技術、產品生產要素的價格，以及產品的預期價格會影響到該項產品供給曲線的變化。

(4)如果農夫在同一塊土地可以同時栽種番薯與玉米，那麼當玉米價格上漲時，蕃薯的供給將會減少。

12. 由於臺北市地價不斷創下新高，因此政府下令臺北市政府不准再出售國有精華土地，請分析此項政策的實施，將使臺北市地價更高還是更低？臺北市的房價會更高還是更低？對於奢侈稅的效果會更好還是更差？

13. 如果牛肉市場的成交價格由昨日每公斤 100 元下跌到今天的 80 元，成交量則由昨日的 1,000 頭減少為今日的 800 頭。請問這是哪種型態的供需變動所引起的？

14. 假設小林對水蜜桃的需求函數為 $Q_D = \alpha - \beta P$，而供給函數為 $Q_S = a + bP$，其中 α、β、a、b 均為正數，請問當 α、β、a、b 個別增加時，對市場均衡價格與數量的影響為何？

15. 如果小林花了 1,000 元買 5 個水蜜桃，對於第 1 個到第 5 個水蜜桃願意支付的價格分別為 200 元、150 元、100 元、50 元、20 元，請問小林的「消費者剩餘」為何？

16. 請評論以下敘述：

(1)由於最低工資可以保護勞工，所以最低工資有利於全民福利。

(2)由於補貼國小兒童營養午餐可以增進低所得者的福利，所以補貼不會有無謂損失。

Note

第 3 章

彈　性

供需法則告訴我們供給量與需求量受到價格影響的「方向」，例如需求法則強調價格上漲需求量會減少，廠商的供給數量會增加。但是除了價格變動與數量變動的關係之外，其實經濟學家對於需求量或者供給量的變化幅度大小更有興趣，這就是彈性 (elasticity) 的概念。例如在日常生活中經常聽到「薄利多銷」，意味著廠商想藉由降價來促進銷售量（即需求量）大幅增加，因此價格雖然下跌，但是廠商的收入卻會增加。但是薄利一定多銷嗎？聰明的讀者一定可以發現關鍵點在於需求量是否會大幅增加？如果需求量增加幅度很小（即彈性小），則降價之後廠商的收入反而有可能減少，因此彈性觀念對從事經濟分析有著重要的影響。

3.1 彈性的基本概念

彈性最初的概念是來自於物理現象，例如我們說籃球的「彈性」大於鉛球，表示自相同高度往下掉，籃球的「反彈幅度」大。因此很多人文現象也引用彈性的概念，例如我們經常說某人為人很有彈性，表示他的行為很容易受到外界的影響。假設存在一函數關係：

$$Y = F(X)$$

如果 $F' > 0(F' = \frac{\Delta F}{\Delta \lambda} > 0)$，表示 X 與 Y 變化的關係為正相關，如果 $F' < 0$，表示 X 與 Y 變化的關係為負相關。據此經濟學家可以定義所謂彈性為衡量 Y 到底容不容易受到 X 的影響，如果 Y 很容易受到 X 影響，則稱彈性大。反之，如果 Y 不容易受到 X 影響，則稱彈性小。

以需求函數為例，假設 $Q_X^D = f(P_X, \overline{P_Y, M, Taste, \cdots})$，如果 X 的需求量 Q_X^D 很容易受到自身價格 P_X 的影響，則稱 X 的自身價格彈性大。假設小賴很喜歡吃水蜜桃，當水蜜桃價格由 100 元漲到 200 元時，小賴與小林對水蜜桃購買數量如下表所示：

▼ 表 3.1

	P = 100 元 / 個	P = 200 元 / 個
小賴	20 個	18 個
小林	20 個	10 個

則小林與小賴對水蜜桃哪一個需求彈性大呢？顯然是小林！因為當水蜜桃價格上漲時，小林的需求量減少幅度（減少 10 個）大於小賴需求量減少的幅度（減少 2 個），表示小林的需求量很容易受到價格影響，所以小林對水蜜桃需求自身價格彈性大。

但是讀者應該有一個疑問，難道彈性只是討論需求量受到自身價格的影響嗎？當然不是，因為影響需求量的因素很多。如果需求函數可以表示成 $Q_X^D = f(P_X, \overline{P_Y, M, Taste, \cdots})$，表示需求量受到很多因素的影響，如自身價格、所得、相關物品價格等等，因此我們至少可以定義以下三種不同種類的需求彈性：

(1)衡量需求量容不容易受到自身價格 (P_X) 的影響，稱之為需求的價格彈性。
(2)衡量需求容不容易受到相關物品價格 (P_Y) 的影響，稱之為需求的交叉彈性。
(3)而如果要衡量需求容不容易受到所得 (M) 影響的敏感度時，稱之為需求的所得彈性。

3.2 需求價格彈性

定 義

既然需求量的價格彈性是衡量需求量到底容不容易受到價格影響的指標，因此我們很可能將需求價格彈性 (price elasticity of demand) 定義為：

$$\varepsilon_D = -\frac{\Delta Q}{\Delta P} = -\frac{Q_2 - Q_1}{P_2 - P_1}$$

其中 $Q_2 - Q_1$ 稱為需求量變動量，而 $P_2 - P_1$ 稱之為價格變動量。由於需求量與價格呈現反向變動，因此加上負號彈性值就成為正數。

如果將彈性定義成 $-\frac{\Delta Q}{\Delta P}$，表示此定義所計算的彈性值將與單位選擇有關，例如，當牛肉價格為每公斤 100 元時，小賴每星期買 4 公斤，而當牛肉價格下跌至每公斤 80 元時，小賴每星期買 6 公斤牛肉。如果按照彈性 $= -\frac{\Delta Q}{\Delta P}$ 的定義，則小賴對牛肉的需求彈性 $= -\frac{6-4}{80-100} = \frac{1}{10}$。但是如果將需求量單位改為公克，則小賴對牛肉的需求彈性 $= -\frac{6{,}000-4{,}000}{80-100} = 100$。明明需求量並沒有改變，只是因為單位不同，所算出的彈性值卻不同，這種情形將不利於我們比較不同產品間彈性大小。至此，經濟學家於是需要另外定義一個不受單位影響的彈性，一個解決的方法就是將變動量改為變動的百分比，以小賴買牛肉為例，如以公斤為單位，則小賴需求量變動的

百分比 $\frac{Q_2-Q_1}{Q_1}$ 為 $\frac{6-4}{4}=0.5$，如果以公克為單位，則小賴需求量變動的百分比依然為 $\frac{6,000-4,000}{4,000}=0.5$。由以上說明，我們可以定義點彈性 (point elasticity) 如下：

$$\varepsilon_D=-\frac{\frac{\Delta Q}{Q}}{\frac{\Delta P}{P}}=-\frac{\frac{Q_2-Q_1}{Q_1}}{\frac{P_2-P_1}{P_1}}$$

上式意味著當價格變動百分之一導致需求量變動的百分比，其比值大小就稱之為彈性，讀者可以很容易觀察出既然分子與分母都是百分比都是無名數，因此上述彈性的定義也是無名數。

範例

一、小賴對水蜜桃的需求彈性

假設當價格 $P=8$ 時，小賴購買 2 個水蜜桃，但是當價格 $P=6$ 時，小賴購買了 4 個水蜜桃，試問小賴對水蜜桃的需求彈性若干？

解：彈性 $=-\frac{\frac{Q_2-Q_1}{Q_1}}{\frac{P_2-P_1}{P_1}}=-\frac{\frac{4-2}{2}}{\frac{6-8}{8}}=4$

弧彈性

點彈性的值雖然不會因單位選擇不同而有所不同，但是仍然有一缺點，以範例一為例，當價格由 $P=8$ 跌至價格 $P=6$ 時，需求彈性等於 4，但是如果價格由 $P=6$ 上漲至價格 $P=8$ 時，此時點彈性值：

$$\varepsilon_D=-\frac{\frac{2-4}{4}}{\frac{8-6}{6}}=\frac{3}{2}$$

讀者應該感覺很奇怪？因為價格由 $P=8$ 跌至 $P=6$ 或者價格由 $P=6$ 上漲至 $P=8$，其實所有狀況不變，只是方向相反而已，但是依照點彈性算法，卻得到不同的彈性值。為避免此困擾，因此經濟學家又定義所謂的弧彈性 (arc elasticity) 如下：

$$\varepsilon_D=-\frac{\frac{\Delta Q}{\frac{Q_1+Q_2}{2}}}{\frac{\Delta P}{\frac{P_1+P_2}{2}}}=-\frac{\frac{Q_2-Q_1}{\frac{Q_1+Q_2}{2}}}{\frac{P_2-P_1}{\frac{P_1+P_2}{2}}}$$

按照弧彈性定義，範例一的彈性值為：

$$\varepsilon_D=-\frac{\frac{4-2}{\frac{2+4}{2}}}{\frac{6-8}{\frac{8+6}{2}}}=\frac{7}{3}$$

此時不管價格由 $P=8$ 跌至 $P=6$ 或由 $P=6$ 上漲至 $P=8$ 的弧彈性值都相同。

彈性大小的比較

將點彈性定義稍微修改可得：

$$\varepsilon_D=-\frac{\frac{\Delta Q}{Q}}{\frac{\Delta P}{P}}=\frac{P}{Q}\times\frac{1}{-\frac{\Delta P}{\Delta Q}}$$

其中 $\frac{P}{Q}$ 代表觀測點（如圖 3.1 之 M 點）到原點的斜率。

範例

二、求解需求彈性

假設需求函數為 $P=25-2Q$，試求當 $P=5$ 時的需求彈性。

解：$\because P=25-2Q,\ \therefore Q=\frac{25}{2}-\frac{1}{2}P,\ \frac{\Delta Q}{\Delta P}=-\frac{1}{2}$，當 $P=5$ 時，$Q=10$，需求彈性

$$\varepsilon_D=-\frac{\frac{\Delta Q}{Q}}{\frac{\Delta P}{P}}=-\frac{P}{Q}\frac{\Delta Q}{\Delta P}=-\frac{5}{10}\times\frac{-1}{2}=\frac{1}{4}$$

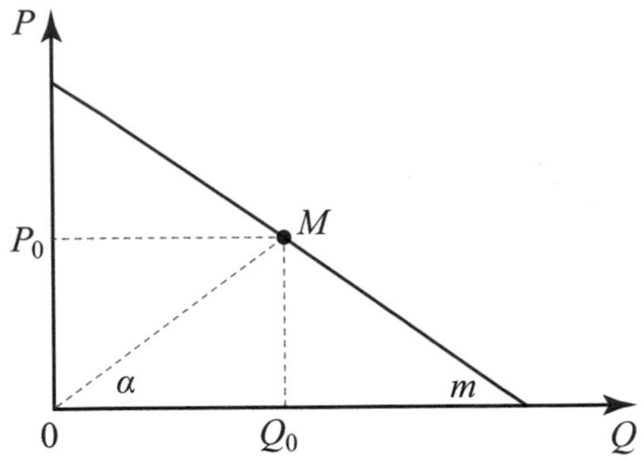

▲ 圖 3.1　需求彈性大小的判斷

如圖 3.1 所示，$\frac{P}{Q}=\frac{P_0}{Q_0}=\tan\alpha$ 即表示觀測點 M 點到原點的斜率。而 $\frac{1}{-\frac{\Delta P}{\Delta Q}}$ 代表需求曲線斜率 (m) 的倒數，因此需求曲線上任一點的彈性值為：

$$需求彈性值 = 觀測點\ (M)\ 到原點的斜率 \times \frac{1}{需求曲線斜率}$$

所以從幾何圖形上可知，決定需求曲線上任一點的彈性值有兩個因素，一為該點的位置「高低」，在同一條需求曲線上，位置越高，亦即越往左上方移動，其彈性值越大。如圖 3.2 之 N 點所示：

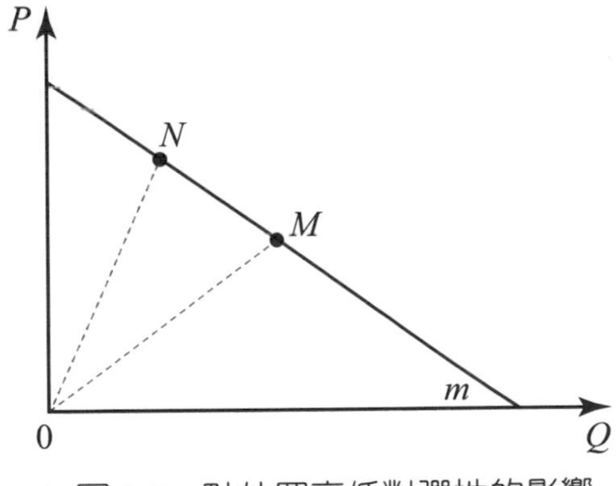

▲ 圖 3.2　點位置高低對彈性的影響

由於在同一條需求曲線上，因此 M 點與 N 點的需求曲線斜率相同，但是 N 點到原點斜率大於 M 點到原點斜率，因此 N 點彈性值大於 M 點。

另外，需求曲線斜率也會影響到點彈性的大小，如圖 3.3 所示：

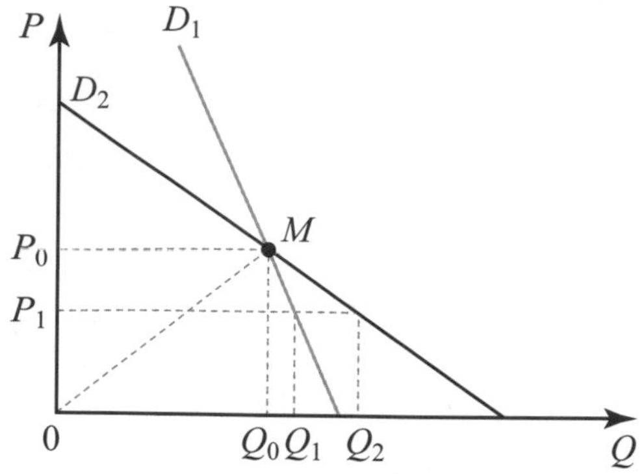

▲ 圖 3.3　需求曲線斜率對彈性的影響

M 點在 D_1 需求曲線上的彈性比在 D_2 需求曲線上的彈性值大還是小呢？我們假設一開始市場價格為 P_0，成交數量為 Q_0（即 D_1 與 D_2 的交點 M 的價格與數量）。如果價格降為 P_1，則沿著 D_1 移動，需求量由 Q_0 增加至 Q_1，其需求量變動為 $\overline{Q_0Q_1}$，同理如果沿著 D_2 移動，需求量由 Q_0 增加至 Q_2，其需求量變動為 $\overline{Q_0Q_2}$，顯然 $\overline{Q_0Q_2} > \overline{Q_0Q_1}$，需求量變化幅度大，代表著需求彈性較大，所以 M 點在 D_2 需求曲線上的彈性大。

另外，從需求彈性值 = 觀測點 (M) 到原點的斜率 $\times \dfrac{1}{\text{需求曲線斜率}}$ 可知，由於觀測點 (M) 到原點的斜率不管在 D_1 或者 D_2 曲線上都相同，但是因為 D_1 較陡，其斜率（取絕對值）較大，所以需求彈性較小。

雖然越陡的需求曲線其需求彈性較小，越平坦的需求曲線其需求彈性較大，但是這只是在「相同觀測點到原點的斜率」假設下所得結果，並不意味著較陡需求曲線上每一點彈性值就會比較小。

彈性的分類

依照彈性值的大小，我們可以將彈性分成下列五種：

一、完全無彈性

當需求彈性值等於 0 時，就稱為完全無彈性 (perfectly inelastic)。彈性等於 0 表示消費者的需求量完全不受到價格的影響，意味著消費者「非買不可」,「不買會死」。例如，小賴不管牛肉價格如何變動，每個月一定買 10 公斤的牛肉，就代表小賴對牛肉的需求彈性為 0。當需求彈性等於 0 時，需求曲線形狀為垂直線，亦即不管價格如何變動，需求量永遠維持不變，如圖 3.4 所示：

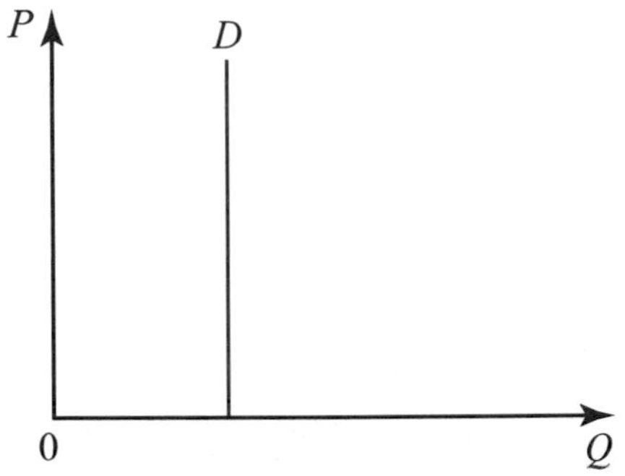

▲圖 3.4　需求彈性等於 0

典型接近彈性等於 0 的例子為人們對棺材的需求，不管棺材價格怎麼漲或跌，一個人一生原則上只買一個棺材，因此對棺材需求彈性為 0，當財貨需求彈性為 0 時，是否有人在「降價促銷」呢？

二、無彈性

當需求彈性小於 1 就稱為無彈性 (inelastic) 或彈性小。人類對糧食需求彈性甚小，例如當一碗飯價格等於 10 元時，小賴每一餐吃兩碗飯，當價格下跌至每碗 1 元時，想必小賴不會吃到 20 碗，即使多吃也不會吃太多，因此小賴對稻米的需求彈性甚小。其他需求彈性小的財貨如鹽、毒品等等。一般而言，彈性小的需求曲線都會比較陡。

三、單一彈性

當彈性值等於 1 時，就稱之為單一彈性 (unitary elastic)。如果需求曲線上每一點的彈性值都等於 1，則消費者對該財貨的購買支出永遠是常數，即 $P \times Q = A =$ 常數，此時需求曲線必為 $Q = AP^{-1}$。

四、有彈性

當彈性值大於 1 時，就稱之為有彈性 (elastic)。需求彈性大於 1 表示需求量變動的幅度會大於價格變化的幅度，例如小林居住在淡江大學校門口，一個月只有 1 萬元生活費，但是其中需支出 5,000 元在房租上，如果房租上漲一倍，則想必小林立刻搬至三芝，對淡江大學校門口的租屋需求量將大幅減少，此時需求彈性值就大於 1。一般而言，彈性大的需求曲線都會比較平坦。

五、完全彈性

當需求彈性值等於無窮大時，就稱之為完全彈性 (perfectly elastic)。彈性等於 0 表示非買不可，而完全彈性則表示消費者不買也無所謂。例如，假設臺灣有很多人種植稻米且所種植的稻米完全相同（即同質），而小賴也是種植稻米者之一。如果市場稻米價格每公斤 100 元，而小賴為了想增加獲利而提高其稻米價格至 120 元，則民眾對小賴稻米的需求量馬上降至 0。因為民眾可以轉向其他稻農購買，不買小賴的米也無所謂。由於小賴只要提高一點點價格，銷售量馬上降至 0，所以民眾對小賴所生產稻米的需求曲線為一水平線，如圖 3.5 所示：

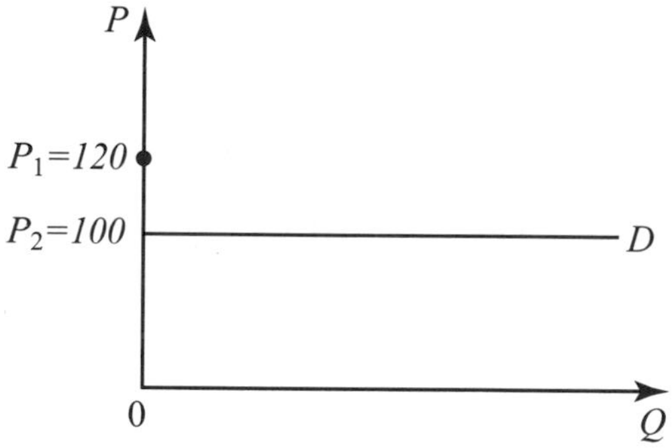

▲ 圖 3.5　需求彈性無窮大

範例

三、試區分小林與小賴的需求彈性大小

1. 小林每個月一定買 10 公斤豬肉。
2. 小賴每個月一定買 10,000 元的豬肉。

解：

小林購買豬肉數量不變，因此小林對豬肉的需求彈性為 0。但是小賴每個月一定買 10,000 元的豬肉，表示對豬肉的支出為一常數，因此小賴對豬肉的需求彈性為 1。

3.3 彈性與廠商收入之間的關係

廠商的收入 (total revenue) 可以定義為價格乘以其銷售量，即 $TR = P \times Q$。彈性到底跟廠商收入有什麼關係呢？我們假設有一廠商其所面臨的需求曲線為 $P = 10 - Q$，則廠商的收入與價格間的關係如表 3.2 所示：

▼ 表 3.2 彈性與收入

P	9	8	7	6	5	4	3	2
Q	1	2	3	4	5	6	7	8
$TR = P \times Q$	9	16	21	24	25	24	21	16

從表 3.2 可知，廠商一開始降價時，廠商收入會增加，但是最後當價格下跌至低於 5 元時，廠商收入反而減少，顯示降價促銷不一定能夠成功。我們將需求曲線 $P = 10 - Q$ 與表 3.2 繪於圖 3.6。

圖 3.6 上圖為需求曲線 $P = 10 - Q$，越往左上方彈性越大，圖 3.6 下圖為廠商收入 TR 與銷售量 Q 之間的關係，圖中顯示由於廠商的總收入為 $TR = P \times Q = 10Q - Q^2$，因此當 $Q = 5$，廠商的收入達到極大 ($TR = 25$)，而當 $Q = 10$ 或 $Q = 0$ 時，廠商的收入等於 0。

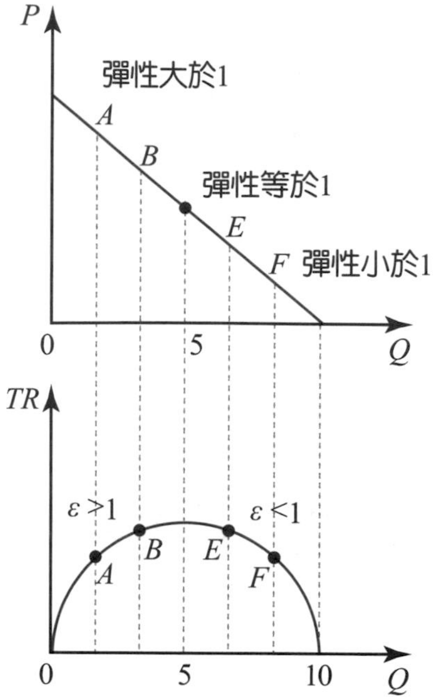

▲ 圖 3.6 彈性與收入

由圖 3.6 可知，價格變動與收入之間的關係受到彈性大小的影響，當需求彈性大於 1 時，價格下跌（由 *A* 點移往 *B* 點），銷售量增加的速度 ($\frac{\Delta Q}{Q}$) 將會大於價格下降的速度 ($\frac{\Delta P}{P}$)，因此廠商的收入增加。反之，價格上漲導致需求量大幅減少，反而使廠商的收入減少，所以價格與收入呈現反向變動。但是當需求彈性小於 1 時，如圖 3.6 由 *E* 點移往 *F* 點，價格下跌雖然銷售量增加了，但是增加的速度太慢了，因此廠商的收入減少，反之價格上漲廠商的收入增加，所以價格與收入呈現同向變動。這之間的直覺非常清楚，價格雖然下跌，如果彈性很大，廠商的銷售量將大增，因此廠商的總收入是增加的，同理可以類推其他情況。

接下來我們用圖形來說明價格與收入之間的關係，如圖 3.7 所示。

圖 3.7 左圖彈性小，當價格下跌時，收入增加 H 的面積，但卻減少 G 的面積，顯然 G > H，因此總收入減少。圖 3.7 右圖的需求彈性大，因此當價格下跌時，收入減少 M 的面積，但是增加 N 的面積，由於 N > M，所以總收入增加。

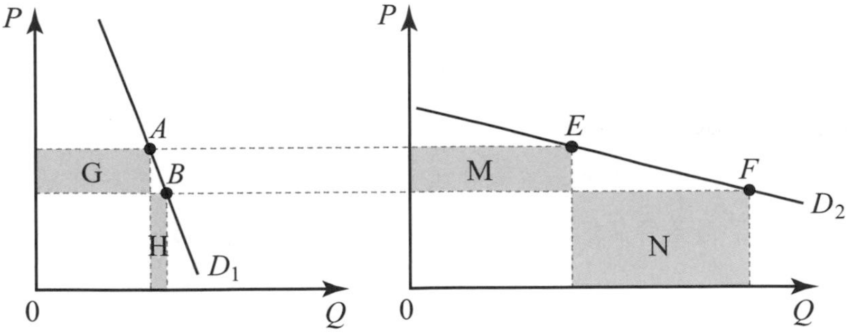

▲ 圖 3.7 彈性與收入幾何證明

範例

四、穀賤傷農、穀貴傷民

古時有所謂瑞雪兆豐年，但是豐年對農夫真的有好處嗎？由於消費者對稻米的需求彈性非常小，消費者不可能因為稻米價格下跌而多吃一倍的飯，因此當豐年時，稻米產量大幅增加，使得稻米價格大幅下跌，但是因為消費量沒有因此而大幅增加，使得農民收入反而減少。

如果稻米歉收，導致稻米價格大幅上漲，但是人民需求數量卻無法大幅減少，因此消費者對稻米的支出將大幅增加，所以穀貴傷民。從以上說明，對以農立國的國家，稻米價格上漲或下跌對人民來講都是不利的，所以為什麼許多農業國家都要設立糧倉來平穩米價自有其經濟涵義。

範例

五、以價制量

需求法則強調價格上漲，需求量會減少，但是減少數量是多少呢？顯然跟彈性是有密切的關係。例如，為了抑止機車排放黑煙，因此政府課徵機車燃料稅，希望透過以價制量方式，讓人民「自動」減少騎乘機車，達到空氣清新的目的。

但是這個政策有效嗎？以目前臺灣所得水準，機車顯然是一個必需品，亦即彈性非常小。即使政府透過課徵空污稅，使人民多付幾元的稅，但是因需求彈性小，所以人民對騎乘機車的需求幾乎不變，因此政府希望透過課徵機車燃料稅，達到以價制量的目的可能無法實現。

範例

六、抑止毒品氾濫的方向

抑止毒品氾濫長久以來一直是執政者的目標，但是用盡各種方法始終成效不彰。例如為了遏止毒品氾濫所造成治安危害，執政當局決定嚴刑重罰，其效果如何呢？

人一但染上毒品，要戒除就非常困難，因此如果政府決定嚴刑重罰，將導致毒品供給減少，使毒品價格大幅上漲。但是因毒品需求彈性小，所以需求量幾乎不變，但價格上漲將迫使這些吸毒者鋌而走險（因為毒品的需求彈性小，$P\uparrow \Rightarrow TR\uparrow$），反而犯下嚴重的犯罪事件。

讀者或許會問，根據以上分析，似乎更應該對販毒者補貼？當然不是！因為若要解決毒品問題，只針對毒品的「供給」著手，對社會的治安貢獻不大，應該從需求面著手。

3.4 影響需求價格彈性大小的因素

如果其他情況改變，引起需求曲線改變，將使彈性跟著發生變動，而影響需求彈性大小的因素主要有以下三項：

一、替代品的多寡

一般來講，替代品越多，則需求價格彈性越大。例如，人類糧食（泛指人類食物的總稱）沒有替代品，因此即使糧食價格上漲，您也不可能購買相對便宜的電腦來取代比較貴的糧食，所以糧食彈性很小。但是稻米的需求價格彈性相對於糧食的需求價格彈性就會比較大，因為當稻米價格上漲，消費者可以購買相對便宜的麵粉來取代較貴的稻米，因此消費者對稻米的需求彈性就比較大。同理，如果再將稻米細分成桃園米、濁水米、池上米等，則桃園米的彈性值又會大於稻米，因為一旦桃園米的價格上漲，則消費者將選購其他品牌的稻米或者其他種類的食品，將使得桃園米的需求量大幅減少，因此桃園米相對於稻米及糧食而言，其彈性值最大。

二、時間的長短

一般而言時間越長需求價格彈性越大，主要原因在於短期下消費者無法立刻調整其消費行為，但是長期下消費者有足夠時間來反映價格變動，因此長期需求彈性大。例如，當石油價格上漲時，短期內人類對石油的依賴不會改變，所以對石油的需求量不變，因此短期內對石油的需求彈性非常的小。可是當人類逐漸發明能源的替代品，如太陽能、風能等，因此可以逐漸擺脫對石油的依賴，長期下對石油的需求才可能大幅下降，所以長期下人民對石油需求彈性較大。

三、該項產品的支出占所得的比例

當該項產品的支出占所得的比例越大時，其彈性值越大，反之越小。例如，學生一個月購買原子筆的金額占一個月生活費的比例極低，因此當原子筆價格上漲一倍，對原子筆的需求量影響不大，因此需求彈性小。但是大學生每月生活費中，房租支出占每月生活費的比重是相當的大，假設一個月生活費 1 萬元，但是學校附近房租一個月 5,000 元，如果房租上漲一倍，保證學生對學校鄰近租屋的需求將大幅減少，所以此時需求彈性大。

範例

七、產地價格會比較便宜嗎？

一般我們都會認為，物以稀為貴，水果產地的價格一定比較便宜，例如桃園復興鄉水蜜桃的價格一定比較便宜，臺東釋迦一定比臺北便宜。其實您走一趟產地之後，發現產地價格並沒有比較便宜，甚至還有可能更貴，原因何在？

一般在產地附近兜售產地水果的攤販也知道遊客身上會攜帶很多錢出來遊玩，當攜帶的錢多了以後，購買水果支出占所得比例降低了，因此需求彈性變小，「不買會死」，非買不可，攤販了解此道理之後，也就無須降價了。

3.5 交叉彈性

交叉彈性 (cross elasticity) 指衡量需求因相關物品價格變動的敏感度的指標，亦即衡量需求到底容不容易受到相關物品價格影響，如果需求很容易受到相關物品價格影響，則稱交叉彈性大。因此我們可以將交叉彈性定義為當相關物品價格變動百分之一導致需求量變動的百分比，即：

$$\varepsilon_{XY} = \frac{\frac{\Delta X}{X}}{\frac{\Delta P_Y}{P_Y}}$$

如果 $\varepsilon_{XY} > 0$，表示 X 需求量變動與相關物品價格變動呈正相關，則 X, Y 稱為替代品，反之，如果 $\varepsilon_{XY} < 0$，則 X, Y 為互補品。

交叉彈性在產業經濟學上是一個重要的概念。某廠商是否為一獨占廠商，基本認定的法則是此廠商所生產的 X 商品是否有近似替代品存在，當交叉彈性很大時，表示 X, Y 兩種產品的關係非常的「密切」，因此 X 就不被視為獨占的商品。

3.6 所得彈性

所得彈性 (income elasticity) 衡量需求量到底容不容易受到所得影響，如果需求量很容易受到所得影響，則稱所得彈性大。因此我們可以將所得彈性定義為當所得變動百分之一導致需求量變動的百分比，即：

$$\varepsilon_M = \frac{\frac{\Delta Q}{Q}}{\frac{\Delta M}{M}}$$

如果所得彈性大於 0，表示當所得增加時 ($\Delta M > 0$)，需求量會增加 ($\Delta Q > 0$)，此種財貨屬於正常財，反之所得彈性小於 0 時，稱之為劣等財。經濟學家又細分所得彈性大於 1 時稱之為奢侈品 (luxury goods)，而所得彈性介於 0 與 1 之間稱之為必需品 (necessities)。

其實根據奢侈品的定義它有更深的意涵，例如，吃飯為必需品，通常 20 歲如果一餐吃兩碗，30 歲大概也一餐吃兩碗，所以所得增加了，吃飯占所得比例會逐漸下降。但是反之若奢侈品的話，結果就不同，當所得低時，出國旅遊的次數大概不會太多，但是當所得增加時，出國旅行的次數想必大幅提高，表示旅遊支出占所得比例提高，意味著旅遊屬於奢侈品。國內有一位旅遊業者早時體會此真理，預期臺灣所得隨經濟成長將大幅提高，且臺灣人喜好到日本旅遊，因此大力擴展對日旅遊，為其賺進大把鈔票。

範例

八、為什麼衡量所得彈性值大小很重要呢？

我們舉可口可樂的行銷策略來加以說明，美國 Harvard 大學經濟系曾經有 4 個學生研究所得變動與家庭式飲料 (home drinking) 之間的關係，這些學生赫然發現，可口可樂所得彈性是負值，意味著在已開發國家（所得高的國家），其銷售量將日趨萎縮。這個結果震驚當時可口可樂高層人員，可口可樂高層人員立刻調整他們的行銷策略，放棄在電視平面媒體廣告，而改與大型連鎖速食店策略聯盟，如與麥當勞合作，因為如果消費者在麥當勞吃炸雞，就有可能同時喝可口可樂，這及時改變，挽救可口可樂的經營危機。

3.7 供給彈性

供給彈性也是在衡量廠商供給量是否容易受到市場價格的影響，若供給量很容易受到價格影響，則稱供給彈性大，反之若供給量不容易受到價格影響，則稱供給彈性小。所以供給彈性為衡量供給量因價格變動的敏感度指標，同理為了避免受到單位影響，我們將供給彈性定義為價格變動百分之一導致供給量變動的百分比，即：

$$\varepsilon_s = \frac{\frac{\Delta Q^s}{Q^s}}{\frac{\Delta P}{P}}$$

根據供給法則，價格變動與供給量呈現同向變動，所以定義前面無須冠上負號。

基本上決定供給彈性大小的因素主要有三個：

一、生產要素取得的難易程度

生產要素（包括生產技術）如果取得越容易，則該產品的供給彈性越大，反之如果生產要素取得越不容易，則該產品的供給彈性越小。以電子產業為例，生產要素在不同產業間移動會有結構性的進入障礙，例如電子產業缺乏人手就不太可能從金融業或者紡織業挖角，所以電子業要取得生產要素相對就不容易，因此增產有相當的困難。但是生產要素在相同產業內移轉則比較容易，例如台積電要增產，需要大量科技人員，此時可以高薪向其他電子業挖角，取得要素相對於電子業就容易得多，所以台積電增加產量就比較容易，導致電子業的供給彈性相對於台積電的供給彈性而言會比較小。

二、邊際成本對產量的敏感度

邊際成本 (marginal cost, *MC*) 指衡量廠商生產成本的增加速度，如果廠商邊際成本線越陡（亦即廠商只要增產一點點，邊際成本立刻大幅增加），則供給彈性小。反之，如果廠商邊際成本線越平（亦即廠商增產時，邊際成本增加幅度很小），則供給彈性大。如圖 3.8 所示：

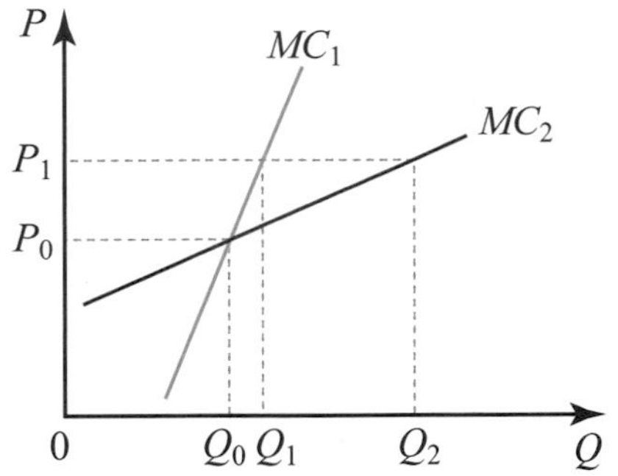

▲ 圖 3.8　邊際成本對供給彈性的影響

假設一開始市場價格為 P_0，成交數量為 Q_0。如果價格上漲為 P_1，則沿著 MC_1 移動，供給量由 Q_0 增加至 Q_1，其供給量變動幅度為 $\overline{Q_0Q_1}$，同理如果沿著 MC_2 移動，供給量由 Q_0 增加至 Q_2，其供給量變動幅度為 $\overline{Q_0Q_2}$，顯然 $\overline{Q_0Q_2} > \overline{Q_0Q_1}$，供給量變化幅度大，代表著供給彈性較大。

三、時間的長短

時間越長，廠商可以調整生產要素的數量，進而達到增加供給量的目的，因此長期的供給彈性較大。例如，2003 年，由於大尺寸電視面板需求大增，導致 TFT-LCD 相關研發人才需求大增，但是培養人才需要時間，因此 TFT-LCD 短期間內要增加大尺寸面板產量的可能性很小。

3.8 租稅的轉嫁

所謂轉嫁 (shifting) 指廠商透過交易行為將租稅轉移給其他經濟個體負擔。例如，政府如果對麥當勞課徵消費稅，麥當勞可以提高漢堡售價將租稅轉嫁給消費者負擔，此種現象稱之為前轉 (forward shifting)。但是麥當勞也可以透過降低進貨成本方式將租稅轉嫁給供應商來負擔，此時稱之為後轉 (backward shifting)。因此租稅轉嫁形態有很多種，底下將以前轉為探討的主題。

假設政府對廠商課徵 $T = 300$ 元的從量稅（稱之為租稅衝擊），亦即每單位銷售量政府收取 T 元的租稅，且 T 與價格無關。此時廠商必須繳交 T 元的租稅，因此稱廠商為納稅義務人。如圖 3.9 所示：

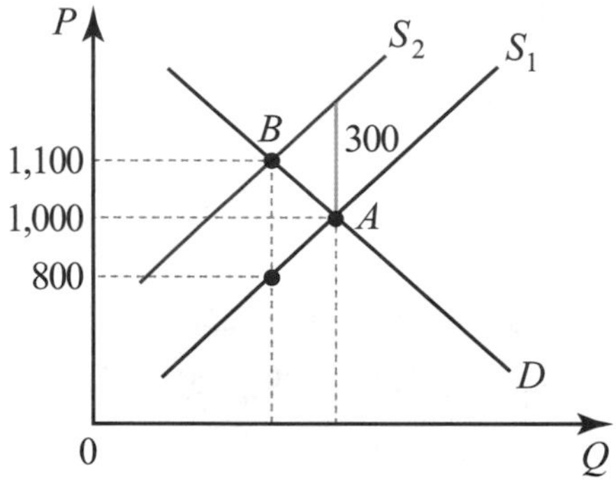

▲ 圖 3.9　租稅轉嫁

假設一開始未課稅之前，市場均衡點在 A 點，市場價格為 1,000 元，如果政府課徵 300 元的租稅將使供給曲線平行上移，假設稅後市場均衡價格為 1,100 元，此時：

$$\text{消費者負擔：}1{,}100 - 1{,}000 = 100\text{ 元}$$

$$\text{生產者負擔：}1{,}000 - 800 = 200\text{ 元}$$

為什麼消費者負擔 100 元的租稅呢？原因在於稅前消費者只需支付 1,000 元的價格，但是政府對廠商課徵租稅之後，卻須支付 1,100 元的價格，表示消費者多支出 100 元，意味著廠商透過交易行為將 300 元的租稅轉嫁 100 元給消費者負擔。從以上說明可知，當市場價格上漲幅度越大，代表著消費者負擔租稅比例越高，廠商轉嫁也就越容易。反之，如果市場價格沒有上漲，就代表消費者沒有負擔任何租稅，租稅就沒有轉嫁。

但是影響轉嫁的因素為何呢？其主要的因素為供需彈性相對大小，說明如下：

一、需求價格彈性不同

在圖 3.10 中，由於 D_1 比 D_2 來得平坦，因此 A 點在 D_1 需求曲線上彈性較大，在 D_2 曲線彈性較小。若政府對生產者課徵從量稅，使廠商供給曲線往左移動至 S_2。

當需求價格彈性越大時，市場價格上漲幅度 P_0P_1 小於彈性小時的上漲幅度 P_0P_2，表示當需求彈性越小時，廠商轉嫁能力越高，消費者要負擔越多稅，當需求價格彈性越大時，廠商轉嫁能力越低。

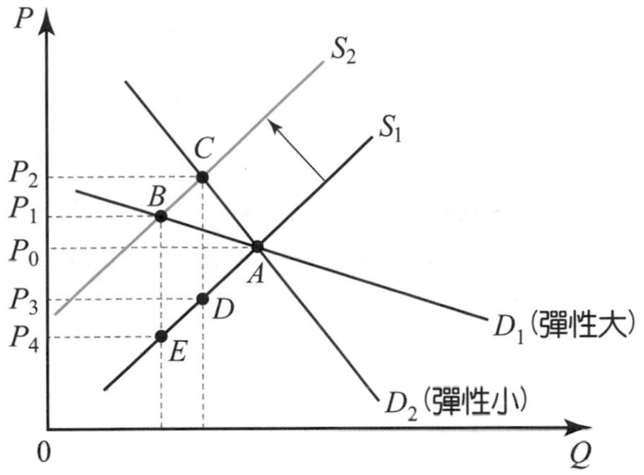

▲ 圖 3.10　需求價格彈性不同對轉嫁的影響

二、供給價格彈性不同

在圖 3.11 中，由於 S_1 比 S_2 來得平坦，因此 A 點在 S_1 供給曲線上彈性較大。如果政府對消費者課徵從量稅，使得需求曲線往左移動至 D_2，當供給價格彈性越大時，市場價格上漲幅度 P_0P_2 大於彈性小時的上漲幅度 P_0P_1，表示當供給價格彈性越大時，廠商轉嫁能力越高，當彈性越小時，轉嫁能力越低。

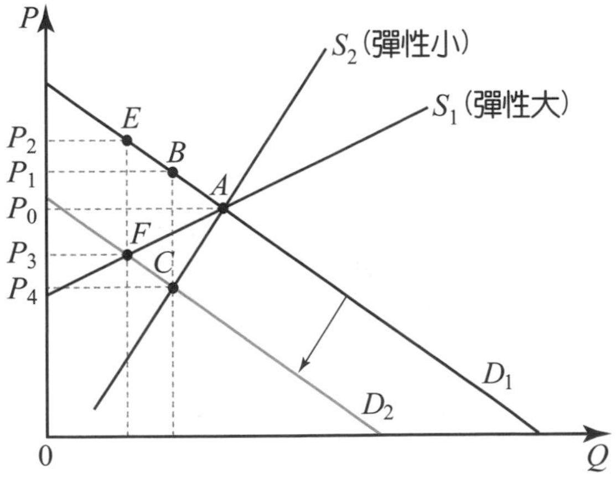

▲ 圖 3.11　供給彈性不同對轉嫁的影響

從圖形去理解供需彈性如何影響轉嫁似乎須要一點時間，但是如果從直覺，那就容易得多了。需求彈性小，表示消費者「不買會死」，既然消費者「不買會死」，當然租稅就容易轉嫁給消費者負擔了。例如，臺灣民眾長久以來都認為日本貨的品質好，像保溫杯、電鍋或汽車等等，非買日貨不可，此時即使政府對日本進口品課徵高關稅，其大部分的關稅還是會由臺灣民眾來負擔。

反之，供給彈性也會影響租稅轉嫁幅度不同。如果臺灣出口至日本的供給彈性為 0，表示臺灣廠商除了日本之外沒有其他的市場，因此臺灣出口廠商「不賣會死」，此時如果日本對臺灣廠商課徵關稅，稅賦當然由臺灣出口廠商負擔。

從以上說明可知，供需雙方誰的彈性小，誰就要負擔大部分的租稅，需求彈性小，需求者就要承擔大部分稅賦，供給彈性小，供給者就要負擔大部分的租稅。

範例

九、健保費的負擔

目前全民健保費分攤方式由勞資雙方共同負擔，但是從經濟理論可以得知，不管勞資雙方對分攤比例的規定如何，最後一定由劣勢的勞方負擔大部分的全民健保費。例如，假設健保局有三個方案，A 方案：健保費全部由資方負擔，B 方案：健保費由勞資雙方平均分攤，C 方案：健保費全部由勞方負擔。表面看起來，以 A 方案對勞工最為有利，但是實際情況如何？

對一個低所得者而言，如果不工作，將沒有其他收入而「餓死」，所以勞動供給彈性相對上來講就會比較小，因此不管以上三個方案，最後資方全部會把全民健保費轉嫁給勞方負擔。以 A 方案為例，雖然規定資方負擔所有健保費，但是透過轉嫁的結果，變成勞方負擔所有健保費，如圖 3.12 所示：

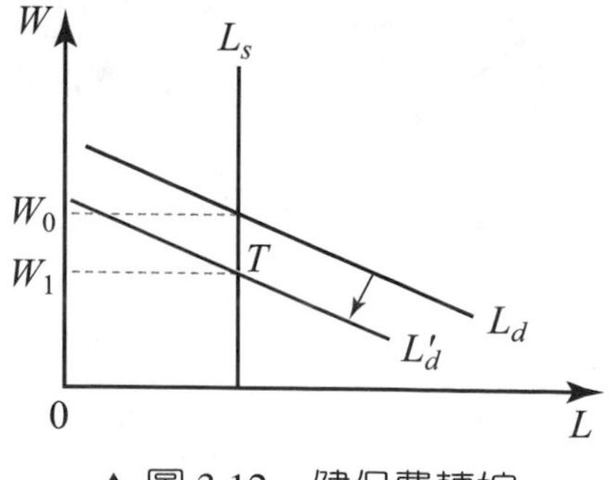

▲ 圖 3.12　健保費轉嫁

一般勞動供給彈性較小，我們假設勞動供給為垂直。若一開始沒有全民健保時，市場均衡工資為 W_0，而實施全民健保之後，資方需負擔 T 的健保費，此時將使勞動需求減少至 L'_d，市場均衡工資降為 W_1，顯然勞方的工資下跌了，表示勞方負擔所有的健保費。

範例

十、奢侈稅的轉嫁

隨著經濟發展通常一國的所得分配會隨之惡化，臺灣當然也不例外。2011 年，在輿論壓力之下通過俗稱「奢侈稅」的課徵，希望對奢侈品課稅以達到量能公平的目標。但是課徵奢侈稅真的能夠對有錢人課到稅嗎？

從本節討論可知，任何的商品稅都可能發生轉嫁效果。課徵奢侈稅之後，例如打房，若導致高價房屋交易萎縮，此時建築員工、裝潢師傅等都會連帶受到影響，此時也間接承擔租稅。

因此，我們認為要真正對奢侈品例如高價房屋課稅的話，應該改採實價課稅，避免租稅的複雜性。像帝寶一戶可能超過 2 億元新臺幣，但是房屋的評定價值可能只有 300 萬，稅額差價達百倍以上。

重要名詞

- 彈性 (elasticity)
- 需求價格彈性 (price elasticity of demand)
- 點彈性 (point elasticity)
- 弧彈性 (arc elasticity)
- 完全無彈性 (perfectly inelastic)
- 無彈性 (inelastic)
- 單一彈性 (unitary elastic)
- 有彈性 (elastic)
- 完全彈性 (perfectly elastic)
- 穀賤傷農
- 所得彈性 (income elasticity)
- 奢侈品 (luxury goods)
- 必需品 (necessities)
- 交叉彈性 (cross elasticity)
- 邊際成本 (marginal cost)
- 轉嫁 (shifting)
- 前轉 (forward shifting)
- 後轉 (backward shifting)

摘要

★ 1.彈性可衡量 Y 是否容易受到 X 的影響，如果 Y 很容易受到 X 影響，則稱彈性大。反之，如果 Y 不容易受到 X 影響，則稱彈性小。

★ 2.需求量的價格彈性是衡量需求量到底容不容易受到價格影響的指標。

★ 3.弧彈性 $\varepsilon = -\dfrac{\dfrac{Q_2 - Q_1}{\dfrac{Q_1 + Q_2}{2}}}{\dfrac{P_2 - P_1}{\dfrac{P_1 + P_2}{2}}}$，又稱為兩點間的平均彈性。

★ 4.依照彈性值的大小，我們可以將彈性分成完全無彈性、無彈性、單一彈性、有彈性與完全彈性。

★ 5.影響需求彈性大小因素主要有三項，替代品的多寡、時間的長短與該項產品支出占所得的比例。

★ 6.所得彈性衡量需求量到底容不容易受到所得影響，如果需求量很容易受到所得影響，則稱所得彈性大。因此我們可以將所得彈性定義為當所得變動百分之一導致需求量變動的百分比。

★ 7.所得彈性大於 1 時稱之為奢侈品，而所得彈性介於 0 與 1 之間稱之為必需品。

★ 8.交叉彈性衡量本身需求到底容不容易受到相關物品價格影響，如果本身需求很容易受到相關物品價格影響，則稱交叉彈性大。

★ 9.供給彈性為衡量供給量因價格變動而變動的敏感度指標，為了避免受到單位影響，我們將供給彈性定義為價格變動百分之一導致供給量變動的百分比。

★ 10.決定供給彈性大小的因素主要有三個，生產要素取得的難易程度、邊際成本對產量的敏感度、時間的長短。

★ 11.轉嫁指廠商透過交易行為將租稅轉移給其他經濟個體負擔。供需雙方誰的彈性小，誰就要負擔大部分的租稅，需求彈性小，需求者就要承擔大部分稅賦，供給彈性小，供給者就要負擔大部分的租稅。

習題

1. 如果需求曲線為 $P = 100 - 2Q$，供給曲線為 $P = 2Q$，試求均衡時供給與需求彈性各為何？

2. 討論為什麼 2004 年柳丁價格大跌時，柳丁果農收入反而大減的原因？
3. 當 2005 年臺灣的芒果可以外銷大陸，對生產芒果的果農收入影響為何？
4. 討論在情人節時，對花朵的需求彈性會變大還是變小？
5. 小林發現到釋迦產地知本購買釋迦價格並沒有比較便宜，為什麼？
6. 如果需求函數為 $Q_X^D = 100 - 2P_X + 2M + 3P_Y$，試求在 $P_X = 10, P_Y = 5, M = 10$ 時的所得彈性與交叉彈性各為何？
7. 如果小林對水蜜桃短期的價格彈性為 0.5，長期的價格彈性為 2，請回答：
 (1)如果水蜜桃價格由每公斤 28 元降為 12 元，則短期與長期的需求量分別變動幾個百分比？
 (2)為何水蜜桃的長期需求彈性會大於短期需求彈性？
8. 請回答：
 (1)如果小林每天一定買 10 個水蜜桃，則小林對水蜜桃需求的價格彈性為何？
 (2)如果小林每天一定花 1,200 元買水蜜桃，則小林對水蜜桃需求的價格彈性為何？
 (3)如果小林每月一定花薪資所得的 20% 買水蜜桃，則小林對水蜜桃需求的所得彈性為何？
9. 如果富豪對豪宅的需求價格彈性很小，那麼您認為奢侈稅真的可以使富人戒除奢侈浪費的情況嗎？
10. 試判斷以下情況彈性的大小：
 (1)開放汽車進口之後，國人對汽車需求的價格彈性。
 (2)汽車、Toyota 汽車，Toyota 小汽車三者之間的彈性大小。
 (3)過年收到紅包之後，對看電影的需求價格彈性。
11. 假設小林對水蜜桃需求函數為 $Q = 200 - 10P + 20I$，式中 Q 為需求量，P 為價格，I 為平均每人所得。在給定平均每人所得為 1,000 元之下，當水蜜桃價格為 20 元時，其需求的所得彈性為何？
12. 當哈密瓜由 1 公斤 60 元漲到 120 元時，市場上水蜜桃銷售量每天由 100 公斤增加到 400 公斤：
 (1)利用中點法，求出水蜜桃與哈密瓜之間的需求交叉彈性。
 (2)此時請問水蜜桃與哈密瓜間是互補關係還是替代關係？

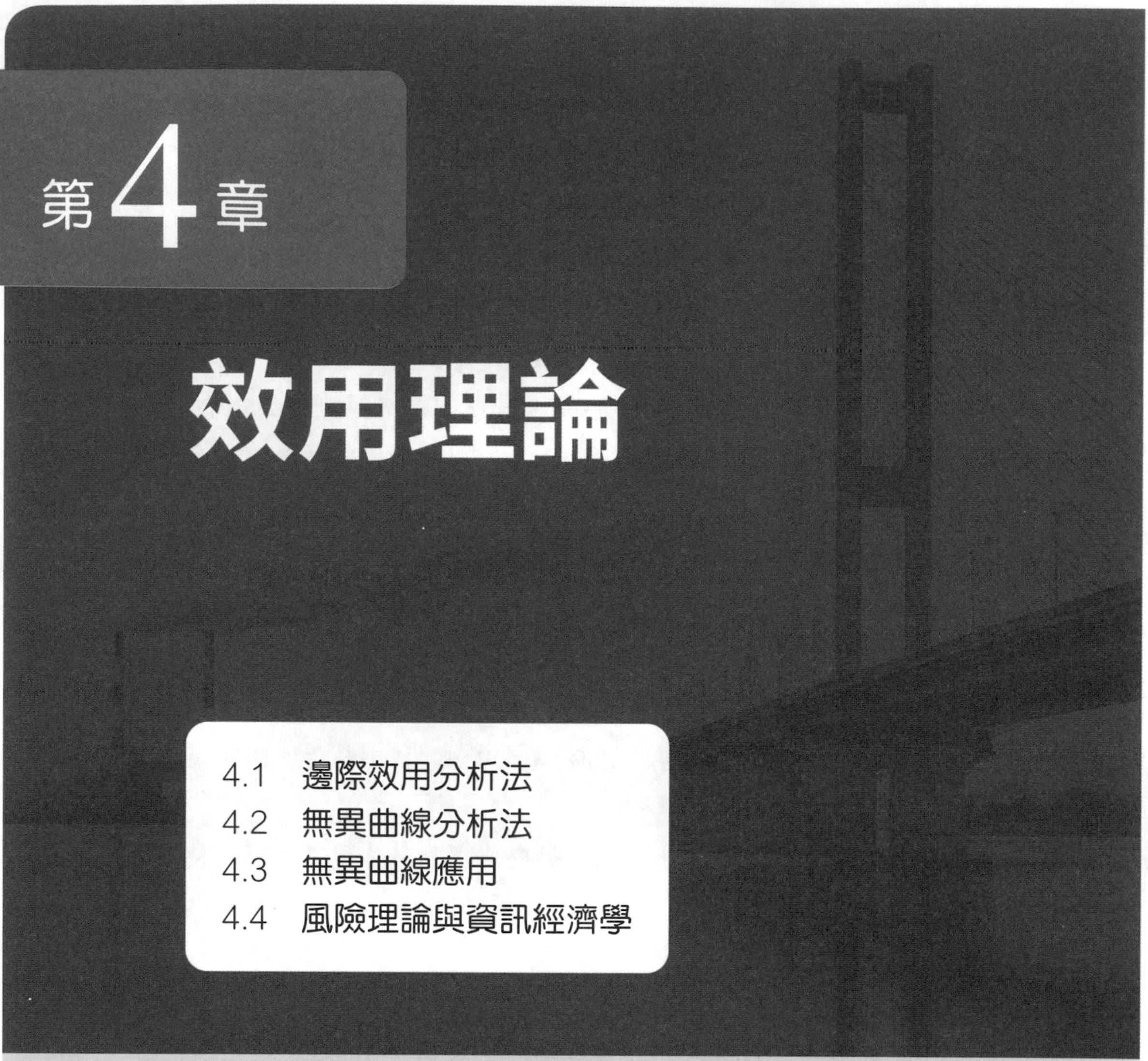

第4章

效用理論

前面幾章我們已經介紹經濟學基本分析的工具，但是經濟學家還發展出一套更具一般性的理論可以解釋更多的經濟現象，而且可以包容原先的內容，這就是所謂的效用 (utility) 理論。所謂的效用指人們消費財貨與勞務所獲得主觀上滿足感的指標，因此當我們的滿足感增加時，表示效用提高了。而消費者的滿足感是否增加與道德或法律並沒有相對的關係，例如當考試時萬一發現題目都不會，想必就有作弊的動機，因此作弊之後，效用就會增加，此時作弊對他而言就是「好財貨」(但非好行為！)。又如，回教徒每年都要齋戒，其過程必須減少飲食，會造成飢餓的不適，但是他們的滿足感一定會減少嗎？當然不見得，因為回教徒可能從心靈得到更大的滿足，此時效用反而可能會增加。由於理性的個人將會在其資源限制下追求效用極大，因此經濟學家利用效用的觀念分析消費者行為自然順理成章，而且可以擴大其內涵，因此研讀效用理論對於了解經濟行為自有其必要性。

4.1 邊際效用分析法

雖然已經了解效用的含意，可是依然存在一個很大的問題，也就是說如何定義效用的單位呢？就像老師在評定學生的學習績效，如何訂定一個標準呢？很明顯，學校老師可能以打分數或者排名次的方式來評定學生學習績效的好壞。同理，消費者在評定財貨效用高低時也可以用打分數方式，如果用打分數方式給定效用值就是計數效用分析 (cardinal) 法。

邊際效用與總效用

既然邊際效用分析假定效用值就是用「打分數」方式來評定財貨效用的高低，就像分數可以相加減，此時效用值也可以相加減，例如，小林吃一個水蜜桃可以獲得 20 單位的效用，吃第二個水蜜桃可以獲得 10 單位的效用，則小林吃二個水蜜桃總共可以獲得 30 單位的效用。由於效用值可以相加減，因此我們可以定義邊際效用 (marginal utility) 指消費每一單位財貨所「增加」的效用，簡單來講就是指效用增加的速度。而總效用 (total utility) 指消費至最後一單位財貨所獲得邊際效用的總合。

例如假設小林爬完山之後，感覺非常口渴，因此準備喝果汁，當他喝第一杯時一定覺得最好喝，所以其效用增加速度必然最快，也就是邊際效用最大。但是如果再喝第二杯時，此時感覺就不會像第一杯那麼好喝，但是滿足感還是會增加，因此我們假設小林喝果汁所獲得邊際效用值如下所示：

▼ 表 4.1 邊際效用與總效用

q \ *utility*	*MU*	*TU*
1	30	30
2	15	45
3	5	50
4	–10	40

從表 4.1 中我們觀察到，其實邊際效用相加等於總效用，例如消費三杯果汁所獲得總效用為喝前三杯果汁所獲得邊際效用的總合 ($TU = 30 + 15 + 5 = 50$)，即 $TU = \sum_{i=1}^{n} MU_i$。反過來講，邊際效用為每增加一單位消費數量所增加的總效用，相當於總效用相減，例如消費第三杯果汁所獲得邊際效用為 $50 - 45 = 5$。

從以上關係可知，只要邊際效用為正 ($MU > 0$)，則表示此財貨為好財貨（goods，意味著消費數量增加，總效用會增加），若邊際效用為負，則此財貨為壞財貨 (bads)。例如，去吃歐式自助餐時，一開始時會覺得好吃，$MU > 0$ 表示此時自助餐對您而言就是好財貨，可是當您吃到快吐時，越吃越不想吃，表示此時已經過量，意味著自助餐對您而言就是壞財貨。

邊際效用遞減法則

我們在表 4.1 中，特別設計邊際效用隨著消費數量增加越來越小，甚至到最後可能為負，其實背後隱含一個非常重要的心理法則，那就是在其他情況不變之下，當消費某財貨數量越多，您會覺得此財貨越來越不重要。例如在口渴的時候一定想喝果汁，可是在同一時間內，喝越多會越不想喝。又如錢越多，錢也就不再那麼重要了。許多經濟現象告訴我們或許一開始可能會有越來越重要的情況（例如談戀愛的初期），但是最終必然越來越不重要。因此經濟學家將此現象歸納為邊際效用遞減法則 (law of diminishing marginal utility)，即在一定時間內，人類消費某種財貨所獲得的邊際效用會隨著消費數量的增加而逐漸遞減。如圖 4.1 所示，其中 $\overline{AB}, \overline{CD}, \overline{EF}$ 分別表示消費第一單位、第二單位與第三單位所獲得的邊際效用（假設分別為 MU_1、MU_2 與 MU_3），因此我們可以將邊際效用值繪於下圖，如果邊際效用遞減法則成立，則圖 4.1 下圖必為負斜率。

事實上早在孔老夫子時代，就已經了解何謂邊際效用遞減法則的觀念，例如孔子曾經說過「有朋自遠方來，不亦樂乎」，為什麼有朋友自很遠的地方來，您會很高興？原因很簡單，因為來的次數少，邊際效用高。反之隔壁鄰居經常造訪，您大概也不會高興到哪裡去！

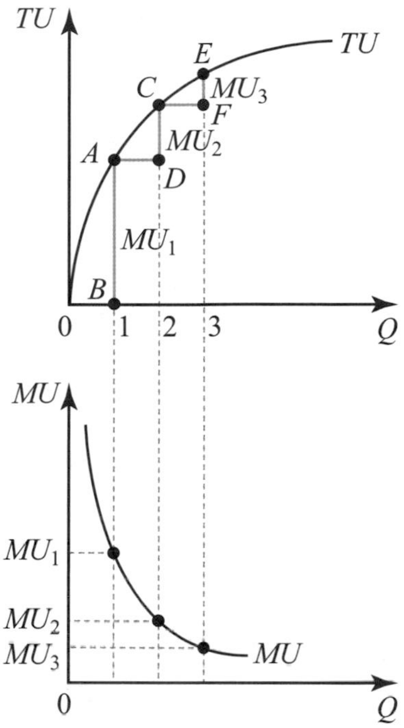

▲ 圖 4.1 *TU* 與 *MU* 的關係

消費者均衡 (consumer equilibrium)

由於人類所得有限，無法購買所有的財貨與勞務，所以必須有所選擇，在所得限制下，消費者如何買到效用最大的財貨數量組合為本節要討論的主題。我們可以定義消費者均衡指消費者目前所購買的財貨數量已經達到最大效用。

但是要怎麼買消費者才能獲得效用極大呢？其實諺語曾經說過「我們應該將錢花在刀口上」! 這就是重點，試想當各位同學畢業之後買的第一部車是哪種品牌呢？您要選擇邊際效用最高的還是最划算的？如果您的答案是邊際效用最高，那您就會購買 Benz，反之如果選擇最划算，大概可能買 Ford、Toyota 等等廠商所生產的小車。大概大部分同學會先買小車，原因是 Benz 太貴了，不划算。那什麼叫做划算呢？其實我們可以定義每元支出能夠獲得的邊際效用，以 $\frac{MU}{P}$ 來表示，$\frac{MU}{P}$ 越高的財貨代表著就越划算。當我們購買財貨數量依照以上最划算準則購買時，自然能夠將錢花在刀口上，最終消費者將獲得效用極大。

假設消費者要購買兩種產品 X, Y，如果物價 (P_X, P_Y)、消費者所得 (M) 及其偏好 (MU_X, MU_Y) 均已知，則依照錢花在刀口上的原則，我們可以得到消費者均衡條件：$\frac{MU_X}{P_X} = \frac{MU_Y}{P_Y}$，即消費者花最後一元在購買兩種財貨所得邊際效用一樣時，此時消費者所買的數量 X^*, Y^* 將使消費者獲得最大的效用。

為什麼 $\frac{MU_X}{P_X} > \frac{MU_Y}{P_Y}$ 不是均衡？因為 $\frac{MU_X}{P_X}$ 較高，此時消費者覺得購買 X 比較划算，於是會增加 X 的購買減少 Y 的購買，由於邊際效用遞減法則，當 X 財貨購買數量增加時，MU_X 會遞減，而購買 Y 財貨數量減少時，MU_Y 會遞增，$\frac{MU_X}{P_X}\downarrow > \frac{MU_Y}{P_Y}\uparrow$ 直至 $\frac{MU_X}{P_X} = \frac{MU_Y}{P_Y}$ 為止，此時達到均衡狀態，亦即消費者已經獲得最大效用。

其實邊際效用均等法則可以說明現實網路交易的一句名言：「要購買 C/P 值最高的財貨」。因為 C/P 值最高隱含 $\frac{MU}{P}$ 最大，所以購買 C/P 值最高的財貨就等同在追求效用極大。

範例

一、所得限制下如何獲得最大效用？

假設小林有 13 元的所得，而且假設財貨 X 的價格 $P_X=3$，而財貨 Y 的價格 $P_Y=2$，且小林消費財貨 X 及 Y 的總效用如下表所示，則小林應購買多少個 X 及 Y 才可以獲得最大的效用？

財貨之數量	財貨 X 之總效用	財貨 Y 之總效用
0	0	0
1	24	16
2	42	24
3	54	30
4	63	34

解：

1. 先計算各財貨的邊際效用

財貨之數量	財貨 X 之 MU_X	財貨 Y 之 MU_Y
0	0	0
1	24	16
2	18	8
3	12	6
4	9	4

2. 計算財貨的 $\frac{MU}{P}$

財貨之數量	財貨 X 之 $\frac{MU_X}{P_X}$	財貨 Y 之 $\frac{MU_Y}{P_Y}$
0	0	0
1	8	8
2	6	4
3	4	3
4	3	2

3. 依照最划算（即 $\frac{MU}{P}$ 的大小）的購買順序

財貨之數量	財貨 X 之 $\frac{MU_X}{P_X}$	財貨 Y 之 $\frac{MU_Y}{P_Y}$
0	0	0
1	8A	8B
2	6C	4E

3	4D	3
4	3	2

也就是說最後小林會買 $X=3, Y=2$，此時支出為 $3\times3+2\times2=13$ 恰好將所得支用完畢，此時小林將獲得最高效用。

鑽石與水的矛盾 (paradox of value)

亞當斯密曾經在《國富論》中提及，鑽石對人類用處較小，可是鑽石的價格卻非常的昂貴，而水對人類非常有用，但是水的價格卻相當的低，令他感到十分的困惑，這就是著名鑽石與水的矛盾。嚴格上來講，這應該不是矛盾的現象，而是亞當斯密無法區別交換價值與使用價值所致。

財貨之所以稱為有用表示用得多，既然多用，表示用的數量多，根據邊際效用遞減法則，其邊際效用自然較低，依照消費者均衡條件，價格高低與邊際效用呈正比，因此水的價格較低。反過來講，鑽石用途少，既然使用量少，邊際效用高，因此鑽石價格也就較高。如下圖所示：

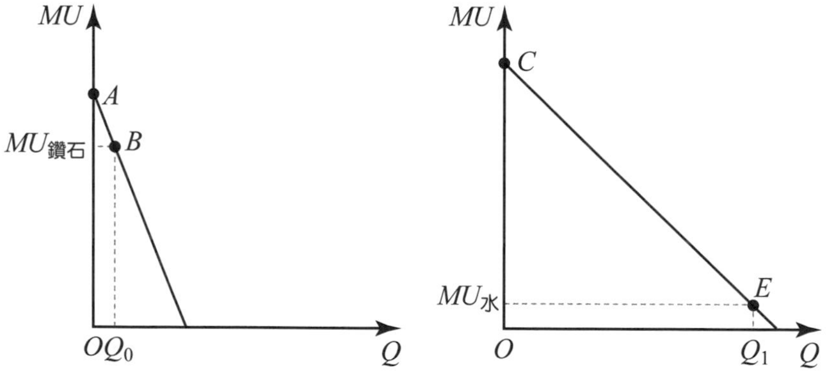

▲ 圖 4.2 鑽石與水的矛盾

由於水的使用量 Q_1 遠較鑽石使用量 Q_0 為多，因此 $MU_{鑽石} > MU_{水}$，表示消費者願意支付購買鑽石的價格將遠高於水。但是因為水的使用量多，因此水帶給人們的總效用為 CEQ_1O，此即為水的使用價值將明顯高於鑽石的使用價值 ABQ_0O。

範例

二、決定人類行為在於邊際利益而非總利益

消費者均衡條件強調決定人類行為在於邊際利益而非總利益，例如對人們作民意調查，最重要的行業莫過於農業，但是叫您去種田，大概沒有幾個人願意，原因在於從事農業所獲得的邊際利益太低了。又如，幾乎所有人都會認為沒有父母就沒有自己，但是再進一步問您最喜歡相處的人是誰？大部分的人都會回答是配偶，這種行為有矛盾嗎？

4.2 無異曲線分析法

無異曲線分析給定的效用值與邊際效用分析假定的效用值觀念不同，無異曲線的效用值就像老師評定學習成績是用排名次方式，所以無異曲線的效用值只是在顯示偏好大小關係而已，本身不具任何經濟意義。由於名次關係無法做相加減，例如期中考考第一名，期末考得第二名，那平均第幾名？顯然不可能直接相加除以 2，所以無異曲線分析法所假定的效用值也不能做相加減的動作。

無異曲線 (indifference curve) 顧名思義，「無異」就是沒有差異，也就是效用相同的意思，因此我們可以定義無異曲線為在同一時間內，其他情況不變之下，帶給消費者相同效用的所有財貨組合的軌跡。

無異曲線的假設

依照無異曲線的定義，效用相同組合軌跡的「形狀」有太多種的可能，不利於做更進一步的分析，因此經濟學家假設一些合理的基本心理法則，藉由這些合理假設，我們可以排除大部分無異曲線的可能形狀，最終可以得到一條滿足大部分消費行為的無異曲線。其中最重要的假設包括：

一、X, Y 均為好財貨

意味著不管消費 X 還是 Y 財貨，消費的數量越多，消費者會得到更多的滿足，此種財貨稱之為「好財貨」。這個假設基本是合理，因為在消費過程中，理性消費者是不會去「購買」壞財貨。如果我們假設消費者所消費的財貨均是好財貨，則他的無異曲線的形狀必為負斜率，如下圖 4.3 所示：

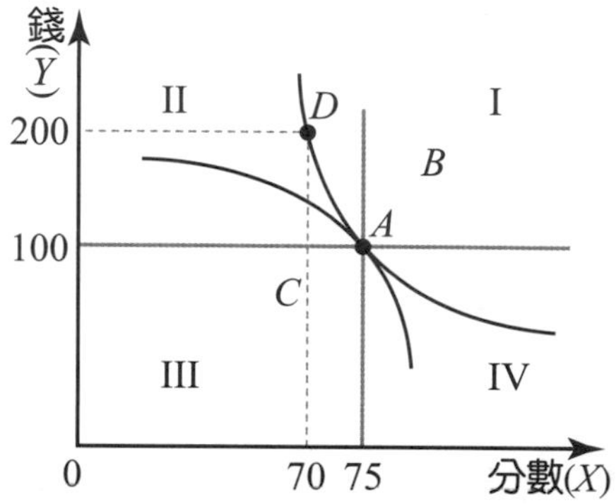

▲ 圖 4.3 無異曲線為負斜率

其中 X 軸表示分數，Y 軸表示錢。假設我們要找到一些財貨組合與 A 點財貨組合（$X = 75$ 分，$Y = 100$ 萬元）有相同的效用，這些可能的組合位於哪裡呢？我們發現這些組合不可能位於第 I 象限的所有財貨組合（如 B 點），因為在第 I 象限的組合，不管是分數還是金額均高於 A 點，因此 B 點帶給消費者的效用顯然比 A 點效用來得高，可知無異曲線不可能通過第 I 象限。同理無異曲線也不可能通過第 III 象限，因為第 III 象限所有消費集合帶給消費者的效用均小於 A 點。

因此排除第 I 與第 III 象限之後，唯一可能與 A 點有相同的效用組合只有可能通過第 II 與第 IV 象限，所以無異曲線的斜率必為負斜率。但是一條負斜率的無異曲線有可能凹向原點或者凸向原點，但是 X, Y 均為好財貨的假設無法告訴我們無異曲線屬於哪一種，而且凹向原點或者凸向原點其經濟含意完全不一樣，在第三個假設我們再詳細說明。

二、一致性 (consistency)

所謂一致性又稱之為遞移性 (transitivity)，也就是說如果消費者喜歡 A 勝於 B，B 勝於 C，則 A 必然勝於 C，意謂著消費者的偏好必須滿足 $A \succ B, B \succ C \Rightarrow A \succ C$，

且 $A \sim B, B \sim C \Rightarrow A \sim C$。其中 $\succ$ 代表消費者偏好的方向。為什麼經濟學家要假設消費者的偏好必須滿足一致性？試想如果消費者偏好不滿足一致性，也就是說 $A \succ B$, $B \succ C$, $C \succ A$，那消費者最喜歡哪一組合呢？顯然我們無法回答，因此一致性的偏好成立，我們才可能找到消費者的最適選擇。

當消費者偏好滿足一致性時，則任兩條無異曲線絕不可能相交。如圖 4.4 所示：

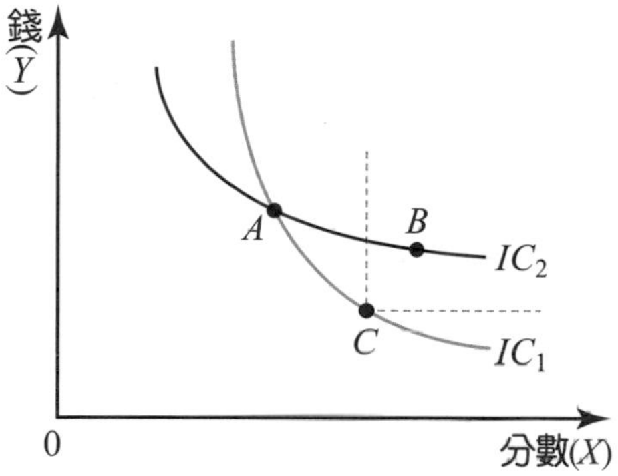

▲ 圖 4.4　無異曲線不可能相交

我們可以利用反證法證明任兩條無異曲線不會相交。假設無異曲線會相交，如圖 4.4 所示，IC_1 與 IC_2 相交於 A 點，由於 A 及 C 點位於相同無異曲線 IC_1 上，所以其效用相同即 $A \sim C$。而 A 及 B 也位於同一條無異曲線 IC_2 上，表示其效用也相同即 $A \sim B$。由於 $A \sim B, A \sim C$，根據一致性假設，消費者對 B、C 兩財貨組合的效用一樣。可是根據好財貨的假設，B 點位於 C 點的第 I 象限，因此 B 點效用應大於 C 點，產生矛盾的情況。這矛盾的根源是我們假設無異曲線相交，因此無異曲線是不可能相交的。

三、無異曲線凸向原點（或 *MRS* 遞減）

從好財貨假設只能確定無異曲線是負斜率，但是無異曲線是否凹向或者凸向原點卻無法透過好財貨假設可以判斷，而經濟學家根據一般心理法則認為無異曲線應該凸向原點，為什麼呢？為了解釋無異曲線凸向原點比較合乎經濟直覺，首先我們必須討論無異曲線斜率的經濟涵義為何。無異曲線的斜率又稱邊際替代率 (marginal rate of substitution, *MRS*) 意謂著在同一條無異曲線上，消費者多增加 1 單位 X 的消費所願意減少 Y 的數量，即 $MRS = -\left.\frac{\Delta Y}{\Delta X}\right|_{U=\bar{U}}$。如圖 4.5 所示：

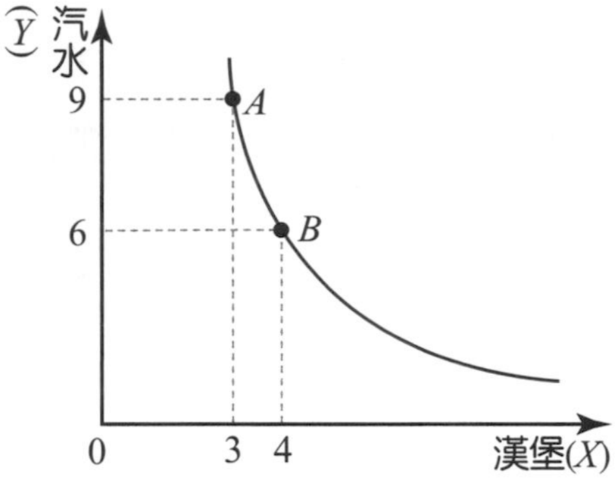

▲ 圖 4.5 邊際替代率

從 *A* 點到 *B* 點意味著在維持效用不變的情況下，消費者多增加消費一個漢堡 ($\Delta X = 1$)，則他願意犧牲 3 杯汽水 ($\Delta Y = -3$)，因此從 *A* 點到 *B* 點的斜率為 $-\dfrac{\Delta Y}{\Delta X} = 3 = MRS_{XY}$。

但是 *MRS* 到底代表何種經濟涵義呢？事實上 *MRS* 值的大小可以視為衡量「*X* 相對重要性」的指標，其單位是用「犧牲 *Y* 數量多寡」來衡量，如果願意犧牲 *Y* 的數量越多（*MRS* 越大）代表消費者主觀上認為 *X* 越重要。如下圖所示：

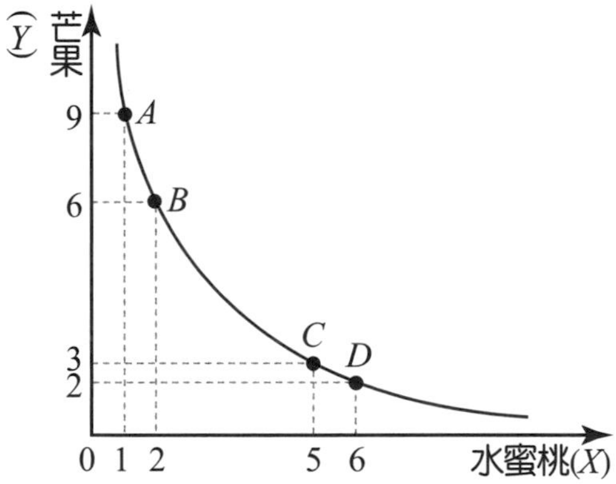

▲ 圖 4.6 *MRS* 的經濟涵義

當小林位於 *A* 點時，小林的 $MRS_1 = 3$，表示小林願意犧牲 3 顆芒果換 1 個水蜜桃，但是位於 *C* 點時，小林的 $MRS_2 = 1$，表示小林只願意犧牲 1 顆芒果換 1 個水蜜桃，表示在 *A* 點時，小林認為水蜜桃的重要性比在 *C* 點時高。

根據一般的心理法則，當我們消費某種財貨越多，則您會覺得它越來越不重要，依照圖 4.6，當我們吃太多水蜜桃時，您會覺得水蜜桃變得比較不重要，西瓜變相對重要了，這種心理法則經濟學家稱之為邊際替代率遞減法則。邊際替代率遞減法則 (decreasing marginal rate of substitution) 指在效用不變的情況下，當消費者多增加一單位 X 的消費所願意犧牲 Y 的數量，會隨著 X 的數量增加而逐漸減少。

邊際替代率遞減法則旨在說明如果 X 財貨的數量越多，則您會覺得 X 越來越不重要，也就是 MRS 值會隨著 X 增加而遞減，而 MRS 值代表著無異曲線的斜率，因此隨著 X 的增加，無異曲線的斜率要越來越小，這也就是為什麼我們要假設無異曲線凸向原點的原因。

範例

三、凹向原點與凸向原點的實例

凹向原點與凸向原點似乎非常抽象，其實不然。例如當 Y 表示錢，X 表示臭豆腐，如果某人覺得吃臭豆腐越吃越好吃，表示臭豆腐越吃越重要，因此他的無異曲線應為凹向原點。所以若無異曲線為凹向原點，則他必然將所有錢花在吃臭豆腐上，此為極端消費的一種現象。

反之中國有一句諺語：「婆媳交惡難為夫，夫避居佛寺，眼不見為淨」。從這句話中可得知，與老婆的相處時間與老媽的相處時間必為好財貨，若有一個是壞財貨，此時就不會難為，例如在金錢與垃圾之間的選擇就不會難為，魚與熊掌不可兼得就顯示難為。所以前半句話「婆媳交惡難為夫」顯示無異曲線為負斜率，但是後半句話「夫避居佛寺，眼不見為淨」隱含無異曲線是凸還是凹呢？

預算限制 (budget constraint)

所謂預算限制表示消費者的購買支出不得超過他的所得，由於消費者對 X 財貨的支出為 $P_X X$，對 Y 財貨的支出為 $P_Y Y$，因此消費者的預算限制為 $P_X X + P_Y Y \leq M$，其中 P_X, P_Y 分別表示財貨的價格，而 X, Y 代表其購買量，M 表示消費者的所得，假設消費者只有消費才能獲得效用，因此通常將不等式直接寫成等式 $P_X X + P_Y Y = M$。

如果消費者的預算限制式為 $P_X X + P_Y Y = M$，則預算限制式將為負斜率，其斜率 $-\dfrac{\Delta Y}{\Delta X}$ 等於 $\dfrac{P_X}{P_Y}$，而其縱軸及橫軸的截距分別為 $\dfrac{M}{P_Y}$, $\dfrac{M}{P_X}$，如圖 4.7 所示：

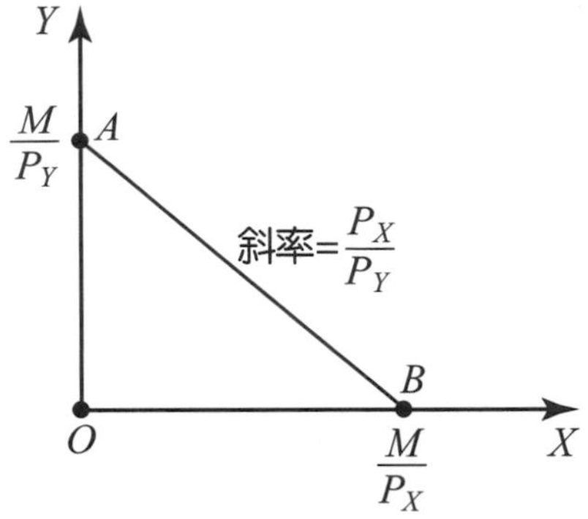

▲ 圖 4.7　預算限制線

此時 $\triangle ABO$ 表示消費者可以選擇的集合，也就是有能力可以購買的集合。當然消費者可選擇集合會隨著其他因素改變而移動，最主要的變化如下：

1. 所得變動：$M\uparrow\downarrow$

即在財貨相對價格 $\dfrac{P_X}{P_Y}$ 不變之下，當消費者所得增加，此時將導致預算限制線平行往右移動，如圖 4.8 所示：

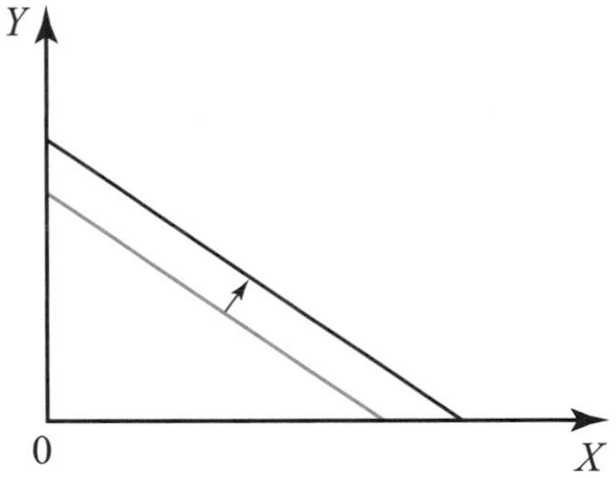

▲ 圖 4.8　所得增加對預算線的影響

2. 價格變動：$P_X\uparrow\downarrow$

當其他情況不變而 X 財貨價格下跌 $(P_X\downarrow)$ 時，由於縱軸截距不變而橫軸截距變大，因此預算限制式將往右旋轉，如下圖所示：

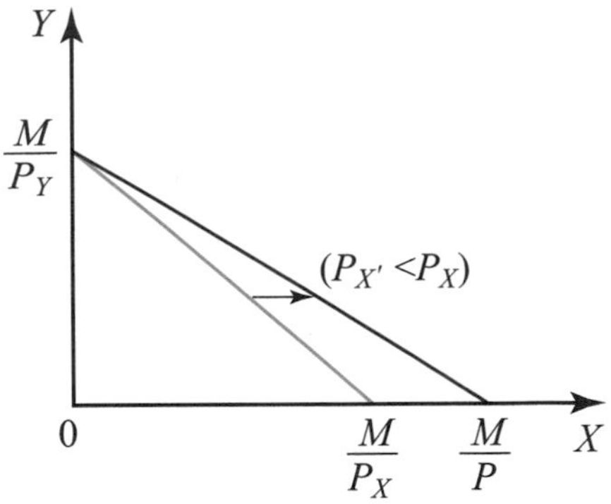

▲ 圖 4.9　相對價格改變對預算線的影響

無異曲線分析之消費者均衡

在邊際效用分析法中我們已經定義消費者均衡為消費者所購買的財貨數量已經達到最大效用的狀態，其條件為 $\frac{MU_X}{P_X} = \frac{MU_Y}{P_Y}$，但是以無異曲線觀點，如何才能追求效用極大呢？如圖 4.10 所示：

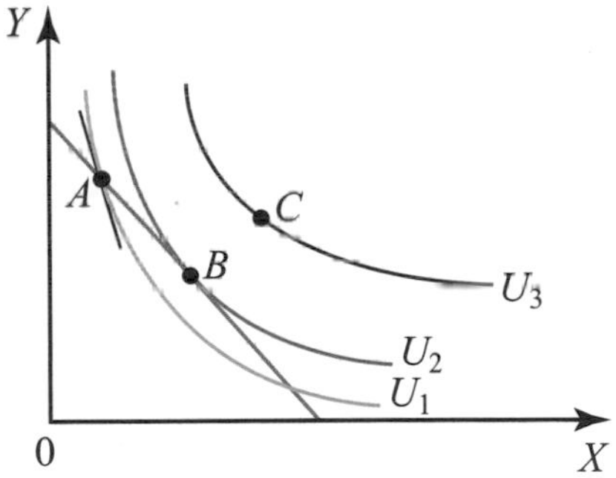

▲ 圖 4.10　無異曲線之消費者均衡

記得經濟學起源為資源有限，但人類慾望無窮，因此人類會從事選擇以追求效用極大，而無異曲線分析法中以預算限制來代表人類資源有限的意義，因此在所得預算限制下，消費者將會追求效用極大。因此在圖 4.10 中，在預算限制下，消費者沒有足夠所得購買 C 點財貨組合以獲得 U_3 的效用水準，但是消費者也不會去選擇 A 點的財貨組合，因為他發現還有更好的選擇組合 B 點所獲得效用 U_2 大於 U_1，也就是說無異曲線與預算線相交點的財貨組合不可能滿足效用極大。因此根據圖 4.10

的分析，消費者均衡的條件為預算限制線與無異曲線相切點的組合 B 點，即：

$$預算限制式斜率 = \frac{P_X}{P_Y} = \frac{MU_X}{MU_Y} = MRS = 無異曲線斜率$$

為什麼無異曲線與預算限制線相切會是均衡的狀態呢？例如在 A 點，無異曲線的斜率 $MRS > \frac{P_X}{P_Y}$，由於 MRS 大小反映消費者主觀上 X 財貨的重要性，如果 $MRS = 10$ 表示消費者願意犧牲 10 個 Y 換取 1 個 X。而預算線的斜率為 $\frac{P_X}{P_Y}$，若 $P_X = 50, P_Y = 10$，因此 $\frac{P_X}{P_Y}$ 值為 5，表示 X 的市場客觀價值為 5，也就是說只要 5 個 Y 就可以換得 1 個 X，此時消費者多買 X 一定會感覺到賺到，因此 A 點不是均衡點。也就是說只要 $MRS > \frac{P_X}{P_Y}$，消費者覺得 X 財貨物超所值，將會多買 X，反之若 $MRS < \frac{P_X}{P_Y}$，消費者覺得 Y 物超所值，將會多買 Y，直至 $\frac{MU_X}{MU_Y} = \frac{P_X}{P_Y}$ 為止，此時消費者對 X, Y 財貨的主觀價值 $(\frac{MU_X}{MU_Y})$ 等於其客觀價值 $(\frac{P_X}{P_Y})$，消費者不會調整所購買的財貨組合，意味著此時消費者可以獲得效用極大。

以上推論有點抽象，我們舉一個例子加以說明：假設小賴目前消費 2 個水蜜桃 (X) 與 20 個芭樂 (Y)，如果小賴認為為了多消費 1 個水蜜桃，他願意犧牲 5 個芭樂，而且市場上水蜜桃一個 100 元，芭樂一個 25 元，此時小賴應該如何購買才可以獲得更高的效用呢？

根據以上的資訊，小賴對水蜜桃的邊際替代率 $MRS = -\frac{\Delta Y}{\Delta X} = \frac{5}{1}$，表示一個水蜜桃的重要性為 5 個芭樂。而市場價格比為 $\frac{100}{25} = 4$，表示市場上水蜜桃的客觀價值只有 4（個芭樂），意味著消費者認為水蜜桃比芭樂更重要 $(MRS > \frac{P_X}{P_Y})$，因此小賴應該多買水蜜桃。

4.3 無異曲線應用

在第 2 章中我們曾經定義所謂的需求為在一段時間內，其他情況不變之下，消費者面對各種不同價格下願意而且能夠購買的數量，根據需求法則，需求曲線為負斜率，而季芬財為正斜率，現在我們可以透過無異曲線分析工具，從理論上證明以上兩種情況的確有可能發生。

需求曲線 (demand curve) 的推導

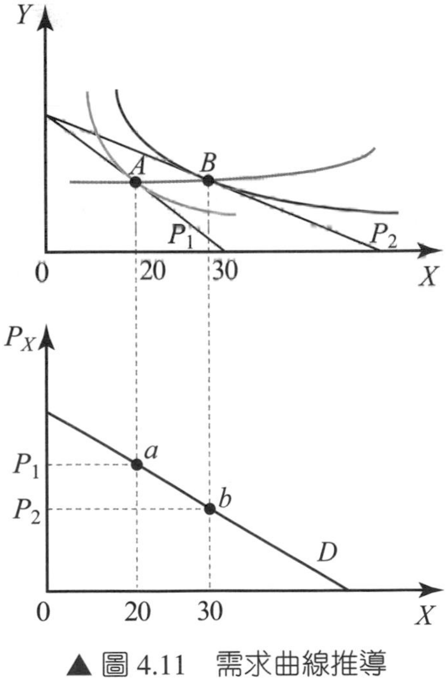

▲ 圖 4.11　需求曲線推導

如圖 4.11 所示，當 X 財貨的價格為 P_1 時，由無異曲線與預算線相切，可得消費者最適的選擇集合為 A 點，此時消費者購買 X 財的數量為 20。也就是說，當 X 財貨的價格為 P_1 時，消費者能夠買得起 20 單位的 X（因為在其預算線上）且願意購買 20 單位的 X（因為可以獲得效用極大），所以 $(P_1, 20)$ 滿足需求曲線的意義，因此 $(P_1, 20)$ 位於需求曲線上。同理當 X 財貨的價格為 P_2 時，消費者預算線變得比較平坦，此時消費者最適的選擇集合為 B 點，因此消費者願意且能夠購買 X 財的數量為 30，所以 $(P_2, 30)$ 也位於需求曲線上。依此類推，我們變動各種不同 X 財貨價格下，就可以得到消費者為了追求效用極大所願意且有能力購買的不同數量，將這些點所組合的曲線連接起來稱之為需求曲線。

替代效果與所得效果

雖然我們可以透過無異曲線分析法得到一條負斜率的需求曲線，但是為什麼會出現負斜率需求曲線？其經濟涵義為何呢？例如當水蜜桃價格下跌時，為什麼消費者願意多購買水蜜桃呢？其實原因有兩個：

(1)純粹是因為水蜜桃價格變便宜了（而非實質所得增加）導致消費者的購買量增加，此效果經濟學家定義為替代效果，從圖形上又稱之為預算線旋轉效果。

(2)因為價格下跌引起購買力提高，亦即實質所得增加導致購買量增加緣故（在相對價格不變之下），此效果經濟學家稱之為所得效果，從圖形上又稱之為預算線平行移動效果。

直覺上的確我們可以將價格下跌所引起購買量增加的總效果分解成替代效果與所得效果，可是有一個問題，就替代效果而言，什麼叫做純粹變得比較便宜而非實質所得增加？對此 Hicks 提出一個嚴格的定義：

Hicks 實質所得不變：若 M_A 預算限制式所能追求效用極大的購買組合為 $A = (X_1, Y_1)$，M_B 預算限制式所能追求效用極大的購買組合為 $B = (X_2, Y_2)$，Hicks 認為 A、B 兩個購買組合代表有相同實質所得，則 $U_A = U_B$，反之若 $U_A = U_B$ 則表示 M_A 與 M_B 有相同實質所得。

也就是說，Hicks 認為，只要 A, B 兩財貨組合位於相同無異曲線上，則背後隱含其實質所得相同，如圖 4.12 所示。

依照 Hicks 的定義，M_A 與 M_B 兩預算線背後代表著有相同的實質所得（購買力），因為 A、B 位於相同無異曲線上，可是 M_C 預算線背後代表的實質所得高於 M_A、M_B 預算線，原因在於 C 點的效用高於 A、B 兩點的效用。

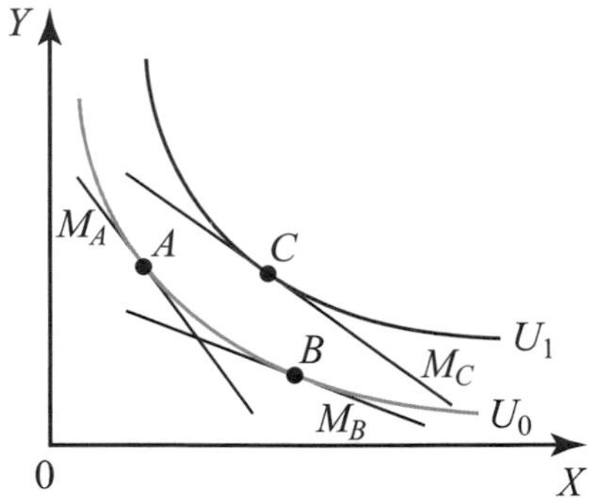

▲ 圖 4.12 Hicks 實質所得

根據以上 Hicks 對實質所得不變的定義，我們就可以正式定義替代效果與所得效果如下：

1. 替代效果 (substitution effect)

在實質所得不變之下，當 X 財貨相對價格改變導致 X 需求量的變動。

2. 所得效果 (income effect)

在相對價格不變之下，當實質所得增加導致 X 需求量發生變動。

我們可以用圖形來解釋何謂替代效果與所得效果，如圖 4.13 所示：

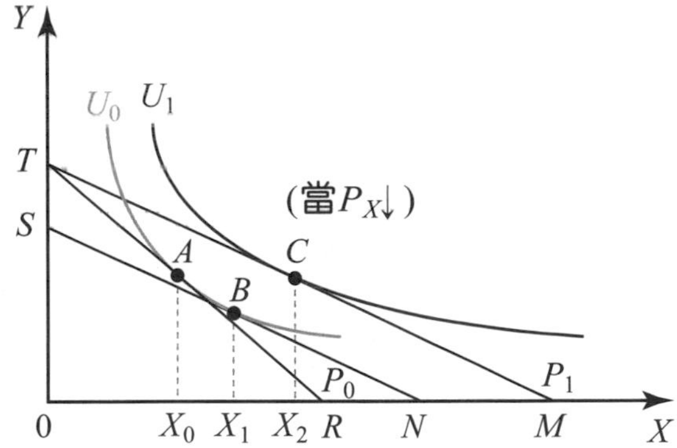

▲ 圖 4.13 一般情況之替代效果與所得效果

假設 X 財貨價格由 P_0 下跌至 P_1，所以消費者面臨預算線將由 TR 旋轉至 TM，消費者最適點將由 A 移往 C 點，因此新的預算線為 TM，新的無異曲線為 U_1。我們作 TM 平行線往回切於舊的無異曲線 U_0 得 SN 線，此時切點為 B 點。

那何謂替代效果呢？由於 A、B 兩財貨組合分別是 TR 線與 SN 線的最適組合且位於相同無異曲線上，因此代表著相同實質所得，根據 Hicks 定義，在實質所得不變之下，由於相對價格改變導致 X 財貨需求量由 X_0 增加至 X_1，此需求量增加的部分 $(X_1 - X_0)$ 稱之為替代效果。

那何謂所得效果呢？由於其他情況不變，即 P_Y, M 不變之下，只有 P_X 下跌意味著購買力增加，這購買力增加的部分可以表現在 SN 平行至 TM 部分，原因在於 SN 平行至 TM 為相對價格不變，相當於「所得」增加的效果，此時購買量由 X_1 增加至 X_2，因此 X 財需求量增加的部分 $X_2 - X_1$ 就稱之為所得效果。

總結替代效果與所得效果，我們可以將 X 財價格下跌引起的總效果分解如下所示：

當 $P_X\downarrow$ 時，價格效果（又稱需求量的變動）= 替代效果 + 所得效果

$$X_0 \uparrow X_2 \quad = X_0 \uparrow X_1 \quad + X_1 \uparrow X_2$$

季芬財

在供需一章中我們曾經介紹季芬財違反需求法則，但是為什麼它違反需求法則呢？我們首先從圖形分析說明季芬財的確有可能發生，而且也是效用極大化下的行為。如下圖所示：

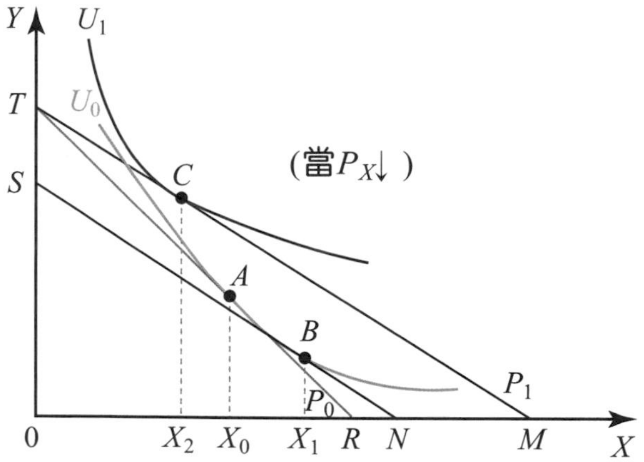

▲ 圖 4.14 季芬財之替代效果及所得效果

假設 X 財貨為季芬財，當 X 財貨價格下跌由 P_0 降為 P_1 時，此時消費者面臨預算線將由 TR 旋轉至 TM，所以消費者最適點將由 A 移往 C 點，因此新的預算線為 TM，新的無異曲線為 U_1。我們作 TM 平行線往回切於舊的無異曲線 U_0 得 SN 線，

此時切點為 B 點。由於 TR 與 SN 代表著相同 Hicks 實質所得，因此 $A \to B$ 為替代效果的表現，亦即需求量由 X_0 增加至 X_1 稱之為替代效果。$B \to C$ 表示兩條預算線平行移動，乃由於實質所得增加導致購買量由 X_1 減少至 X_2 稱為所得效果。經整理如下所示：

當 $P_X \downarrow$ 時，價格效果（又稱需求量的變動）= 替代效果 + 所得效果

$$X_0 \downarrow X_2 \quad = X_0 \uparrow X_1 \quad + X_1 \downarrow X_2$$

從以上分析可知，替代效果告訴我們即使是季芬財，在實質所得不變情況下，季芬財價格下跌一樣會增加季芬財的購買，可是所得效果卻顯示不僅實質所得增加反而使得季芬財購買量減少（反向變動，所以季芬財必為劣等財），而且所得效果引起 X 財購買量減少效果要大於替代效果引起 X 財購買量增加的效果才可能發生季芬財。所以季芬財成立有兩個條件，一是劣等財，另外就是所得效果要大於替代效果。

最後我們用直覺角度說明季芬財發生的情況，在民國 50 年代，物資極端缺乏，當時很多以農維生的農民，為了獲得民生必需品通常以價值較高稻米來交換，自己卻吃番薯，因此番薯可以稱之為季芬財。試想當番薯價格上漲時，當然有利的方向（替代效果）應該多買稻米，可是不要忘記了，當時農民是很窮的，番薯價格上漲，使得農民更窮更買不起稻米反而要買更多的番薯，此稱之為所得效果，因此若所得效果大過替代效果，預見番薯的購買量將反而增加，發生違反需求法則的情形。

4.4 風險理論與資訊經濟學

在現實社會中，我們面對結果通常是具有風險的，例如小林準備聯考，雖然很努力，可是還是有其他因素，例如突然生病，或者出題老師剛好出到自己沒有唸熟的部分等，導致小林無法確定他的成績與投入唸書時間的一定關係。當我們面臨這種具有風險性的問題時，同時將面臨報酬率與風險的選擇，當然報酬率越高越好，但是通常高報酬率伴隨著高風險，所以如何處理這種風險問題也是經濟學家面對的重要課題。

風險態度

每一個人都討厭風險嗎？其實也不見得，在證券市場上有些投資者比較勇於買進風險高的股票，有些投資者比較保守，在經濟學中我們稱保守者為風險厭惡者 (risk averter)，而勇於從事高風險投資者為風險喜好者 (risk lover)。但是如何定義風險喜好者與風險厭惡者特性的差別呢？我們假設小林面臨以下兩個選擇：

選擇 I：確定得到 50 元

選擇 II：有 50% 的機率得到 100 元

有 50% 的機率得到 0 元

我們發現選擇 I 與選擇 II 的預期報酬都一樣，但是選擇 I 沒有風險，而選擇 II 帶有風險，如果小林認為選擇 I 的效用較高，則小林必為風險厭惡者，反之如果小林喜歡選擇 II，表示小林喜歡風險為風險喜好者。

接下來我們將利用圖形來說明風險的態度，假設人們貨幣的效用函數為 $U=\sqrt{M}$，此效用函數為凹函數，如下圖所示：

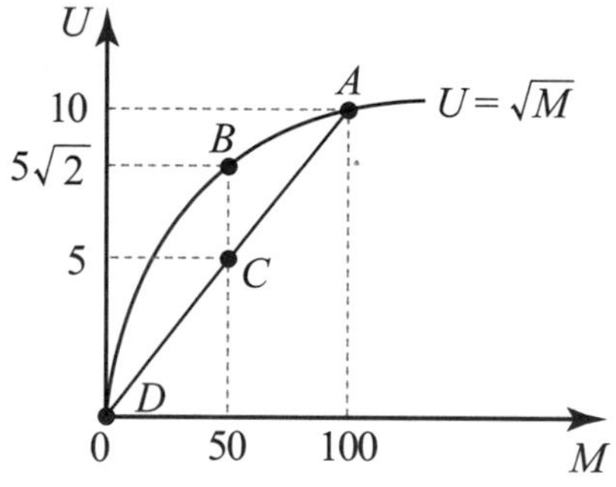

▲ 圖 4.15　風險厭惡者

選擇 I 可以確定得到 50 元，因此小林選擇 I 將可以獲得 $U=\sqrt{M}=\sqrt{50}=5\sqrt{2}$ 的效用，如圖 B 點所示。但是如果小林選擇 II，則小林得到 100 元的機率為 1 / 2（另外 1 / 2 機率得 0 元），因此小林預期獲得的效用為 $\frac{1}{2}\times\sqrt{100}+\frac{1}{2}\times\sqrt{0}=5$，所以此效用函數隱含其為風險厭惡者。同理，讀者可以驗證當效用函數為凸函數時（如 $U=M^2$），則此人將為風險喜好者，如下圖所示：

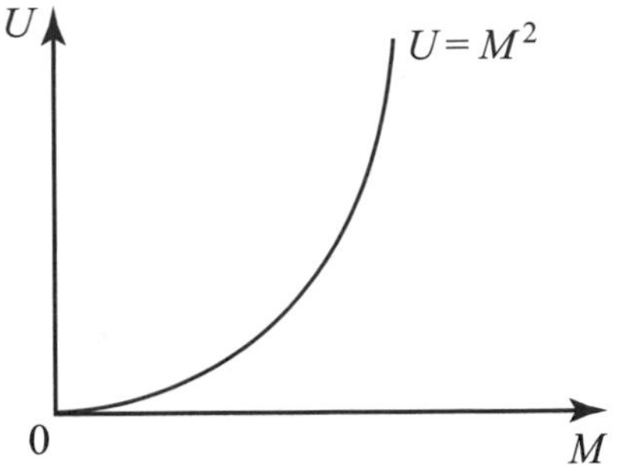

▲ 圖 4.16　風險喜好者

範例

四、到底要加強取締還是提高罰金？

臺灣駕駛者違規停車、駕駛的交通問題長久以來是揮之不去的惡夢，不管部會首長怎麼要求交通警察加強取締，違規事件仍層出不窮，我們是否可以從經濟觀念去討論交通警察以加強取締還是提高罰金對遏阻違規事件比較有用？

解：

假設政府有兩種處罰的方式，一是提高罰金，一是加強取締，但是假設開車族面臨這兩種處罰方式預期繳交罰款的金額一樣。不失一般性，我們假設一開始小林有 1,000 元所得，假設警察面臨第一種選擇為取締機率 $\frac{1}{10}$，而罰金為 200 元，而第二種選擇為取締機率 $\frac{1}{40}$，但是罰金為 800 元，很明顯這兩種選擇預期的罰款金額相同，但是駕駛者比較喜歡哪一種呢？如下圖所示：

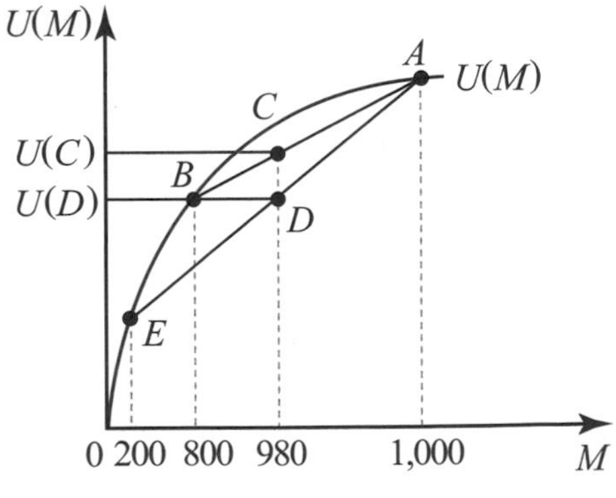

▲ 圖 4.17　交通違規分析

如果警察採用第一種方式(即加強取締),則人民預期得到的效用為 $U(C)$,反之如果警察採用第二種方式(即提高罰金方式),則預期獲得的效用為 $U(D)$,由於 $U(C)>U(D)$,表示駕駛者比較怕提高罰金的處罰方式。也就是說只要大幅提高罰金,例如違規罰 1,000 萬,則鐵定很少人會去違規停車,而且交通警察也可以大幅縮編人數,就可以讓全臺違規停車次數大幅減少。

道德風險 (moral hazard)

風險理論被廣泛應用到資訊經濟學中,首先我們將討論所謂的道德風險。道德風險是指交易之一方(*A* 方)簽訂契約 (contract) 之後,其隱藏性行為發生改變導致交易的另一方(*B* 方)遭受損失。一般而言,道德風險起源於人們有隱藏性行為 (hidden action) 發生,隱藏性行為指個人行為改變與否只有自己知道,別人不知道。例如小林為自己愛車保全險之後,必然比較疏於照顧自己的車子,使得失竊率大幅提高,將使保險公司蒙受損失。因此會發生道德風險問題,顯然是外人(保險公司)無法觀察到被保險人(小林)的隱藏行為是否改變所致。

道德風險的現象的確普遍發生在我們日常生活之中,例如父母都會交代子女吃飯時不要浪費,但是回想你每次吃歐式自助餐時,只要食物不合你的口味,立刻棄之,甚至為了把「本錢」撈回來,吃到脹到快吐了還再吃,這些都是典型道德風險引起的浪費。又如,世界各國的全民健保,最終必定面臨虧損的問題,何故?因為加入全民健保之後,民眾看病時會發現價格變得很「便宜」,導致自己不願意好好照顧身體,使得生病的機率增加以及不珍惜醫療資源,這也是一種典型的道德風險。

道德風險的一個應用就是處理有關主雇代理問題 (principal agent problem),所謂的主 (principal) 就是指老闆,雇 (agent) 就是指員工。一般員工的目標與老闆的目標是不一致的,老闆的目標是追求利潤極大,而員工的目標是效用極大,基本上會產生相互衝突的現象。如果事先勞資雙方簽訂固定工資契約,在薪資固定的情況下,員工最適的選擇是「摸魚」,因為認真工作會讓自己的效用減少,產生了很嚴重的道德風險的問題。

例如,臺灣的全民健保為何一定要實施醫藥分業?也就是說診所的醫生只能賺醫療行為的錢,而藥品的利潤歸藥局所有。早期我們到診所看病,一定在同診所看病拿藥,所以健保局這項政策的確引起很多診所醫生的反彈。理論上為什麼要這樣規定呢？試想如果醫藥合一，那麼診所醫生通常想要同時賺醫療以及藥品的錢，問題是只有醫生知道藥品應該給多少，病人是無從判斷的，所以醫藥合一將使醫生會有開藥過多的誘因，使得醫療資源產生浪費。

反向選擇 (adverse selection)

反向選擇指在簽約之前，由於交易之一方（*B* 方）無法區別交易之另一方（*A* 方）的隱藏資訊，導致（*B* 方）遭受損失。

反向選擇主要是由於隱藏性特性 (hidden character) 所引起的，也就是交易的一方無法事前區別他人屬性導致自己遭受損失。反向選擇最容易發生在檸檬市場 (lemon market) 中，例如中古車市場就是典型的一例。假設一輛好的中古 Escape 休旅車（稱為好車）價值為 50 萬元，泡過水的 Escape 休旅車（稱為壞車）的價值為 10 萬元，假設好車與壞車的機率各一半，如果小林事前無法區別車子有沒有泡過水，則小林願意出多少錢呢？因為小林知道有可能買到壞車，所以不願意出價 50 萬元。但是小林也不會出價 30 萬元（平均值），因為他知道 30 萬元買不到好車，只能買到壞車（此因好車價值 50 萬元，只有 50 萬元車主才願意賣），既然如此小林最多只願意出 10 萬元。因此若存在反向選擇，將使價格機能失去應有的功能。

從反向選擇觀點可以解釋為什麼全民健保規定全民強制投保？試想如果不強制投保，則只有身體差的人願意參加健保，身體健康的人不願意投保，此時收支必然無法達成平衡，因此就必須提高保費。但是一提高保費之後，又會打擊較健康人不願意參加全民健保，如此惡性循環，最後只有「明天要見上帝的人」才會參加，此時實施全民健保有什麼意義呢？

範例

五、信用卡的風暴

早期信用卡剛推出時，國內定存利率高達 6%，而信用卡循環利率只有 12%。但是當國內定存利率低到只有 1% 時，信用卡的循環利率卻高達 19.99%，而銀行卻高喊虧錢了，這是真的還是假的呢？

其實在信用卡信用市場上充滿著反向選擇，由於發卡銀行不知道申辦者到底是高風險還是低風險，因此以平均成本來收取卡費。但是申辦者知道自己風險高低，一個低風險的申辦者不可能去借 12% 利率，只有風險高於 12% 的申辦者才可能去借 12% 利率。當商業銀行知道其發卡成本高於 12% 時，就把利率調高到 16%，此時你會發現只有風險高於 16% 的申辦者才可能去借 16% 的利率，如此惡性下去，銀行如何不呆帳累累？

傳訊機制 (signaling)

由於存在反向選擇導致市場價格失去機能，而解決此現象最好的方法就是透過傳訊機制來解決。所謂的傳訊機制指由擁有資訊優勢的一方「證明」自己是哪一類型的人，由資訊較劣勢一方得以判斷及接受。例如，二手車的車主應該提出有效證明自己的車子沒有泡過水，譬如給予一年售後保固等來增加消費者的信心，就是傳訊機制討論的主題。

我們可以利用傳訊機制理論來解釋文憑的功用，其實臺灣很多企業主對臺灣的大學教育效果深表懷疑，認為臺灣的大學教育對提升大學生的工作能力幫助不大，但是許多大企業還是比較喜歡用研究所畢業的學生，他們的行為是否有相互矛盾的現象呢？其實即使大學教育「真的」對工作能力沒有太大的幫助，但是企業主沒有其他更好判斷應徵者工作能力的指標時，大學文憑本身就是一種傳訊的機制。一般而言能力高者，唸大學比較輕鬆，隨隨便便就可以拿到證書，但是能力差者，唸書就會非常的痛苦，度日如年，因此比較不會去唸書，所以只要學校教育夠嚴格，理論上可以透過教育來篩選高能力或者低能力的工作者，節省廠商篩選的成本。

重要名詞

- 效用 (utility)
- 計數效用分析 (cardinal)
- 邊際效用 (marginal utility)
- 總效用 (total utility)
- 好財貨 (goods)
- 壞財貨 (bads)
- 邊際效用遞減法則 (law of diminishing marginal utility)
- 消費者均衡 (consumer equilibrium)
- 鑽石與水的矛盾 (paradox of value)
- 無異曲線 (indifference curve)
- 一致性 (consistency)
- 遞移性 (transitivity)
- 邊際替代率 (marginal rate of substitution, *MRS*)
- 邊際替代率遞減法則 (decreasing marginal rate of substitution)
- 預算限制 (budget constraint)

◆ 需求曲線 (demand curve)
◆ Hicks 實質所得不變
◆ 替代效果 (substitution effect)
◆ 所得效果 (income effect)
◆ 季芬財 (Giffen goods)
◆ 風險厭惡者 (risk averter)
◆ 風險喜好者 (risk lover)
◆ 道德風險 (moral hazard)
◆ 隱藏性行為 (hidden action)
◆ 主雇代理問題 (principal agent problem)
◆ 隱藏性特性 (hidden character)
◆ 檸檬市場 (lemon market)
◆ 反向選擇 (adverse selection)
◆ 傳訊機制 (signaling)

摘要

★ 1. 效用為人們從消費財貨與勞務中所獲得主觀上滿足感的指標，當我們的滿足感增加時，表示效用提高了。

★ 2. 邊際效用指消費每一單位財貨所「增加」的效用，簡單來講就是指效用增加的速度。總效用指消費至最後一單位財貨所獲得邊際效用總合。

★ 3. 邊際效用遞減法則即在一定時間內，人類消費某種財貨所獲得的邊際效用會隨著消費數量的增加而逐漸遞減。

★ 4. 消費者均衡指消費者目前所購買的財貨數量已經達到最大效用。消費者均衡條件：$\frac{MU_X}{P_X}=\frac{MU_Y}{P_Y}$，即消費者花最後一元在購買兩種財貨所得邊際效用一樣時，此時消費者所買的數量 X^*, Y^* 將使消費者獲得最大的效用。

★ 5. 鑽石對人類用處較小，可是鑽石的價格卻非常的昂貴，而水對人類非常有用，但是水的價格卻相當的低，這就是著名的鑽石與水的矛盾。

★ 6. 無異曲線指在同一時間內，其他情況不變之下，帶給消費者相同效用的所有財貨組合的軌跡。

★ 7. 無異曲線的假設包括：X, Y 均為好財貨，一致性，無異曲線凸向原點。

★ 8. 邊際替代率意謂著在同一條無異曲線上，消費者多增加一單位 X 的消費所願意減少 Y 的數量，即 $MRS=-\frac{\Delta Y}{\Delta X}\Big|_{U=\overline{U}}$。

★ 9. 邊際替代率的大小可以視為衡量「X 相對重要性」的指標，其單位是用「犧牲 Y 數量多寡」來衡量，如果願意犧牲 Y 的數量越多（MRS 越大）代表消費者主觀上認為 X 越重要。

★ 10. 邊際替代率遞減法則指在效用不變的情況下，當消費者多增加一單位 X 的消費所願意犧牲 Y 的數量，會隨著 X 的數量增加而逐漸減少。

★ 11. Hicks 實質所得不變：若 M_A 預算限制式所能追求效用極大的購買組合為 $A=(X_1, Y_1)$，M_B 預算限制式所能追求效用極大的購買組合為 $B=(X_2, Y_2)$，Hicks 認為 A、B 兩個購買組合代表有相同實質所得，則 $U_A=U_B$，反之若 $U_A=U_B$ 則表示 M_A 與 M_B 有相同實質所得。

★ 12. 替代效果指在實質所得不變之下，當 X 財貨相對價格改變導致 X 需求量的變動。所得效果指在相對價格不變之下，當實質所得改變導致 X 需求量發生變動。

★ 13. 季芬財成立有兩個條件，一是劣等財，另外就是所得效果要大於替代效果。

★ 14. 當消費者效用函數為凹函數時，隱含其為風險厭惡者。同理，當效用函數為凸函數時，則此人將為風險喜好者。

★ 15. 道德風險起源於人們行為有隱藏性的行為發生，也就是指個人行為改變與否只有自己知道，別人不知道。主雇代理問題即是道德風險的一個應用。

★ 16. 反向選擇主要是由於隱藏性的特性所引起的，也就是交易的一方無法事前區別他人屬性導致自己遭受損失。反向選擇最容易發生在檸檬市場中。

★ 17. 傳訊機制指由擁有資訊優勢的一方「證明」自己是哪一類型的人，由資訊較劣勢一方得以判斷及接受。

習題

1. 請解釋何謂鑽石與水的矛盾？
2. 大部分人認為父母是很重要的，但是為什麼真正孝順父母的人並不多？
3. 何謂無異曲線？試繪圖說明小林討厭投資的風險，但是卻喜歡投資報酬率下的無異曲線為何？（X 軸定義為風險，Y 軸定義為投資報酬率）
4. 如果 *MRS* 遞減，且小林認為財貨組合 A(10, 2), B(2, 10) 的效用相同，則 C(6, 6) 對小林而言，效用較高還是較低？
5. 試繪圖說明免費續杯的預算線。
6. 如果小林對芒果的需求曲線為垂直線，試利用替代效果與所得效果分析芒果對小林而言是正常財或者劣等財。
7. 請利用無異曲線分析法，說明劣等財與季芬財的差別。
8. 何謂風險厭惡者？請利用風險理論說明為何中產階級較多的國家其政治相對是穩定的？

9. 為何全民健保必須採取強制性？

10. 如果甲的效用函數為 $U = 4X^{0.5} + Y$，如果一開始甲消費 $X = 36, Y = 11$，如果為了多消費 28 個 X，甲願意犧牲幾個 Y？

11. 許多人說目前許多小孩都是人在福中不知福，不知道惜福！你可以用經濟學加以解釋嗎？

12. 如果 X 軸表示水，Y 軸表示金錢，那麼一個住在臺北市的人與住在沙漠的人，對水與金錢的無異曲線哪一種人比較陡？

13. 小林一開始面對的預算限制式為 $P_X X + P_Y Y = M$，則當政府對 X 財貨給予 40% 的補貼，並對 Y 財貨每單位課徵 20 元的租稅，且同時對小林課稅 500 元時，求新預算限制式為何？

14. 假設小林現有 2 個蘋果和 3 個蓮霧，如果要小林放棄 1 個蓮霧，小林必須要再取得 2 個蘋果才能維持原來的效用不變。現在蘋果的市價是 30 元，蓮霧是 50 元。請問小林應該多買蓮霧還是蘋果？

15. 一個食量大的人喜歡去吃到飽的餐廳吃飯是一種逆選擇還是道德危機？當一間歐式自助餐定價之後，通常會吸引食量更大的消費者是一種逆選擇還是道德危機？

16. 嘗試繪圖說明如果無異曲線凹向原點，那麼效用極大點會落在哪裡？

17. 假設小林同時購買水蜜桃與哈密瓜，已知哈密瓜價格上漲之後，小林所購買的水蜜桃與哈密瓜數量會同時減少，則此時對小林而言，水蜜桃與哈密瓜是正常財還是劣等財？

16. 小林是一個使用信用卡循環利息的人。有一天，小林跑到銀行跟銀行經理爭論，為什麼定存利率越低，銀行貸款成本越低，反而循環利率越高？這顯然不合理，您認為呢？

17. 小林是一家公司的內勤工作人員，月薪固定 4 萬，這個月小林接受一份新的業務工作，有 1/4 機率賺 6 萬，3/4 機率賺 1 萬，那麼小林是風險厭惡者還是風險喜好者？

第 5 章

生產理論

透過前面幾章的討論，我們已經知道經濟理論的重心在於供需的調整，而無異曲線的分析則強化我們對消費者如何作選擇的行為有更進一步的了解。但是供需均衡是由消費者與生產者行為交互影響，因此接下來我們有必要探討生產者（即廠商）的行為，透過生產者的決策過程，將有助於我們了解廠商的供給曲線是如何決定的。

5.1 廠商的基本特性

廠商為集合四大生產要素從事生產行為的經濟個體，依照此定義，小至街頭小販大至世界半導體領導廠商台積電都可以視為廠商，這些廠商每天都在煩惱要使用多少人力與物力方能追求利潤極大，這就是傳統經濟學所要強調的生產什麼？如何生產？生產多少？

經濟學一般都假設廠商每天面臨這些問題主要目的是在追求自身利潤極大，當然有些讀者會持相反的意見，例如某些公益團體其營業目標不一定在追求利潤極大。的確，在現實社會中，公益事業可能由政府或私人捐獻來支撐，而不一定在追求利潤極大。其他如私營事業屬於公司組織，則由於所有權與經營權分離，有些公司的經營者的目標不一定在追求利潤極大。但是這些例子並不妨礙到我們假設廠商追求利潤極大的合理性，因為廠商如果不追求利潤極大，終有一天會被市場淘汰，而退出生產的行列。因此廠商唯有獲取利潤極大之後，才有能力去從事其他有益本身事業形象的公益活動。

既然經濟學假設廠商在追求利潤極大，則廠商必然面臨如何決定價格與產量的問題，這個問題基本上必須考量兩個客觀的要素，一為市場結構，亦即廠商所面臨的競爭者數目多寡、廠商進出是否容易等因素，例如小林如果發明世界上唯一治療癌症的藥物，則小林的定價方式（獨占定價）絕對與《蘋果日報》及一些加油站的定價（俗稱割喉式）方式有顯著的不同。這個因素相當的複雜，我們必須留待廠商理論再加以探討。第二個要素為廠商生產的行為，當我們透過第一個考量因素所決定的最適價格與產量之後，那麼廠商必須面對生產技術與要素價格限制下，如何決定最適要素雇用量，以使生產成本最低。例如小林如果知道每一天賣 1,000 碗鰻魚羹可以獲得最大的利潤，則小林必須傷腦筋要雇用多少人及機器使得生產總成本極小。但是生產成本又與生產的技術有關，因此本章及下一章主要的目的就是要介紹經濟學家如何建構一套最低成本生產方式的理論，有助於我們了解廠商行為。

5.2 生產基本觀念

生產 (production) 對經濟學家而言指的是一種「轉換」的過程，一種創造附加價值的過程，亦即將某些原料結合各種生產要素，轉換成另一種形狀的產品。例如，生產麵包廠商利用麵粉等原料，配合本身的勞動、機器等生產要素，將這些原料轉變成麵包的過程就是生產。

廠商的生產過程相當的複雜，對一個經濟學家來講，沒有能力也無需去了解整個生產過程，經濟學家想知道的是廠商到底使用多少的生產要素然後生產多少財貨的數量。所謂的生產要素指的是生產四大要素，勞動 (L)、資本 (K)、土地 (T) 與企業家精神，因此我們可以定義生產函數 (production function) 指在某特定時間內，生產技術不變之下，廠商投入生產要素與所能生產的最大產量之間的函數關係。

以數學表示為 $Q = Af(K, L, T)$，其中 Q 指產量，A 指生產技術。如下圖所示：

▲ 圖 5.1 生產

廠商生產過程對經濟學家來講只是一個「黑盒子」，經濟學家所在乎的是生產過程必須以最小的投入，獲得最大的產出，亦即不能有「隱藏實力」的現象，所以生產只是探討技術面的關係而與金融面沒有任何的關聯。

生產要素

經濟學家將生產要素 (production factors) 分為四大類：勞動、資本、土地 (land) 及企業家精神 (entrepreneurship)。

1. 勞　動

指廠商在生產過程中，所投入的人力資源的勞務，包括勞心與勞力。例如，小林在工廠每天車床，屬於勞力的一種，或者小王每天絞盡腦汁，從事 IC 設計的工作，也屬於勞動投入。

2. 資　本

指廠商在生產過程中，所投入耐久財 (durable goods) 的生產工具，包括廠房建築物、機器設備等屬於人造的生產設備。這些機器設備有助於提高個人的工作生產力，據此，經濟學認為，人力再訓練，也有助於提高工作能力，這就是人力資本 (human capital) 的概念。

3. 土地（自然資源）

指廠商在生產過程中所利用到的一切「自然資源」(不包括原料等人造資源)，例如廠商生產過程所利用的土地，或者其他屬於農林漁礦等資源。

4. 企業家精神

即指企業家管理企業的能力，一個企業成敗最主要的因素在於企業家是否能有效率管理企業並提供正確發展方向，若企業能成長茁壯，此時企業管理人自然可以獲得應得之報酬。亦即，企業家必須面臨各種倒閉（損失）風險來從事生產及銷售活動，這種精神就稱之為企業家精神。

生產期間的劃分

在供需彈性一章曾經提及，供給彈性會受到時間長短的影響，所謂時間長短就是指長期與短期。一般來講短期供給彈性小，亦即價格變動對廠商供給量影響效果很小，意味著廠商無法在短期中調整至最適規模來從事生產，代表著廠商可利用的生產四大要素的選擇集合會因短期而受到相當的限制，因此經濟學家將時間長短約略劃分成四大類：

1. 極短期 (market period)

極短期又可稱為市場期，指所有生產要素均無法改變的期間，例如小賴賣的鰻魚羹很好吃，但是一天只有準備 1,000 人份，當他賣完 1,000 份之後，無論如何也必須等到明天才有，這段期間就稱之為極短期。

2. 短期 (short run)

指至少有一種生產要素無法改變的期間，原則上我們認為只要資本 (K) 無法調整至最適規模的期間統稱為短期。由於自然資源及技術在短期不易改變，因此短期中只剩勞動要素雇用量可以改變。

3. 長期 (long run)

指勞動與資本雇用量均可以調整至最適的期間謂之，但是自然資源與技術都無法改變。

4. 極長期 (very long run)

指生產技術可以改變的期間。除了自然資源之外，生產技術要根本性進步機會相對小，例如自從英國工業革命後，到今天也「只」進步到第三波工業革命。

固定要素與變動要素

從生產期間的分類，由於極短期產量無法改變，因此沒有什麼可以探討，反之極長期，時間又太長了，所以經濟學對於短期與長期的生產特性比較有興趣。

在短期中，由於廠商無法隨著產量變動而調整資本存量 (K) 至最適數量以追求成本最小，因此稱資本（機器設備）為固定要素 (fixed factor)。反之，可以充分配合廠商增產的生產要素，則稱之為變動要素 (variable factor)，一般而言，我們將人力資源投入（勞動，L）視為變動要素。

但是如果在某段期間內，廠商無法立刻調整勞動雇用時，反而可以迅速調整資本存量，則此時勞動可以視為固定要素。

為了分析方便起見，我們假設廠商只使用資本及勞動兩項生產要素，因此生產函數 $Q = Af(K, L, T)$ 就可以簡化為 $Q = f(K, L)$，這種簡化的設定似乎太武斷了。但是自然資源一般變化不大，而技術進步屬於極長期的情形，在研究經濟成長時技術進步因子當然是非常重要，但是在我們專注的時間點內，亦可以視為外生給定的參數。

5.3 短期生產函數

短期中，由於資本設備無法改變，廠商在面臨固定生產要素限制下，短期生產函數可表示如下：

$$Q = f(\overline{K}, L)$$

其中，$\overline{K}$ 表示固定生產要素，而 L 表示變動生產要素。$Q = f(\overline{K}, L)$ 主要在說明資本設備水準固定不變之下，變動生產要素（勞動）投入量與最大產出量之間的關係。

為了說明生產函數的意義，我們利用生產表 (production table) 來說明生產的意義，並藉著生產表與生產函數作為了解廠商生產過程決策的行為。既然廠商為追求成本極小，在技術不變的條件下，它將利用最佳的投入組合，追求最大可能的產出數量。如表 5.1 所示：

▼ 表 5.1　生產表

勞動投入 L	1	2	3	4	5	6
產出 Q	8	20	26	30	32	31

表 5.1 中假設在某一特定時間下，資本設備數量不變，廠商如果要增產，唯一方法是增加勞動的雇用量，此時勞動投入量與產出之間關係假設如表 5.1 所示。將表 5.1 用圖形表示，則稱為總產量曲線 (total production curve, TP_L)，如圖 5.2 所示。

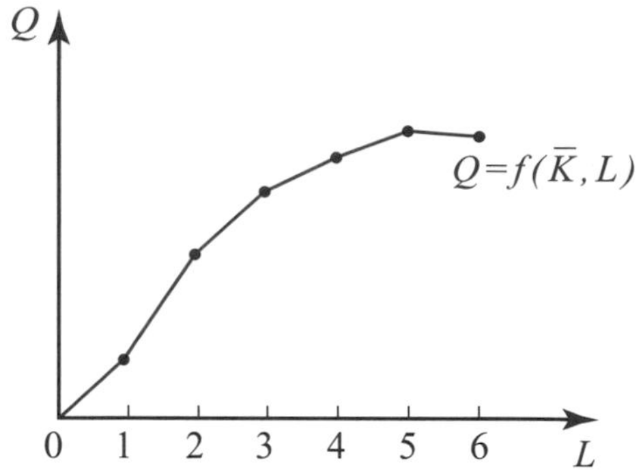

▲ 圖 5.2 總產量曲線

圖 5.2 隱含短期下當勞動投入量增加，產出一開始會增加，但是增加的速度越來越慢，到最後多增加一單位勞動，產量反而會減少。為什麼經濟學家假設一般的短期函數會具有以上的特性呢？我們假設小林為 100 公尺短跑世界紀錄保持人，當鳴槍開跑時，小林前面 30 公尺在加速過程，速度是越來越快（亦即產量增加速度越來越快），可是人類的體力與速度有其極限，當加速至最高點之後，速度總有放慢的時候，因此在這「轉折點」(reflection point) 之後，由於體力的關係速度越來越慢，但是小林還是往前跑（表示產量還是持續增加）。為了更詳細說明以上生產的特性，我們需要以下有關平均產出與邊際產出的概念。

平均產出與邊際產出

經濟學家在刻畫生產函數的特性時，大都採用平均勞動產出 (average product of labor, AP_L) 與邊際勞動產出 (marginal product of labor, MP_L) 來說明。

所謂平均勞動產出為衡量平均每一單位勞動投入的產出量，亦即 $AP_L = \frac{Q}{L}$，由於該比例十分容易衡量，所以實務上很容易用來當做衡量生產力的指標。例如日常我們提到所謂的「勞動生產力」就是指平均勞動產出，電子業生產力很高，指的是電子業平均勞動產出很高。

而所謂邊際勞動產出，係指額外增加一單位勞動雇用量時，所能夠增加的產出數量，亦即 $MP_L = \frac{\Delta Q}{\Delta L} = \frac{\Delta TP}{\Delta L}$。

範例

一、Q, AP_L, MP_L 之計算

試完成下列(A)，(B)，(C)，(D)，(E)，(F)的值。

L	Q	AP_L	MP_L
0	0		
1	8	(A)	(B)
2	(C)	7	(D)
3	(E)	(F)	4

解：

1. 當 $L=1$ 時，$(A)=AP_L=\frac{8}{1}=8$, $(B)=MP_L=\frac{8-0}{1-0}=8$

2. 當 $L=2$ 時，$AP_L=7$，表示 $(C)=Q=7\times 2=14$，而 $(D)=\frac{\Delta Q}{\Delta L}=\frac{14-8}{2-1}=6$

3. 由於 $MP_L=4$，表示當 $L=3$ 時，總產量為 $(E)=Q=14+4=18$，所以 $(F)=\frac{18}{3}=6$

平均產出與邊際產出的圖解

從範例一可知，AP_L 與 MP_L 值完全決定於產量大小，因此要得到 AP_L 與 MP_L 曲線必須先確定總產量曲線圖，經濟學家一般將總產量曲線繪如圖 5.3 所示：

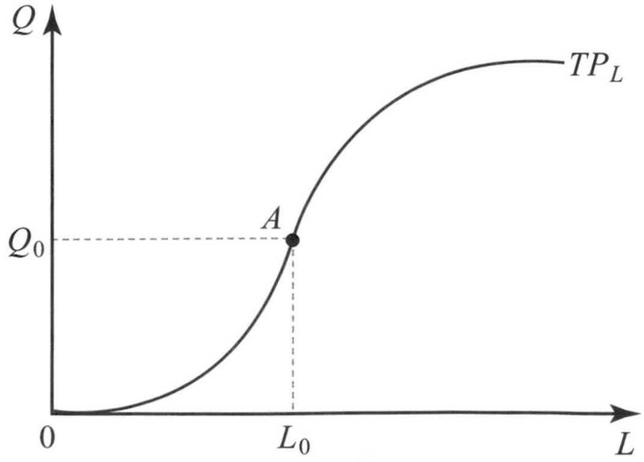

▲ 圖 5.3 總產量曲線

為了清楚了解上述總產量曲線的特性，我們分別觀察其 AP_L 曲線與 MP_L 曲線。

一、AP_L 曲線

如圖 5.3 所示，由於 $AP_L=\dfrac{Q_0}{L_0}$，因此 A 點的 AP_L 值相當於 A 點到原點的斜率。當勞動雇用量從 0 開始增加時，AP_L 會逐漸遞增，但是當勞動雇用量為 L^*（此時從原點的直線與 TP_L 相切於 B 點），如圖 5.4 所示，AP_L 將到達最高點，過了 L^*，隨著勞動雇用量增加，AP_L 又遞減。所以 AP_L 曲線圖將如圖 5.4 所示：

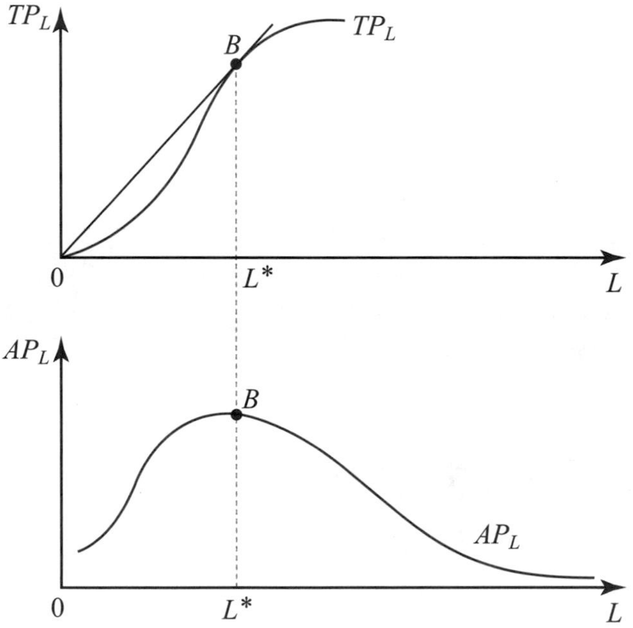

▲ 圖 5.4　AP_L 曲線

二、MP_L 曲線

根據勞動邊際產出的定義 $MP_L=\dfrac{\Delta TP_L}{\Delta L}$ 可知，MP_L 就是衡量產出增加的速度，亦即在衡量總產量曲線上點的斜率，從圖 5.5 可知，當勞動雇用量從 0 開始增加時，MP_L 會逐漸遞增，但是當勞動雇用量為 L^*（此時為總產量曲線上的反曲點，如 C 點所示），MP_L 將到達最高點，過了 L^*，隨著勞動雇用量增加，MP_L 反而遞減。所以

MP_L 曲線圖將如圖 5.5 所示：

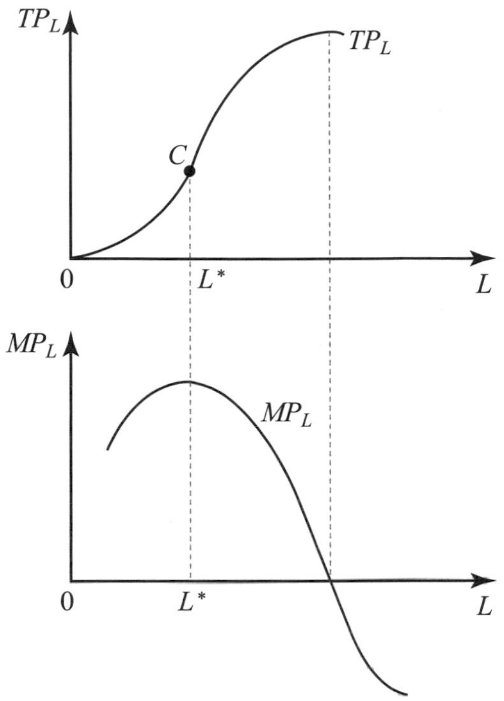

▲ 圖 5.5　MP_L 曲線

範例

二、試將下列總產量曲線分別求出 MP_L 與 AP_L

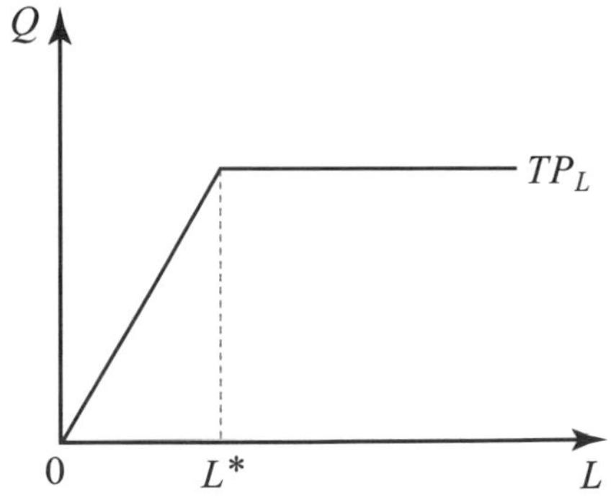

解：

1. 當 $L<L^*$ 時，TP_L 曲線為斜率固定的直線，因此 MP_L 為大於 0 的常數，但是

當 $L>L^*$，產量不再增加，表示 $MP_L=0$（TP_L 為水平線，斜率為 0），所以 MP_L 曲線如下圖所示：

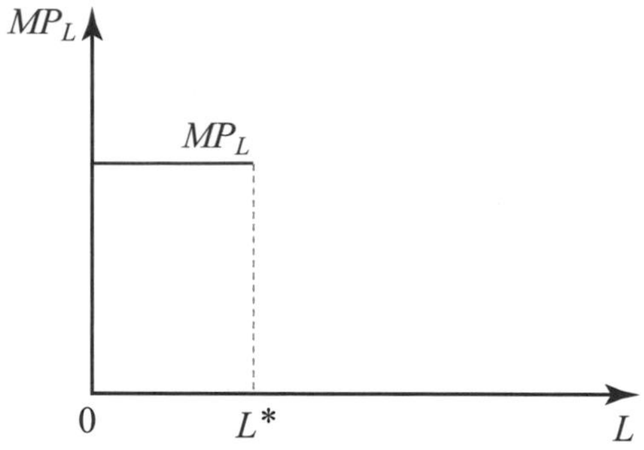

2. 當 $L<L^*$ 時，TP_L 曲線為通過原點的直線，表示線上任何一點到原點的斜率均相同，因此 AP_L 為大於 0 的常數，但是當 $L>L^*$ 時，隨著 L 增加，線上任何一點到原點的斜率越來越小，因此 AP_L 遞減，如下圖所示：

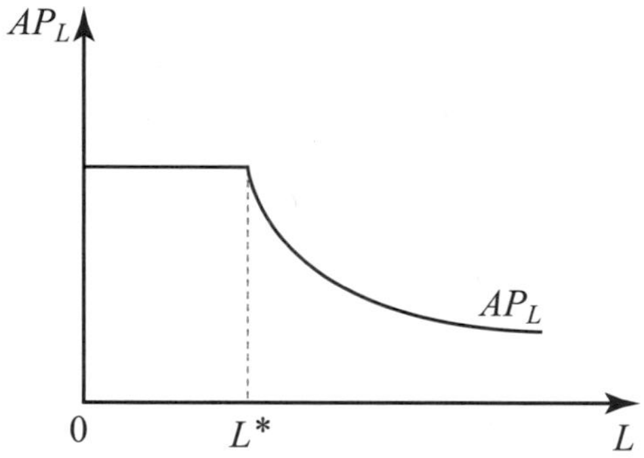

AP_L 與 MP_L 之間的關係

從 AP_L 與 MP_L 的定義可知平均量與邊際量有一些固定的關係：

1. MP_L 一定通過 AP_L 最高點

如圖 5.4 之 B 點所示，B 點為總產量曲線上的點至原點斜率最高者（此時的斜率稱之為 AP_L），而且 $\overline{OB}$ 亦為 TP_L 曲線的切線斜率（此斜率為 MP_L），所以 B 點滿足 $AP_L=MP_L$。

2.若 $MP_L > AP_L$，則 AP_L 遞增

當邊際量大於平均量時，平均量會遞增。例如，某班平均身高為 170 公分（平均量），當新轉學 *A* 同學身高 180 公分（邊際量），此時班上的平均身高將會增加。

3.若 $MP_L < AP_L$，則 AP_L 遞減

當邊際量小於平均量時，平均量會遞減。例如，某班平均身高為 170 公分（平均量），當新轉學 *B* 同學身高 165 公分（邊際量），此時班上的平均身高將會減少。

生產三階段

藉由 *AP* 與 *MP* 的觀念，將有助於我們了解特定總產量曲線的意義，以圖 5.6 的總產量曲線為例，當勞動雇用量小於 L_0 時，MP_L 越來越大（所對應的產量以遞增的速度在增加），表示當勞動雇用量小於 L_0 時，多增加一單位勞動要素投入量，將使對應的總產量呈現大幅增加。例如小林初到工廠上班，對機器的性能一定十分的不精，但是隨著摸索的時間加長，小林一定越來越「熟練」，此時小林的勞動邊際生產力處於遞增的階段。由於小林充分了解這臺機器的性能，因此可以越來越充分發揮這臺機器的效益，導致小林勞動邊際生產力越來越高。

但是，產量增加速度也不可能無限制增加下去，主要原因在於短期固定要素使用量不變，根據中華徵信所 2019 年資料顯示，郭台銘所屬鴻海集團總值超過 5.6 兆，27 年營收成長超過 700 倍。但是這個世界級代工巨獸可能無限制成長下去嗎？按照以上分析，隨著鴻海集團規模日益擴張，郭台銘先生卻只有一個，因此他能夠照顧到企業的時間將越來越少，最終將使得邊際生產力遞減。因此鴻海集團要持續擴張，唯有往多角化經營以及創新研發才能夠避免固定生產要素的限制。

當我們將 MP_L 與 AP_L 共同繪於同一圖形，如圖 5.6 所示。當勞動雇用量小於 L_1 時，勞動平均生產力遞增（AP_L 遞增），所以廠商雇用的勞動量應該小於 L_1，以保證勞動邊際生產力很高？實則不然，其原因在於當廠商雇用勞動量低於 L_1 時，表示還沒有完全發揮機器性能（即人太少，機器太多），亦即小林還沒有完全熟練，對廠商而言，這是一種效率的損失，所以勞動雇用量低於 L_1 不是追求生產效率廠商應該雇用的數量，當廠商勞動雇用量處於 $(0, L_1)$ 稱之為生產第一階段。

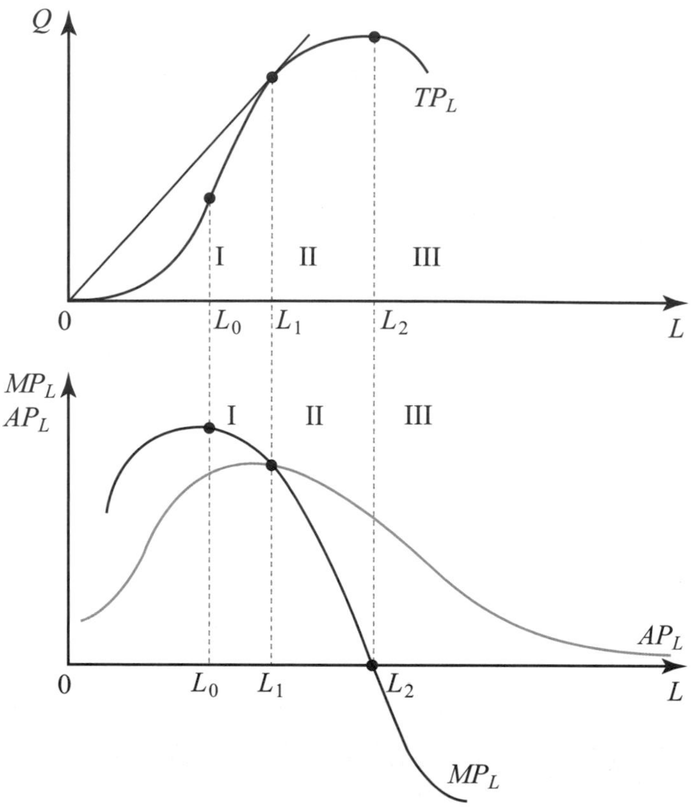

▲ 圖 5.6　TP_L, MP_L 與 AP_L

反過來講，一個追求利潤極大廠商，也不會將勞動雇用量超過 L_2 的水準，因為超過 L_2 時，勞動邊際生產力是負的，亦即當廠商減少勞動雇用量時，反而使得產量增加而成本可以減少。因此一個理性廠商絕對不會雇用超過 L_2 的勞動量。

當勞動雇用量超過 L_2 稱之為生產第三階段，亦即生產第三階段指勞動雇用量使 $MP_L < 0$ 的部分。直覺上第三階段是不合理生產區，原因是因為人太多了（相對機器太少），使得人力資源配置無效率。試想，1 臺機器只需 1 人操作即可，而廠商卻叫 10 個人來湊熱鬧，焉能不使產量減少？

因此生產合理區應該位於第二階段，亦即勞動雇用量要處於 (L_1, L_2) 階段，此階段為勞動邊際生產力遞減階段，因此又稱為勞動邊際生產力遞減法則 (law of diminishing marginal productivity)。該法則認為廠商如果要使資本與勞動能夠充分發揮其效益，則必須雇用勞動直至其邊際生產力遞減，何故？之前我們已經討論過第一階段中雖然勞動邊際生產力很高，可是並沒有充分使用到機器的效能，反之在第三階段，廠商並沒充分利用到人力，因此為了同時有效利用機器與人力，勞動使用量必須在勞動邊際生產力遞減階段。勞動邊際生產力遞減法則也稱為最適勞動與資本比例雇用原則，也就是說不管生產要素多重要或生產力多高，一味擴張機器（勞動）雇用有損效率，勞動與資本有最適雇用比例。

早期剛蓋好高速公路時候，許多人是批評太浪費！因為太少車子使用，意味著高速公路規模太大，表示在第一階段。隨著經濟成長，車子增加了，但是不會塞車，此時高速公路規模恰到好處！此時就位於第二階段。反之現在上高速公路經常塞車，表示規模太小，位於第三階段。

範例

三、殺雞焉用牛刀

勞動生產力越高越好嗎？一般我們用來評估一個廠商的效率都以勞動生產力高低來衡量，但是勞動生產力越高，代表著管理效率越高嗎？以生產三階段理論而言，這個命題有問題，因為勞動生產力越高，表示越沒有充分利用機器設備的效益。例如，一間鰻魚羹店可以賣 1,000 碗，現在每天只銷售 500 碗，卻要開 10 家店，顯然殺雞焉用牛刀。所以要評估勞動生產力，同時也要評估資本邊際生產力，才能得到一個比較客觀的基礎。

5.4 等產量曲線

等產量曲線 (isoquant) 跟無異曲線的觀點非常類似，都是指「相同」的意義，但是等產量曲線指的是相同產量，亦即等產量曲線指在技術不變情況之下，在產量相同下廠商所必須雇用各種不同勞動與資本組合的軌跡。

等產量曲線雖然與無異曲線的概念非常類似，但是仍然有些不同的意義，例如無異曲線可與兩軸相交，亦即只消費一種產品還是有效用，但是等產量曲線原則上不會與兩軸相交，主要是我們認為勞動與資本要素投入都是必要的，只要一種要素投入為 0，就無法生產。另外，無異曲線的效用基本上是序數 (ordinal) 的，其功用只是用來指示效用大小而已，但是等產量曲線是計數 (cardinal)，不可以做任意單調轉換，例如昨天生產 100 單位產量，今天生產 200 單位，則總共生產 300 單位，這就是計數的觀點。

為了得到一般等產量曲線的形狀，我們需要以下的假設：

1. 每一種要素都為「好要素」

亦即不管增加勞動或資本雇用都可以提高產量。如果勞動或資本要素都是「好要素」，則等產量曲線必為負斜率。如圖 5.7 所示：

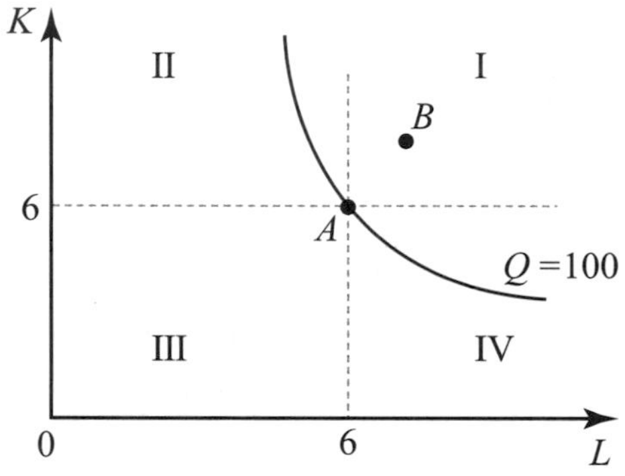

▲ 圖 5.7　好要素的等產量曲線

圖 5.7 顯示，*A* 點代表（勞動投入，資本投入）= (6, 6) 時可以生產 $Q = 100$ 單位的產出，若所有要素都是好要素，如圖 5.7 之 *B* 點（所有要素都比 *A* 點多）的產量會高於 *A* 點。反之，在第 III 象限所有的點，其產量都比 *A* 點少，所以等產量曲線將通過 II, IV 象限為負斜率。

2. 一致性

同無異曲線的意義，即滿足遞移性，此時等產量曲線不會相交。

3. 凸向原點

為什麼等產量曲線也跟無異曲線一樣，都假設凸向原點？要解釋其原因先要了解等產量曲線斜率又稱邊際技術替代率 (marginal rate of technique substitution, $MRTS_{LK}$) 的意義，其定義為在技術不變之下，廠商為維持相同產量，多增加一單位勞動所能取代機器的數量。即：

$$MRTS_{LK} = -\frac{\Delta K}{\Delta L} = \frac{MP_L}{MP_K}$$

如下圖所示：

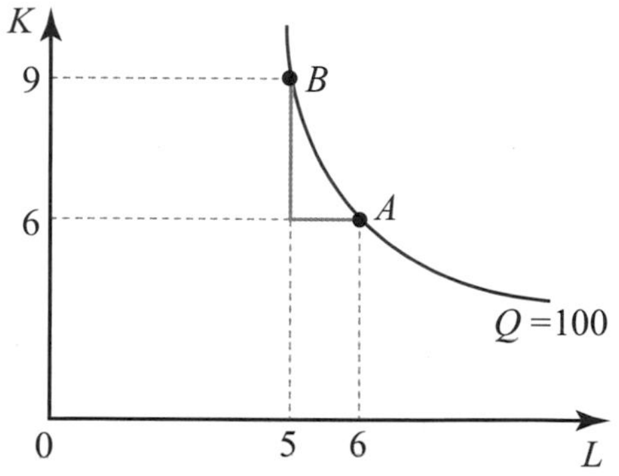

▲ 圖 5.8　邊際技術替代率

從圖 5.8 可知，在維持相同產量下，增加一單位勞動雇用可以減少三單位機器的雇用 $(= \Delta K = 6 - 9 = -3)$，表示一個人可以取代三臺機器，所以 $MRTS_{LK}$ 的大小也是在反映勞動的重要性，$MRTS_{LK}$ 越大表示人可以取代較多的機器，顯示此時勞動的邊際生產力相對於機器的邊際生產力為高，因此也就代表著「勞動越重要」，所以 $MRTS_{LK}$ 跟 MRS_{XY} 相同都在反映「X 軸」的重要性。

根據勞動邊際生產力遞減法則，勞動或機器雇用太多都會導致資源運用無效率，所以隨著勞動雇用量增加，表示人太多了，因此人就越來越不重要，導致多增加雇用一個人所能取代的機器數量將越來越少，這就是所謂的邊際技術替代率遞減法則 (law of diminishing marginal rate of technique substitution)。當等產量曲線滿足邊際技術替代率遞減法則時，等產量曲線將凸向原點，如下圖所示：

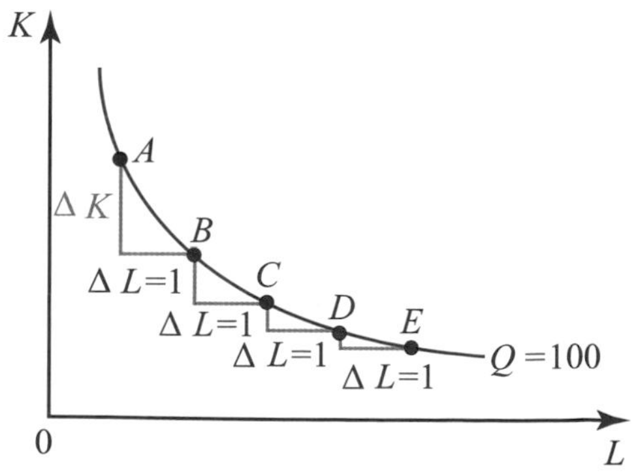

▲ 圖 5.9　邊際技術替代率遞減法則

由於邊際技術替代率遞減法則成立表示，雇用越多勞動能夠取代機器的數目將越來越少，因此圖 5.9 中，從 A 點往 E 點移動過程中，產量不變，但是隨著勞動雇用量增加，其垂直距離 (ΔK) 越來越小，滿足邊際技術替代率遞減法則。

5.5 規模報酬

邊際報酬遞減法則本質為短期生產的觀念，意味著在短期內機器設備無法配合勞動雇用量增加。而規模報酬為一長期生產的概念，它主要強調當勞動與機器如果同時可以增減時，對產出變動的影響。早在亞當斯密就已經提出規模報酬是反映「所有」生產要素專業分工的結果。經濟學家依照產出變動的速度將規模報酬分成以下三種：

一、規模報酬遞增 (increasing return to scale, IRTS)

指當勞動與機器同時增加 λ 倍 ($\lambda > 1$)，則產出增加會大於 λ 倍。因此當生產函數具有規模報酬遞增特性時，表示長期產出增加的速度會大於投入量增加的速度。如下圖所示：

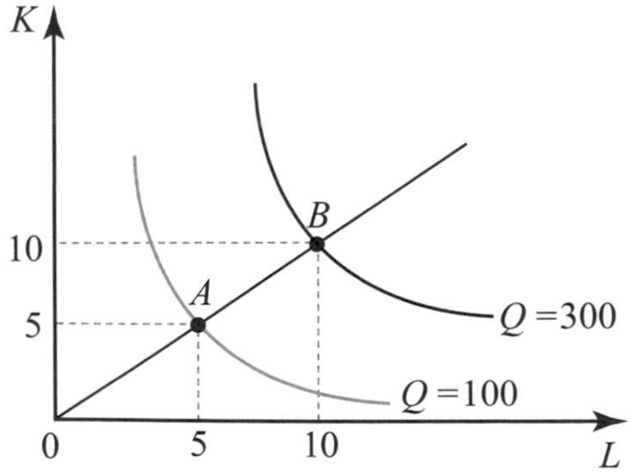

▲ 圖 5.10 規模報酬遞增

一開始勞動與機器投入分別為 $(L, K) = (5, 5)$ 時，產出 $Q = 100$，當要素同時增加一倍，即 $(L, K) = (10, 10)$ 時，產出增加兩倍（為原來三倍），所以此現象為規模報酬遞增。

二、規模報酬固定 (constant return to scale, CRTS)

指當勞動與機器同時增加 λ 倍 $(\lambda > 1)$，則產出增加會等於 λ 倍。因此當生產函數具有規模報酬遞增特性時，表示長期產出增加的速度會等於投入量增加的速度。如下圖所示：

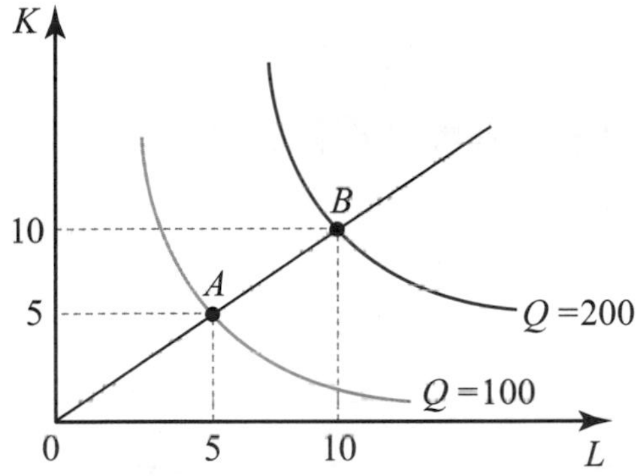

▲ 圖 5.11　規模報酬固定

一開始勞動與機器投入分別為 $(L, K) = (5, 5)$ 時，產出 $Q = 100$，當要素同時增加一倍，即 $(L, K) = (10, 10)$ 時，產出增加一倍，所以此現象為規模報酬增遞。

三、規模報酬遞減 (decreasing return to scale, DRTS)

指當勞動與機器同時增加 λ 倍 $(\lambda > 1)$，則產出增加會小於 λ 倍。因此當生產函數具有規模報酬遞減特性時，表示長期產出增加的速度會小於投入量增加的速度。如圖 5.12 所示。

一開始勞動與機器投入分別為 (L, K) = (5, 5) 時，產出 Q = 100，當要素同時增加一倍，即 (L, K) = (10, 10) 時，產出卻只有增加 0.5 倍，所以此現象為規模報酬遞減。

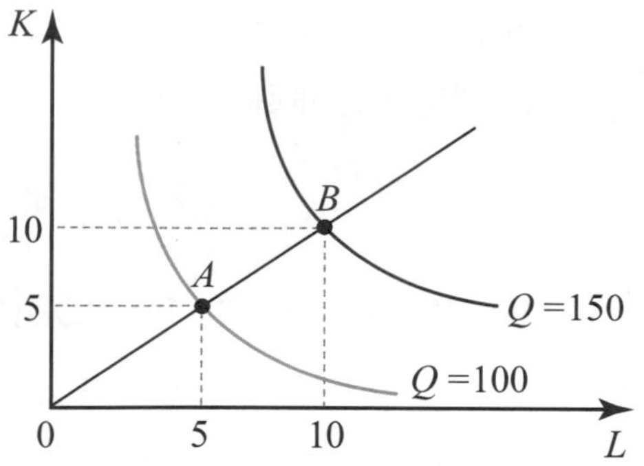

▲ 圖 5.12 規模報酬遞減

範例

四、嘗試判斷下列生產函數為規模報酬遞增、遞減或固定？

1. $Q = f(L, K) = 3L + 5K$
2. $Q = L^{1/3}K^{1/3}$
3. $Q = L^{1/2}K^{3/2}$

解：

1. 當所有要素增加 λ 倍時，$3\lambda L + 5\lambda K = \lambda(3L + 5K) = \lambda Q$，因此為固定規模報酬。
2. 當所有要素增加 λ 倍時，$(\lambda L)^{1/3}(\lambda K)^{1/3} = \lambda^{2/3}(L^{1/3}K^{1/3}) < \lambda Q$，因此為規模報酬遞減。
3. 當所有要素增加 λ 倍時，$(\lambda L)^{1/2}(\lambda K)^{3/2} = \lambda^{2}(L^{1/2}K^{3/2}) > \lambda Q$，因此為規模報酬遞增。

讀者一定會存在一個疑問，邊際報酬遞減是否隱含規模報酬遞減？或者規模報酬遞增一定不會導致邊際報酬遞減？其實邊際報酬與規模報酬是分別討論短期與長期的特性，既然它們討論的基礎（時間長短）不同，因此是不可能放在一起比較的。以 $Q = L^{1/2}K^{3/2}$ 為例，雖然此生產函數為規模報酬遞增，如果短期 $K = \overline{K}$ 為一常數，則勞動邊際生產力 $MP_L = \frac{1}{2}\overline{K}^{3/2}L^{-1/2}$ 依然滿足邊際報酬遞減法則。

重要名詞

- 生產 (production)
- 生產要素 (production factors)
- 生產函數 (production function)
- 人力資本 (human capital)
- 極短期（市場期）(market period)
- 短期 (short run)
- 長期 (long run)
- 極長期 (very long run)
- 固定要素 (fixed factor)
- 變動生產要素 (variable factor)
- 短期生產函數 (short-run production function)
- 生產表 (production table)
- 總產量曲線 (total production curve, TP)
- 平均勞動產出 (average product of labor, AP_L)
- 邊際勞動產出 (marginal product of labor, MP_L)
- 生產三階段 (three stage of production)
- 勞動邊際生產力遞減法則 (law of diminishing marginal productivity)
- 等產量曲線 (isoquant)
- 序數 (ordinal)
- 計數 (cardinal)
- 邊際技術替代率 (marginal rate of technique substitution, $MRTS_{LK}$)
- 邊際技術替代率遞減法則 (law of diminishing marginal rate of technique substitution)
- 規模報酬遞增 (increasing return to scale, IRTS)
- 規模報酬固定 (constant return to scale, CRTS)
- 規模報酬遞減 (decreasing return to scale, DRTS)

摘要

★ 1. 生產要素指的是生產四大要素，勞動 (L)、資本 (K)、土地 (T) 與企業家精神。

★ 2. 廠商為集合四大生產要素從事生產行為的經濟個體，經濟學假設廠商在追求利潤極大，則廠商必然面臨如何決定價格與產量的問題。

★ 3. 生產對經濟學家而言指的是一種「轉換」的過程，一種創造附加價值的過程，亦即將某些原料結合各種生產要素，轉換成另一種形狀的產品。

★ 4. 經濟學家將時間長短約略劃分成四大類：極短期（市場期）、短期、長期與極長期。

★ 5. 在短期中，由於廠商無法隨著產量變動而調整資本存量至最適數量以追求成本最小，因此稱資本（機器設備）為固定要素。反之，可以充分配合廠商增產的生產要素，則稱之為變動要素。

★ 6.總產量曲線為表達勞動投入量與產出之間關係的曲線。

★ 7.平均勞動產出為衡量平均每一單位勞動投入的產出量，亦即 $AP_L = \frac{Q}{L}$，邊際勞動產出指額外增加一單位勞動雇用量時，所能夠增加的產出的數量。

★ 8.勞動邊際生產力遞減法則認為廠商如果要使資本與勞動能夠充分發揮其效益，則必須雇用勞動直至其邊際生產力遞減。

★ 9.等產量曲線指在技術不變情況之下，在產量相同下廠商所必須雇用各種不同勞動與資本組合的軌跡。

★ 10.邊際技術替代率指在技術不變之下，廠商為維持相同產量，多增加一單位勞動所能取代機器的數量，即 $MRTS_{LK} = -\frac{\Delta K}{\Delta L} = \frac{MP_L}{MP_K}$。

★ 11.根據勞動邊際生產力遞減法則，勞動或機器雇用太多都會導致資源運用無效率，所以隨著勞動雇用量增加，人就越來越不重要，導致多增加雇用一個人所能取代的機器數量將越來越少，這就是所謂的邊際技術替代率遞減法則。

★ 12.規模報酬遞增指當勞動與機器同時增加 λ 倍 $(\lambda > 1)$，則產出增加會大於 λ 倍。規模報酬固定指當勞動與機器同時增加 λ 倍 $(\lambda > 1)$，則產出增加會等於 λ 倍。規模報酬遞減指當勞動與機器同時增加 λ 倍 $(\lambda > 1)$，則產出增加會小於 λ 倍。

習題

1.有關生產期限的劃分有幾種？試舉例說明之。

2.假設某生產函數為 $Y = \mathrm{Min}(2L, 4K)$，短期 $\overline{K} = 10$，試求其 AP_L, MP_L 各為何？

3.假設生產表如下所示，請分別填出相對的數字：

L	Q	AP_L	M_L
0	0		
1	8	(A)	(B)
2	(C)	7	(D)
3	(E)	(F)	6
4	25	(G)	(H)

4. 何謂生產三階段？為何生產合理區在第二階段？

5. 試問下列生產函數何者為規模報酬遞減？

(1) $Y = L^{0.5}K^{0.5}$

(2) $Y = L^{0.3}K^{0.6}$

(3) $Y = \text{Min}(K, L)$

(4) $Y = \text{Min}(K^{0.5}, L^{0.5})$

6. 試說明無異曲線與等產量曲線觀念上的異同點。

7. 某位竹科廠長宣稱他的工廠效率最高，因為其邊際生產力與平均生產力都在遞增，您的看法如何？

8. 評論以下敘述：

(1)當 TP 最大時，表示 AP 也最大。

(2)當 TP 最大時，表示 MP 最大。

(3)當 AP 最大時，表示 $MP = AP$。

(4) AP 一定隨 MP 的上升而增加，且隨 MP 的下降而減少。

9. 假設生產函數為 $Q = K^2L^{1/2}$，請問此生產函數為規模報酬遞增還是遞減？若短期 $K = 10$，此時勞動的邊際生產力是遞增還是遞減？

第 6 章

成本理論

前面一章我們已經討論過廠商的生產函數，生產函數基本上假設廠商能夠以最有效率的方式生產，亦即以最少投入獲得最大的產出，此又稱之為生產效率。但是達成生產效率並不是廠商唯一的目標，廠商必須進一步以最低成本來生產某一利潤極大的產出水準，此稱之為經濟效率，因此本章主要透過生產效率來探討決定成本的過程，以作為研究市場結構的理論基礎。

6.1 成本的分類

很多人對於成本的概念都是望文生義，認為廠商給付生產要素報酬就稱之為成本 (cost)，但是這種成本的觀念對於經濟學家在解釋廠商追求利潤極大化的行為是不夠的。利潤是指廠商的收入扣除成本後的差額，因此，成本定義不同，廠商利潤就會有所不同，廠商經濟決策將因此發生改變。所以為了充分了解影響廠商決策的因素，經濟學家對於成本有非常嚴格的定義。

成本的分類

一、會計成本 (accounting cost) 與機會成本 (opportunity cost)

會計成本指廠商實際支付個人或其他生產要素等的成本，包括工資、地租、利息等。由於這些成本一般都會登記在會計帳簿上，因此又稱之為外顯成本 (explicit cost)。對經濟學者而言，經常用的成本概念是機會成本而非會計成本，在亞當斯密所著《國富論》(*Wealth of National*) 中又稱機會成本為「實質」成本 (real cost)。由於經濟學起源為資源有限，因此廠商要決定多生產某一特定產品時，除了會計成本之外，必須放棄生產其他產品，因此經濟學定義機會成本指誘使廠商放棄其他用途所支付的「最大」代價者，此項成本並沒有在會計帳簿上顯示。為了能夠了解機會成本與會計成本差異，分別針對不同要素成本作說明。

1. 勞動成本

廠商雇用的勞動的會計成本指支付給勞動者的薪資、紅利、福利津貼或者退休金等。但是經濟成本所包含的勞動成本就更廣了，例如，小林自己開獨資企業，雖然每天辛勤的工作，表面上沒有拿到薪資所得，不列入勞動的會計成本，可是就機會成本而言，必須設算小林的機會成本，因為小林如果不自己開公司，在其他行業所能賺得的最大工資水準假設為 10 萬元，則小林的勞動機會成本為 10 萬元。

範例

一、機會成本之計算

小賴有三個志願，打職業棒球，年薪 200 萬，賣鰻魚羹，年賺 150 萬，但是小賴最後選擇教書，一年收入只有 100 萬，則小賴教書的機會成本若干？

機會成本指誘使廠商放棄其他用途所支付的「最大」代價者，顯然上述最大價值為打棒球，因此小賴選擇教書的機會成本為 200 萬。

2. 資本成本

會計學或稅法所規範的資本成本都有一套既定的設算公式，例如我國營所稅法規定，資本折舊有平均法、固定率遞減法及工作時間法。以平均法為例，如果台積電在民國 109 年年初購買極紫外光微影技術（晶圓代工的最先進技術）所需機器成本為 6,000 萬，耐用年限五年，若依照稅法規定，此機器的殘值為 1,000 萬，則台積電每一年可以提列的折舊為 (6,000 – 1,000) / 5 = 1,000 萬，此即稅法上所稱的機器成本，當然會計學上有其計算方法，但是這些並不是經濟學所強調的機會成本的概念。

當台積電使用 6,000 萬去購買極紫外光微影技術所需機器時，代表著台積電無法利用此項金額從事其他創造獲利的生產活動，此時所損失的最大獲利就代表著使用資本的機會成本。

3. 地　租

狹義指土地的租金，早期財政學者主張對地主所獲得的地租課所得稅，一方面認為地租是不勞而獲，另外一方面，由於土地的面積是不會改變的，因此對地租課稅沒有機會成本。對地租課稅有沒有機會成本，是值得商榷，至少就個體而言，當某塊土地用在種蓮霧時，它就無法同時種植其他的作物（即其他賺錢的機會），因此即使土地供給量固定，還是存在機會成本。

4. 企業精神成本

企業家為了獲得利潤，從事具有「風險」的生產活動，因為有其倒閉的風險，此倒閉的風險成本就是企業家精神的機會成本。

二、外顯成本與隱藏成本 (implicit cost)

外顯成本就是指會計成本，表示廠商實際支付生產的成本，而隱藏成本指廠商使用自有資源時雖未實際支付應付之成本，但是就整個資源使用上有所犧牲，因此應設算其成本，由於此項成本並沒有在會計帳簿上顯示，所以稱之為隱藏成本。例如台積電使用自有資金擴廠時，按照會計準則並沒有利息支出，但是依照機會成本概念，若台積電不進行擴廠而存在銀行將會有利息收入，此利息收入就是機會成本。

從以上分類可知，機會成本（或經濟成本 economic cost）應等於會計成本與隱藏成本之和❶，亦即：

經濟成本 = 機會成本 = 會計成本 + 隱藏成本

範例

二、為什麼經濟成本比較能夠反映一項計畫的真實成本？

經濟成本較能反映一項計畫的真實成本，且影響廠商經濟決策的成本是經濟成本而非會計成本！例如從 2019 年開始，中美爆發貿易戰，導致臺商在中國經營面對相當大的壓力，因此紛紛將生產基地撤離中國。如果廠商把工廠撤回臺灣，需要投入 10 億會計成本，而收入為 15 億，預期可賺 5 億，這是否意味著廠商應該立刻把工廠遷回臺灣？

我們已經知道會計成本與經濟成本不同在於有隱藏成本，亦即如果廠商不回臺投資而改到東南亞國家投資，其最高獲利為 8 億，此時你會發現廠商回臺投資的經濟成本是 18 億，意味著回臺灣投資反而賠錢，此時廠商應該前進東南亞。

利潤的定義

一般來講，依照成本定義不同，我們可以定義兩種不同的利潤：

一、會計利潤 (accounting profits)

當廠商所有的收入扣除他所有的會計支出（即會計成本），其差額就稱為會計利潤，若會計利潤為正值，稱之為正利潤，若會計利潤為負，稱之為損失。因此

會計利潤 = 總收入 – 會計成本

❶ 有些教科書直接定義機會成本為隱藏成本。

二、經濟利潤 (economic profits)

但是就經濟成本而言，上述的會計利潤並沒有將隱藏成本列入考慮，雖然廠商沒有實際支付隱藏成本，但是就實質而言仍然應列入廠商成本，因此經濟學家定義

經濟利潤 = 總收入 − 經濟成本
= 總收入 − 外顯成本 − 隱藏成本
= 會計利潤 − 隱藏成本

從經濟利潤定義可知，當經濟利潤為 0 時，並不表示會計帳上廠商並沒有賺錢，帳面上廠商還是有賺到隱藏成本（會計利潤 − 隱藏成本 = 0），當廠商的會計利潤等於隱藏成本時表示廠商只賺到正常利潤 (normal profits)。所謂的正常利潤一般指此利潤將使企業家願意持續生產所必須收取的最低報酬。因為當廠商賺得正常利潤時，表示當廠商移轉到其他行業生產最多也只賺到正常利潤，因此廠商願意持續發揮企業的功能。

若廠商賺得的會計利潤超過正常利潤時（即經濟利潤 > 0），表示廠商賺取超額的經濟利潤 (excess profits)，如果此產業自由進出，將吸引更多廠商加入生產。

範例

三、經濟利潤與會計利潤

小王是全國知名的裝潢師父，而小賴與小王是多年好朋友，於是小賴搬新家時，小賴請小王幫他裝潢。當裝潢完畢時，小賴收到帳單一看，哇！不得了，材料及人工成本只有 20 萬，但是卻收費 100 萬，小賴於是責備小王「賺那麼多的黑心錢！」，但是小王卻回答道，「我並沒有賺到錢，我只賺到一點點的工錢而已」。您有沒有發覺小賴與小王在雞同鴨講？

讀者會發現，「黑心錢」、「賺到錢」及「工錢」代表不同的利潤概念，所謂「賺那麼多的黑心錢！」表示小賴認為小王賺取太多的會計利潤。而小王認為他沒有「賺到錢」，表示小王自認為沒有賺到超額的經濟利潤。至於小王認為只賺到一點點的工錢而已，表示小王自認為只賺到正常利潤。

6.2 短期成本

成本就是指廠商在生產過程中所支付各種生產要素的機會成本，在一般經濟學分析中先忽略自然資源與企業家精神對成本的影響，在我們有興趣的生產期間中，只分析資本要素與勞動要素雇用量對生產成本的影響。而一般所稱的成本函數 (cost function) 指在經濟效率下，描寫廠商產量與成本之間的關係，而所謂經濟效率指廠商會利用最低成本生產方式來生產某一固定的產量。

固定成本

在生產理論一章中，我們將生產期間約略分為短期與長期，所謂的短期指資本要素雇用量固定不變的期間，因此短期有所謂的固定要素（指資本存量或機器數量），既然有固定要素，就有所謂的固定成本（fixed cost，簡寫為 FC），是指廠商租用固定要素的機會成本。由於短期固定要素使用量不變 $(K=\overline{K})$，所以短期固定成本為：

$$FC = r \times \overline{K}$$

其中 r 為利息，表示租用機器的單位機會成本。在短期內 r、$\overline{K}$ 不變，因此短期固定成本為一常數。如圖 6.1 所示：

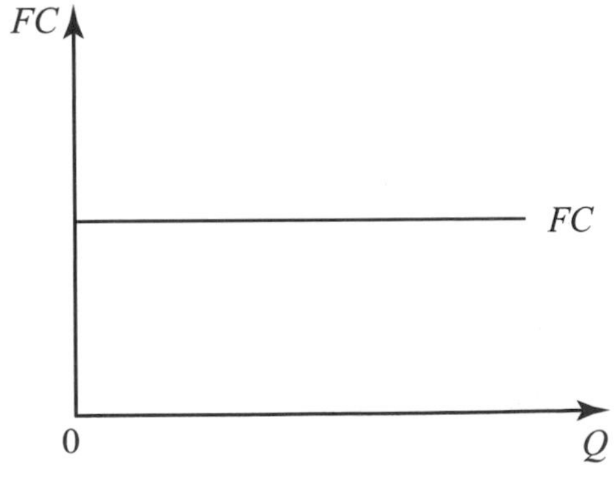

▲圖 6.1　固定成本曲線

有了固定成本，我們就可以定義平均固定成本（average fixed cost，簡稱為 AFC）為平均每一單位產量的固定成本，公式如下：

$$AFC = \frac{FC}{Q}$$

由於固定成本為一常數，因此平均固定成本為一雙曲線，如下圖所示：

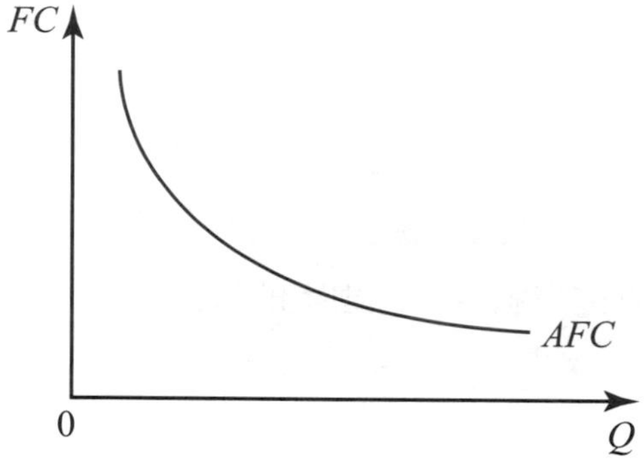

▲ 圖 6.2　平均固定成本曲線

所以隨著產量增加，平均每一單位產量所負擔的固定成本將會越來越小。

變動成本

短期中，有變動要素（即勞動）存在，因此就有所謂的變動成本（variable cost，簡稱為 VC），所以變動成本指廠商雇用變動要素所必須支付的機會成本，即：

$$VC = w \times L$$

其中 w 表示工資，為雇用勞動的成本。但是 $VC = w \times L$ 並不是成本函數，因為成本函數是描述成本與數量之間的關係。所以為了獲得變動成本函數，我們需要將 L 轉變成 Q，此時就需要透過生產函數。由於 $Q = g(L, \overline{K}) = f(L)$，若反函數存在，則可以改寫為 $L = h(Q)$，代入變動成本函數 $VC = w \times L = w \times h(Q)$ 即為變動成本函數。

範例

四、固定成本及變動成本之求算

假設生產函數為 $Q = K^{1/2}L$，短期下 $\overline{K} = 16, w = 2, r = 5$，試求：

1. 固定成本 $FC = ?$　　2. 變動成本 $VC = ?$

解：

1. 由於 $\overline{K}=16, r=5$，因此 $FC=r\times\overline{K}=5\times16=80$

2. $VC=w\times L=2L$，在短期下，$Q=\sqrt{16}\times L=4L, L=h(Q)=\dfrac{Q}{4}$

所以 $VC=2\times\dfrac{Q}{4}=\dfrac{Q}{2}$

從範例四可知，影響變動成本最重要的因素為生產函數，也就是生產力的大小，這個結果並沒有讓我們感到意外，因為生產力越高，成本相對也就越低。因此當我們假設某固定的生產函數時，相對應的成本函數也就固定了，而且成本曲線與產量曲線將會形成對稱的情況。

當找到變動成本函數時，類似 AP 與 MP 的觀念，我們可以定義平均變動成本（average variable cost，簡稱 AVC）為平均每單位產量下所負擔的變動成本，即 $AVC=\dfrac{TVC}{Q}$。

利用 AVC 我們可以了解變動成本受產量影響的平均變動趨勢，此時 AVC 曲線形狀為何呢？剛才我們提過，成本變動趨勢與生產力變化的方向是相反的，所以如果我們假設 AP_L 曲線如生產理論一章之圖 5.4 所示，則 AVC 形狀將如圖 6.3 所示：

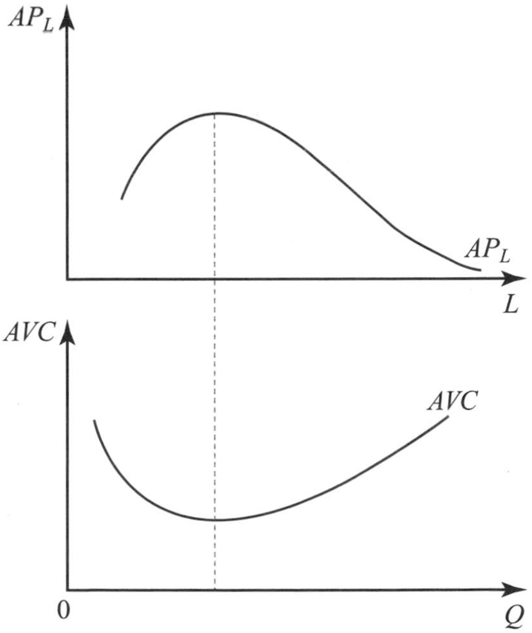

▲ 圖 6.3　平均變動成本曲線

圖 6.3 說明，當平均生產力遞增時（AP_L 遞增），對應的 AVC 將會遞減，當 AP_L 最高時，AVC 會到達最低點，而當 AP_L 遞減時，AVC 也會隨著遞增，顯示生產力與成本變動方向是反向關係。這種關係當然也可以從數學式加以證明：

$$AVC=\frac{VC}{Q}=\frac{w\times L}{Q}=\frac{w}{\frac{Q}{L}}=\frac{w}{AP_L}$$

從 $AVC=\frac{w}{AP_L}$ 可知，一旦確立生產力關係，成本關係也就確立了。

除了平均變動成本之外，我們也經常利用邊際成本概念來了解成本的結構，邊際成本（marginal cost，簡稱為 MC）指每增加一單位產量，總成本增加的部分，即 $MC=\frac{\Delta TC}{\Delta Q}$。其中 TC 表示生產總成本 (total cost)。

由於我們假設廠商只雇用勞動（變動成本）與資本（固定成本），因此：

$$TC=FC+VC$$

既然邊際成本是衡量因增產導致成本增加的「速度」，而短期內只有增加勞動（即變動要素）雇用才可能增產，所以邊際成本實際上是在衡量當廠商增產時變動成本增加的速度，即 $MC=\frac{\Delta TC}{\Delta Q}=\frac{\Delta TVC}{\Delta Q}$。

讀者一定可以猜得出來，既然邊際成本跟變動要素有關，那麼邊際成本與勞動邊際生產力一定有密切關聯，這個直覺是正確的。如圖 6.4 所示。

當 MP 遞增時，MC 會遞減，而當 MP_L 最大時，相對應產量下的 MC 會最低，這些關係再度印證生產力與成本會形成反向關係❷。

當我們將圖 6.3 與圖 6.4 畫在同一圖形上，如圖 6.5 所示。

讀者應該特別注意就如同 MP_L 會通過 AP_L 最高點，MC 曲線將會通過 AVC 最低點。

❷ 數學證明，$MC=\frac{\Delta VC}{\Delta Q}=\frac{\Delta w\times L}{\Delta Q}=\frac{w}{\frac{\Delta Q}{\Delta L}}=\frac{w}{MP_L}$

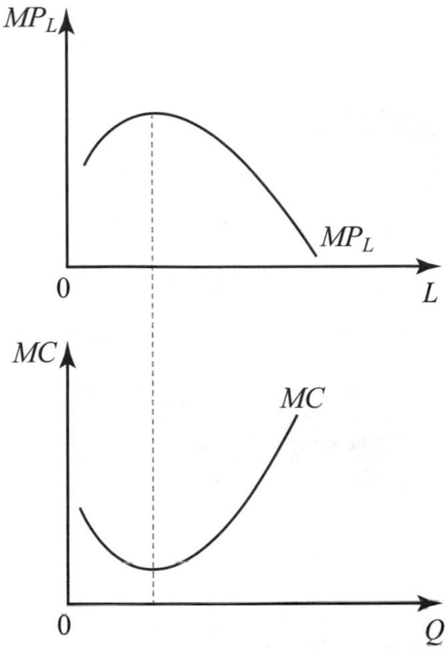

▲ 圖 6.4 *MC* 形狀

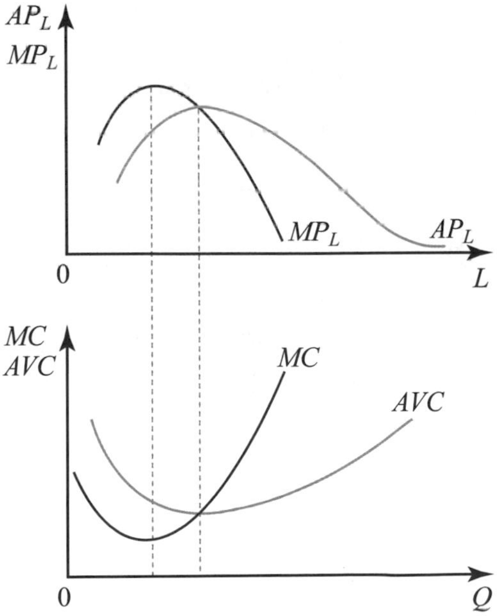

▲ 圖 6.5 *MC* 與 *AVC* 之間的關係

範例

五、第一階段非生產合理區

在生產理論一章中我們曾經提及，在生產第一階段不是生產合理區，因為勞動雇用量在第一階段代表著沒有充分利用資本（或機器）。而圖 6.5 顯示，在第一階段時，*AVC* 是遞減的，因此廠商的產量如果在 *AVC* 遞減部分，表面看起來「很好」，可是背後隱含廠商規模太大，完全沒有充分利用機器設備。以臺北捷運為例，由於一開始收費太高，因此使用人數太少，明顯不符合捷運設立的目標，亦即提供多數人便捷的交通系統，此時的使用人數明顯沒有充分利用既有的資本設備。

各種短期成本之間的關係

透過固定成本與變動成本介紹，接下來我們將各種不同成本曲線繪於同一圖形上，以了解它們彼此之間的關係。首先由於 $TC = FC + VC$，兩邊同除 Q，可得：

$$\frac{TC}{Q} = \frac{FC}{Q} + \frac{VC}{Q}$$

$$\Rightarrow AC = AFC + AVC$$

其中平均成本（average cost，簡稱 AC）表示平均每單位的成本（包含固定成本與變動成本）。另外，由於 FC 是常數，表示不隨產量增加而變動（即 $\Delta FC = 0$），因此

$$\frac{\Delta TC}{\Delta Q} = \frac{\Delta FC}{\Delta Q} + \frac{\Delta VC}{\Delta Q}$$

$$= \frac{\Delta VC}{\Delta Q}$$

範例

六、成本結構計算

假設某廠商的成本結構如下表所示，試完成其中的空格。

Q	FC	VC	TC	AFC	AVC	MC
1	10	5	(A)	(B)	(C)	
2	10	(D)	25	(E)	(F)	(G)
3	10	(I)	(H)	(J)	(K)	15
4	10	(L)	(M)	(N)	15	(O)
5	10	85	(P)	(Q)	(R)	(S)

解：

(A) $= FC + VC = 15$

(B) $= \frac{10}{1} = 10$

(C) $= \frac{5}{1} = 5$

(D) $= TC - FC = 25 - 10 = 15$

(E) $= \frac{10}{2} = 5$

(F) $= \frac{15}{2} = 7.5$

(G) $= 25 - 15 = 10$

(H) $= 25 + 15 = 40$

(I) $= 40 - 10 = 30$

(J) $= 10/3$

(K) $= 30/3 = 10$

(L) $= 15 \times 4 = 60$

(M) $= 10 + 60 = 70$

(N) $= 10/4 = 2.5$

(O) $= 70 - 40 = 30$

(P) $= 10 + 85 = 95$

(Q) $= 10/5 = 2$

(R) $85/5 = 17$

(S) $= 95 - 70 = 25$

範例

七、成本之計算

假設某短期成本函數為 $TC = 100 + q^2$，q 為產量，試求：

1. FC、AFC
2. VC、AVC
3. AC
4. MC

解：

1. 由於固定成本指不隨產量變動的成本，因此 $FC = 100, AFC = \frac{100}{q}$。

2. 變動成本指隨著產量增加，成本會隨著增加者。因此 $VC = q^2,\ AVC = \frac{q^2}{q} = q$。

3. $AC = AFC + AVC = \frac{100}{q} + q$

4. $MC = \frac{\Delta TC}{\Delta q} = 2q$

透過以上範例說明，讀者應該很清楚 *AC*, *AVC*, *AFC* 及 *MC* 彼此之間的關係，我們將所有相關曲線繪於同一圖形，如圖 6.6 所示：

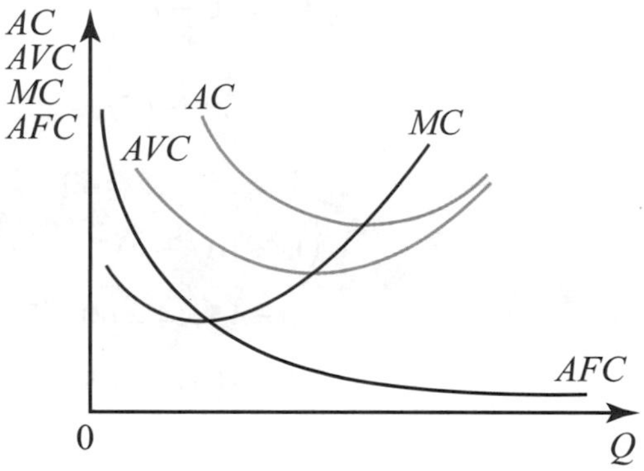

▲ 圖 6.6　*AFC*, *AVC*, *AC* 與 *MC* 曲線

圖 6.6 之 *AFC* 為一遞減的雙曲線，由於 $AFC = AC - AVC$，因此 *AC* 與 *AVC* 垂直距離會隨著產量增加而逐漸遞減，另外 *MC* 曲線通過 *AVC* 與 *AC* 的最低點。

6.3 長期成本函數

在長期下，廠商有足夠的時間去調整勞動與資本要素雇用量以達到經濟效率，因此長期是沒有固定要素，勞動與資本都是變動要素。但是廠商是如何雇用生產要素使得成本極小？在效用一章我們知道消費者是在給定預算限制不變的條件下去追求效用極大的購買組合，但是長期成本 (*LTC*) 是否也是在廠商成本不變的情況下，去追求產量極大的雇用量？這種觀念是不正確的。

廠商主要目標是在追求利潤極大，因此廠商必須先決定利潤極大的產量為何，當廠商知道利潤極大產量之後，接下來廠商便要決定如何以最小成本方式來生產「已知」利潤極大的產量，所以廠商長期追求生產成本極小的邏輯與消費者理論是不同的。

長期廠商最適雇用組合

為了說明經濟學家如何求出長期成本函數，我們首先定義等成本函數為使廠商有相同生產成本的各種要素雇用組合，亦即等成本函數為：

$$\overline{C} = wL + rK$$

其中 $\overline{C}$ 為一常數。所以在等成本曲線 (iso-cost curve) 上，每一點的要素雇用組合帶給廠商的成本都相同，如圖 6.7 所示：

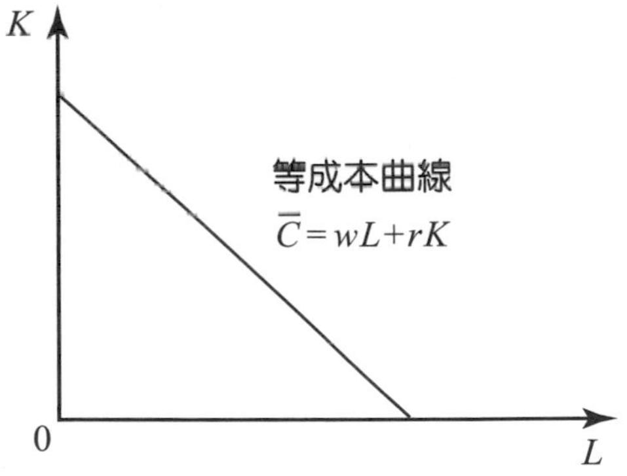

▲ 圖 6.7　等成本曲線

由於我們假設勞動與資本的雇用機會成本為一常數，因此等成本曲線為一直線，並且等成本曲線的斜率為 $-\dfrac{\Delta K}{\Delta L} = \dfrac{w}{r}$。等成本曲線越往外移動，表示廠商所支付的成本也就越高。

廠商在已知利潤極大的產量 Q^* 之下，如何追求成本極小的要素雇用組合呢？如圖 6.8 所示：

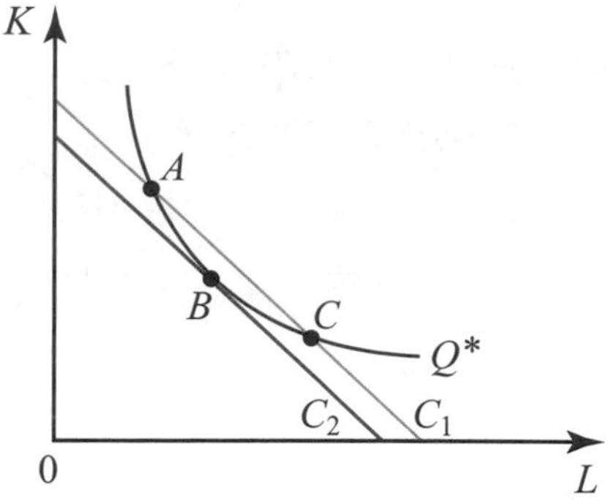

▲ 圖 6.8 成本極小的雇用組合

在等產量曲線上有 A、B 及 C 三種要素雇用組合均可以生產 Q^* 的產量，但是 A 及 C 點為通過 C_1 的等成本曲線，而 B 點為通過 C_2 的等成本曲線，由於 $C_1 > C_2$，顯然一個理性的廠商會選擇雇用 B 點要素組合來生產，此時生產成本達到極小。由圖 6.8 可知，當廠商生產成本達到極小時，等產量曲線與等成本曲線相切，亦即：

$$\text{等成本曲線斜率} = \frac{w}{r} = \frac{MP_L}{MP_K} = MRTS = \text{等產量曲線的斜率}$$

那為什麼當 $\frac{w}{r} > \frac{MP_L}{MP_K}$（如圖 6.8 之 C 點），廠商並沒有達到成本極小的雇用量呢？直覺上來講，廠商支付給勞動要素的機會成本太大了，此時一個理性廠商應該減少勞動的雇用，而增加資本的使用，即由 C 點往 B 點移動為止。同理，讀者可以類推 $\frac{w}{r} < \frac{MP_L}{MP_K}$ 的情況。

範例

八、耕者有其田政策

我國由於地少人多，為了怕地主壟斷所有土地，欺壓農民，因此早期就有耕者有其田的政策，其實這個政策執行的目的就是限制人民持有土地的數量，避免大地主的發生。一個有趣的問題是限制人民（尤其是農夫）持有土地的面積一定是好事嗎？難道沒有其他的負作用嗎？

解：

我們假設農夫的要素投入為土地 (T) 與農藥 (D)，並且農夫利潤極大產量 Q^* 已知，如圖 6.9 所示：

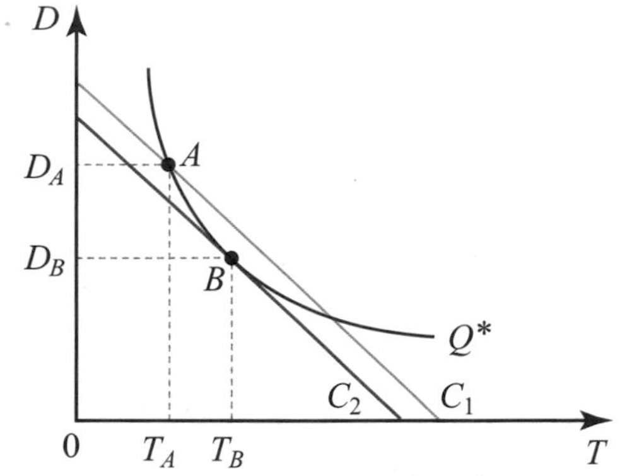

▲ 圖 6.9　限制要素使用量的經濟效果

如果不限制人民持有土地的數量，則農夫會使用 T_B 的土地搭配 D_B 數量農藥生產 Q^* 的產出以獲得利潤極大。但是如果政府限制人民最多只能持有 T_A 的土地，則在利潤極大產量 Q^* 下，農夫唯有多使用農藥 D_A 才能生產 Q^* 產量。此時不但農夫的成本提高了，更不幸的是，一般消費者卻吃了更多的農藥。

長期總成本曲線

既然長期下，廠商可以因應產量不同選擇最低成本的要素雇用組合，因此長期總成本曲線 (long-run cost curve) 上的每一點都表示等產量曲線與等成本曲線相切，如圖 6.10 所示：

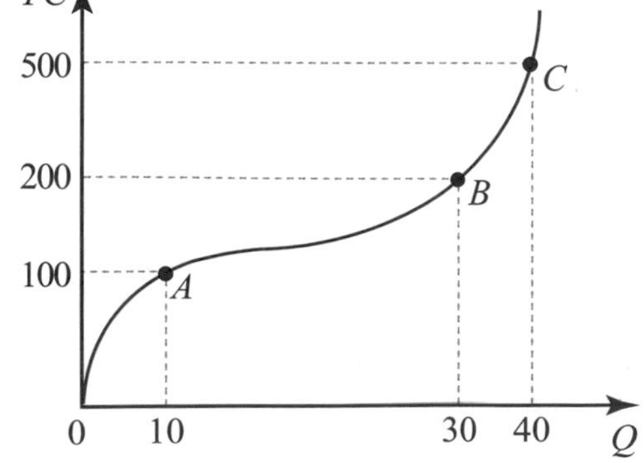

▲ 圖 6.10　長期總成本曲線

當產量 $Q = 10$ 時，廠商會選擇 A 點的要素組合，此時生產成本為 $TC = 100$，是

所有可能生產方式 ($Q=10$) 中成本最小的，同理 B 及 C 點都代表著相同的意義，透過這種方式我們就可以得到長期總成本曲線。

最小總成本的長期成本函數

短期成本函數是在某一規模（即 $\overline{K}$ 不變）的情況下，產量與生產成本之間的關係，但是在長期下，廠商雇用要素的時候並沒有規模的限制，也就是在任何產量下，廠商可以選擇一個最適規模 ($K=K^*$) 使得生產的總成本極小，此時所對應的成本曲線就是長期總成本曲線。如下圖所示：

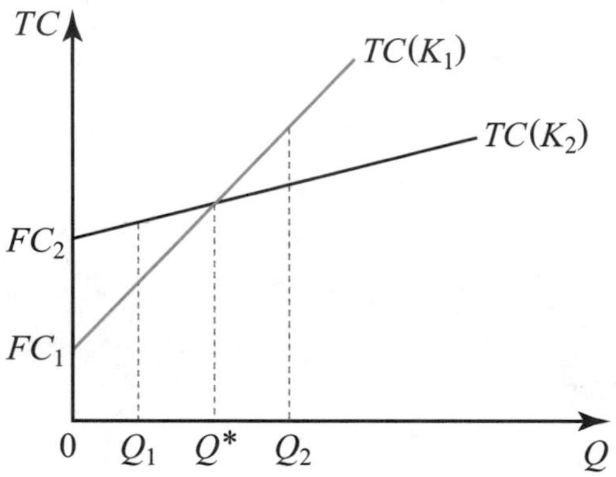

▲ 圖 6.11　不同規模下的成本結構

為了分析簡化起見我們假設廠商只可以選擇兩種規模（即 K_1, K_2），圖 6.11 中由於 $FC_2>FC_1$，表示 K_2 規模大於 K_1 的規模。長期下，如果廠商利潤極大的產量為 $Q=Q_1$，此時廠商會選擇 K_1 的規模，因為廠商選擇 K_1 規模的生產成本低於選擇 K_2 規模所對應的總成本。其原因在於當廠商銷售量只有 Q_1 時，由於銷售量太少，殺雞焉用牛刀，不必選擇太大的規模。同理，如果廠商利潤極大的產量為 $Q=Q_2$，此時廠商會選擇 K_2 的規模，因為廠商選擇 K_2 規模的生產成本低於選擇 K_1 規模所對應的總成本。所以圖 6.11 的長期總成本曲線將如圖 6.12 之 ABC 曲線所示。

圖 6.12 顯示，在任何產量下，長期總成本必定低於短期總成本，即：

$$LTC(Q^*)\le STC(Q^*)$$

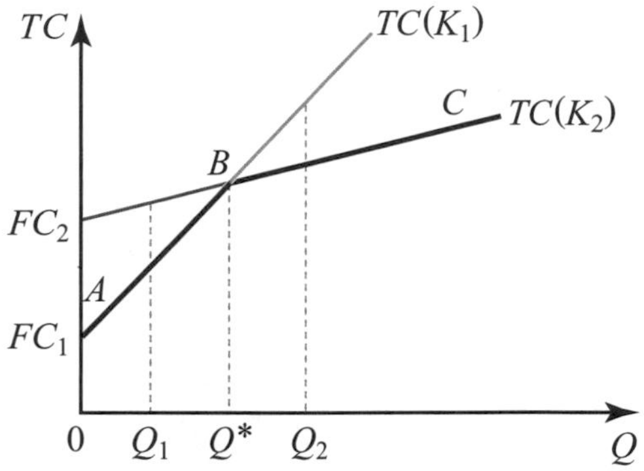

▲ 圖 6.12　不同規模下的長期成本

由於 LTC 為所有 STC 最低點的組合，所以 LTC 為 STC 的包絡曲線。圖 6.12 強調長期總成本曲線為廠商面對各種不同的產量下選擇一個最適規模（即機器的數量）使得生產總成本最小的曲線。

長期平均成本與長期邊際成本

當我們求出長期總成本曲線時，我們可以利用長期平均成本（long-run average cost，簡稱為 *LAC*）指平均每一單位產量所付出的成本：

$$LAC = \frac{LTC}{Q}$$

另外，我們也可以利用長期邊際成本（long-run marginal cost，簡稱 *LMC*）來顯示長期成本增加的速度，

$$LMC = \frac{\Delta LTC}{\Delta Q}$$

所以 *LMC* 是在衡量當長期下，廠商每增加一單位產出，成本增加的部分。如果廠商的長期總成本曲線如圖 6.10 所示，則依照生產理論有關 AP_L 與 MP_L 的求法，我們分別可以畫出 *LAC* 與 *LMC* 曲線如圖 6.13 所示。

讀者一定有一個疑問，為什麼 *LTC* 會通過原點，其原因在於長期下沒有固定要素，所以沒有固定成本。另外由於 *LAC* 大小為 *LTC* 上的點到原點的斜率，因此 *LAC* 一開始會隨著產量增加而逐漸遞減，但是超過 *B* 點時，*LTC* 上的點到原點斜率又會隨著產量增加而逐漸遞增，所以 *B* 點為 *LAC* 最低點。而 *LMC* 為 *LTC* 曲線上點

的切線斜率，所以 *LMC* 也會先遞減然後再遞增，且在 *B* 點時，*B* 點到原點斜率恰好為 *B* 點的切線斜率，因此 *LAC* = *LMC*，即 *LMC* 必定通過 *LAC* 最低點。

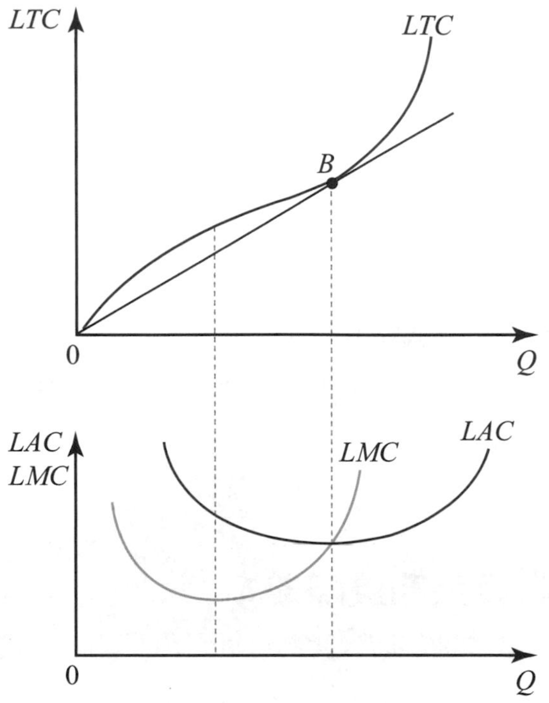

▲ 圖 6.13 *LAC* 與 *LMC*

外部規模經濟與內部規模經濟

為什麼長期 *LAC* 也跟短期 *AC* 曲線非常的類似呢？從圖 6.6 可知，短期 *AC* 曲線之所以為 *U* 型是因為短期勞動邊際生產力遞減的原因，亦即因為報酬遞減法則，使得短期 *AC* 曲線最終會呈現遞增的現象。但是長期由於所有生產要素都可以變動，因此不可以用報酬遞減法則來解釋長期 *LAC* 形成 *U* 型的原因。

觀察圖 6.13，長期 *LAC* 曲線一開始是遞減的，此現象我們稱之為內部規模經濟 (internal economies of scale)，之所以產生內部規模經濟的原因很多，例如，當廠商的生產函數具有規模報酬遞增特性時，即所有要素加一倍，成本只增加一倍，但是產量卻增加超過一倍，因此長期平均成本反而會下降，發生規模經濟效果。又如，專業化分工合作，各盡其才，也可以降低生產成本達到規模經濟效果。其他如大量生產可以節省進料成本等金融因素都可以使得平均成本遞減。

反之，隨著產量增加，平均成本隨之遞增現象稱為內部規模不經濟。發生規模不經濟原因也很多，例如生產函數如果具有遞減的規模報酬，將使所有要素加一倍，成本只增加一倍，但是產量卻增加低於一倍，因此長期平均成本反而會提高，發生內部規模不經濟效果。另外原因如專業化分工有其極限或者管理出現瓶頸等因素，例如經營之神無法複製，每一個企業受到經營之神照顧的時間越來越少，使得企業經營效率變差都會導致內部規模不經濟。

另外一種規模經濟效果為外部規模經濟 (external economies of scale)，內部規模經濟指在同一條 *LAC* 曲線移動，而外部規模經濟指某些因素改變使得整條 *LAC* 往下移動者，如圖 6.14 所示：

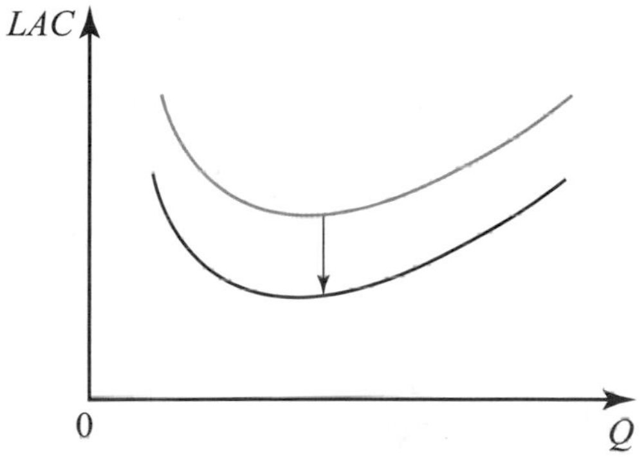

▲ 圖 6.14　外部規模經濟

例如，工研院努力研發技術移轉給廠商自由使用，將減少國內廠商研發成本，於是發生外部規模經濟效果。外部規模經濟效果對廠商影響非常重大，例如台積電要不要到大陸設立 8 吋晶圓廠，引起國內許多爭論。其實廠商到大陸設廠著眼點包括降低勞動成本或者擴大市場占有率等因素，如果單純以降低生產成本來講，其實到大陸設廠所降低的勞動成本對生產總成本比例而言並不會太高，主要原因是科技業屬於資本密集產業。但是讓我們擔心的是會產生群聚效應，亦即許多電子產業在竹科設廠，會產生外部規模經濟效果，使得每一家廠商的 *LAC* 都可以降低。如果台積電也到大陸設廠，因此吸引許多廠商跟著到大陸設廠，將使大陸電子廠商跟著也有外部規模經濟效果，再配合低廉的勞動成本，最後將使國內電子廠商面臨嚴酷的競爭。

範例

九、範疇經濟

其實除了內部規模經濟之外，範疇經濟也是廠商降低成本最重要的方法之一。所謂範疇經濟指的是兩個不同事業如果合併經營時，其總成本會低於分開經營時的成本總和。例如，聯合報同時有日報與晚報，此時就會發生範疇經濟，例如其印刷機成本、辦公費用甚至員工費用都可以分攤。所以我們發現國內有些金控、電信事業合併的主要理由皆在於內部規模經濟。但是不同事業間也會合併，例如鴻海集團透過不斷合併成為製造業王國，也是基於範疇經濟的理由。

包絡曲線 (envelope curve)

最後本節將討論短期成本與長期成本之間的關係，早期的經濟學家認為長期平均成本 (*LAC*) 是所有短期平均成本 (*SAC*) 最低點的組合，即 *LAC* 與 *SAC* 的關係如圖 6.15 所示：

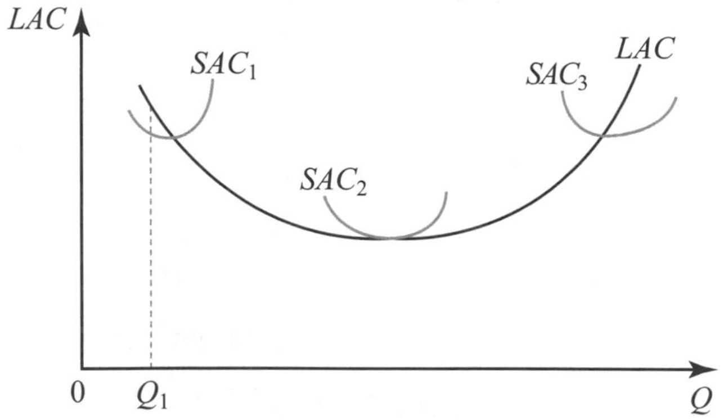

▲ 圖 6.15 *LAC* 與 *SAC* 之間關係 (一)

這種關係顯然是有問題的，主要原因在於長期總成本 (*LTC*) 在任何產量下都應該小於短期的總成本 (*STC*)，即：

$$LTC(Q) < STC(Q)$$

兩邊同除 Q 可得：

$$LAC(Q) < SAC(Q)$$

亦即在任何產量下，長期平均成本必定低於短期平均成本。可是在 Q_1 產量下，明顯 $LAC(Q_1) > SAC(Q_1)$，違反長期平均成本必定低於短期平均成本的特性，因此圖 6.15 是錯誤的。

真正短期成本與長期成本之間的關係應該如圖 6.16 所示：

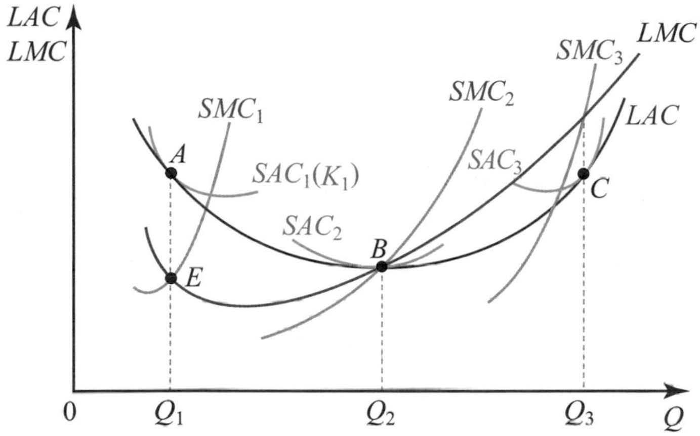

▲ 圖 6.16　*LAC* 與 *SAC* 之間關係 (二)

當產量為 Q_1 時，在長期平均成本 *LAC* 曲線上的 *A* 點表示在所有可能生產組合中，SAC_1 提供最低平均成本的生產規模，同理 *B*、*C* 點分別代表在產量為 Q_2、Q_3 下的最低平均成本，當我們連接 *A*、*B*、*C* 這些點就構成長期平均成本。

既然在產量 Q_1 下長期廠商會選擇 $SAC_1\,(K_1)$ 的規模，此時廠商的短期邊際成本（如圖 6.16 之 *E* 點所示）就是廠商的長期邊際成本，從圖 6.16 可以看出 *LMC* 曲線並不是所有短期 *SMC* 曲線的最低點組合，因此長期 *LMC* 並不是短期 *SMC* 的包絡曲線。

重要名詞

- ◆ 成本 (cost)
- ◆ 會計成本 (accounting cost)
- ◆ 機會成本 (opportunity cost)
- ◆ 外顯成本 (explicit cost)
- ◆ 實質成本 (real cost)
- ◆ 隱藏成本 (implicit cost)
- ◆ 經濟成本 (economic cost)
- ◆ 會計利潤 (accounting profits)
- ◆ 經濟利潤 (economic profits)
- ◆ 正常利潤 (normal profits)
- ◆ 超額的經濟利潤 (excess profits)
- ◆ 成本函數 (cost function)

- 固定成本 (fixed cost)
- 平均固定成本 (average fixed cost)
- 變動成本 (variable cost)
- 平均變動成本 (average variable cost)
- 邊際成本 (marginal cost)
- 平均成本 (average cost)
- 等成本曲線 (iso-cost curve)
- 長期總成本曲線 (long-run cost curve)
- 長期平均成本 (long-run average cost)
- 長期邊際成本 (long-run marginal cost)
- 內部規模經濟 (internal economies of scale)
- 外部規模經濟 (external economies of scale)
- 包絡曲線 (envelope curve)

摘要

★ 1. 會計成本指廠商實際支付個人或其他生產要素的成本，包括工資、地租、利息等。由於這些成本一般都會登記在會計帳簿上，因此又稱之為外顯成本。機會成本指誘使廠商放棄其他用途所支付的「最大」代價者，此項成本並沒有在會計帳簿上顯示。

★ 2. 外顯成本就是指會計成本，表示廠商實際支付生產的成本，而隱藏成本指廠商使用自有資源時雖未實際支付應付之成本，但是就整個資源使用上有所犧牲，因此應設算其成本，由於此項成本並沒有在會計帳簿上顯示，所以稱之為隱藏成本。

★ 3. 當廠商所有的收入扣除他所有的會計支出(即會計成本)，其差額就稱為會計利潤，若會計利潤為正值，稱之為正利潤，若會計利潤為負，稱之為損失。

★ 4. 正常利潤一般指此利潤將使企業家願意持續生產所必須收取的最低報酬。

★ 5. 若廠商賺得的會計利潤超過正常利潤時（即經濟利潤 >0），表示廠商賺取超額的經濟利潤。

★ 6. 成本函數指在經濟效率下，描寫廠商產量與成本之間的關係，而所謂經濟效率指廠商會利用最低成本生產方式來生產某一固定的產量。

★ 7. 固定成本指廠商租用固定要素的機會成本。平均固定成本 $=\dfrac{FC}{Q}$，指平均每一單位產量的固定成本。

★ 8. 變動成本指廠商雇用變動要素所必須支付的機會成本，即 $VC=w\times L$。平均變動成本為平均每單位產量所負擔的變動成本。

★ 9. 邊際成本指每增加一單位產量，總成本增加的部分，即 $MC=\dfrac{\Delta TC}{\Delta Q}$。

★ 10. 等成本函數為使廠商有相同生產成本的各種要素雇用組合，亦即等成本函數為

$\overline{C} = wL + rK$，其中 $\overline{C}$ 為一常數。當廠商生產成本達到極小時，等產量曲線與等成本曲線相切。

★ 11. 長期 *LAC* 曲線一開始是遞減的，此現象我們稱之為內部規模經濟。隨著產量增加，平均成本隨之遞增現象稱為內部規模不經濟。

★ 12. 在任何產量下，長期平均成本必定低於短期平均成本。*LMC* 曲線並不是所有短期 *SMC* 曲線的最低點組合，因此長期 *LMC* 並不是短期 *SMC* 的包絡曲線。

習題

1. 小林月入數十萬，表示已經賺到經濟利潤？
2. 請分析有所得必有所失的經濟涵義為何？
3. 若某生產函數為 $Y = \text{Min}(L, 2K)$，$w = 10, r = 5$：
   (1) 短期 $\overline{K} = 10$，試求短期的 $TFC, TVC, AFC, AVC, MC, TC$。
   (2) 長期成本函數為何？
4. 若某成本函數圖形如下所示：

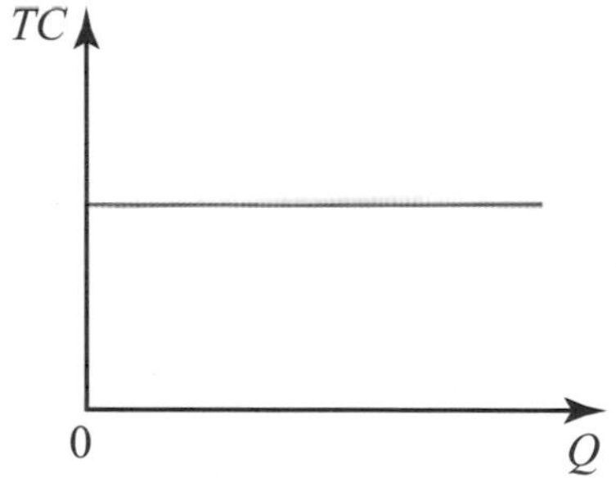

   試以圖形分析方式，說明如何導出 $TFC, TVC, TC, AFC, AVC, AC$。
5. 試說明為何 $LTC \leq STC, LAC \leq SAC$，但是 $LMC \leq SMC$ 卻不一定成立。
6. 評論以下敘述：
   (1) 若 *AP* 遞增表示 *AVC*、*AC* 都遞減。
   (2) 若 *AP* 遞減表示 *AVC*、*AC* 都遞增。
   (3) 若 *MP* 遞減表示 *AVC*、*AC* 都遞增。
7. 如果廠商的成本函數為 $TC = 100 + 2q + 4q^2$，則此廠商：
   (1) $TFC =$ ？

(2) AVC = ？

(3) MC = ？

8. 如果小林開一家餐廳，每個月房租 5 萬，員工薪水 10 萬，菜錢 20 萬。如果小林不自己開餐廳可以當店長月入 6 萬，此時小林每月餐廳收入 60 萬，請問小林開餐廳的會計利潤與經濟利潤各為何？

Note

第 7 章

完全競爭市場

當廠商能夠以最低成本方式生產某一數量產品時，接下來一個問題是如何定價以追求利潤極大？我們發現有些廠商非常「囂張」，價格訂得非常硬，一副不怕你不買的樣子，例如台電，價格由台電自己決定，漲價時根本無需理會人民的抗議。而有些廠商競爭非常激烈，一大堆優惠措施為的就是希望吸引更多的消費者，一個典型的例子就是臺北 101 開張時，其他的百貨公司立刻推出許多的折扣。當然還有其他更多廠商無法影響市場價格，也無法去挑客人，這些廠商只需要努力生產即可，例如，計程車業者無法決定市場價格，也無法去「挑客人」，其他情況不變之下，增加收入的唯一方法就是多開車而已。因此廠商定價或者決定產量多寡將與廠商面對的市場結構不同而有所差異，所以本章首先將討論經濟學家如何區別不同的市場結構，並且討論最理想的市場——完全競爭市場的經濟效果。

7.1 市場結構的分類

經濟學家在分析市場結構種類時，大都以廠商決定價格能力高低作為分類的依據，而影響廠商決定價格能力的因素主要有以下幾種：

1.廠商生產的家數

如果此產品只有一家廠商有能力生產，那麼這家廠商對市場價格就有相當大的影響力。例如早期 DVD 燒錄機讀寫頭的技術被少數幾家廠商所掌握，此時 DVD 燒錄機讀寫頭的價格就完全被這少數幾家廠商所掌控。

2.產品特色

即使生產廠商的家數很多，但是如果某廠商的產品具有特色，那麼他還是有決定市場價格的能力。例如，鵝肉大家都會作，但是臺北西門町的鴨肉扁特別有名（或許味道特別好），導致鴨肉扁所賣出的鵝肉價格特別的貴。

3.訊息是否完全

即使廠商數目很多、品質也完全相同，但這並不代表所有廠商的價格都會相同。例如，很多知名品牌就利用消費者的無知來獲取超額經濟利潤，假設某廠商為生產奶粉的大廠，那麼廠商可能設計許多幾乎同質但是品牌不同的奶粉。例如廠商可能廣告 A 品牌特別有營養，對孩子特別好，因此就在百貨公司銷售，其價格也就特別高。但是廠商同時也會生產 B 品牌，品質也跟 A 品牌差不多，但是不讓消費者知道，而將 B 品牌放在大賣場以較低價格出售。所以訊息不完全可讓廠商有決定市場價格的能力。

4.廠商進入障礙

即使廠商數目很多、品質也完全相同且為完全訊息，廠商就沒有決定價格的能力嗎？其實也不見得。因為如果市場存在進入障礙，由於沒有新的競爭者，廠商還是有決定市場價格的能力。

各個市場結構比較如下表：

▼表 7.1　市場結構比較表

	完全競爭市場	獨占性競爭市場	寡　占	獨　占
廠商數目	很多	很多	少	只有一家
產品性質	同質	異質	同質或者異質	
進出難易	容易	容易	困難	進入障礙
類似例子	稻米市場	便利商店	電信市場	台電

7.2 完全競爭市場假設與特性

許多讀者一看到完全競爭市場 (perfect competitive market) 會認為它是一個非常「競爭」的市場，其實這是不對的，完全競爭市場其實應該稱為完全不需要競爭的市場，因為個別廠商（或者消費者）都是「渺小」，無法撼動市場決定的結果，因此無須去「勾心鬥角」，所以也就無須去與他人從事「競爭」。

一、完全競爭市場之假設

1. 交易雙方人數（包括生產者與消費者）很多

就個別廠商而言，既然廠商家數非常的多，因此每一家廠商的市場占有率必然非常的小，所以個別廠商是微小的，因此也就無法去改變市場價格。例如，小林為參加大學聯考眾多考生之一，哪天小林不爽說「我不考了！看你大學聯考辦得下去？」很明顯，大學聯考一定辦得下去，因為個人的影響力微乎其微。

2. 產品同質 (homogeneous product)

所謂產品同質指不同廠商所生產出來的財貨在消費者主觀上完全一樣，因此稻米是否一定同質呢？不一定，因為有些人特別喜歡臺東池上米！那市場所生產的鮭魚是否同質？那也不一定，因為有人對北海鮭魚特別有偏好。所以一般我們認為完全競爭市場不存在，主要是產品同質的假設太不可能發生了。

3. 完全訊息 (complete information)

也就是每一個消費者與生產者都知道廠商所生產財貨的特質與定價，因此沒有一家廠商能夠利用資訊不對稱來欺騙消費者而獲取超額的經濟利潤。

4. 長期可以自由進出市場 (free entry)

亦即該市場沒有任何政府管制或其他限制的情況，當該廠商發現有長期損失時會退出市場，反之若該市場有超額的經濟利潤，將有許多的新廠商加入生產。

二、完全競爭市場之特性

從以上說明，可以了解完全競爭市場的一些重要特性：

1. 廠商無須廣告以獲得超額經濟利潤

由於完全競爭市場所有產品的品質為同質且完全訊息，因此個別廠商無須廣告去「擴大市場占有率」，進而獲得超額的經濟利潤。

2. 廠商為價格接受者

由於完全競爭市場所有產品的品質為同質且完全訊息，另外廠商數目有無窮多，因此導致個別廠商是市場價格的接受者 (price taker)，亦即個別廠商在完全競爭市場中，他的產量決策及其銷售數量，並不會改變市場價格。

如圖 7.1 所示，左圖為稻米市場（假設為完全競爭市場），整個市場的需求依然為負斜率，表示當稻米價格越高時，整體市場對稻米的需求量將會減少，滿足需求法則。而市場的供給依然為正斜率，意味著當稻米價格上漲時，所有廠商試圖增產，導致市場稻米供給數量的增加，滿足供給法則。當市場供需均衡時，市場均衡價格為 P^*，而均衡市場成交數量為 Q^*。

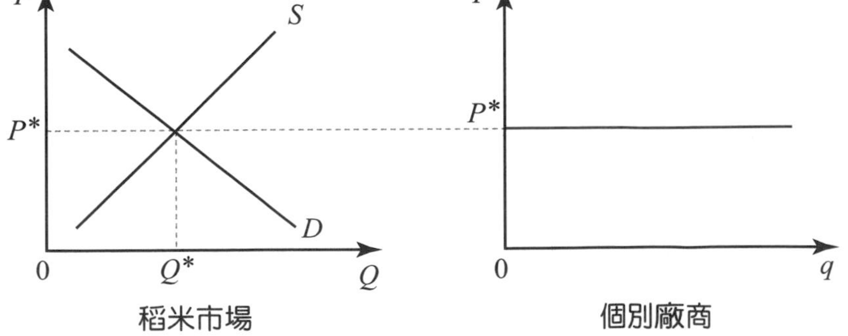

▲ 圖 7.1　完全競爭市場與個別廠商

但是對個別廠商（或個別農夫）而言，他所面對的需求曲線將不再是負斜率的了。其原因在於個別農夫的影響力太微小了，例如當個別農夫（小賴）想提高價格 $(P > P^*)$ 出售其稻米將無法如願，因為他的產品跟其他廠商完全相同，並無特殊之處，且所有消費者都知道其他農夫出售的價格較低，而且一定買得到，因此將不會向小賴購買，最後小賴只好降低價格直至 P^* 出售。反之，小賴也無須降價（即 $P < P^*$）出售其稻米，因為小賴影響力是渺小的，他可以在目前市場價格下，銷售他的所有產量，既然如此，他也就無須降價求售。

根據以上說明可知，稻米的需求彈性很小，那是指社會整體對稻米的需求彈性小，但是對某一農夫所生產的稻米而言，需求彈性卻趨近於無窮大，因為生產稻米的農夫有無數多個且同質，代表著「替代品」很多，因此彈性為無窮大，使得個別廠商所面對的需求曲線為一水平線。

3. 長期廠商沒有超額經濟利潤

由於廠商長期可以自由進出，因此對完全競爭廠商而言，短期或許有超額的經濟利潤，但是長期廠商一定沒有超額的經濟利潤，最多只有正常利潤而已。

7.3 完全競爭廠商短期均衡

利潤極大的一階條件

對完全競爭的個別廠商而言，他的目標一樣在追求利潤極大，而利潤極大的一階條件為廠商的邊際收益 (marginal revenue, MR) 要等於其邊際成本 (MC)，亦即：

$$MR = MC \quad \text{（利潤極大的一階條件）}$$

所謂邊際收益指廠商每增加一單位產量，廠商因而多增加的收入，即：

$$MR = \frac{\Delta TR}{\Delta Q}$$

為什麼 $MR = MC$ 是廠商追求利潤極大的一階條件呢？記得邊際 (marginal) 的概

念就是在衡量其增加的速度，因此 MC 就是衡量廠商因增產導致成本增加的速度，而廠商的邊際收益就是在衡量廠商因銷售量增加導致收入增加的速度。顯然當

(1) $MR > MC$ 時，表示廠商收入增加的速度將大於成本增加的速度，表示廠商將因增產而獲利，因此廠商將會增產。

(2)當 $MR < MC$ 時，表示廠商收入增加的速度將小於成本增加的速度，表示廠商將因增產而不利，因此廠商將會減產。

(3)當 $MR = MC$ 時，表示廠商收入增加的速度等於成本增加的速度，亦即廠商不願意改變目前產量，此即為均衡產量。

上述結論在任何市場都會成立，即使完全競爭市場的個別廠商一樣要遵守此條件，但是在完全競爭市場假設下，個別廠商是市場價格接受者，意味著個別廠商所面對的市場價格為一常數，當市場價格為一常數假設為 5 時，則廠商的邊際收益如表 7.2 所示：

▼ 表 7.2　個別廠商面對的市場價格與邊際收益之間關係

P	Q	TR	MR
5	1	5	5
5	2	10	5
5	3	15	5
5	4	20	5
5	5	25	5

由上表顯示，當價格為一常數時，P 永遠等於 MR，因此廠商所面對的價格就是廠商的邊際收益，意味著廠商所面臨的需求曲線就是廠商的邊際收益曲線，完全競爭廠商短期利潤的一階條件可改寫為 $P = MR = MC$。

利潤極大的二階條件

雖然追求利潤極大的廠商必須滿足一階條件 $MR(q) = P = MC(q)$，但是此為一階條件，並不表示滿足 $P = MC(q)$ 就一定會利潤極大。如圖 7.2 所示：

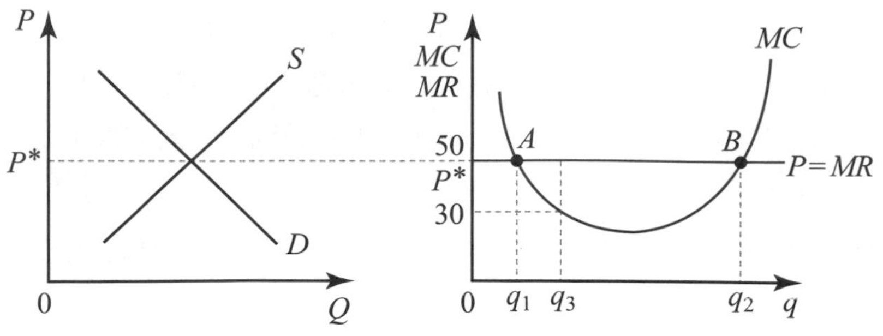

▲ 圖 7.2　利潤極大的二階條件

左圖為市場供需曲線，此時均衡價格為 P^*，而右圖為個別廠商所面臨的需求曲線 P 與其邊際成本曲線 MC。從圖 7.2 中可以發現 $MR = MC$ 時有兩個交點 A 與 B，但是仔細觀察，A 點並沒有滿足利潤極大，原因在哪裡呢？如果一開始廠商在 A 點，即生產 q_1 的數量，則廠商發現只要增產，例如增產至 q_3，對廠商而言成本只增加 30，可是收入卻增加 50，因此利潤增加 20，所以廠商願意增產，直至 q_2 為止。當產量超過 q_2，$MC > MR$，表示成本增加的速度超過收入增加的速度，所以廠商最多只願意生產至 q_2 的產量，因此 q_2 為利潤極大的產量。

由於個別廠商面臨的價格為一常數，因此個別廠商的總收益 $TR = P \times q$ 為一通過原點的直線，所以我們假設廠商的 TR 與 TC 如圖 7.3 所示：

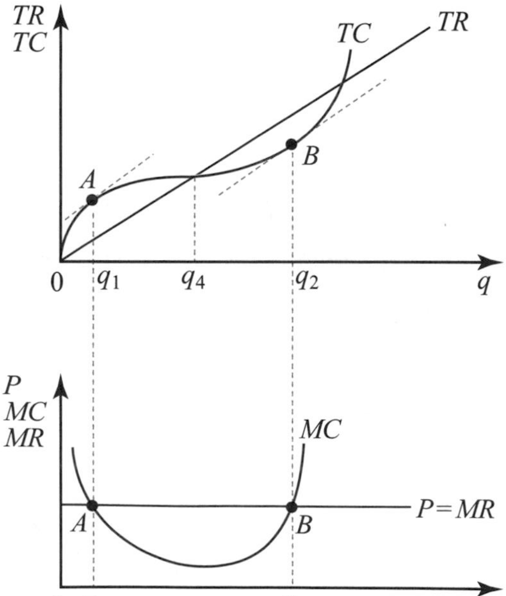

▲ 圖 7.3　廠商的 *TR* 與 *TC*

當廠商一開始產量為 q_1 時，此時廠商的 $TC > TR$，表示廠商有虧損，因此廠商願意增產來減少虧損，例如只要增產至 q_4，廠商就可以達成收益平衡。若廠商持續增產至 q_2，滿足 $MR = MC$，則廠商將可以獲得最大利潤，即 $TR - TC$ 最大。

但是圖 7.3 中的 *A* 點與 *B* 點特性到底有何差異呢？我們發現在 *A* 點，*MC* 曲線的斜率小於 *MR* 曲線的斜率，而在 *B* 點，*MC* 曲線的斜率大於 *MR* 曲線的斜率，所以我們可以得到利潤極大的二階條件為 *MC* 曲線的斜率大於 *MR* 曲線的斜率，以數學表示如下：

$$\frac{dMR}{dq} < \frac{dMC}{dq} \quad \text{（利潤極大的二階條件）}$$

完全競爭個別廠商短期繼續經營條件

讀者應該會存在一個疑問，若廠商生產數量滿足一階條件與二階條件，表示廠商已經獲得最大「利潤」而願意繼續生產？為了回答這個問題，我們必須借用生產成本相關圖形來加以說明。如圖 7.4 所示：

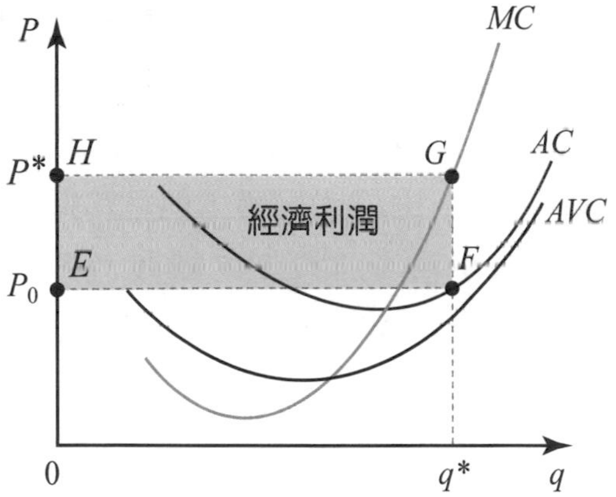

▲ 圖 7.4　$P > AC$ 時廠商獲利

當市場價格為 P^* 時，個別廠商依照 $P = MC$ 決定利潤極大產量為 q^*，且在 *G* 點時，*MC* 曲線斜率大於 *MR* 斜率滿足二階條件，因此 q^* 為均衡產量。但是廠商有沒有賺錢呢？我們發現在 q^* 產量下，價格為 P^*，而其對應的平均成本為 P_0，顯然 $P^* > P_0$，表示 $TR = P^* \times q^* > P_0 \times q^* = TC$，因此廠商有超額的經濟利潤，其值為面積 *HEFG*。既然廠商賺取超額的經濟利潤，當然廠商願意繼續生產。

但是完全競爭廠商是否一定賺取超額的經濟利潤呢？當然不一定，如圖 7.5 所示：

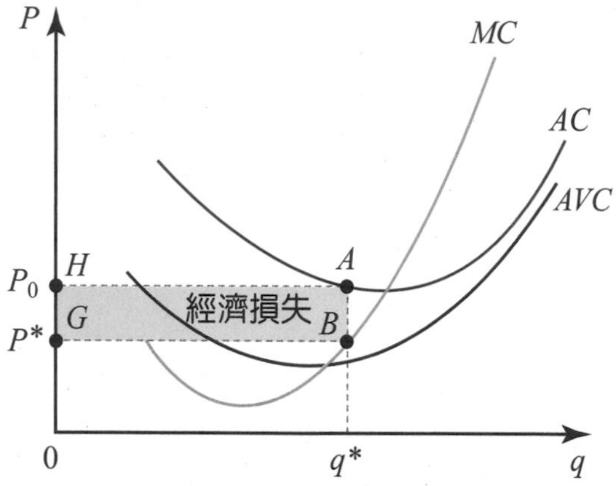

▲ 圖 7.5　$P < AC$ 時廠商虧損

當市場價格為 P^* 時，個別廠商依照 $P = MC$ 決定利潤極大產量為 q^*，且在 B 點時，MC 曲線斜率大於 MR 斜率，因此 q^* 為均衡產量。但是廠商有沒有賺錢呢？我們發現在 q^* 產量下，價格為 P^*，而其對應的平均成本為 P_0，顯然 $P_0 > P^*$，表示 $TR = P^* \times q^* < P_0 \times q^* = TC$，因此廠商有虧損，其值為面積 $HGBA$。既然廠商虧錢了，如果廠商從此不願意生產，那利潤極大的一階與二階條件並沒有太大的意義，充其量只是告訴我們那是一個使得虧損極小的產量而已！因此一個完全競爭廠商均衡的產量必須要讓廠商願意繼續生產，那才有意義，但是其條件為何呢？

短期如果要讓廠商繼續生產，則廠商的總收益要大於其總變動成本（即 $TR > TVC$），意味著在短期即使有虧損，但是只要能回收變動成本，那廠商還是願意繼續生產，其原因在於：

(1)廠商不生產：則廠商短期要虧損固定成本 TFC。

(2)廠商繼續生產：則廠商短期虧損 $(TVC + TFC) - TR$。

所以只要 $(TVC + TFC) - TR \leq TFC$，即 $TR \geq TVC$，亦即生產比不生產虧損來得少，兩害相權取其輕，最後廠商還是願意繼續生產。

總結以上說明，我們可以得到短期完全競爭廠商均衡的條件有三個：

(1) $P = MR = MC$　（利潤極大一階條件）

(2) $\dfrac{dMR}{dq} < \dfrac{dMC}{dq}$　（利潤極大二階條件）

(3) $TR \geq TVC$（或 $P \geq AVC$）❶（廠商願意生產條件）

完全競爭廠商短期的供給曲線

從廠商短期均衡條件我們可以求出廠商短期的供給曲線，所謂供給曲線意指在其他情況不變之下，廠商面對各種不同價格願意而且能夠生產的數量，因此對完全競爭產業中的個別廠商，它在面臨各種不同價格，所願意生產的數量到底若干呢？如圖 7.6 所示：

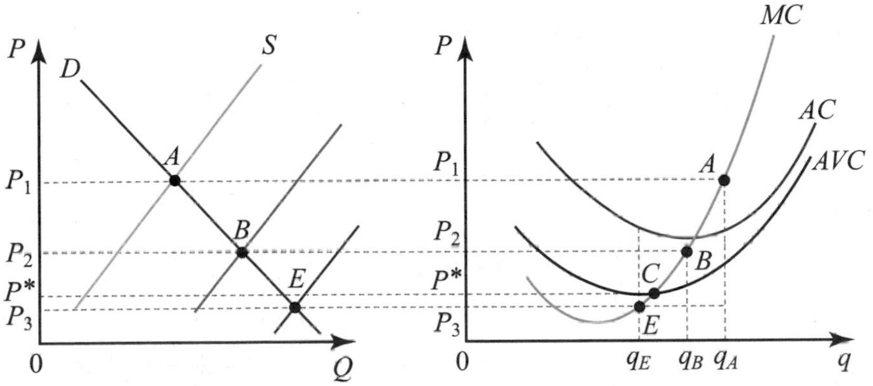

▲ 圖 7.6　完全競爭廠商短期供給曲線

(1)當市場價格為 P_1 時（如圖 *A* 點所示），根據 $MR\ (=P_1) = MC$ 決定利潤極大產量 q_A，由於 $P > AC$ 表示廠商有超額經濟的利潤，當然廠商願意繼續生產。

(2)但是當市場價格為 P_2 時（如圖 *B* 點所示），根據 $MR\ (=P_2) = MC$ 決定利潤極大產量 q_B，由於 $P < AC$ 表示廠商有損失，但是廠商短期是否會立刻退出市場？顯然不會。如果短期廠商繼續生產，只損失 $TC - TR$，但是如果廠商退出生產，則將損失 TFC，由於圖 7.6 顯示 $(AC - P) < AFC$，因此 $TC - TR < TFC$，所以廠商短期生產比不生產來得好，表示廠商願意繼續生產。

(3)但是如果價格為 P_3（如圖 E 點所示），小於 AVC 的最低點 C 時的價格 P^*，表示如果廠商繼續生產損失將為 $TC - TR$，大於不生產的損失 TFC，因此廠商將退出市場，表示廠商將不願意生產 q_E 的數量。

---

❶ $\because \text{TR} > \text{TVC} \Rightarrow \frac{TR}{Q} > \frac{TVC}{Q} \Rightarrow \frac{P \times Q}{Q} > \text{AVC} \Rightarrow \text{P} > \text{AVC}$

從以上分析可知，只有市場價格高於或等於 P^*，即 $P \geq AVC$ 時，廠商才願意生產，而且在不同價格水準之下，廠商都會依照 MC 曲線來決定相對應的產量。所以當市場價格大於 P^* 時，完全競爭廠商供給曲線為 C 點以上的 MC 曲線部分，當 $P < P^*$ 時，廠商將退出生產，產量為零，因此 C 點又稱之為歇業點 (shut-down point)，廠商短期供給曲線為 AVC 最低點以上的 MC 部分。

範例

一、為什麼便利超商都是 24 小時營業？連大賣場也開始跟進

臺灣便利超商之多，也可以視為臺灣經濟發展的奇蹟，但很奇怪的是，便利超商明明知道凌晨顧客很少，開門一定虧錢，可是臺灣幾乎所有便利超商如 7－11、全家等連鎖便利超商通通 24 小時營業，明明知道會虧錢還如此做，這些廠商理性嗎？

仔細研究便利超商所出售的商品有大部分是需要冷藏的，如乳製品等，因此不管有沒有營業，這些成本都必須支付，因此可以視為固定成本。對這些便利超商而言，其變動成本只剩雇用員工的薪資成本，如果每小時最低工資為 158 元，則只要每小時能夠賺超過這 158 元，當然廠商願意繼續營業，並且還可以回收部分的固定成本（電費）！何樂而不為呢？

而大賣場也推出 24 小時營業，如特易購等，但是並沒有那麼普及，其原因在於大賣場一開門其變動成本比便利超商大得多，除了員工工資外如電費等其他支出都比便利超商高出許多，在評估收入可能無法涵蓋變動成本之後，許多大賣場放棄 24 小時營業。

範例

二、為什麼種植芒果果農任由芒果腐爛？

最近幾年由於臺北芒果冰大行其道，再加上芒果可以外銷大陸，使得長久以來每到芒果盛產季節，政府面對農民無法回收成本的窘境得到舒緩。

其實早期每年盛夏時分，如果到玉井等地，您會發現許多果農任由芒果腐爛，也不採收，深感「可惜」！可是真的可惜嗎？試想，假設採收一斤的芒果需

要採收成本 10 元（視為變動成本），可是這一斤的芒果如果拿到市場拍賣，只能賣得 5 元，那果農會採收嗎？此時採收之後反而虧更多，所以乾脆任由芒果腐爛，在短期反而是一種不得不然的結果。

範例

三、利潤極大廠商產量之決定

假設某一個完全競爭市場的廠商，當他生產 1,000 單位產量時，市場價格為每單位 10 元，而固定成本為 6,000 元，變動成本為 8,000 元，邊際成本為 11 元。根據以上資料，對一個追求利潤極大的廠商，其產量應該如何變動？

解：

1. 當產量 $Q=1{,}000$ 時，$P=MR=10<11=MC$，表示廠商生產太多，應該減產。
2. 但是廠商是否應該繼續生產？此時廠商

   總收入 $TR=10\times 1{,}000=10{,}000$

   總成本 $TC=6{,}000+8{,}000=14{,}000$

   顯然短期廠商是有虧損的，但是由於 $TR>TVC$，因此在短期廠商應該繼續生產，但是為了降低虧損，廠商應該減產。

7.4 完全競爭廠商長期均衡

完全競爭產業假設個別廠商在長期下進出沒有任何障礙，因此長期下如果個別廠商賺取超額的經濟利潤，將吸引新廠商加入，反之，如果廠商有虧損，某些廠商將退出市場。所以完全競爭廠商的長期均衡必須包括廠商數目不再變動，否則廠商數目增減都會影響到市場的供給曲線，進而影響到市場的價格，此時根本就無「均衡」可言。如圖 7.7 所示：

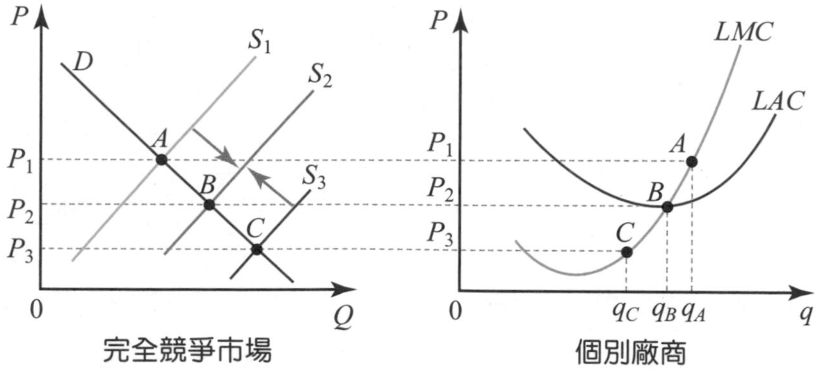

▲ 圖 7.7 完全競爭廠商長期均衡

假設一開始短期均衡點在 A 點，此時市場價格為 P_1，個別廠商根據 $P = LMC$ 決定利潤極大產量 q_A，由於 $P > LAC$，因此短期廠商有賺到超額的經濟利潤。在完全訊息及廠商自由進入的假設下，會吸引新廠商的進入，導致供給曲線 S_1 往右移動，價格因而下跌，個別廠商利潤減少，但是只要還有超額的經濟利潤，廠商數目還是會持續增加直至均衡價格 P_2 為止。在 P_2 價格水準之下，個別廠商生產 q_B 數量，且 $P = AC$，廠商並沒有賺得超額的經濟利潤，因此沒有新廠商加入，此時就達成長期的均衡條件了。

反之，如果一開始短期均衡點在 C 點，此時市場價格為 P_3，個別廠商根據 $P = LMC$ 決定利潤極大產量 q_C，由於 $P < LAC$，因此短期廠商有虧損，使得某些廠商會退出產業，導致供給曲線 S_3 往左移動，價格因而上漲，個別廠商損失減少，但是只要還有損失存在，廠商數目還是會持續減少直至均衡價格 P_2 為止。

根據以上說明，當完全競爭廠商長期達到均衡時，市場所決定價格必定剛好等於廠商平均成本的最低點，因此廠商的長期均衡條件為：

$$P = MR = LMC = LAC$$ ❷

上式的經濟含意有必要進一步說明：

(1) $P = MR$，表示由於完全競爭產業的個別廠商為市場價格接受者，因此個別廠商無法影響市場價格，所以廠商無須從事其他「特殊競爭」的經濟活動，刺激銷售量增加。

(2) $MR = LMC$，表示個別廠商在追求利潤極大，亦即追求私利的行為。

❷ 考慮到短期生產的話，則長期均衡條件為 $P = MR = LMC = SMC = LAC = SAC$。

(3) $LMC = LAC$，顯示廠商在追求私利生產行為中，會生產至平均成本的最低點，表示廠商充分利用生產規模，達到生產的效率。

(4) $P = LAC$，雖然個別廠商無須作特別「競爭」，但是市場機制運作的結果使得每一家廠商只能賺取正常的利潤而已。

(5) $P = LMC$，表示廠商所生產數量恰好滿足社會所需，不多也不少，相當於在供需一章中，供給等於需求，表示此時社會總剩餘最大。這也就是為什麼許多經濟學家「嚮往」完全競爭市場的主因。雖然在完全競爭市場中，每個廠商都在追求私利（即利潤極大），但是透過市場價格機能運作的結果，居然使得社會總剩餘（即生產者剩餘與消費者剩餘之和）最大，此為公利最大，這種私利與公利調和就是經濟學家鍾愛完全競爭市場的主因。

範例

四、最佳保護消費者的作法就是尊重市場價格機能而非管制

在完全競爭假設下，我們發現長期均衡時，每一家廠商都會生產到平均成本最低點，而且生產到市場供需均衡數量，使得社會總剩餘最大。亦即政府無須「管制」廠商必須生產到成本最低點，市場的力量自然會「迫使」廠商生產至成本最低點，而且政府也無須指導廠商生產的數量，藉由市場力量，廠商所生產的數量恰好是消費者所需，這一切政府只需要維持市場的競爭性即可。

可是政府表面上為了維護消費者權益進行市場管制結果反而適得其反，以第四臺為例，政府認為有線電視業者具有規模經濟特性，亦即隨著經營規模擴大，其平均成本會逐漸遞減。因此政府「好意」限制地區有線電視業者由 3 ~ 5 家減少為 1 家，使得規模經濟得以實現，第四臺業者成本下降之後，自然可以回饋消費者，「一舉兩得」。

真的是這樣嗎？在管制前，大部分地區每月只需收費 350 元，但是管制 1 家之後，收費反而增加至 550 元，而且可觀看的（具有知性）頻道反而比較少。更誇張的是，提高收費之後，業者反而整天叫囂虧損，要持續漲價，原因何在？

這種現象要回歸到管制真的可以達成效率嗎？只有透過市場機制，才能夠真正達成效率，我們發現管制之後，業者反而失去達成效率的動機，即使業者

大賺經濟利潤也無須擔心其他廠商加入，因此為了追求利潤極大，業者可以大肆漲價，反而讓消費者剩餘減少，這種現象就是典型競租 (rent seeking) 的行為。

7.5 產業長期供給曲線

完全競爭廠商長期有一個很重要特性就是廠商可以自由進出市場，這個特性使得完全競爭廠商在長期下沒有超額的經濟利潤，另外這個特性也可以用來解釋一些似乎違反供給法則的例子。

一個最典型的例子就是有關資訊產業的供給，早期當一倍速光碟機問世之後，一臺價格高達 2 萬元，而且還不一定買得到！但是隨著技術普及，加上「臺商」進入生產，使得光碟機的價格越來越便宜，到現在一臺價格可能 500 元不到，但是卻有成千上萬臺光碟機滯銷，這種現象似乎隱含價格越高，廠商生產的數量少，反而價格越低，整個光碟機產業生產數量越多，「好像」違反供給法則！

真的違反供給法則嗎？原因還是出現在其他情況改變了！因為資訊產業技術進步非常快速，技術門檻降低之後，就沒有進入障礙，再加上早期臺灣技術人員薪資便宜，導致生產平均成本降低，因此讓光碟機業者有競爭的空間，形成價格越低，反而供給數量越多。

所以完全競爭產業個別廠商的供給曲線必定為正斜率，但是產業的供給線就不一定為正斜率，因為在長期下，影響廠商長期平均成本的因素很多，例如生產要素的價格、技術進步等，使得長期個別廠商平均成本最低點可能發生改變，所以長期產業供給曲線可能產生不同的形態。我們進一步將完全競爭產業的長期供給曲線區分為以下三種情形：

一、成本遞減產業

指在長期下，當產業需求規模擴大時，引起個別廠商長期平均成本降低謂之。以某些資訊產品如鍵盤、滑鼠等沒有進入障礙者為例，在長期下生產技術大幅進步，使得廠商的生產成本下降，就稱之為成本遞減產業。

如圖 7.8 所示，假設一開始市場均衡價格為 P_0，在長期均衡之下，廠商會生產在 LAC 最低點，此時廠商沒有超額的經濟利潤。現在如果市場需求增加了，由 D_1 增加至 D_2，使得市場需求曲線往右移動，均衡價格由 P_0 上漲至 P_2。此時廠商依照 $P = LMC$ 決定利潤極大產量將有超額的經濟利潤，因此將吸引新廠商加入，市場供給規模擴大，在成本遞減產業的假設之下，將使得個別廠商 LAC 往下移動，市場供給曲線將持續往右移動至 S_2，市場均衡價格也降至 P_1，直至個別廠商沒有超額經濟利潤為止，如圖 C 點所示。將 A 點與 C 點連接在一起，就可以得到產業的長期供給曲線，此時完全競爭產業的供給曲線為負斜率。

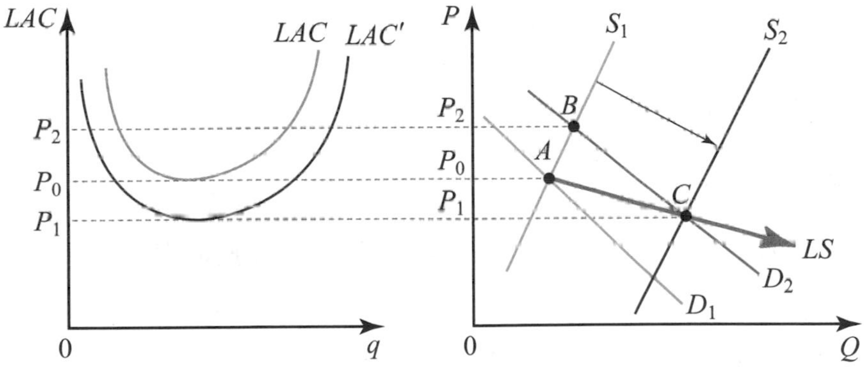

▲ 圖 7.8　成本遞減產業

二、成本固定產業

當產業生產規模擴大時，生產要素價格或技術等其他情況不變，因此廠商長期成本並沒有改變謂之成本固定產業。

如圖 7.9 所示，假設一開始市場均衡價格為 P_0，在長期均衡之下，廠商依然生產在 LAC 最低點，此時廠商沒有超額的經濟利潤。現在如果市場需求增加了，由 D_1 增加至 D_2，使得市場需求曲線往右移動，均衡價格由 P_0 上漲至 P_2。此時廠商依照

$P=LMC$ 決定利潤極大產量將有超額的經濟利潤，因此將吸引新廠商加入，在成本固定產業的假設之下，個別廠商 LAC 曲線將不會改變，市場供給曲線將因廠商數目增加持續往右移動至 S_2，市場均衡價格也回降至 P_0，直至個別廠商沒有超額經濟利潤為止，如圖 C 點所示。將 A 點與 C 點連接在一起，就可以得到產業的長期供給曲線，此時完全競爭產業的供給曲線為一水平線。

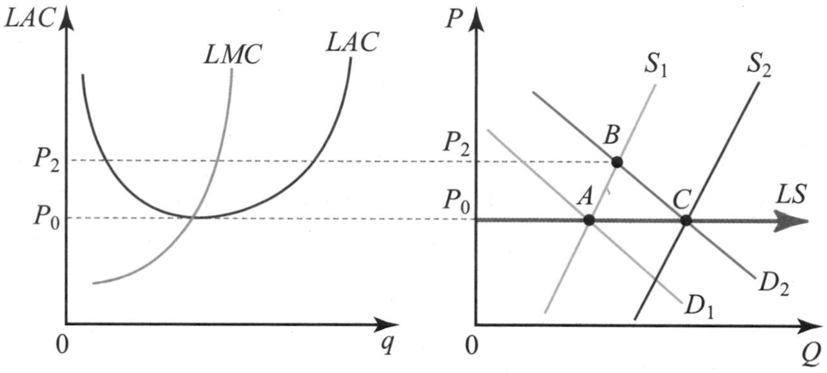

▲ 圖 7.9　成本固定產業

三、成本遞增產業

所謂成本遞增產業指當產業擴大生產規模時，會引起要素價格上漲等其他不利因素，進而導致生產成本增加，因此 LAC 會往上移動謂之。

如圖 7.10 所示，假設一開始市場均衡價格為 P_0，在長期均衡之下，廠商會生產在 LAC 最低點，此時廠商沒有超額的經濟利潤。現在如果市場需求增加了，由 D_1 增加至 D_2，使得市場需求曲線往右移動，均衡價格由 P_0 上漲至 P_2。此時廠商依照 $P=LMC$ 決定利潤極大產量將有超額的經濟利潤，因此將吸引新廠商加入，市場供給規模擴大，在成本遞增產業的假設之下，將使得個別廠商 LAC 往上移動，市場供給曲線則持續往右移動至 S_2，市場均衡價格也降至 P_1，直至個別廠商沒有超額經濟利潤為止，如圖 C 點所示。將 A 點與 C 點連接在一起，就可以得到成本遞增產業的長期供給曲線，此時為正斜率。

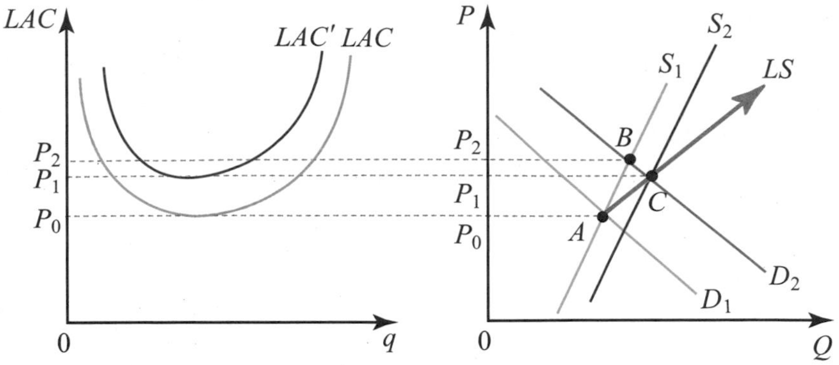

▲ 圖 7.10　成本遞增產業

7.6
課徵定額稅的經濟效果

我們在彈性一章中已經討論過租稅的轉嫁效果，供需彈性大小為影響租稅轉嫁的重要因素之一，但是除了供需彈性之外，市場結構也是影響租稅轉嫁的重要因素。

假設政府只針對完全競爭市場中一個廠商課稅（假設為廠商 A），則此廠商 A 大概只有「捲鋪蓋」即倒閉一途，原因在於市場中生產同質產品的廠商有無窮多個，此時如果廠商 A 提高價格試圖將租稅轉嫁給消費者，則消費者必將向其他廠商購買，所以廠商只好負擔所有租稅，長期下必將退出生產。

但是如果政府向所有廠商課稅，則情況完全不一樣，由於每一家廠商都被課稅，因此所有廠商都增加相同的成本，導致每一家廠商都希望提高價格，所以生產者無須擔心其他廠商會搶走顧客，因此轉嫁的機率大為提高。

更進一步來講，在完全競爭市場之下，由於廠商可以自由進出，因此長期之下，政府所課徵的租稅將會通通轉嫁給消費者負擔，因為當政府課徵租稅之時，將使廠商發生虧損，長期之下必然某些廠商會退出市場，使得市場供給減少，引起市場價格上漲，只要市場價格上漲，就代表有租稅轉嫁，那市場價格會漲到什麼程度呢？我們發現長期下廠商數量將減少至沒有虧損為止，也就是廠商將租稅全部轉嫁給消費者為止。

我們假設政府對所有廠商課徵定額稅（$=\overline{T}$，跟產量無關），所以課徵定額稅後對個別廠商而言，

固定成本：$TFC'=TFC+\overline{T}$（增加）

變動成本：TVC（不變）

總成本 $TC'=TC+\overline{T}$（增加）

徵稅後廠商的固定成本及總成本增加了，但是因為定額稅與產量無關，因此不會影響變動成本。根據以上說明，可知：

平均變動成本 $AVC'=AVC$（不變）

邊際成本 $MC'=MC$（不變）

但是平均成本 $AC'=\dfrac{TC'}{Q}$（增加）

如圖 7.11 所示：

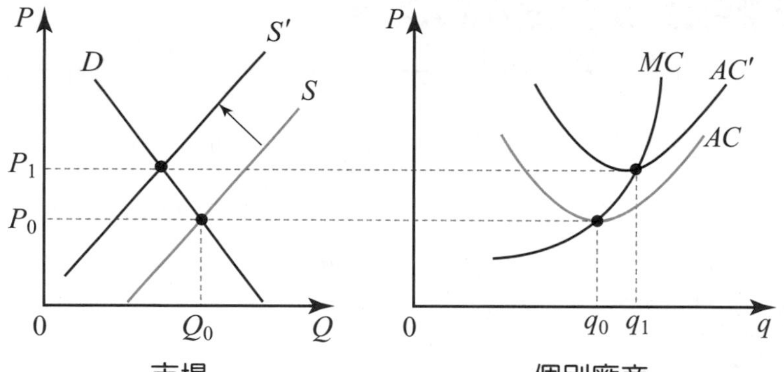

▲ 圖 7.11　對完全競爭廠商課徵定額稅

假設一開始市場價格為 P_0，市場均衡數量為 Q_0，個別廠商產量為 q_0，根據以上分析，當政府課徵定額稅之後，廠商的邊際成本與平均變動成本曲線不變，但是平均成本曲線由 AC 上移至 AC'。所以短期下，廠商有虧損，但是短期因為個別廠商的 MC 曲線不變，導致市場的供給曲線不變，因此市場價格並不會變動。市場價格沒有漲，代表著短期個別廠商無法將租稅轉嫁給消費者。

但是長期下，因為廠商無法承受長期虧損，導致某些廠商開始退出市場，市場供給減少結果使得市場價格開始上漲，而廠商數目將持續減少至市場價格漲至 P_1 為

止，此時廠商沒有虧損且沒有負擔任何的租稅，表示長期之下，租稅已經全部轉嫁給消費者了。

根據以上說明，我們可以將政府課徵定額稅的長短期經濟效果列表如下所示：

▼ 表 7.3　對完全競爭廠商課徵定額稅之經濟效果

	短期	長期
市場價格	不變	增加
產業產量	不變	減少
廠商產量	不變	增加
廠商數目	不變	減少

重要名詞

- 產品同質 (homogeneous product)
- 完全訊息 (complete information)
- 自由進出市場 (free entry)
- 價格接受者 (price taker)
- 邊際收益 (marginal revenue, *MR*)
- 歇業點 (shutdown point)
- 競租 (rent seeking)
- 成本遞減產業 (decreasing cost industry)
- 成本固定產業 (constant cost industry)
- 成本遞增產業 (increase cost industry)

摘要

★ 1. 影響廠商決定價格能力的因素主要有以下幾種：(1)廠商生產的家數，(2)產品特色，(3)訊息是否完全，(4)廠商進入障礙。

★ 2. 完全競爭市場結構具有以下的特性：(1)交易雙方人數（包括生產者與消費者）很多，(2)產品同質，(3)完全訊息，(4)長期可以自由進出市場。

★ 3. 由於完全競爭市場所有產品的品質為同質且完全訊息，另外廠商數目有無窮多，因此導致個別廠商是市場價格的接受者。

★ 4. 短期完全競爭廠商均衡的條件有三個：

(1) $P = MR = MC$　（利潤極大一階條件）。

(2) $\frac{dMR}{dq} < \frac{dMC}{dq}$　（利潤極大二階條件）。

(3) $TR > TVC$（或 $P > AVC$）　（廠商願意生產條件）。

★ 5. 完全競爭廠商供給曲線為 AVC 最低點上的 MC 曲線部分，當時價格低於 AVC 最低點時，廠商將退出生產，產量為零，因此 AVC 最低點又稱之為歇業點。

★ 6. 當完全競爭廠商長期達到均衡時，市場所決定價格必定剛好等於廠商平均成本的最低點，因此廠商的長期均衡條件為 $P = MR = LMC = LAC$。

★ 7. $P = LMC$ 表示廠商所生產產品數量恰好滿足社會所需，不多也不少，相當於在供需一章中，供給等於需求，此時社會總剩餘最大。

★ 8. 完全競爭產業的長期供給曲線區分為以下三種情形，成本遞減產業、成本固定產業、成本遞增產業。

習題

1. 試述完全競爭廠商的假設與特性。
2. 試述完全競爭廠商短期供給曲線的意義。
3. 一般來講，資本額大的廠商與資本額小的廠商（如賣冬瓜茶），哪一種比較可能要求政府紓困？
4. 試說明完全競爭產業長期供給曲線為何可能有負斜率的情形發生？
5. 假設某完全競爭市場廠商短期的成本結構如下所示：

Q	AC	AFC	MC
5	200	60	120
10	120	30	100
15	100	20	70
20	110	15	95

若市場價格是 70 元，則短期廠商最適產量為多少？

6. 在某完全競爭市場中，假設廠商每天最大利潤產出的收益為 2,000 元，此時平均成本為 35 元，邊際成本為 50 元，總固定成本為 200 元，則其平均變動成本為多少元？

7. 假設有一完全競爭產業有1,000個成本結構完全相同的廠商，其長期平均成本的最低點為10元（假設為U型成本結構）。如果市場需求函數是 $Q = 16{,}000 - 100P$，則市場均衡時的廠商家數為何？

第 8 章

獨占

完全競爭廠商實在太「理想」了，因為我們從早到晚碰到的廠商，有太多的情況是生產者「鐵定吃定」消費者，例如，有線電視業者無時無刻想漲價，但是消費者可以抵制不看啊！問題是以現在臺灣所得水準，有線電視的需求彈性很小，所以「不看會死」，再加上政府「配合」管制每一地區只能有一家有線電視，使得有線電視有恃無恐的漲價。另外像台電、中油等這些有關公共民生事業，人民對這些事業所生產的財貨需求彈性也非常的小，非消費不可，因此這些公共事業若因虧損無法達到法定盈餘，只需宣稱「反映成本」就可以堂而皇之漲價，將經營無效率轉嫁給消費者負擔，而消費者卻不會因油價或電費漲一元，就改搭「11 號公車」或改用蠟燭讀書。

上述這些例子在我們生活周遭屢見不鮮，這些例子有共同特徵為供給的廠商只有一家，這就是獨占廠商最基本的特性。由於獨占廠商對我們生活的影響太大了，因此我們有必要研究存在獨占廠商的行為，藉以研究獨占廠商定價對整個經濟體系運作的影響。

8.1 獨占特性與衡量

一般人認為所謂「獨占」就是指只有一家廠商在生產，這個定義實在太粗糙了，例如全世界可口可樂只有一家廠商，但是可口可樂卻不敢隨便漲價，因為可口可樂對市場並沒有完全的主宰能力，原因有太多近似品的競爭，因此降低可口可樂單獨決定價格的能力。所以經濟學家對獨占廠商的特性有很嚴格的定義。

獨占廠商的特性

一般來講，獨占廠商至少必須具備以下三個特性：

1. 市場只有一家廠商生產與銷售

當市場只有一家廠商生產與銷售時，表示市場的需求曲線與廠商面臨需求曲線兩者合而為一，亦即市場的需求曲線就是獨占廠商的需求曲線，此時需求曲線的斜率為負，表示獨占廠商不再是市場價格接受者，反而有決定市場價格的能力。在完全競爭市場假設下，個別廠商無須降價就可以銷售他所生產任何數量的產品，可是對獨占廠商而言，由於需求曲線為負斜率，因此獨占廠商唯有透過降價才有可能提高銷售量。

2. 獨占廠商所生產的財貨不能有近似替代品

亦即對獨占廠商而言，他所生產商品的替代彈性為 0，此時消費者無法在其他地方找到可以替代的產品，因此增加廠商的獨占力，使得獨占廠商可以單獨決定市場價格，無須擔心其他廠商的競爭。

3. 存在進入障礙 (barriers to entry)

如果廠商可以自由進出，即使以上兩個特性滿足，還是不能稱為獨占廠商。原因在於萬一獨占廠商賺取太多的超額經濟利潤，將吸引新廠商加入生產，瓜分原廠商的利潤。所以如果廠商可以自由進出，反而驅使廠商定價接近完全競爭定價。

從以上說明可知，進入障礙是廠商獲得超額經濟利潤的必要條件，若無進入障礙，廠商長期終將無超額經濟利潤可言。因此政府為了維持市場的效率，實在無須對市場過分干預，讓市場自由競爭就是最好的政策。

一個廠商如果能夠滿足以上三個特徵，那麼他就能夠完全具備單獨決定市場價格的能力(但是不保證必定獲得超額經濟利潤)。但是現實社會能夠滿足以上三個條件的獨占廠商真的是不多見，其原因在於完全無近似替代品的假設實在不太可能發生，只要有近似替代品，則此廠商決定價格時，必然受到近似替代品廠商的牽制，因此一個完全為獨占的廠商也是屬於極端的例子。

獨占力的衡量

由於存在獨占廠商會阻礙市場的自由競爭，妨礙價格機能運作，因此美國有反托拉斯法的設立，所以如何客觀判定一個廠商接近獨占是值得我們思考的一個問題。經濟學家對判斷個別廠商到底接近獨占或者完全競爭有以下四個判斷方法：

1. 婁那指標 (Lerner index)

如果市場趨近於完全競爭，表示廠商定價會接近其邊際成本，因此婁那認為 $P-MC$ 越大就越近於獨占，反之就越接近完全競爭，所以婁那定義 $L=\frac{P-MC}{P}$。

當 $L=0$ 時，表示此廠商屬於完全競爭市場，L 值越大就越接近獨占。從另外一個角度，更可以看出婁那指標的特性。由於廠商在追求利潤極大，因此產量必定滿足 $MC=MR$，而 $MR=P(1-\frac{1}{\varepsilon})$❶，所以婁那指標 $L=\frac{1}{\varepsilon}$，表示廠商面對市場的需求彈性越大，則獨占力越小，而完全競爭產業的個別廠商所面對的需求曲線其需求彈性等於無窮大，因此獨占力等於 0。

2. 羅徹斯特指標 (Rothschild index)

由於獨占廠商所面臨的需求曲線與市場的需求曲線兩者合而為一，而完全競爭產業的需求曲線與個別廠商所面臨的需求曲線有很大的差異，所以 Rothschild 就利用個別廠商與整個產業所面臨需求曲線的差異來判斷廠商是否有獨占的情形。如圖 8.1 所示：

---

❶ $MR=\frac{dTR}{dQ}=\frac{d(P\times Q)}{dQ}=\frac{P\times dQ+Q\times dP}{dQ}=P+Q\frac{dP}{dQ}=P(1+\frac{Q}{P}\frac{dP}{dQ})=P(1-\frac{1}{\varepsilon})$。

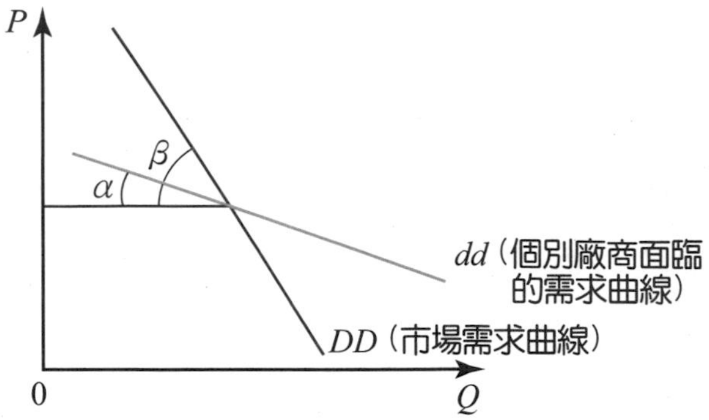

▲ 圖 8.1　Rothschild 指標

定義 Rothschild 指標 $=\dfrac{\tan\alpha}{\tan\beta}$，根據 Rothschild 指標，我們可以得到以下的結論：

(1)當廠商為獨占時，市場的需求曲線與廠商所面對需求曲線重合，因此 $\beta=\alpha$，所以 Rothschild 指標 $=1$。

(2)當市場為完全競爭時，dd 為水平線，因此 $\alpha=0$, $\tan\alpha=0$，所以 Rothschild 指標 $=0$。

(3)如果介於完全競爭與獨占廠商之間的不完全競爭市場，其 Rothschild 指標將介於 0 與 1 之間。

3. 貝恩指標 (Bain index)

在完全競爭產業假設下，由於廠商長期可以自由進出，因此個別廠商將無超額經濟利潤，即 $P=AC$，而獨占廠商由於有進入障礙，因此可能有超額經濟利潤，即 $P>AC$，因此貝恩定義 Bain 指標 $=\dfrac{P-AC}{P}$，為衡量獨占力的指標。顯然當完全競爭時，Bain 指標等於 0，而在獨占情形下，Bain 指標會越大。

4. 交叉替代彈性法

由於獨占廠商特性包括所生產的財貨沒有近似替代品，因此與其他財貨的交叉替代彈性將等於 0，所以當某廠商所生產財貨與其他商品的交叉替代彈性越小時，表示越可能沒有近似替代品，因此廠商越可能具有高度的獨占力。

形成獨占的原因

為什麼廠商會擁有獨占的市場力量呢？也就是能夠獨自決定市場價格而無需考慮其他廠商的行為。其實最重要的因素就是其他廠商有進入障礙，一般來講，我們可以將進入障礙分成兩大類，一為法令層面的進入障礙 (legal barriers to entry)；另外就是屬於技術層面的進入障礙 (technical barriers to entry)。

一、法令層面的進入障礙

大部分之所以形成獨占的原因在於政府法令的限制，例如：

1. 政府的管制

亦即政府透過公權力僅允許某一家廠商在某地區內提供此財貨，例如政府限制第四臺每區只能有一家、每一個地區只能有一家瓦斯公司等等，這些屬於公共事業 (public utilities) 特性的財貨，政府都會主觀上認為，僅允許一家廠商生產可能比自由競爭更能使資源配置滿足效率條件，亦即可以較低的生產成本來提供。

當然這種想法有其嚴重的缺失，那就是廠商真的有追求經營效率的「動機」嗎？由於人們對這些民生必需品需求彈性實在太小了，而經營者也知道這個特性。既然如此，任何浪費所引起成本增加都可以透過漲價轉嫁給消費者，而消費者卻不得不買，因此很容易獲得超額的經濟利潤，既然能夠獲得超額的經濟利潤，廠商就會喪失追求成本極小的動機。

2. 排外特許權（執照或專利權的授予）

專利權的授予目的是保障廠商投資於研究與發展 (research and development, R & D) 所產生的利益，為什麼政府要保障私人專利權的利益呢？主要原因在於專利發明具有強烈的外部經濟效果，例如，某廠商如果能夠發明治療癌症的藥物，必能造福眾生，但是如果政府不保護其發明，任由其他廠商可以無償仿造，將使廠商缺乏研發此藥物的動機，對社會反而有可能不利。當然專利權授予還是存在一個疑問，那就是鼓勵廠商從事研發所產生的效益是否會高於獨占所引發的社會成本呢？

二、技術層面的進入障礙

技術層面的進入障礙基本上屬於經濟因素運作的結果，此種因素所造成的獨占，政府在進行管制時，反而應該多所慎重。

1. 關鍵稀少原料的掌握

例如廠商掌握油田等就有可能形成獨占的廠商。

2. 特殊知識或技術

例如早期日本掌握了光碟機的生產技術，因此一臺一倍速光碟機售價就可以高達 2 萬元。但是由於資訊科技進步十分的神速，如果廠商沒有加速研發，長久競爭下很難將對手排除市場之外，維持長期超額的經濟利潤。

3. 規模經濟效果

在生產過程中，如果某廠商生產的平均成本隨著產量增加而逐漸遞減時（即規模經濟），此產業就容易形成獨占廠商。如圖 8.2 所示：

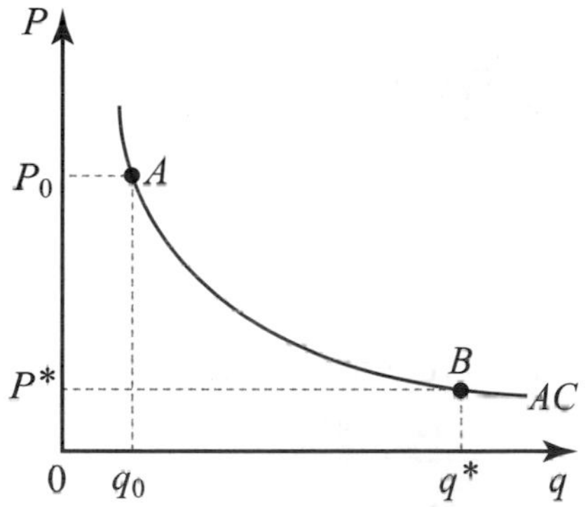

▲ 圖 8.2　自然獨占廠商

假設一開始市場已經有 B 廠商在生產，其產量為 q^*，平均成本為 P^*，則新廠商很難進入此市場與舊廠商競爭，原因為新廠商加入時，其生產規模一定較小，如 A 點對應產量 q_0 的平均成本 P_0 就會高於 P^*。由於任何潛在進入廠商 (potential entrant) 的平均成本都會高於現存廠商 (incumbent monopoly) 的平均成本，導致新廠商進入的障礙，這種情形是技術本身自然衍生的結果，因此我們稱此廠商為自然獨占 (natural monopoly)。

範例

一、汽車業的規模經濟

汽車業由於期初投資成本十分的高，因此典型具有規模經濟特性，因此對市場容量非常的敏感。例如當美國與加拿大簽訂自由貿易區時，許多加拿大人士對加拿大汽車產業的前途十分憂心，因為不管就勞動生產力或者資本邊際生產力，加拿大的汽車業不管是大車還是小車，其平均成本均遠高於美國的汽車業者，甚至許多經濟學家都認為加拿大的汽車業將面臨關門大吉的命運。

的確加拿大的大汽車業是蕭條了，但是加拿大的小汽車業卻反而欣欣向榮，由於美國廣大的市場吸納了加拿大小汽車產業的生產能量，使得加拿大小汽車業產生了規模經濟的效果，因此美加簽訂自由貿易區之後，美加兩國的大車與小車的價格均下跌，且成交的車輛數目均大幅增加。

8.2 獨占廠商短期均衡

在完全競爭一章中我們已經討論到廠商追求利潤極大的一階條件必定要滿足邊際收益等於邊際成本，即 $MR=MC$，而在完全競爭市場下，由於個別廠商是市場價格的接受者，因此 $P=MR$，所以個別廠商決定產量是依照 $P=MC$ 的條件。但是在獨占市場下，廠商不是市場價格接受者而是市場價格的決定者，此時 P 不再等於 MR，所以我們必須先了解如何找到廠商的邊際收益曲線。

假設獨占廠商面對的需求曲線為 $P=10-q$，則我們可以得到表 8.1 的結果如下所示：

▼ 表 8.1　價格與邊際收益

P	q	TR	MR
9	1	9	9
8	2	16	7
7	3	21	5
6	4	24	3
5	5	25	1
4	6	24	−1

3	7	21	−3
2	8	16	−5
1	9	9	−7

從表 8.1 可知，在任何固定產量下邊際收益一般都會小於市場價格，即 $MR<P$，也就是說當廠商面臨一個負斜率的需求曲線時，則此廠商同時面對一負斜率的邊際收益曲線，且 $MR<P$，亦即 MR 曲線會在需求曲線的下方。從數學更可以看出邊際收益曲線的特性，由於廠商的收入 $TR=P\times q$，假設需求曲線為 $P=a-bq$，所以廠商的總收入為：

$$TR=(a-bq)q=aq-bq^2$$

廠商的邊際收益 (MR) 為衡量廠商收入增加的速度，因此 MR 曲線為總收入對 q 作微分，即：

$$MR=\frac{dTR}{dq}=a-2bq$$

比較 $MR=a-2bq$ 與 $P=a-bq$ 可知，當 $q=0$ 時，$MR=a, P=a$，表示 MR 線與需求曲線有共同的頂點。而當 $MR=0$ 時，$q=\frac{a}{2b}$，反之，當 $P=0$ 時，$q=\frac{a}{b}$，表示 MR 線會通過需求曲線底端的中點。因此我們可以將需求曲線與 MR 線繪於圖 8.3：

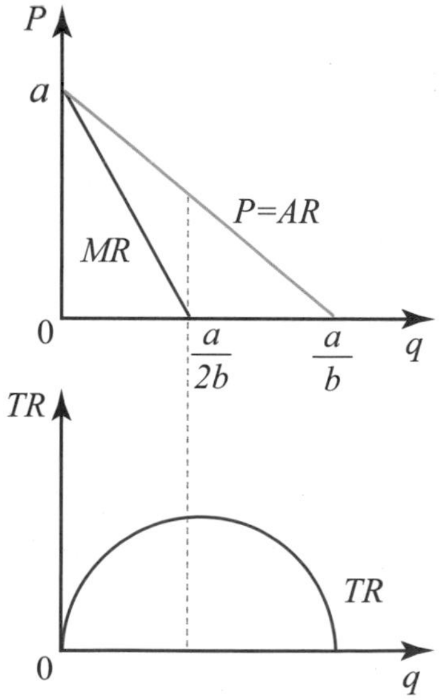

▲ 圖 8.3　需求曲線與邊際收益線

當我們了解 P 與 MR 之間的關係之後，接下來我們將討論到有關獨占廠商如何定價的問題。既然傳統經濟理論都假設廠商在追求利潤極大，因此獨占廠商在決定產量時，必定依照 $MR = MC$ 條件決定其產量，當獨占廠商一經決定其最適產量 q^* 時，就可以將 q^* 代入需求曲線，找出最高定價，以獲得利潤極大，其過程如圖 8.4 所示：

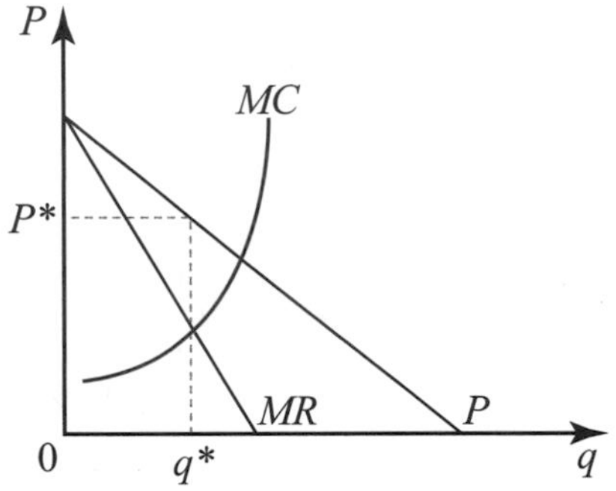

▲ 圖 8.4　獨占廠商利潤極大條件

若 q^* 為利潤極大產量，依然必須滿足二階條件（即邊際成本曲線斜率要大於邊際收益曲線的斜率）與繼續生產條件（即短期價格要高於平均成本），此觀點與完全競爭論點相同。因此短期獨占廠商的均衡條件為：

(1) $MR = MC$　（一階條件）

(2) $\dfrac{dMR}{dq} < \dfrac{dMC}{dq}$　（二階條件）

(3) $P \geq AVC$　（繼續生產條件）

範例

二、獨占廠商利潤極大定價之決定

假設某獨占廠商所面臨的需求函數為 $q = 100 - P$，而此獨占廠商的總成本函數 $TC = 10 + 8q$，其利潤極大之定價為何？此時廠商利潤若干？

解：

1. 由於 $q = 100 - P$，因此逆需求函數為 $P = 100 - q$，所以廠商的邊際收益曲線為 $MR = 100 - 2q$，而 $MC = 8$。

   利潤極大的產量必定滿足 $MR = MC$，因此 $100 - 2q = 8$，得 $q = 46$。

2. 將利潤極大產量 $q=46$ 代入需求曲線 $P=100-q=100-46=54$。

利潤 $\pi=TR-TC=54\times46-(10+8\times46)=2{,}106$。

3. 此時 MC 斜率 $=8$，MR 斜率為 -2，滿足二階條件。

4. 在 $q=46$ 時，$AVC=\dfrac{8\times q}{q}=8$，$P=54$，滿足繼續經營條件。

獨占沒有供給曲線

獨占廠商沒有供給曲線，嚴格來講應該是說獨占廠商不需要有供給曲線，供給曲線有兩種定義，一是在不同價格下，廠商願意且能夠生產的數量，但上述定義是假設廠商為市場價格接受者，而獨占廠商是市場價格決定者而非接受者，所以獨占廠商的決策是面臨各種不同需求下願意而且能夠生產的數量，不符合供給曲線的定義。另外一種供給定義為在不同的數量下所必須索取的最低價格，但是問題也來了，對獨占廠商而言，在某一生產數量下，所訂定的價格一定相同嗎？也不盡然，完全競爭市場中的個別廠商因面臨的需求曲線通通為水平線，所以一個價格對應一個產量，有一對一的關係存在，但是獨占卻沒有這種一對一的關係。如圖 8.5 所示：

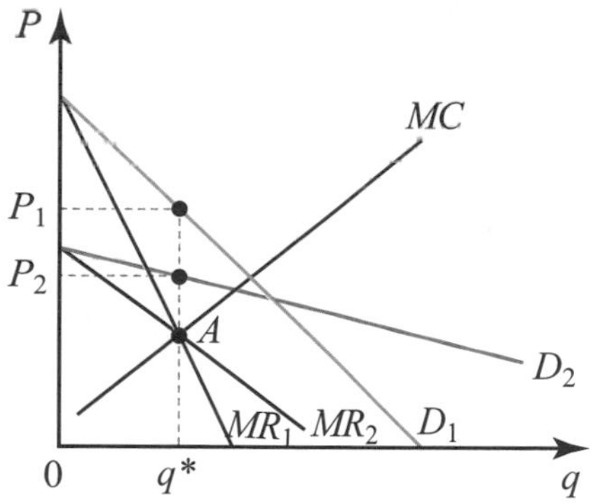

▲ 圖 8.5　獨占不存在供給曲線

假設有兩條需求曲線 D_1、D_2，其對應的邊際收益曲線為 MR_1、MR_2，我們發現 MR_1、MR_2 與 MC 同時交於 A 點，表示利潤極大產量為 q^*，但是定價卻完全不同，在 D_1 下定價為 P_1，而在 D_2 下定價為 P_2，亦即在同一最適數量下，卻有兩種不同的定價，表示獨占廠商面對不同需求定價也就不同。因此獨占之所以不需要有供給曲線原因在於獨占廠商提供的數量必須考量市場的需求，所以就不需要有供給曲線。

獨占廠商不會在彈性小於 1 生產

當需求彈性小於 1 時，表示廠商降價求售，收入反而會減少，再加上生產成本也會增加，此時廠商的利潤 $\pi = TR\downarrow - TC\uparrow$ 必然減少，因此理性廠商在彈性小於 1 的地方必會減產，因為如果獨占廠商在彈性小於 1 的地方生產，則廠商將發現：

(1)如果減少產量，則廠商生產成本減少。

(2)如果減少產量，則定價可以提高，收入反而增加。

此時獨占廠商將因減產而導致利潤增加，所以獨占廠商將持續減少產量至彈性大於 1 的地方。數學上意義甚為明顯，由於 $MR = P(1-\frac{1}{\varepsilon})$ 且 $MC \geq 0$，而獨占廠商決定最大利潤的條件為 $MR = MC$，因此

$$0 \leq MC = MR = P(1-\frac{1}{\varepsilon})$$

表示 $1-\frac{1}{\varepsilon} \geq 0$，則 $\varepsilon \geq 1$。如圖 8.6 所示：

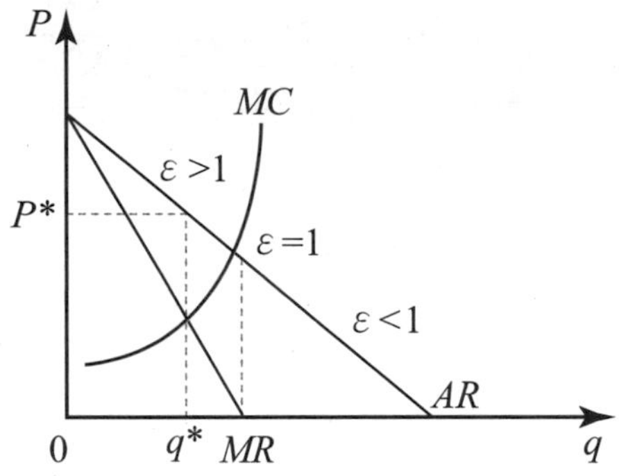

▲ 圖 8.6　獨占廠商不在彈性小於 1 的地方生產

當 $MR > 0$ 對應的需求曲線，其需求彈性必然大於或等於 1，所以 $MR = MC$ 決定的產量，其需求彈性必然大於或等於 1。

獨占廠商不必然在第二階段生產

在生產一章中我們曾經討論到理性廠商不應在第一階段生產，原因在於資本使用量太多、勞動雇用太少。但是我們發現，獨占廠商有可能在生產第一階段生產而獲得利潤極大。如圖 8.7 所示：

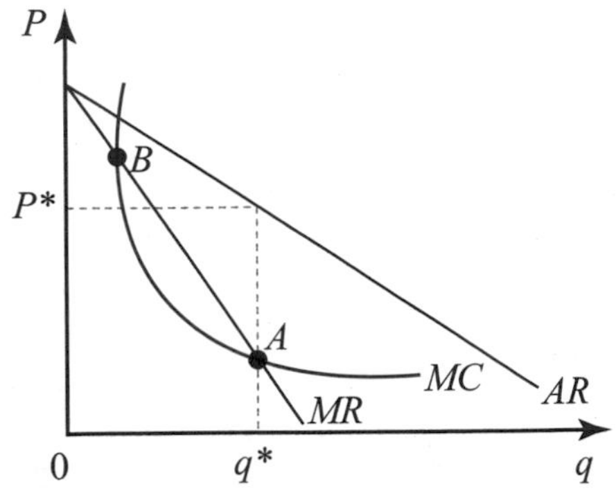

▲ 圖 8.7　獨占有可能在第一階段生產

若廠商的 *MC* 曲線為負斜率則表示廠商在第一階段生產，亦即表示勞動的邊際生產力在遞增階段。如圖 8.7，根據 $MR = MC$ 可得 *A*, *B* 兩點為獨占廠商利潤極大的一階條件，可是 *B* 點不滿足利潤極大二階條件（因為此時邊際成本曲線斜率小於邊際收益曲線的斜率），因此只有 *A* 點是利潤極大點（滿足邊際成本曲線斜率大於邊際收益曲線的斜率）。如果廠商在 *A* 點生產，*MC* 仍然呈現遞減狀態，表示廠商並沒有充分利用所有的生產資源（即不在生產合理區生產）。

8.3 獨占廠商長期均衡

對獨占廠商而言，由於廠商所面臨的需求曲線與市場需求曲線兩者合而為一，沒有像完全競爭產業有廠商數目調整的問題，因此獨占廠商長期均衡與短期均衡非常類似，其特性包括：

(1)若 $P < LAC$，表示此廠商長期有虧損，因此廠商將退出市場。

(2)若 $P \geq LAC$，則廠商追求最大利潤的條件包括：

$$MR = LMC \quad \text{（利潤極大一階條件）}$$

$$\frac{dMR}{dq} < \frac{dLMC}{dq} \quad \text{（利潤極大二階條件）}$$

總結獨占廠商長期均衡條件，其特性包括：

(1) $P \geq LAC$，表示獨占廠商長期可能賺取超額的經濟利潤。

(2) $P > MR = LMC$，表示廠商所生產的數量低於社會所需的最適數量，此時社會將會有無謂損失 (deadweight loss)，見圖 8.8 說明。

長期以來我們一直認為完全競爭產業比獨占情況「好」，或許因為認為獨占廠商可能賺取超額的經濟利潤使消費者剩餘減少而不太「舒服」，或者主觀上認為廠商數目越多越會競爭，有助於降低成本回饋給消費者等等。但是我們必須了解，作這類的比較基本上是無意義的，因為他們的市場特性完全不一樣，為了有一客觀的比較基礎，我們作了以下的假設：

(1)獨占廠商收買所有的完全競爭產業的個別廠商。

(2)所有個別廠商的成本函數完全相同。

在以上兩個假設之下，我們將比較一個完全競爭產業與一個由獨占廠商控制的「多工廠」獨占有何差異。

完全競爭產業優於獨占情形

一、配置效率

配置效率指社會產量要恰到好處，亦即不多也不少，在市場完美假設之下，完全競爭廠商生產至 $P = LMC$ 的地方，表示完全競爭廠商生產至社會邊際效益等於社會邊際成本的產量，資源已達到最適的運用。如圖 8.8 所示：

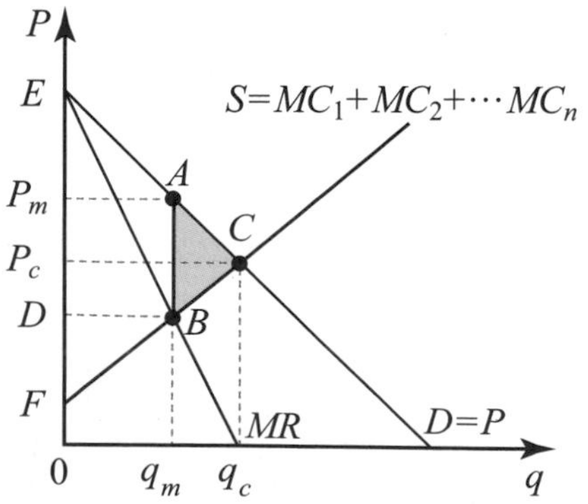

▲ 圖 8.8 獨占與完全競爭比較

由於完全競爭產業是依照 $P = MC$ 決定產量，因此完全競爭產業將生產至 q_c 的產量，並且定價 P_c，所以在完全競爭假設之下：

消費者剩餘為 $\triangle EP_cC$

生產者剩餘為 $\triangle P_cCF$

此時社會的總剩餘為 $\triangle EFC$。

但是如果此產業一旦被獨占者收購，此時獨占廠商依照 $MR = MC$ 決定的產量將為 q_m，定價為 P_m，顯然此時定價高於完全競爭，而生產的數量低於完全競爭產業。由於消費者願意付的價格為 P_m 高於廠商生產的邊際成本，以社會角度顯示廠商生產的數量太少，資源沒有充分利用，會有無謂損失發生。如圖 8.8，獨占情況下的社會剩餘分別為：

消費者剩餘為 $\triangle EP_mA$

生產者剩餘為 P_mABF

所以獨占市場下，社會總剩餘為 $EABF$。

比較完全競爭與獨占市場情況下，獨占市場將會有 $\triangle ABC$ 的社會無謂損失。所以從社會總剩餘觀點，完全競爭市場效率高於獨占市場。

二、生產效率

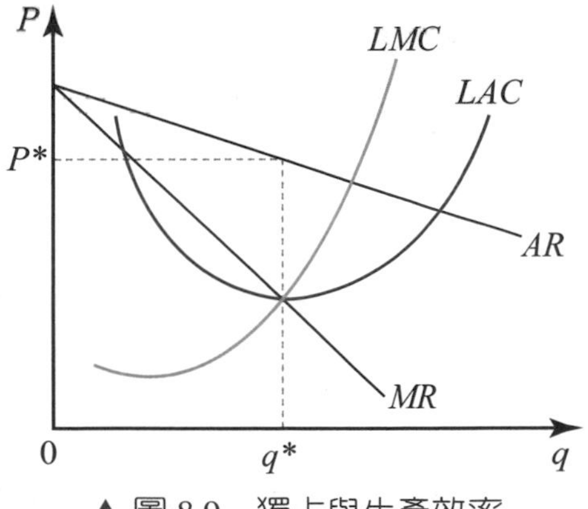

▲ 圖 8.9 獨占與生產效率

我們定義生產效率指廠商以最低平均成本來生產，而完全競爭市場中個別廠商在長期下，如果沒有在 LAC 最低點生產將會被市場所淘汰，所以完全競爭市場滿足生產效率的要求。而獨占廠商由於沒有競爭對手，因此沒有在 LAC 最低點生產的壓力，但是獨占廠商卻有可能在 *LAC* 最低點生產。如圖 8.9 所示，如果 $MR = MC$ 點剛好位於平均成本最低點，則獨占廠商還是滿足生產效率。

三、X–無效率 (X-inefficiency)

由於獨占廠商可能享有超額的經濟利潤，導致廠商對降低生產成本或者增進生產效率不太重視，致使資源發生浪費，Leibenstin 稱之為 *X*–無效率。

四、競租 (rent seeking)

競租指廠商為了獲得超額的經濟利潤所發生的非生產性的經濟行為，既然屬於非生產性行為，所以對經濟體系而言，鑽營活動只會使資源重分配而已，對社會整體而言並沒有利益，反而公平情況會更惡化。所以廠商為了獲取超額的經濟利潤，導致廠商去賄賂政府官員進行市場管制，以享有超額的經濟利潤，這種行為稱之為競租行為。

範例

三、公共選擇理論

由於價格機能失靈，導致凱因斯學派興起，凱因斯學派認定政府萬能，因此主張賦予政府更多的權限來解決經濟危機。可是布坎南、杜洛克、尼斯卡南等人認為由於政治鐵三角——民意代表、官僚體系、利益團體 (interest groups) 的交互影響，使得民主政治並沒有朝向為民謀求最大福祉。例如官僚體系大部分都在追求預算極大，因此會受限於民意代表的施壓，而民意代表目標在追求選票極大，因此又受制於利益團體（指一群有共同利益的人藉由集體活動來影響政府的政策謂之），使得民意代表（或官僚）一旦當選，就將選民的意願拋諸腦後。由於利益團體為求得獨占的經濟租，因此經常遊說民意代表（此稱之為競租行為），並以贊助選舉經費為手段，因此整個生態鏈似乎是由利益團體所掌控，至此公共選擇理論認為政府失靈，也就是政府並沒有真正為人民謀求最大福利。

所以公共選擇理論認為，政府支出受制於利益團體的施壓，例如政府基於選票考量，可能受制於農夫、漁民、教師等等利益團體，而使得整個社會資源運用無效率，且政府支出會有持續擴張的現象。

獨占多工廠優於完全競爭產業

以上說明似乎完全競爭市場優於獨占廠商，可是獨占廠商某些經濟特性可能會比完全競爭市場來得好，例如：

一、規模經濟性

如果獨占廠商平均成本曲線是負斜率，將會因生產規模擴大，使得生產的平均成本遞減，此時如果交由完全競爭廠商來生產，反而因規模小導致生產的平均成本高於獨占廠商，因此獨占的效率不一定比完全競爭來得差。

二、多角化經營 (economic of scope)

其實在現實社會中可能為了降低經營風險等等其他原因，廠商通常鮮有只生產一種產品，反而經常同時生產多種產品，例如康師傅生產的泡麵就有許多種口味，《聯合報》除了日報之外有晚報，甚至許多私立的學校，同時設立五專、二專、技術學院及夜間部等，這種現象就是一種多角化的經營。為什麼會有多角化的經營呢？從成本面的理由就是多角化經營廠商的成本具有次加性成本函數 (sub-additive cost function) 特性，以多種產品成本函數 (multi-product cost function) $C(Q_1, Q_2)$ 而言，如果 $C(Q_1, Q_2)$ 具有次加性表示以下關係會成立：

$$C(Q_1, Q_2) < C(Q_1, 0) + C(0, Q_2)$$

這種成本函數顯示當廠商採用多角化經營時，可以享有較低的生產總成本。例如學校同時經營五專、二專、技術學院及夜間部，由於師資及行政人員可以相互支援，因此一定比分開設立五專、二專、技術學院及夜間部學校來得節省成本。

由於獨占廠商規模大，且通常具有超額的經濟利潤，所以相對於完全競爭市場，比較有可能從事多角化的經營，降低生產成本反而有利於社會總剩餘。

三、研發與創新發明

在完全競爭市場下，由於規模太小或因沒有超額的經濟利潤，導致廠商沒有能力從事研發創新產品的動作，但是對獨占廠商來講，因為有超額的經濟利潤，所以獨占廠商有能力從事研發的工作。但是有能力不一定就是會從事研發，如果獨占廠商確定政府會長期管制市場進入，那麼廠商為什麼要浪費錢去從事研發？當廠商擔心隨時有新廠商加入生產，瓜分市場利益才會積極從事創新，提高生產技術使新廠商無法加入以保有超額的經濟利潤。例如 Intel 為了獨霸市場的占有率，獲得超額的經濟利潤，對於研發支出絕不吝嗇。

8.4 自然獨占管制

自然獨占為技術進入障礙中最重要的一個例子，典型自然獨占指廠商的長期平均成本會隨著產量增加而逐漸遞減，或者廠商的期初成本（固定成本）十分地龐大，而需求相對地少，使得廠商最適產量落在平均成本遞減部分，也可以稱為自然獨占廠商。典型自然獨占廠商如台電、大台北瓦斯、自來水公司等。

自然獨占廠商如果依照利潤極大法則定價，如圖 8.10 所示：

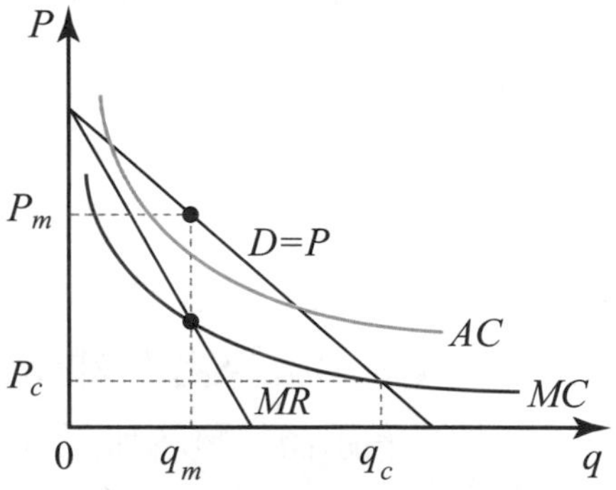

▲ 圖 8.10　自然獨占廠商

由於自然獨占廠商指 AC 遞減，因此對應的 MC 也遞減，此時廠商依照 $MR=MC$ 決定產量為 q_m 並且定價 P_m，因此自然獨占廠商利潤極大產量明顯低於社會最適產量（即滿足 $P=MC$ 的產量），且定價高於社會最適定價（即 P_c），所以社會有無謂損失。

由於存在自然獨占廠商，對市場效率會產生重大不利的影響，因此政府大都會對其進行管制，但是如何管制？管制結果有沒有負作用，都值得我們加以探討。

一、邊際成本定價法 (marginal cost pricing)

既然效率最大的產量是依照 $P=MC$ 所決定的產量，那麼最直覺作法是政府直接要求自然獨占廠商依照 $P=MC$ 決定產量，為了分析方便起見，我們假設自然獨占廠商的邊際成本 MC 為常數，但是 AC 還是遞減，如圖 8.11 所示：

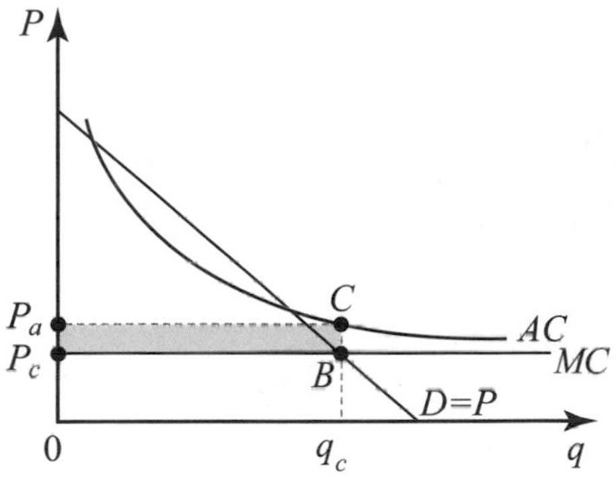

▲ 圖 8.11　依照 $P=MC$ 管制自然獨占廠商

如果依照 $P=MC$ 定價，的確社會的無謂損失消失了，但是如果廠商生產 q_c 的產量，則只能定價 P_c，可是廠商生產的平均成本為 P_a，大於廠商的定價，此時廠商會有虧損 P_aP_cBC。因此除非政府補貼，否則廠商會退出市場，造成價格機能失靈。

但是補貼廠商生產好嗎？由於政府補貼的錢來自於人民租稅負擔，因此由廣大納稅義務人補貼少數的使用者將造成不公平現象。而更嚴重的是，萬一自然獨占廠商依賴政府的補貼而產生浪費現象對資源配置效率反而有更不利的影響。

二、平均成本定價法 (average cost pricing)

既然邊際成本定價管制主要的缺點是廠商有虧損，因此退而求其次，政府管制方法應首先力求不會使廠商虧損，但是又能接近社會最適產量為佳，所以經濟學家提出第二種管制法，要求自然獨占廠商依照平均成本定價法，即依照 $P=AC$ 決定產量與價格。如圖 8.12 所示：

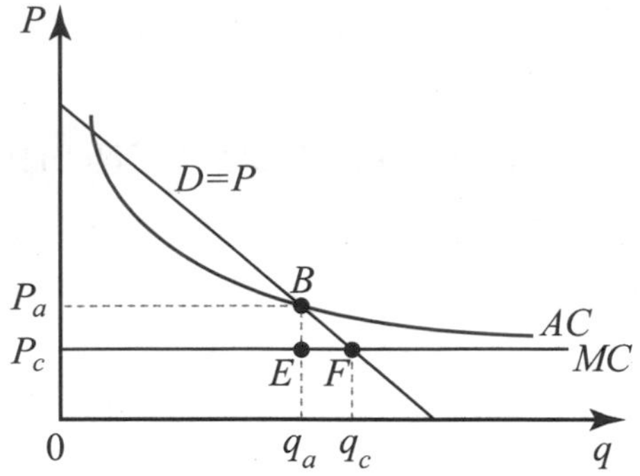

▲ 圖 8.12 平均成本定價

依照 $P = AC$ 定價所決定產量為 q_a，定價為 P_a，平均成本定價最大優點是廠商不會有虧損情形，而且產量比利潤極大產量多，價格又低於利潤極大的價格，因此平均成本所引起的無謂損失較利潤極大定價為小。

8.5 差別定價

前面討論獨占廠商的定價都是針對某一產品訂定統一的價格，但是廠商可能對同一種商品訂定不同的價格，這就是差別定價 (price discrimination) 的意義，例如電影有早場之分，大哥大給予「重量級客戶」特殊優惠、電影票分為成人及學生票等。差別定價依照皮古觀點可以分成三大類，而本書將只討論第三級差別定價 (the third degree pricing discrimination)。

所謂第三級差別定價指一個追求利潤極大廠商，針對同質產品，在不同市場能夠賣出不同的價格，因此要滿足第三級差別定價必須要滿足以下三個條件：

1. 廠商必須能夠區別市場：

例如要訂定不同電影票價，首先必須區別消費者是學生或非學生，否則如何做差別定價？這個條件也是廠商通常無法做到第三級差別定價的主因。

2. 不同市場的需求彈性不同：

如果每一個市場彈性相同，則最適定價都會一樣，如何做差別定價？

3. 產品不能回流：

也就是不同市場所售出的產品不得相互流通，例如看電影時，成人不得使用學生票等，否則所有人都買學生票，差別定價就沒有意義。

所以要真正能夠做到第三級差別定價的情形不多，以下幾個例子值得我們思考：

範例

四、差別定價

1. 小林非常喜歡吃蓮霧，他每天早上去菜市場買蓮霧時發現每斤200元，可是中午去買的時候，每斤只剩100元，所以菜市場的攤販在作差別定價？
2. 小王住臺中，是開計程車業者，有天某人請他開車到豐原，去程小王要價1,000元，但是回程小王只要價200元，因此小王也在作差別定價？

解：

差別定價一個很重要前提是必須出售「同質」產品，且生產的機會成本相同，所以：

1. 中午去買蓮霧時，其品質會低於早上購買時的品質，因此早上與中午購買價格不同是因為品質不同所致，非差別定價。
2. 小王開車到豐原是有機會成本，因為可能有人叫車到中正機場，但是回程時機會成本相對較小（因為一定要回臺中），所以小王定價不同原因在於機會成本不同所致。

以上例子說明有些看起來似乎是第三級差別定價，但是仔細追究卻不是第三級差別定價。但是如果廠商真的作到第三級差別定價，那廠商如何定價呢？由於第三級差別定價是面對不同需求彈性的市場，當某市場的需求彈性較小時，表示「不買會死」，當然廠商定價就會比較高，所以第三級差別定價廠商會依照反彈性法則來定價，即需求彈性小定價高，需求彈性大定價低❷。

❷ 由於廠商在追求利潤極大，因此定價必須滿足 $MC = MR_1 = P_1(1-\frac{1}{\varepsilon_1}) = MR_2 = P_2(1-\frac{1}{\varepsilon_2})$，因此定價與需求彈性成反比。

範例

五、為什麼拿舊品可以折價？

很多生產耐久財廠商如電子字典、電器廠商都會打出這樣廣告，凡是拿著舊電子字典或電器一律折價 2,000 元，這些舊商品對廠商而言並無用處（不考慮舊機新裝），那為何廠商願意降價求售呢？

解：

我們討論到第三級差別定價原理是依照反彈性定價，但是最重要問題是，我們根本不知道消費者需求彈性到底是彈性大還是彈性小？此時您不可能製作 DM 說凡是自認彈性小原價出售，而自認彈性大就折價 2,000 元，如果這樣的話所有上門顧客通通說自己的需求彈性大。這也說明第三級差別定價最難地方在於如何區別顧客需求彈性大小。

因此顧客手中有舊電子字典就是一個非常好的判斷指標，可以有效證明顧客的需求彈性大。因為手中有舊電子字典的人，意味著他的替代品較多，因此對新字典的需求彈性大，根據反彈性定價法則，廠商自然要降價才可以增加利潤。反之，手中無舊電子字典的人，沒有替代品，因此需求彈性小，當然廠商要照原價出售。

範例

六、兩段定價法

兩段定價法是一種特殊的差別取價，在現實社會應用頗廣，因此有必要加以介紹。所謂兩段定價顧名思義為廠商收取兩種價格，一個是基本費，另外一個是使用費，例如到遊樂場遊玩，先收門票（基本費），每玩一個遊樂設施再收取使用費就是一個標準兩段定價。

兩段定價最成功的應用就是噴墨印表機的定價，廠商故意將印表機的價格（基本費）定得很低，套牢使用者。接下來提高使用費（墨水匣的價格）來賺取消費者剩餘，擴大廠商的超額利潤。

另外像一些健身俱樂部也採兩段定價，先收入會費，動輒好幾百萬，再收使用費維持基本開銷。但是若沒有新會員加入，這些俱樂部就沒有超額利潤，久而久之，這些俱樂部就會倒閉，這乃此種定價最後的宿命。

重要名詞

- ◆ 進入障礙 (barriers to entry)
- ◆ 婁那指標 (Lerner index)
- ◆ 羅徹斯特指標 (Rothschild index)
- ◆ 貝恩指標 (Bain index)
- ◆ 技術層面的進入障礙 (technical barriers to entry)
- ◆ 法令層面的進入障礙 (legal barriers to entry)
- ◆ 公共事業 (public utilities)
- ◆ 潛在進入廠商 (potential entrant)
- ◆ 自然獨占 (natural monopoly)
- ◆ 無謂損失 (deadweight loss)
- ◆ X–無效率 (X-inefficiency)
- ◆ 競租 (rent seeking)
- ◆ 政治鐵三角
- ◆ 利益團體 (interest groups)
- ◆ 多角化經營 (economic of scope)
- ◆ 次加性成本函數 (sub-additive cost function)
- ◆ 多種產品成本函數 (multi-product cost function)
- ◆ 邊際成本定價法 (marginal cost pricing)
- ◆ 平均成本定價法 (average cost pricing)
- ◆ 差別定價 (price discrimination)
- ◆ 第三級差別定價 (the third degree pricing discrimination)

摘要

★ 1. 獨占廠商至少必須具備以下三個特性：(1)市場只有一家廠商生產與銷售，(2)生產的財貨不能有近似替代品，(3)存在進入障礙。

★ 2. 判斷個別廠商到底接近獨占或者完全競爭有以下四個判斷方法：(1)婁那指標 $=\dfrac{P-MC}{P}$，(2)羅徹斯特指標 $=\dfrac{\tan\alpha}{\tan\beta}$，(3)貝恩指標 $=\dfrac{P-AC}{P}$，(4)交叉替代彈性法。

★ 3. 法令層面的進入障礙：(1)政府的管制，(2)排外特許權（執照或專利權的授予）。

★ 4. 技術層面的進入障礙：(1)關鍵稀少原料的掌握，(2)特殊知識或技術，(3)規模經濟效果。

★ 5. 短期獨占廠商的均衡條件為：

(1)一階條件　$MR=MC$。

(2)二階條件　$\dfrac{dMR}{dq}<\dfrac{dMC}{dq}$。

(3)繼續生產條件　$P\geqslant AVC$。

★ 6. 獨占三大特性：(1)獨占沒有供給曲線，(2)獨占不會在彈性小於 1 生產，(3)對獨占廠商而言不必然在第二階段生產。

★ 7.獨占廠商長期均衡條件，其特性包括(1) $P \geq LAC$，表示獨占廠商長期可能賺取超額的經濟利潤，(2) $P > MR = LMC$，表示廠商所生產的數量低於社會所需的最適數量，此時社會將會有無謂損失。

★ 8.獨占無效率包括(1)配置無效率，(2)生產無效率，(3)競租。

★ 9.獨占的優勢包括(1)規模經濟性，(2)多角化經營，(3)研發與創新。

★ 10.自然獨占管制包括(1)邊際成本定價法，(2)平均成本定價法。

★ 11.第三級差別定價指一個追求利潤極大廠商，針對同質產品，在不同市場能夠賣出不同的價格，因此要滿足第三級差別定價必須要滿足以下三個條件：(1)廠商必須能夠區別市場，(2)不同市場的需求彈性不同，(3)產品不能回流。

習題

1. 當市場結構越接近完全競爭時，Lerner、Bain 指標將越接近何值？
2. 獨占形成的原因為何？台電為獨占的理由為何？
3. 如果某獨占廠商面對需求函數為 $P = 100 - q$，而邊際成本為 $MC = 20$，則追求利潤極大的產量與價格各為何？
4. 試比較獨占與完全競爭產業的優劣。
5. 對自然獨占進行管制有何缺失？
6. 何謂差別取價？試以第三級差別取價觀點說明為何用網路訂票的價格比較低的原因，又為何網路訂票不更改名稱的理由何在？
7. 兩家獨占公司 A、B 面對的市場需求價格彈性絕對值分別為 2 與 4。則哪一個公司的獨占力較強？
8. 假設 A 產品的市場需求曲線是 $P = 80 - Q$，此產品的單位製造成本固定為 20。
   (1)如果 A 產品是由獨占廠商生產，此時市場價格與產量各為多少？
   (2)如果產業結構由很多家完全競爭小廠商生產，市場價格與產量各為多少？
   (3)獨占造成的無謂損失之大小為何？
9. 小林去購買噴墨印表機時發現一件怪事，印表機本體非常便宜，但是墨水匣反而貴上許多，您可以解釋廠商為何有此種定價方式嗎？

Note

第 9 章

寡占與獨占性競爭市場

事實上完全競爭市場與獨占市場皆十分少見，也就是生產某些「類似」產品的廠商都是「有限的少數」幾家，因此其經濟特性就會介於完全競爭與獨占市場之間。但是這種「少數幾家廠商」構成的市場結構反而是最難分析，例如像臺北市各大百貨公司之間定價行為充滿著「反覆無常」，有時大打價格戰，有時又好像在勾結。但是有些市場如汽車市場或者化妝品市場，其價格似乎就非常穩定，當臺幣升值時，這些廠商都會打出這樣的廣告「本公司為了回饋顧客……，決定自行吸收臺幣升值的成本」。因此早期經濟學家很難用同一套模型去解釋市場只存在少數幾家廠商生產的行為，因為他們的變異性實在太大了。

本章主要介紹寡占市場和獨占性競爭市場廠商的定價行為，這兩種市場結構剛好介於完全競爭市場和獨占市場之間。由於寡占市場的廠商理論實在太多了，而且有些模型實在太「天真」，因此本章並不試圖詳細介紹所有寡占廠商模型。

9.1 寡占市場結構的特徵

既然寡占 (oligopoly) 市場結構是介於完全競爭與獨占市場之間，因此寡占市場的廠商數目一定是有限的，但是什麼是有限數目的廠商？這又是一個屬於觀念上的問題，寡占廠商的特徵如下：

一、寡占產業的廠商數目不多

何謂廠商數目不多呢？簡單來講是每一家廠商的市場占有率都有某一特定的比例，因此任何廠商在決定自己最適定價（或數量）的政策時，都無法忽略其他廠商的最適策略，因此每一家廠商的最適定價都會受到彼此的影響。所以觀念上來講，所謂廠商數目有限，意義指廠商間存在彼此相互依賴性，在完全競爭市場，個別廠商根本無須理會其他廠商的定價，只需要做到「內省」的工作（即追求成本極小），而在獨占結構下，獨占沒有競爭對手。因此廠商彼此間的相互依賴性（mutual interdependence 或 oligopolistic interdependence）為寡占市場最重要的特徵。由於寡占廠商數目有限，因此每一家廠商或多或少都有一定程度決定市場價格能力，而非是市場價格接受者。

由於寡占市場的個別廠商的生產規模不一定皆相同，因而會有市場集中度 (market concentration ratio) 的問題。如果寡占市場的供給量大都集中在少數幾家廠商，則相互依賴的程度將相對較高，反之如果該產業的個別廠商產量相對平均，則相互依賴性就會比較小。因此賀芬達指標（Herfindahl index，H）為了衡量市場集中度，定義公式如下：

$$H = s_1^2 + s_2^2 + \cdots + s_n^2$$

其中 s_i 代表第 i 個廠商產量占市場產量的比例，很明顯 $0 < H < 1$。一般來講 Herfindahl 指標越大，表示該市場由「少數」廠商在掌控。

二、個別消費者為市場價格接受者並且為完全訊息

亦即我們假設寡占市場的需求面是一種完全競爭的形式，該市場擁有很多的消費者，由於消費人數相當的多，因此每一位消費者對市場價格影響力非常小，也就是每一個消費者都是寡占市場價格的接受者 (price taker)。另外跟完全競爭市場一樣，我們也假設不存在交易成本與有資訊不完全的情形發生，所以在寡占結構下，只有一個市場均衡價格。

三、寡占廠商短期有進入障礙，而長期進入「困難」

由於期初投資成本很高，或者由於技術進入障礙等等原因，寡占市場廠商類似獨占市場，在短期有進入障礙，但是長期下新進入的廠商或許可以克服此類障礙，因此可能加入市場生產，但是要克服此類障礙也不是很容易。相反的現存廠商要退出市場也不是很容易，原因在於其退出成本太高了。

四、寡占廠商可能生產同質或異質的產品

例如國內一些鋼鐵業、水泥業等，其廠商數目很少，且生產的財貨性質非常接近同質，因此可以稱為同質寡占 (homogeneous oligopoly)。相反的，一些家電業者、電子資訊產品，其特性就較為接近異質寡占 (hetergeneous oligopoly)。

9.2 古諾模型 (Cournot model)

Cournot 模型早在 1838 年就被用來解釋寡占廠商的行為，Cournot 假設有兩個礦泉水的廠商 A 及 B（因此又稱為雙占市場，duopoly），其產量分別為 q_A, q_B（假設共用一口井，因此為同質產品），且假設礦泉水為「無本」生意，因此這兩個廠商的生產成本為零。

在模型中最讓人感到困惑的是 Cournot 假設每一家廠商的數量猜測變量 (quantity conjectural model) 為 0，亦即 *A* 廠商自以為偷偷改變最適產量並不會引起 *B* 廠商的注意，因此 *B* 廠商的產量不變，即 $\dfrac{\partial q_B}{\partial q_A}=0$，同理 *B* 也有此想法（即 $\dfrac{\partial q_A}{\partial q_B}=0$）。這種假設實在過於天真，也喪失寡占市場可愛的地方，即過度簡化廠商彼此相互的依賴性。

Cournot 模型的均衡是建立在反應函數 (reaction function) 上，所謂反應函數指自己「認為對手」產量不受到自己產量變動的影響之下，在面臨對手各種不同產量下（即所有可能的 q_B）能夠使自己獲得最大利潤的各種產量組合 (q_A^*, q_B)。即 *A* 的反應函數表示在各種不同 q_B 數量之下，能夠讓 *A* 獲得最大利潤的產量 q_A^* 之間的關係。

例如，我們假設 *B* 廠商一開始的產量為 q_B^1，那麼 *A* 廠商的各種可能利潤如何呢？如圖 9.1 所示：

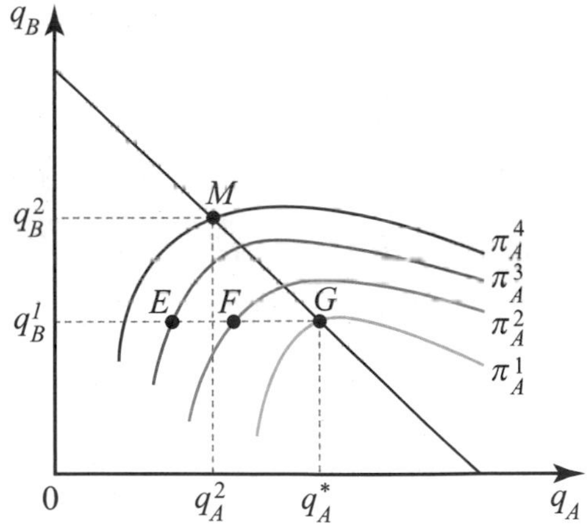

▲ 圖 9.1　*A* 廠商的反應函數

圖中 π_A^1、π_A^2、π_A^3 … 均為 *A* 廠商的等利潤線（亦即在同一條等利潤線上，帶給 *A* 廠商的利潤都相同），若 *B* 廠商的產量固定在 q_B^1，則一開始 *A* 廠商產量增加時（如 *E*, *F*, *G* 三點），其利潤會先增加，因此 $\pi_A^1>\pi_A^2>\pi_A^3$。當 *B* 廠商的產量固定在 q_B^1 下，如果 q_A^* 是 *A* 廠商所有可能產量中能夠使得 *A* 廠商獲得最高的利潤，則 (q_A^*, q_B^1) 就構成 *A* 廠商反應函數上的一點。

現在如果 B 廠商產量增加至 q_B^2，那 A 廠商如何「反應」呢？直覺上我們可以了解 B 廠商產量增加對 A 廠商的利潤來講是一個不利的因素，此時 A 廠商的利潤將因 B 廠商增產而減少。如圖 9.1 所示，此時在 B 廠商產量為 q_B^2 下，A 廠商在所有可能利潤中會選擇 q_A^2 產量以獲得利潤 π_A^4 極大。當我們將 M、G 等這些點連接起來，就能得到 A 廠商的反應函數。同理，我們亦可求出 B 廠商的反應函數，如圖 9.2 所示：

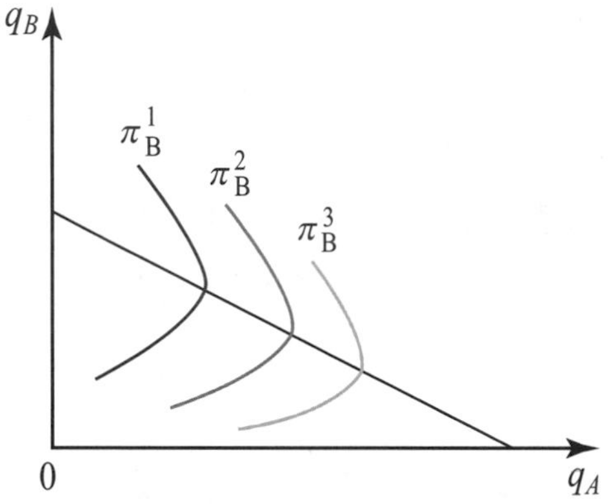

▲ 圖 9.2　B 廠商的反應函數

從以上說明可知，A 廠商反應函數的意義在於 A 廠商觀察到 B 廠商的產量之後，再來決定自己的最適產量，因此 A 廠商可以稱之為跟隨者 (follower)。同理，如果 B 廠商也有反應函數，則表示 B 也是在觀察 A 廠商產量之後再來決定自己（B 廠商）的最適產量，因此 B 也是跟隨者。A 廠商與 B 廠商都是跟隨者，因此都存在反應函數，如圖 9.3 所示：

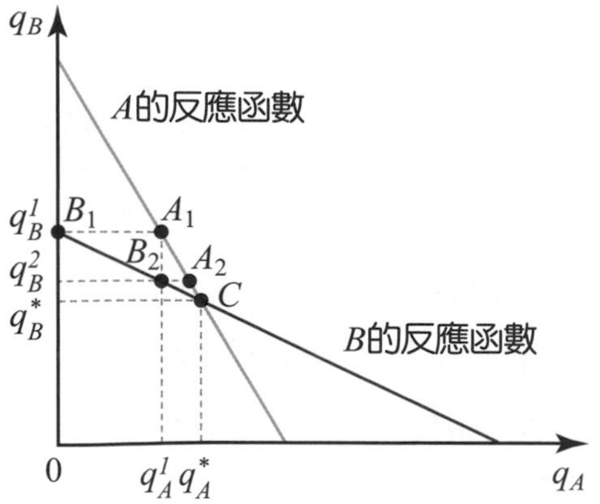

▲ 圖 9.3　Cournot 均衡

假設一開始 B 廠商先生產，因此 A 廠商的產量為 0，此時根據 B 的反應函數，B 廠商會選擇 B_1 點來生產，此時 B 廠商的產量為 q_B^1。現在 A 進入市場生產，因此 A 廠商會根據 A 的反應函數選擇 A_1 點來生產，此時產量為 q_A^1。

當 A 廠商生產 q_A^1 產量之後，B 廠商發現他之前的想法錯誤，因此必須修正原先的想法，將 A 廠商的產量由 0 修正為 q_A^1，此時根據 B 廠商的反應函數，將選 B_2 點，此時產量為 q_B^2。同理，A 廠商立刻發現原先的猜測錯誤，B 廠商的產量已經由 q_B^1 減少為 q_B^2，因此根據 A 廠商的反應函數，最適點將由 A_1 移往 A_2。經過一連串的修正之後，最後均衡點將落於 C 點，此時 A 廠商生產 q_A^* 的產量，而 B 廠商生產 q_B^* 的產量。為什麼 C 是均衡點呢？因為在 C 點，B 廠商猜測 A 廠商的產量為 q_A^*，因此根據 B 廠商的反應函數，B 廠商會生產 q_B^* 的產量。同理，A 廠商猜測 B 廠商的產量為 q_B^*，因此根據 A 廠商的反應函數，A 廠商會生產 q_A^* 的產量。此時 A、B 兩廠商發現他們都猜對了，因此都不願意改變他們的產量，此時就達成 Cournot 均衡。

9.3 貝德南模型 (Bertrand model)

Cournot 模型基本上假設寡占廠商從事數量競爭，但是我們發現更多寡占廠商從事價格競爭，例如 A、B 為兩競爭廠商，那麼我們會經常看到這樣的廣告，A 廠商會宣稱「我們一定比 B 廠商賣得便宜」，而 B 廠商也會反擊「本公司定價一律按照 A 廠商定價再打九折」，如此競爭的結果，到底哪一家廠商比較便宜？這就是典型價格競爭的寡占模型。

Bertrand 作了以下的假設：

⑴只有兩家廠商 A、B。

⑵產品為同質。

⑶生產的邊際成本為 0。

⑷價格猜測變量 (price conjectural model) 為 0，亦即 A 廠商自認為偷偷降價不會引起 B 廠商的注意，同理 B 廠商也有相同的想法。

跟 Cournot 模型一樣我們可以分別假設兩廠商的價格反應函數，如圖 9.4 所示：

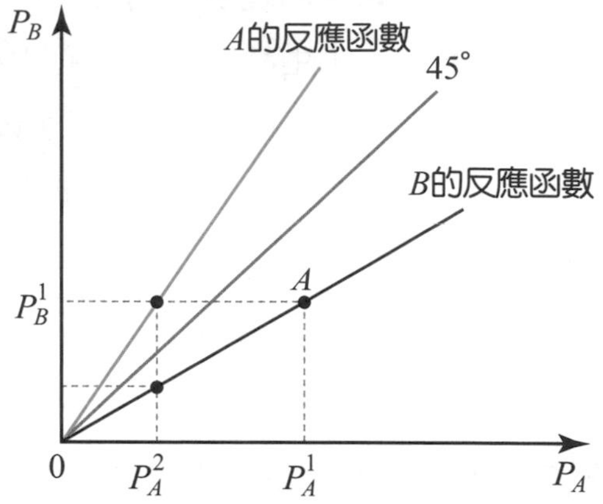

▲ 圖 9.4　Bertrand 模型

B 廠商的反應函數會在 45° 線下方的意義在於 B 廠商希望以低於 A 廠商的價格來掠奪 A 廠商的市場，同理 A 廠商的反應函數會在 45° 線上方的意義在於 A 廠商希望以低於 B 廠商的價格來掠奪 B 廠商的市場。

現在如果一開始 A 廠商定價 P_A^1，則 B 廠商為了搶奪 A 廠商的市場，根據 B 廠商的反應函數，會將價格定於 P_B^1。此時 A 廠商發現 B 廠商定價 P_B^1，為了搶回市場將根據 A 廠商的反應函數，重新定價 P_A^2。如此循環下去，最後兩廠商的均衡定價均為 0，即滿足 $P = MC$。

9.4 史達貝格模型(Stackelberg model)

基本觀念

Cournot 模型基本上隱含著兩家廠商均為跟隨者 (follower)，事實上社會中可能同時存在著領導者 (leader) 與跟隨者，例如電信市場上，中華電信明顯是一個領導廠商，而其他廠商原則上是跟隨者，又如石油市場上，中油也是典型領導廠商，而台塑屬於跟隨者。亦即 Stackelberg 認為寡占廠商並不是全為同質，有些廠商非常狡猾（即領導者），而有些廠商非常單純（為跟隨者）。所以要了解 Stackelberg 模型就必須了解何謂領導者與跟隨者的意義。

跟隨者依照 Cournot 的特性，假設對方產量不變，尋找使得本身利潤極大的產量。也就是說跟隨者無法單獨決定利潤極大產量，必須視對手產量多寡再來決定自己利潤極大產量，因此跟隨者必有反應函數。

領導者認為跟隨者會「跟隨」他的行為，因此他會根據跟隨者的反應函數求取使得本身利潤極大的產量。也就是說，在充分考量對手的可能反應之後，領導者可以決定自己利潤極大產量。因此領導者不需要有反應函數，但會考慮對手反應函數來決定自己利潤極大的產量，如圖 9.5 所示：

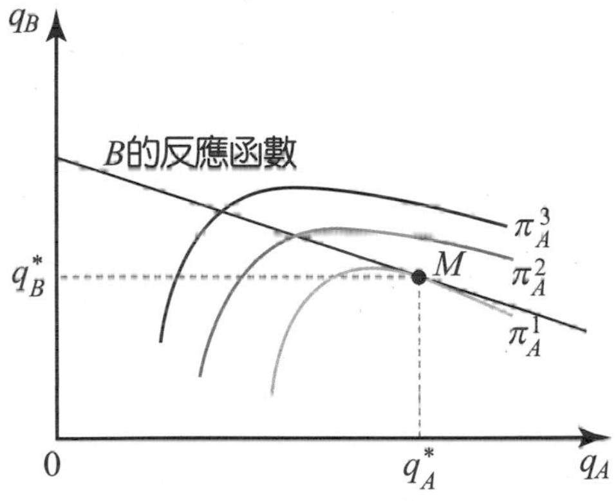

▲ 圖 9.5　Stackelberg 均衡

假設 B 廠商為跟隨者，因此廠商 B 必定存在反應函數，而假設廠商 A 是領導者，因此廠商 A 在考量對手行為亦即在 B 廠商的反應函數上，尋找能夠使得廠商 A 獲得利潤極大的產量，由於 $\pi_A^1 > \pi_A^2 > \pi_A^3$，所以 A 廠商最終將生產在 M 點（滿足 A 的等利潤線與 B 的反應曲線相切點）即 $q = q_A^*$，而廠商 B 將生產 q_B^* 的產量。

數學範例

事實上從賽局理論更可以了解跟隨者與領導者涵義的差別，本章先介紹一個簡單計算範例說明何謂領導者與跟隨者的差別。假設市場的需求曲線為 $P = 100 - Q$，而兩家廠商的成本函數分別為 $TC_A=\frac{1}{2}q_A^2, TC_B=\frac{1}{2}q_B^2$，由於假設產品同質，因此市場供給量 $Q=q_A+q_B$。此時兩家廠商的利潤函數 (π_A, π_B) 分別為：

$$\pi_A=Pq_A-TC_A=[100-(q_A+q_B)]q_A-\frac{1}{2}q_A^2$$

$$\pi_B=Pq_B-TC_B=[100-(q_A+q_B)]q_B-\frac{1}{2}q_B^2$$

從利潤函數中可以知道，為何寡占市場強調彼此依賴性，廠商 A 無法單獨決定利潤極大產量是多少，因為他不知道 B 廠商的產量。同理 B 廠商也無法單獨決定利潤極大產量，除非他事先知道 A 廠商產量是多少。因此如果兩家廠商都是跟隨者時，我們可以分別求出其反應函數。

雖然 A 廠商是跟隨者，但是 A 廠商還是在追求利潤極大，但是 A 廠商假設 B 廠商的產量 q_B 不變（此即為猜測變量為 0 的涵義），因此模型可以用數學表示如下：

$$\text{Max}\ \ \pi_A=Pq_A-TC_A=[100-(q_A+q_B)]q_A-\frac{1}{2}q_A^2$$

$$\text{s.t}\quad q_B=\text{constant}$$

透過一階導數得：

$$100-3q_A-q_B=0$$

也就是說只要 A 廠商產量滿足以上條件，A 廠商就可以決定利潤極大產量，但是由於 B 廠商產量多少，並不確定，所以 A 廠商只能按照 $q_A=\frac{100-q_B}{3}$ 來生產，因此 $q_A=\frac{100-q_B}{3}$ 就是 A 廠商的反應函數。

同理廠商 B 的反應函數可以表示如下：

$$\text{Max}\ \ \pi_B=Pq_B-TC_B=[100-(q_A+q_B)]q_B-\frac{1}{2}q_B^2$$

$$\text{s.t.}\quad q_A=\text{constant}$$

透過一階導數得 B 的反應函數必須滿足 $100-q_A-3q_B=0$，亦即 $q_B=\frac{100-q_A}{3}$ 為廠商 B 的反應函數。由以上說明可知，聯立解 A、B 兩廠商的反應函數可以求得 Cournot 均衡為 $(q_A, q_B)=(25, 25)$，所以市場總產量為 $Q=25+25=50$，因此市場價格為 $P=100-(25+25)=50$。

如果廠商 A 自認為是領導者，則 A 廠商無須有反應函數，但是廠商 A 還是要考量對手的行為，亦即在考量 B 廠商的反應函數之下追求自身利潤極大，如以下模型所示：

$$\text{Max} \quad \pi_A = Pq_A - TC_A = [100-(q_A+q_B)]q_A - \frac{1}{2}q_A^2$$

$$\text{s.t.} \quad q_B = \frac{100-q_A}{3}$$

此時 A 廠商的利潤為 $\pi_A = [100 - q_A - \frac{100-q_A}{3}]q_A - \frac{1}{2}q_A^2 = \frac{200}{3}q_A - \frac{7}{6}q_A^2$，$A$ 廠商為了獲得利潤極大，其一階條件為 $\frac{d\pi_A}{dq_A} = \frac{200}{3} - \frac{7}{3}q_A = 0,\ q_A = \frac{200}{7}$。將 A 廠商產量代入 B 廠商的反應函數，可得 B 廠商的產量 $q_B = \frac{500}{21}$，此即史達貝格均衡。

9.5 卡特爾模型 (Cartel model)

當寡占廠商從事價格競爭時，由貝德南模型可知，其下場十分的「悽慘」，因此有些情形寡占廠商為了避免流血競爭，反而透過集體協調彼此間的產量，以決定市場價格並且獲得聯合利潤極大，這樣就可以規避寡占市場廠商間會彼此競爭的現象，這就是典型卡特爾行為 (Cartel behavior) 的寡占模型。最著名卡特爾勾結例子就是石油輸出國家組織 (OPEC)，OPEC 透過產油國之間的協調，降低世界石油生產數量，刺激國際原油價格上漲，為 OPEC 創造超額的經濟利潤。

但是一般國際企業如果要像 OPEC 一樣，採取卡特爾定價策略，在實務上有兩個待克服的問題：

(1)許多國家都會有「反托拉斯法」的設立，其主要的目標在維持市場的公平競爭，因此卡特爾模型之定價策略可能會觸犯「反托拉斯法」而無法實施。

(2)如果卡特爾模型定價目標是要使得參與勾結廠商獲得聯合利潤極大，那麼我們必須事先了解每個廠商所面對市場需求曲線的資料以及每個廠商的正確成本資訊。但是，每一家廠商為了自己能夠獲得利潤極大，是否會提供正確資料不無疑問。

最後依照卡特爾模型之定價策略是否能夠長期維持均衡最讓學者所質疑，因為基本上卡特爾模型定價策略只是使得廠商獲得聯合利潤極大，而非個別廠商利潤極大。所以每家廠商都希望其他廠商都維持既定產量不變，而自己偷偷增產，以提高自身利潤，違背卡特爾規定。如果每一家廠商都偷跑，那麼卡特爾模型之定價策略如何維持長期均衡呢？最後卡特爾組織可能走向瓦解崩潰之途，所以 OPEC 無法維持長久均衡自有其經濟誘因。

9.6 拗折需求曲線模型

早在 1939 年經濟學家 Paul Sweezy 就建立拗折需求曲線 (kinked demand curve) 模型來解釋某些寡占市場的價格波動是非常穩定的。例如，進口車市場、化妝品市場、冷氣機市場等等，雖然需求或成本面有所波動，但是市場價格相對來講卻非常穩定。由於傳統供需理論告訴我們，當供需改變時，會影響到市場的均衡價格，顯然傳統廠商理論還是無法解釋此種現象。

為了說明寡占市場價格可能非常的穩定，Sweezy 作了以下的假設：

(1)所分析市場的價格已知，分別為售價等於 P_1，而市場的銷售量為 q_1。

(2)廠商為了某些目的，例如為了維持原先的顧客群，因此若某廠商降價，則其他廠商為了維持市場的占有率，會立刻跟著降價。但如果有某廠商提高價格，則其他廠商將不會跟進，即所謂跟跌不跟漲。

根據第二個假設，*A* 廠商所面對的假想曲線有兩條，如圖 9.6 所示，其中 *dd* 線表示其他廠商與 *A* 廠商作相同反應下 *A* 廠商所面對的需求曲線，即齊漲齊跌的情形，另外 *DD* 線表示其他廠商不會與 *A* 廠商作相同反應下 *A* 廠商所面臨的需求曲線。

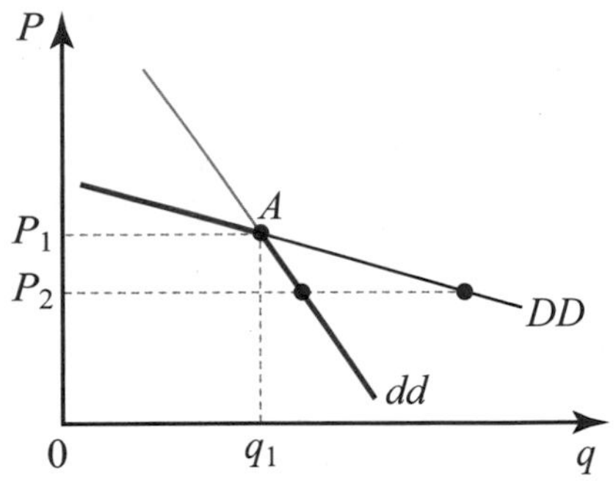

▲ 圖 9.6 拗折需求曲線

DD 線會比 *dd* 線平緩的原因在於，當價格下跌時，例如價格由 P_1 下降至 P_2 時，如果其他廠商不降價（即沿著 *DD* 線移動），則 *A* 廠商的銷售量將會增加比較多，反之如果其他廠商也跟著降價（即沿著 *dd* 線移動），*A* 廠商所增加的銷售量將會比較少。另外根據第一個假設，一開始市場價格為 P_1，市場的銷售量為 q_1，因此根據其他廠商跟跌特性，當 *A* 廠商試圖降低價格低於 P_1 時，*A* 廠商面臨的需求曲線將為 *dd* 線，但是若 *A* 廠商提高價格時，其他廠商不跟漲，所以 *A* 廠商面臨的需求曲線將為 *DD* 線，如圖 9.6 紅色粗線部分。

廠商雖然面臨拗折需求曲線，但是一樣希望追求利潤極大，因此根據圖 9.6 的需求曲線，首先必須求出廠商的邊際收益曲線，如圖 9.7 所示：

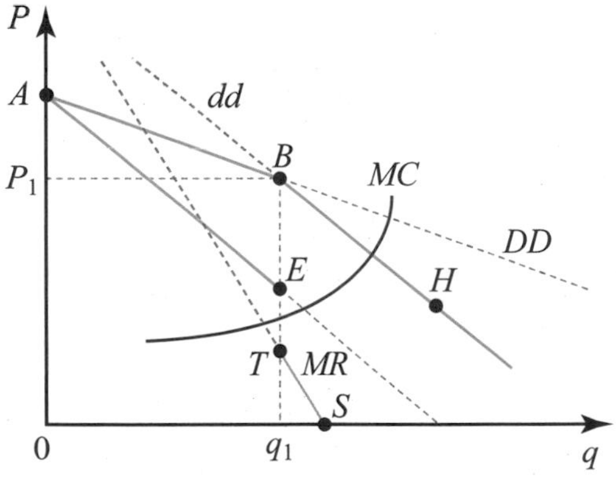

▲ 圖 9.7 拗折需求曲線模型的均衡

廠商面臨的拗折需求曲線為 *ABH* 線段，因此其他廠商不跟漲的 *AB* 需求曲線，其相對應的邊際收益曲線為 *AE* 線段，而其他廠商跟跌的 *BH* 需求曲線，其對應的

MR 線為 TS，剛好在 q_1 形成缺口。如果此時廠商的邊際成本曲線恰好通過此缺口，廠商利潤極大產量將為 q_1，定價為 P_1。

透過圖 9.7，我們可以了解寡占市場價格僵固的可能原因，從成本面角度，若廠商的成本些微的增加，將不會影響市場價格與產量，如圖 9.8 所示：

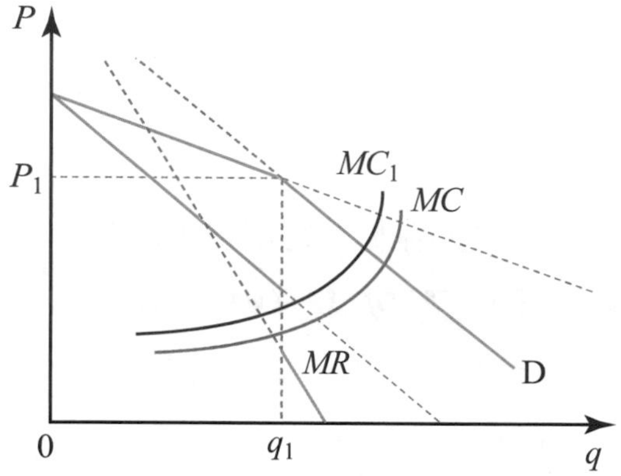

▲ 圖 9.8　成本變動對拗折需求廠商的影響

如果廠商的邊際成本增加幅度不大，使得 MC 曲線上移至 MC_1，此時 MC_1 曲線依然與 MR 線交於缺口的部分，因此廠商的最適產量依然為 q_1，定價仍然為 P_1，並沒有任何的變動，所以拗折需求曲線模型可以解釋為何某些寡占市場價格是穩定的。

範例

一、歐洲進口車價

2000 年時，歐元對新臺幣開始升值，從 29.5 元到飆破 40 元，對國內歐洲進口品造成很大的影響，尤其是歐洲汽車。當歐元從 29.5 元漲到 32 元時，歐洲車的進口成本已經大幅上漲，可是這些代理商還是咬牙苦撐，硬是不漲價，如同本模型所預測的。但是，歐元持續上漲的結果，歐洲車還是上漲了。

9.7 獨占性競爭市場

完全競爭市場中由於同質假設，使得個別廠商無須從事任何競爭，但是不同廠商生產的財貨會完全同質的機會實在太小了，一直到秦柏林 (Chamberlin) 及羅賓生 (Robinson) 提出介於完全競爭與獨占間的市場結構（即獨占性競爭市場，market structure of monopolistic competition）之後，才讓學者對於不同市場結構有更深一層的了解，因為獨占性競爭市場同時兼具獨占與完全競爭的特性。

獨占性競爭市場的特性

依照 Chamberlin 模型，獨占性競爭市場具有以下的特性：

一、該產業的廠商數目與消費者很多

當獨占性競爭市場的廠商數目很多，意味著每一家廠商所生產的數量占市場的比例非常低，因此每一家廠商決策改變並不會引起其他廠商的注意與反應。

二、產品相似卻異質

獨占性競爭市場與完全競爭及獨占市場的差異在於獨占性競爭市場假設該產業的產品允許具有產品差異性 (product differentiation)，且消費者對這些異質商品各有其偏好（亦即一般所稱的忠誠度），因此在某些方面而言，獨占性競爭市場的廠商具有價格決定能力，亦即個別廠商所面對的需求曲線為負斜率。所以在獨占性競爭市場假設之下，生產者在市場扮演的角色或許並不重要，但藉由產品的異質性使得廠商擁有某種程度的獨占地位。

但是何謂產品的異質性？在完全競爭一章中我們已經提及只要這兩種商品在消費者主觀上有所差異，就代表著發生產品差異，例如只要包裝或商標等一些微小不同都會產生差異，以統一所生產的「科學麵」系列為例，其型式有好幾種，但是小朋友就只喜歡科學麵，此時就造成產品的差異。

當然創造產品的差異方法很多，例如透過廣告策略來提高消費者的「品牌忠誠度」，或者透過品質改善提高保固年限，都可以在消費者主觀上造成差異，引起產品的差異性。但是廠商透過產品差異來提高市場占有率通常都會伴隨著成本的增加，因此除非廠商能夠確定產品差異性所帶來收益的增量超過其成本的增量，廠商並不會盲目去創造產品差異所帶來的獨占力。

三、廠商長期可以自由進出

雖然獨占性競爭廠商具有決定價格能力，但是該廠商的獨占地位卻無法遏止潛在競爭廠商加入該產業的競爭，這也就是說明獨占性競爭廠商角色具有獨占與完全競爭市場的特性。既然獨占性競爭長期可以自由進出，所以只要有超額的經濟利潤，新廠商就會進入市場生產，導致原有廠商的顧客群被瓜分，使得利潤減少，直至超額的經濟利潤為 0。

獨占性競爭市場的短期均衡

對獨占性競爭廠商而言，我們依然假設他在追求利潤極大，因此產量依然決定於邊際收益等於邊際成本，所以要知道獨占性競爭均衡條件，首先必須知道個別廠商所面對的需求曲線，才有辦法求出廠商的邊際收益曲線。

Chamberlin 假設獨占性競爭市場中的個別廠商平均瓜分市場的總需求，亦即個別廠商所面對的需求為 $d_i = \frac{D}{n}$，其中 D 表示市場的總需求，而 n 表示廠商的數目。如圖 9.9 所示：

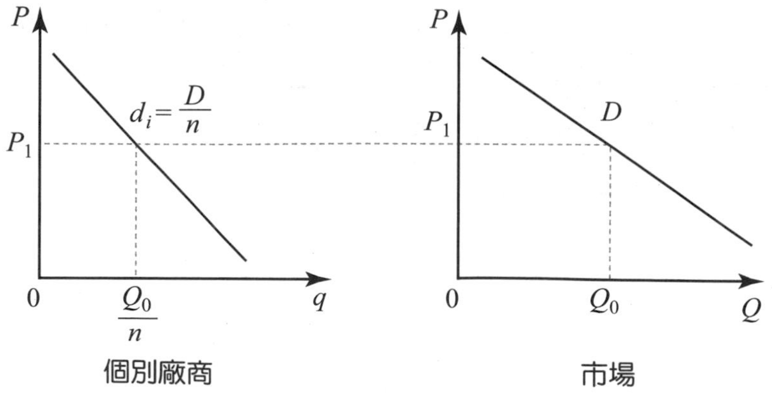

▲ 圖 9.9　個別廠商的需求曲線

假設市場價格為 P_1，市場的需求量為 Q_0，此時消費者對個別廠商的需求量為 $\frac{Q_0}{n}$，根據圖 9.9 可知個別廠商所面對的需求曲線斜率為負，此原因在於獨占性競爭市場的產品為異質，因此個別廠商對價格有決定的能力，而非市場價格接受者。

既然個別廠商所面對的需求曲線為 $d_i = \frac{D}{n}$，因此我們可以求出其對應的邊際收益曲線 MR，進而導出最適產量 q^* 與定價 P^*，如圖 9.10 所示：

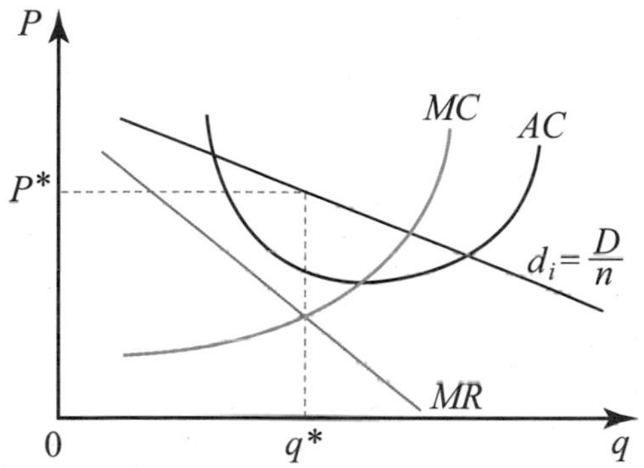

▲ 圖 9.10　獨占性競爭廠商的短期均衡

從圖 9.10 可知，獨占性競爭市場個別廠商均衡的條件與獨占市場相同，即：

(1) $MR = MC$　（利潤極大一階條件）

(2) $MR' < MC'$　（利潤極大二階條件）

(3) $P \geqslant AVC$　（廠商繼續生產條件）

短期內由於廠商數目固定，因此在給定市場需求曲線 D 之下，獨占性廠商依照 D/n 可以求得 MR 曲線，此時 $MR = MC$ 可以決定最大利潤的產量 q^* 及價格 P^*。其意義與獨占廠商相同，在此不再贅述。

獨占性競爭市場的長期均衡

由於獨占性競爭市場的廠商在長期可以自由進出，因此若廠商有超額的經濟利潤，則將吸引新廠商加入，反之若有虧損，則廠商會退出生產，長期時，透過廠商數目調整，長期獨占性競爭產業的個別廠商將無超額的經濟利潤，這種特性也就是獨占性競爭市場結構的「競爭」屬性。所以總結獨占性競爭產業的長期均衡條件包括：

(1) $MR = LMC$ （廠商在追求利潤極大）

(2) $P = LAC$ （透過廠商數目調整使得個別廠商無超額的經濟利潤）

圖 9.11 顯示在 $d_i = \frac{D}{n}$ 之下，依照 $MR_0 = MC$ 決定最適產量與價格分別為 q^* 與 P^*，此時個別廠商擁有超額的經濟利潤，因此在長期下將吸引新廠商加入，使得個別廠商所能「分到」的需求減少，因此廠商數目增加，將使個別廠商所面對的需求曲線持續的左移至 $\bar{d}$，如圖 9.11 所示：

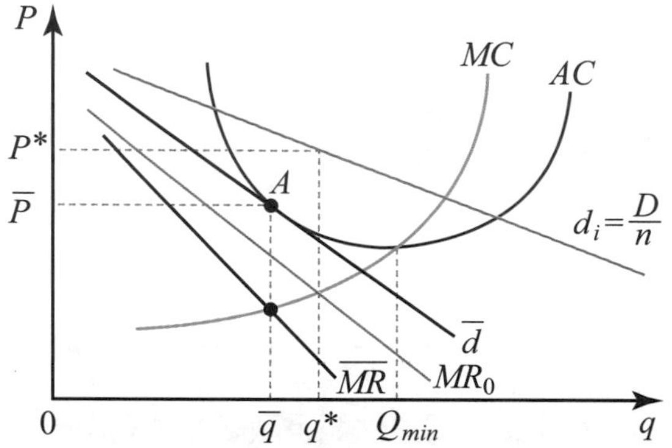

▲ 圖 9.11　獨占性產業長期均衡條件

此時個別廠商的邊際收益曲線將由 MR_0 左移至 $\overline{MR}$，而 $MC = \overline{MR}$ 所決定利潤極大產量 $\bar{q}$，市場定價為 $\bar{P}$ 剛好與平均成本曲線相切，表示 $P = AC$，廠商的超額經濟利潤為 0，因此達到長期均衡。

獨占性競爭產業的評價

從圖 9.11 可知，獨占性競爭產業雖然有「獨占力」，但是長期卻沒有經濟利潤，這點與完全競爭產業相似。但是細觀其均衡的特性卻有明顯不同。依照完全競爭廠商長期均衡條件可知，個別廠商會生產到平均成本最低點，如圖 9.11 之 Q_{min} 的產量，亦即完全競爭廠商會以最有效率方式來生產。但是獨占性競爭產業廠商並沒有生產到 AC 最低點，如圖 9.11 之 A 點，此時 $\bar{q} < Q_{min}$，此原因在於獨占性競爭產業的廠商具有些許的獨占力，使他所面對的需求曲線為負斜率所致。

由於獨占性競爭廠商沒有在 AC 最低點生產，因此經濟學家定義 $Q_{min} - \bar{q}$ 的差額為超額能量 (excess capacity)，代表著獨占性競爭廠商由於競相創造產品差異性來鞏固消費族群，卻由於這種獨占力帶來超額經濟利潤，而吸引過多新廠商加入，導致廠商無法充分利用生產資源的效率，形成超額能量。

但是我們也不可以說完全競爭一定比獨占性競爭產業來得好，其原因在於獨占性競爭產業的廠商所生產的財貨具有異質性，由於產品異質，因此可以滿足不同消費者的偏好，擴大消費者可以選擇的空間，因此可以提高人民的效用，所以我們可以將超額產量視為是擴大消費者對產品選擇空間的一項機會成本。

範例

二、為何許多餐廳的位子是空的？

臺灣許多都市的大街小巷如臺北的永康街或者臺中的精誠路都會有許多的小餐廳，每一家都有其「獨門菜」在吸引特定的消費族群。這些餐廳同樣面臨競爭的環境，因為有太多的餐廳在競爭，但是或多或少都有獨占力，因為總有一些死忠的顧客。但是這些餐廳大部分的時間並沒有高朋滿座，因為他是屬於獨占性競爭產業，雖然有超額能量，但是消費者效用顯然會比所有餐廳都提供相同排骨飯來得高。

9.8 賽局理論簡介

我們雖然已經討論早期寡占的理論，但是這些理論有一個相當嚴格的限制，就是幾乎假設對手的策略不變，但是寡占市場主要的特性就是由少數幾家廠商構成，廠商的行為彼此相互依賴，如果假設對手策略不變，那就失去了寡占廠商之所以「迷人」的地方。

因此近二十年來，經濟學家開始研究賽局理論 (game theory)，由於賽局理論專門探討「少數幾人」彼此競爭或者合作下達到均衡狀態的一門理論，因此可以透過賽局理論所發展的「觀念解」(solution concept) 告訴我們在相互依賴的關係下，如何做出理性的反應。

賽局組成單元

一個完整賽局的描述，最起碼要包含幾個元素，一為決策者 (player)，也就是指誰在玩賽局，例如電視機市場中 SONY、聲寶公司等就是決策者。二為行動 (action)，也就是供決策者的可行選擇有哪些？例如 SONY 可以採用勾結定價策略或者採用割喉式定價。三為出招的順序 (order of play)，指所有決策者同時出招，或者有出招的先後次序。四為報償 (payoff)，當賽局結束時，每一個決策者得到的最後結果。

優勢策略均衡

優勢策略意味著不管對手怎麼出招，我只要出 i 策略所得的報償比我出其他的策略都來得好的話，那麼 i 就是我的優勢策略。如果每個人都出優勢策略，那麼這些策略組合就構成優勢策略均衡 (dominant strategy equilibrium)。如表 9.1 所示：

▼ 表 9.1　優勢策略均衡

		小林	
		承認	不承認
小王	承認	(−5, −5)	(0, −10)
	不承認	(−10, 0)	(−1, −1)

假設小王與小林在外面偷竊機車被逮，警察分別隔離偵訊並提出以上的懲罰表。如果小林承認犯罪而小王不承認，那麼警察會認為小王知錯不改無法原諒，因此要求小王判刑 10 年，而小林知過能改，無罪釋放。因此報酬值 (a, b) 中，a 是小王的報酬，b 是小林的報酬。

小王一看處罰表，發現有下列結果：

(1)如果小林承認，則小王承認判 5 年優於不承認判 10 年。

(2)如果小林不承認，則小王承認無罪釋放優於不承認判 1 年。

因此小王認為既然不管小林怎麼出，小王永遠出承認策略比不承認策略來得好，因此小王必出承認。同理，小林也必出承認，所以（承認，承認）為此賽局的優勢均衡解。

範例

三、污點證人

現實社會中優勢均衡觀點隨處可見，例如早期高雄市議長賄選案，當時檢察官分別隔離偵訊，凡是承認賄選者，一律緩起訴。若拒絕承認賄選，但是被檢察官查到具體事證的話將被處以重刑，結果大部分的議員都承認了。這些議員明明都知道不承認比較好，但是個人理性最終戰勝集體理性，說明優勢均衡的確可以應用在污點證人制度上。

聶許均衡解 (Nash equilibrium)

雖然優勢策略均衡的概念非常的清楚，但是它最大的缺點就是很少有賽局存在優勢策略均衡，因此 Nash 隨之提出 Nash 均衡的概念擴大賽局觀念解。

Nash 均衡：若 (a_i^*, b_j^*) 為 A, B 二人的 Nash 均衡，則 (a_i^*, b_j^*) 必須滿足以下兩個條件：

(1)當 B 選擇 b_j^* 策略不變之下，a_i^* 為 A 的最佳選擇。

(2)當 A 選擇 a_i^* 策略不變之下，b_j^* 為 B 的最佳選擇。

因此根據 Nash 均衡的觀點，其經濟直覺為其他人均衡策略不變的情況下，所有的決策者都沒有動機去改變他目前的策略就稱之為均衡。

以表 9.1 所示，為什麼小王與小林分別出（不承認，不承認）不是 Nash 均衡呢？因為如果小王出不承認，則小林的最佳選擇為承認，不承認並不是小林的最佳選擇，因此（不承認，不承認）非 Nash 均衡。那為何（承認，承認）是 Nash 均衡解？因為如果小林出承認，承認（判 5 年）是小王的最佳選擇（因不承認將被判 10 年）。反之如果小王出承認，承認（判 5 年）是小林的最佳選擇（因不承認將被判 10 年），因此通過 Nash 均衡的檢驗。

範例

四、Downs 的政黨政治模型

公共經濟學中有一個非常重要的理論：Downs 的政黨政治模型。Downs 模型預測政黨間的政策主張會非常接近，其實這個結論可以利用聶許均衡觀念加以解釋。假設臺灣的政治光譜是介於（0，1）之間的均勻分配，0 代表極端主張獨立者，而 1 表示極端主張統一者，選民要投國民黨還是民進黨完全視政黨的主張與自己主張的「距離」來決定。一開始民進黨旗幟鮮明主張 0（獨立），而國民黨主張 1（統一），此時會是毐許均衡嗎？顯然不會！因為國民黨主張只要移往 1/2 的位置，此時（1/2，1）的選民都會投國民黨，不只如此，介於（1/4，1/2）的選民也會投國民黨，所以國民黨輕鬆獲勝。當然民進黨也不是笨蛋，他的政策主張也會移往 1/2 位置，直到最後民進黨主張維持現狀，國民黨主張不統不武，選民可以區別他們的不同嗎？

重要名詞

- 寡占 (oligopoly)
- 相互依賴性 (mutual interdependence, oligopolistic interdependence)
- 市場集中度 (market concentration ratio)
- 賀芬達指標 (Herfindahl index)
- 同質寡占 (homogeneous oligopoly)
- 異質寡占 (hetergeneous oligopoly)
- 古諾模型 (Cournot model)
- 雙占市場 (duopoly)
- 數量猜測變量 (quantity conjectural model)
- 反應函數 (reaction function)
- 領導者 (leader)
- 跟隨者 (follower)
- Cournot 均衡 (Cournot equilibrium)
- 貝德南模型 (Bertrand model)
- 價格猜測變量 (price conjectural model)
- 史達貝格模型 (Stackelberg model)
- 卡特爾模型 (cartel model)
- 卡特爾行為 (Cartel behavior)
- 石油輸出國家組織 (OPEC)
- 拗折需求曲線 (kinked demand curve)
- 獨占性競爭市場 (monopolistic competition)
- 產品差異性 (product differentiation)
- 超額能量 (excess capacity)
- 賽局理論 (game theory)
- 觀念解 (solution concept)
- 決策者 (player)
- 行動 (action)
- 出招的順序 (order of play)
- 報償 (payoff)
- 優勢策略均衡 (dominant strategy equilibrium)
- 毐許均衡解 (Nash equilibrium)

摘要

★ 1.寡占廠商的特徵如下：(1)寡占產業的廠商數目不多，(2)個別消費者為市場價格接受者並且為完全訊息，(3)寡占廠商短期有進入障礙，而長期進入困難，(4)寡占廠商可能生產同質或異質的產品。

★ 2.寡占市場最重要的特徵為廠商彼此間的相互依賴性。

★ 3.賀芬達為了衡量市場集中度，定義 Herfindahl 指標公式如下：$H = s_1^2 + s_2^2 + \cdots + s_n^2$，其中 s_i 代表第 i 個廠商產量占市場產量的比例，很明顯 $0 < H < 1$。一般來講 Herfindahl 指標越大，表示該市場由「少數」廠商在掌控。

★ 4.反應函數指自己「認為對手」產量不受到自己產量變動的影響之下，在面臨對手各種不同產量下能夠使自己獲得最大利潤的各種產量組合。

★ 5. Cournot 假設數量猜測變量為 0，亦即 A 廠商自以為偷偷改變最適產量並不會引起 B 廠商的注意，因此 B 廠商的產量不變，即 $\frac{\partial q_B}{\partial q_A} = 0$，同理 B 也有此想法，即 $\frac{\partial q_A}{\partial q_B} = 0$。

★ 6. Stackelberg 認為寡占廠商並不是全為同質，有些廠商非常狡猾（即領導廠商），而有些廠商非常單純（為跟隨者）。跟隨者依照 Cournot 的特性，假設對方產量不變，尋找使其本身利潤極大的產量，也就是說跟隨者無法單獨決定利潤極大產量，必須視對手產量多寡再來決定自己的利潤極大產量，因此跟隨者必有反應函數。領導者認為跟隨者會「跟隨」他的行為，因此他會根據跟隨者的反應函數求取使得本身利潤極大的產量，也就是說，在充分考量對手的可能反應之後，領導者可以決定自己的利潤極大產量。

★ 7.寡占廠商為了避免流血競爭，透過集體協調彼此間的產量，以決定市場價格並且獲得聯合利潤極大，這就是典型卡特爾行為的寡占模型。

★ 8.廠商為了某些目的，例如為了維持原先的顧客群，因此若某廠商降價，則其也會立刻跟著降價；但如果有某廠商提高價格，則其他廠商將不會跟進，即所謂跟跌不跟漲，此為拗折需求曲線模型最重要的假設。

★ 9.獨占性競爭市場具有以下的特性：(1)該產業的廠商數目與消費者很多，(2)產品相似卻異質，(3)廠商長期可以自由進出。

★ 10.超額能量代表著獨占性競爭廠商由於競相創造產品差異性來鞏固消費族群，卻由於這種獨占力帶來超額經濟利潤，而吸引過多新廠商加入，導致廠商無法充分利用生產資源的效率，形成超額能量。

★ 11.優勢策略意味著不管對手怎麼出招，我只要出 i 策略所得的報償比我出其他的策略都來得好的話，那麼 i 就是我的優勢策略。如果每個人都出優勢策略，那麼這些策略組合就構成優勢策略均衡。

★ 12.畾許均衡：若 (a_i^*, b_j^*) 為 A, B 二人的 Nash 均衡，則 (a_i^*, b_j^*) 必須滿足以下兩個條件：

(1)當 B 選擇 b_j^* 策略不變之下，a_i^* 為 A 的最佳選擇。

(2)當 A 選擇 a_i^* 策略不變之下，b_j^* 為 B 的最佳選擇。

習題

1. 試述寡占廠商的特性為何？
2. 您認為從事數量競爭與價格競爭何者較為激烈？
3. 哪些產業經常利用數量競爭？哪些產業較經常利用價格競爭？
4. 最近幾年歐元大幅升值，可是歐洲的進口車價格並沒有大漲，試利用拗折需求曲線模型加以解釋。
5. 試說明為何 Cartel 不易持久的原因？
6. 試比較獨占與獨占性競爭市場結構。
7. 以下策略矩陣說明 A、B 廠商研發經費投入對未來營收的影響，試求以下賽局的均衡解：

B 廠商

A 廠商		低預算	高預算
	低預算	(400, 400)	(0, 700)
	高預算	(350, 0)	(200, 300)

8. 若比鄰而居的兩家加油站進行價格戰，左家定價一律照右家價格打 95 折，而右家定價一定比左家價格便宜 1 元，如果兩家加油站的 MC 假設均為零，則兩家的均衡價格為何？
9. 保護野生動物對大家都好，但是為什麼野生動物最後都會絕跡？為何人人都不喜歡垃圾滿地，但是自私的人們卻還是會亂丟垃圾？

Note

第 10 章

生產要素的需求

一個最簡單的經濟體系包括家計部門（household，即消費者）與廠商部門（即生產者），每一個部門同時扮演兩個角色，以消費者而言，在商品市場購買廠商所生產的財貨，因此為財貨的「需求者」，同時，廠商部門生產消費者所需的財貨，因此為產品的「供給者」，在前面章節中，我們所討論的需求與供給行為就是建立在這一種型態上。

但是消費者與生產者還有另一種角色，對消費者而言，如果要購買財貨滿足自己的慾望，必須擁有「所得」，因此他必須努力「賺錢」，但是如何賺錢？此時他必須提供自己的勞動力，因此在勞動市場上消費者就是勞動的供給者。反之廠商要生產財貨，一定要雇用勞動要素，此時在勞動市場上是生產要素的需求者。所以在經濟體系中，任何一個分子都會在不同市場同時扮演著供給與需求者的角色。

雖然家計部門在產品市場與要素市場扮演的角色不同，但是消費者只有一個目標，那就是追求自身效用極大，為了自身效用極大，他會選擇一個最適工作時間（或休閒時間），並且在產品市場上選擇一個使自己效用極大的購買組合。同理，廠商不管在產品市場或者在要素市場上，也是只有一個目標，那就是追求利潤極大，因此在產品市場上廠商必須決定利潤極大產量與價格，當產量一經決定之後，就要選擇一要素組合使得生產成本達到極小，此時廠商在要素市場上對勞動要素就有需求，這種需求有別於消費者對最終財貨的需求，我們稱之為引申需求 (derived demand)。

因此在要素市場上分別存在要素供給曲線與要素需求曲線，供需雙方折衷的結果就可以得到要素均衡的雇用價格，這個要素均衡價格與產品市場價格一樣都會受到市場結構的影響，導致要素供給者被「剝削」，就如同在獨占市場中消費者被獨占廠商「敲詐」一樣。但是透過要素市場分析，我們進一步可以了解每一種生產要素應得分額是多少？又影響應得分額的因素有哪些？

10.1 生產要素收入與成本

在生產函數一章中，我們假設廠商的生產函數為 $Q=f(L, K)$，其中 L 為勞動要素，K 為資本要素。廠商之所以對 L, K 發生需求，原因在於雇用該要素來生產可以使廠商獲得極大利潤，所以要素邊際生產力大小對廠商要素雇用量將有顯著的影響。因此為了決定廠商要素最適雇用量，我們首先必須對生產要素帶給廠商「貢獻」的觀念作說明。

ARP_L、VMP_L 與 MRP_L

廠商理論告訴我們，當廠商增產導致收入增加的速度（即 MR）大於成本增加的速度（即 MC）時，廠商會增產，直至 $MR=MC$ 為止。同理，廠商要決定最適勞動雇用量多少，一樣要衡量勞動對廠商的貢獻，亦即當廠商多增加一單位勞動雇用量能夠使廠商收入增加的額度，這就是所謂的勞動邊際生產收入 (marginal revenue product of labor, MRP_L)。

MRP_L 指當廠商增加一單位勞動的雇用量時，帶給廠商的邊際收益，亦即 $MRP_L=\dfrac{\Delta TR}{\Delta L}$。根據 MRP_L 定義，我們可以得到

$$MRP_L=\frac{\Delta TR}{\Delta Q}\times\frac{\Delta Q}{\Delta L}=MR\times MP_L$$

所以勞動邊際生產收入等於勞動邊際生產力與邊際收益的乘積。

從勞動邊際生產收入的定義可知，MRP_L 為勞動帶給廠商的真正貢獻值，因此廠商在衡量要不要雇用這一單位勞動要素時將視 MRP_L 大小而定，如果 MRP_L 大於廠商雇用該單位要素的機會成本，則廠商將樂意增加勞動雇用量，反之如果 MRP_L 低於廠商雇用該單位要素的機會成本，廠商將會減少勞動的雇用量，所以廠商的勞動需求曲線將會依照 MRP_L 曲線來決定勞動的最適雇用量。

除了 MRP_L 之外，衡量勞動對社會的真正貢獻值，即勞動的邊際產值 (value of marginal product, VMP_L) 定義為 $VMP_L=P\times MP_L$，從 $MRP_L=MR\times MP_L$ 可知，如果

產品市場為完全競爭，則 $P=MR$，因此 $VMP_L=MRP_L$。但是如果產品市場為不完全競爭市場，則 $MR<P$，所以 MRP_L 曲線將位於 VMP_L 曲線的下方，表示在不完全競爭市場下，勞動對社會的貢獻值將大於對廠商的貢獻值，如圖 10.1 所示：

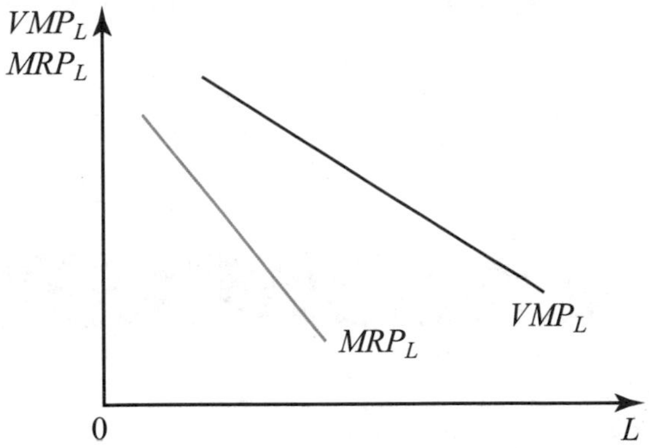

▲ 圖 10.1 VMP_L 與 MRP_L 之關係

在廠商理論中我們曾經討論到廠商的平均收益 (Average Rerenue, AR)，即指廠商平均生產一單位產量的收入 ($\frac{TR}{Q}$)，同理我們也可以定義勞動的平均生產收益 (Average Product Revenue, ARP_L) 為每一單位勞動帶給廠商的平均收益，即：

$$ARP_L=\frac{TR}{L}$$

由於 $ARP_L=\frac{TR}{L}=\frac{TR}{Q}\times\frac{Q}{L}=AR\times AP_L=P\times AP_L$，所以 ARP_L 與 VMP_L 大小關係不一定，當 AP_L 遞增時（即 $MP_L>AP_L$），$ARP_L<VMP_L$，反之如果 AP_L 遞減時（即 $MP_L<AP_L$），$ARP_L>VMP_L$，因此 VMP_L 與 ARP_L 關係如圖 10.2 所示：

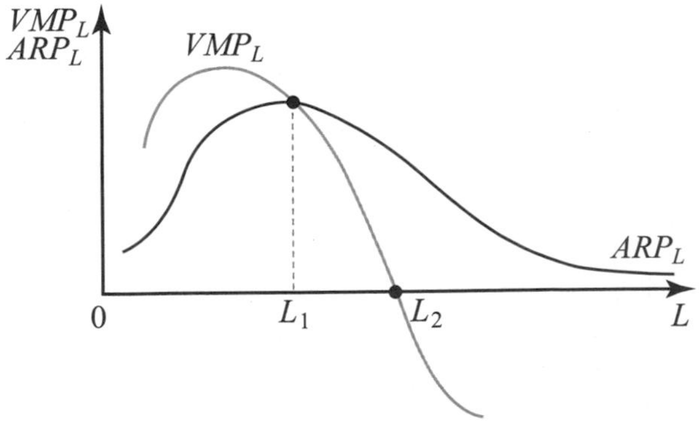

▲ 圖 10.2 VMP_L 與 ARP_L 之關係

圖 10.2 對廠商的勞動需求有密切的關係，在完全競爭產品市場假設之下，$P = MR = AR$，因此廠商的 MRP_L 曲線與 VMP_L 曲線重合，此時廠商是否願意雇用少於 L_1 的勞動量呢？利用生產三階段概念，廠商生產合理區將位於第二階段才能充分利用勞動與資本要素資源，因此廠商最適勞動雇用量將介於 L_1 與 L_2 之間。

範例

一、試完成下表

L（勞動）	Q（產量）	P（物價）	MP_L	TR	MRP_L	VMP_L	ARP_L
1	8	10					
2	12	8					
3	15	6					

解：

L（勞動）	Q（產量）	P（物價）	MP_L	TR	MRP_L	VMP_L	ARP_L
1	8	10	8	80	80	80	80
2	12	8	4	96	16	32	48
3	15	6	3	90	−6	18	30

MFC_L 與 AFC_L

前一小節主要討論勞動對廠商的貢獻，但是廠商雇用勞動時不只有考慮勞動的勞動邊際生產收入，還必須考慮雇用勞動的機會成本。就如同邊際成本觀念一樣，我們定義勞動的邊際要素成本 (marginal factor cost, MFC_L) 為：

$$MFC_L = \frac{\Delta TC}{\Delta L}$$

即 MFC_L 指衡量廠商多雇用一單位勞動導致廠商生產成本增加的速度。化簡 $MFC_L = \frac{\Delta TC}{\Delta L} = \frac{\Delta TC}{\Delta Q} \times \frac{\Delta Q}{\Delta L} = MC \times MP_L$。

另外我們也可以定義廠商勞動平均要素成本 (average fix factor cost, AFC_L) 為平均每雇用一單位勞動所必須支付的成本，即：

$$AFC_L = \frac{TVC}{L} = \frac{WL}{L} = W$$

AFC_L 又稱為要素的供給曲線。讀者一定存在一個困惑，到底市場均衡工資會不會等於廠商的邊際要素成本 MFC_L，答案明顯是不一定的。就如同在獨占廠商討論到，廠商的邊際收益會低於市場價格一般，除非市場的均衡工資為一常數，否則一般來講廠商的 MFC_L 通常會大於市場的工資水準。原因在於當工資會隨著雇用量增加而提高時，廠商多雇用一單位勞動不僅要支付更多工資給這一單位的勞動，連之前雇用的勞動都必須「同時」加薪，使得廠商成本大增。以數學觀點更加清楚：

$$MFC_L = \frac{dTC}{dL} = \frac{d(W \times L)}{dL} = \frac{W \cdot dL + L \cdot dW}{dL} = W + L\frac{dW}{dL}$$

當工資隨勞動雇用增加而提高時，$\frac{dW}{dL} > 0$，因此 $MFC_L > W$。

因此若個別廠商為工資接受者，此時對廠商而言其 $W = MFC_L$，如圖 10.3 所示：

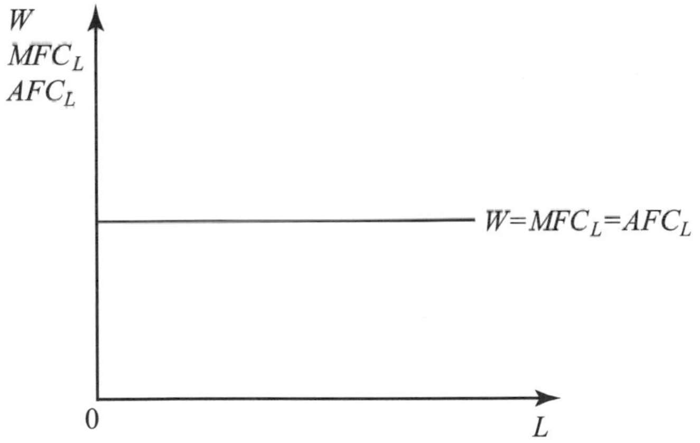

▲ 圖 10.3 要素市場為完全競爭之 MFC_L

反之如果廠商面對的勞動供給為正斜率，則個別廠商所面對的 MFC_L 斜率將大於勞動的供給曲線，如圖 10.4 所示：

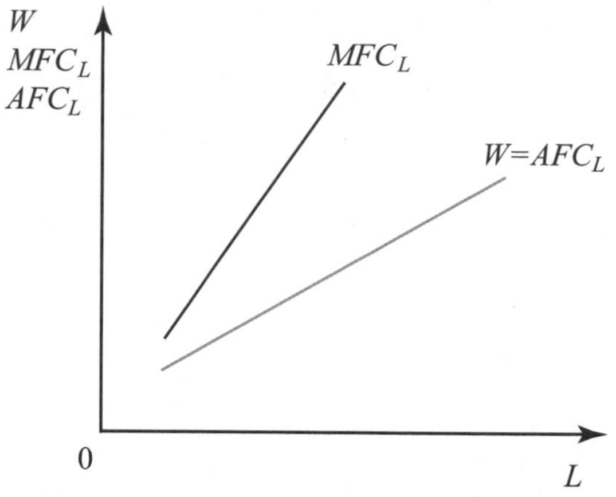

▲ 圖 10.4　要素市場為不完全競爭時之 MFC_L

範例

二、MFC 與 AFC

假設勞動工資、投入、與產量之間關係如下，請完成下表：

W	L	Q	TC	MFC_L	AFC_L
1	1	10			
2	2	18			
3	3	24			
4	4	29			

解：

W	L	Q	TC	MFC_L	AFC_L
1	1	10	1	1	1
2	2	18	4	3	2
3	3	24	9	5	3
4	4	29	16	7	4

10.2 廠商最適雇用條件

了解廠商的「供需」之後，我們就可以探討廠商最適雇用勞動的條件，記得 MRP_L 在衡量當勞動雇用量增加導致廠商收入增加的速度，反之 MFC_L 為衡量因雇用勞動量增加而導致廠商成本增加的速度。因此若廠商收入增加的速度大於成本增加的速度，廠商會增加勞動雇用量，反之若廠商收入增加的速度小於成本增加的速度，廠商會減少勞動雇用量，唯有廠商收入增加的速度等於成本增加的速度時才有可能達到均衡。因此廠商雇用勞動最適條件為：

$$MRP_L = MFC_L$$

事實上廠商雇用勞動最適條件與廠商生產最適產量的條件是一致的，由於

$$MRP_L = MR \times MP_L = MC \times MP_L = MFC_L$$

化簡得：

$$MR = MC$$

因此滿足廠商追求利潤極大的一階條件。

範例

三、便宜又大碗

台積電號稱臺灣的「護國神山」企業，其晶圓代工產值超越世界總產值的 50%，名列世界第一，從 Apple 手機晶片、超微 CPU 到 5G 應用晶片，幾乎都是「Made in 台積電」，當然台積電的成功除了要歸功於創辦人張忠謀先生睿智的企業政策之外，另外就是台積電的工程師，台積電工程師研發能力強又耐操（MRP 高），但是拿到的薪水在世界高科技產業是相對低的（MFC 低），是標準的便宜（MFC 低）又大碗（MRP 高）的工程師。

另外最近幾年臺灣廠商在中國的投資規模日益縮減，其中原因除了中美貿易戰之外，還包括中國為了保護勞工實施的五險一金的社會保險政策，導致臺灣廠商發現雇用中國勞工成本大幅增加（MFC 提高），因此到中國投資就不會覺得划算 (MRP < MFC) 而撤資。

完全競爭下廠商勞動需求曲線

當勞動市場為完全競爭市場，個別廠商對市場工資將無影響力，因此個別廠商將為市場工資接受者，所以個別廠商所面臨的工資水準將為一常數。如圖 10.5 所示：

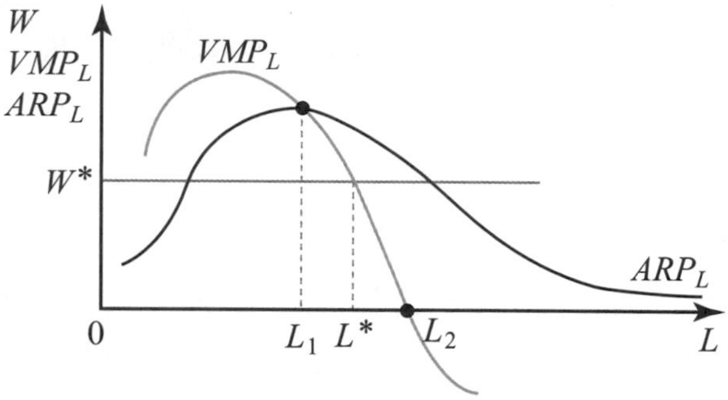

▲ 圖 10.5　廠商勞動需求曲線

若市場工資水準為 W^*，廠商雇用量低於 L^*，由於 $MRP_L > W$，表示廠商雇用該邊際勞動生產在產品市場所得邊際收益大於雇用該邊際勞動的工資率，因此廠商願意增加雇用量至 L^* 為止。顯然在不同的工資下，廠商會依循著 VMP_L 曲線雇用其所需的勞動量，所以 VMP_L 為廠商的勞動需求曲線。

在完全競爭市場一章中我們曾經提及，廠商願意繼續生產的條件為 $P \geq AVC$ 最低點，亦即：

$$TR \geq TVC = wL$$

因此 $w \leq \frac{TR}{L} = ARP_L$，亦即廠商將雇用勞動量大於 L_1 才符合「效益」，其經濟意義在於廠商所雇用勞動的勞動邊際生產收入（在完全競爭市場下 $MRP_L = VMP_L$）若低於其雇用要素的機會成本，表示廠商的變動成本高於廠商的收益，廠商當然不會繼續生產。所以廠商的勞動需求曲線 (firm's short-run demand for labor) 為 ARP_L 曲線最高點以下，VMP_L 曲線部分。

影響廠商短期勞動需求的因素

由於廠商的勞動需求曲線主要受到 $VMP_L = P \times MP_L$ 的影響，因此凡是會影響到 VMP_L 的因素，都會導致勞動需求發生改變。

1. 產品市場價格

當市場價格 P 上漲時，隱含人民對此產品需求增加，因此廠商會增產，進而勞動需求增加，透過 $VMP_L = P \times MP_L$ 可以得知 P 上漲，VMP_L 增加，因此勞動需求增加。

2. 生產規模擴大（即 K 增加）

生產規模擴大，對勞動需求影響是不確定，若勞動與資本是生產上的替代要素，即俗稱「機器取代人力」，則規模擴大結果反而使勞動需求減少。反之如果資本與人力屬於勞動互補品，則機器增加需要更多的人力來操作，此時勞動需求反而會增加。

3. 生產技術進步

若技術進步，代表著 MP_L 提高，因此勞動需求增加。

影響廠商勞動需求彈性的因素

廠商勞動需求彈性 (elasticity of labor demand) 指廠商勞動需求量到底容不容易受到工資的影響，若廠商勞動需求量很容易受到工資的影響，代表著勞動需求彈性大，反之代表著勞動需求彈性小。即勞動需求彈性定義為：

$$\varepsilon_W = -\frac{\frac{\Delta L^d}{L^d}}{\frac{\Delta W}{W}}$$

表示當工資變動百分之一導致勞動需求量變動的百分比。而影響勞動需求彈性大小的因素包括：

1. 產品的需求價格彈性

若產品市場的需求彈性很大，則當工資下跌時，一般情況將使生產成本下跌，產品供給會增加，刺激市場價格下跌，若產品需求彈性大，將引起產品需求量大幅增加，導致廠商對勞動需求大幅增加，所以勞動需求彈性大。

2. 要素間替代彈性大小

若生產要素間彼此容易被取代，則勞動需求彈性大，例如我國第一位大聯盟投手曹錦輝要參加雅典奧運比賽，由於曹錦輝球速超過 155 公里，在國內很難找到「可以取代」的投手，所以「非徵召」不可，代表著對曹錦輝的勞動需求彈性很小。

3. 該要素成本占總成本的比例

若勞動成本占生產總成本比例很大，則當工資上漲時，代表著廠商生產成本將大幅增加，迫使廠商以其他生產方式來取代勞動的雇用，使得廠商對勞動需求大幅減少，因此勞動成本占生產總成本比例很大代表著勞動需求彈性越大。

4. 時間的長短

若時間越長，當工資上漲時，廠商有更多機會去尋找替代勞動的生產方式，亦即在長期下可以減少較多的勞動雇用量，因此在長期下廠商對勞動需求彈性大。

廠商長期勞動需求曲線

短期由於資本使用量固定，因此勞動需求曲線只決定於產品市場價格與勞動的邊際生產力，但是在長期下，勞動最適雇用量將不再是決定於勞動邊際生產力。當工資率上漲時，會使廠商用相對較便宜的資本取代較貴的勞動，另外工資上漲也會影響廠商的邊際成本，導致廠商利潤極大產量改變，最後引起勞動與資本最適雇用量。這一切都只是在說明，長期下，當工資變動不只勞動最適雇用量會改變，連資本最適雇用量也會改變，因此最適勞動雇用量必須也考慮資本雇用量改變對勞動邊際生產力的影響。

為了推導廠商長期勞動需求曲線，我們必須假設在討論期間之內廠商生產技術不變，如圖 10.6 所示：

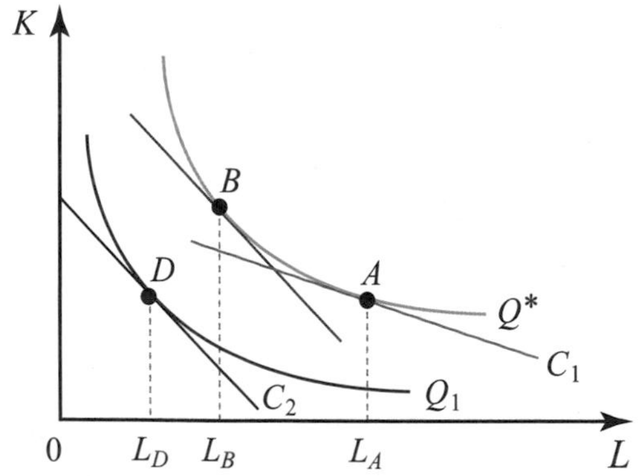

▲ 圖 10.6 替代效果與產量效果

假設一開始廠商為了追求利潤極大，依照 $MR = MC$ 決定最適產量為 Q^*，而在

最適產量 Q^* 下，廠商為了追求成本極小將選擇 A 點來生產，此時勞動最適雇用量為 L_A，而對應等成本曲線所表示的成本金額為 C_1。現在假設工資上漲，則廠商雇用量將有何改變呢？仿造消費理論，對於工資變動引起勞動雇用量的改變可以區分為替代效果 (substitution effect) 與產量效果 (output effect)。

所謂替代效果指廠商為維持產量不變的情況下，當工資上漲導致廠商以機器取代勞動的數量，以圖 10.6 所示，此時勞動雇用量由 L_A 減少為 L_B，其間的差額 $L_A - L_B$ 稱之為替代效果。為什麼替代效果必為負呢？因為廠商在生產階段主要目的在追求生產成本極小，當工資變得比較貴時，當然會有誘因去雇用更多的機器來取代勞動，這種替代現象，我們就稱之為替代效果。

當工資上漲時，將影響到廠商利潤極大的最適產量，在一般情形下，廠商因生產成本增加將減少產量，如圖 10.6 產量由 Q^* 減少為 Q_1。此時勞動雇用量將由 L_B 減少為 L_D，所減少的雇用量 $L_B - L_D$ 稱之為產量效果。因此產量效果可以定義為當工資率上漲時，廠商調整其利潤極大最適產量時，所引起對勞動需求量變動的效果。

根據以上分析，當工資上漲時，長期勞動需求曲線必為負斜率，亦即勞動需求量必然減少，其原因在於替代效果將使廠商會利用相對便宜的機器而減少勞動雇用。另外工資率上漲，導致廠商的邊際成本增加，因而減少生產，導致勞動雇用量減少❶。所以加總替代效果與產量效果，勞動雇用量必然減少。

短期由於資本使用量固定，因此勞動需求曲線只決定於產品市場價格與勞動的邊際生產力的乘積，但是在長期下，勞動最適雇用量將不再只是決定於勞動邊際生產力。我們可以透過短期勞動需求曲線來求取長期勞動需求曲線，如圖 10.7 所示：

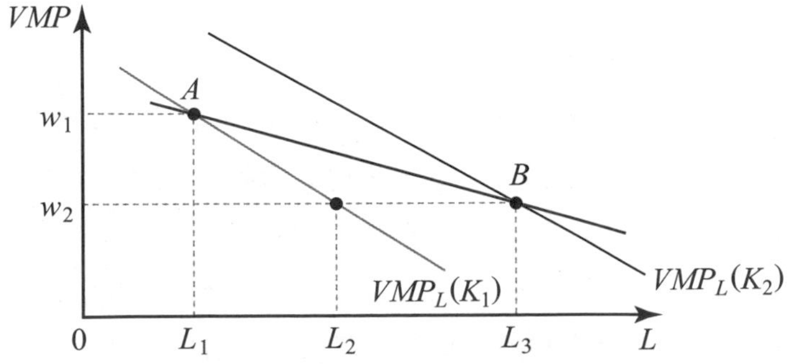

▲ 圖 10.7　廠商長期勞動需求曲線

❶ 以上分析過程假設勞動為正常要素，若勞動為劣等要素，分析過程略有差異，但是結果不變，即產量效果依然會使勞動雇用量減少。

假設一開始工資水準為 w_1，勞動雇用量為 L_1，若工資跌到 w_2，短期在資本數量 K_1 不變情況下，勞動雇用量會增加至 L_2。但是 L_2 絕不是長期最適勞動雇用量，因為最適資本雇用量也會改變。

那最適資本存量如何改變呢？若勞動與資本是互補的，即勞動雇用量增加可以提高資本邊際生產力 (MP_K)，反之若資本雇用量增加，也可以提高勞動變際生產力 (MP_L)，則當短期勞動雇用量增加導致 MP_K 提高，使得廠商多雇用資本，反過來又提高 MP_L，導致 $VMP_L(K_1)$ 往右移動至 $VMP_L(K_2)$，因此長期勞動雇用量 L_3 比短期來得多。此時我們連接 A、B 兩點就可以得到長期的勞動需求曲線，顯然它一定比短期勞動需求曲線平坦。

但是讀者一定存在一個疑問，萬一勞動與資本是替代要素（即勞動雇用量增加反而降低 MP_K，反之若資本雇用量增加，將使 MP_L 也會減少），結果一樣嗎？我們的回答是肯定的。因為當工資下跌，短期使勞動雇用量增加，同時降低 MP_K，使得長期資本雇用量減少，反而又使 MP_L 增加，因此短期 VMP_L 必定往右移動，即長期勞動雇用量增加幅度一定大於短期的勞動雇用量。

10.3 產品市場完全競爭，要素市場完全競爭

要素市場完全競爭指要素市場上勞動供給者有很多人，每一個人都是同質而且長期可以自由進出等等，而廠商雇用此要素所生產的財貨在產品市場上也是完全競爭。另外勞動需求的廠商也是很多，因此個別的勞動供給者與勞動的需求廠商都是市場工資的接受者，均無法改變市場均衡的工資水準。

假設稻米屬於完全競爭的產品市場，且稻農需要雇用工讀生，一般來講工讀生（大部分屬於學生）的供給有很多，且對工讀生有需求的廠商也很多，因此工讀生的勞動市場為完全競爭，如圖 10.8 所示：

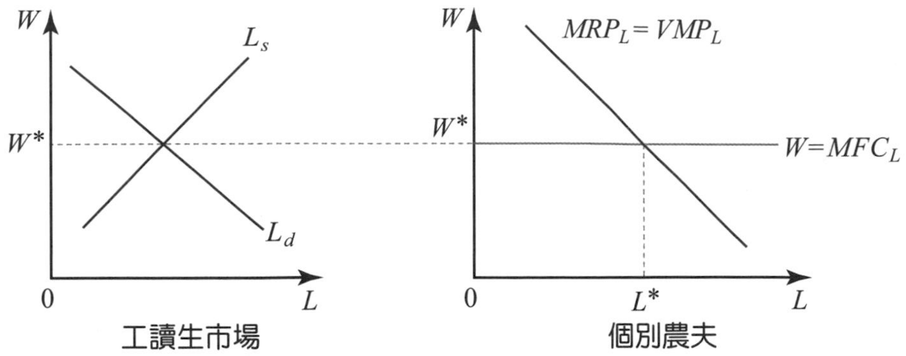

▲ 圖 10.8　產品與要素市場均為完全競爭

圖 10.8 左圖為工讀生的勞動市場，有很多學生願意尋找工讀機會，而需要工讀生的廠商包括農夫也非常多，因此共同決定均衡工資水準 W^*。此時個別農夫所面臨的工資為一常數，因此市場均衡工資就是代表廠商的 MFC_L，最後透過 VMP_L $(= MRP_L) = MFC_L$ 可以決定個別農夫最適雇用量。

10.4 產品市場專賣，要素市場完全競爭

所謂專賣，指廠商在產品市場為唯一的「賣者」(即獨占)，因此專賣廠商所面對的 MRP_L 曲線將異於 VMP_L 曲線。要素市場完全競爭表示要素供給者與需求者很多，而要素需求者中有一家廠商 *A* 在其產品市場是獨占廠商，如圖 10.9 所示：

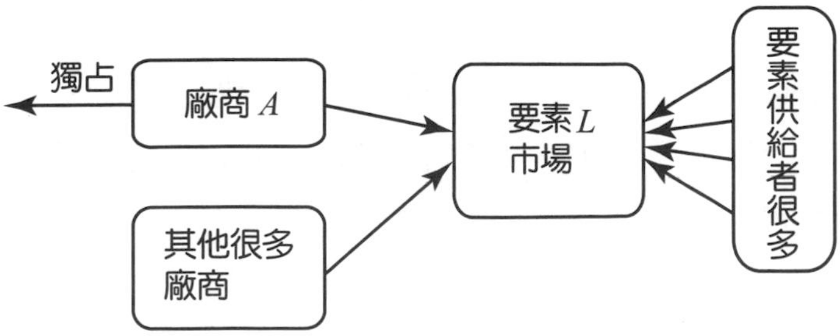

▲ 圖 10.9　專賣廠商示意圖

假設聯發科在產品市場為獨占，但是在工讀生市場也是完全競爭市場中的一個需求廠商而已。如圖 10.10 所示：

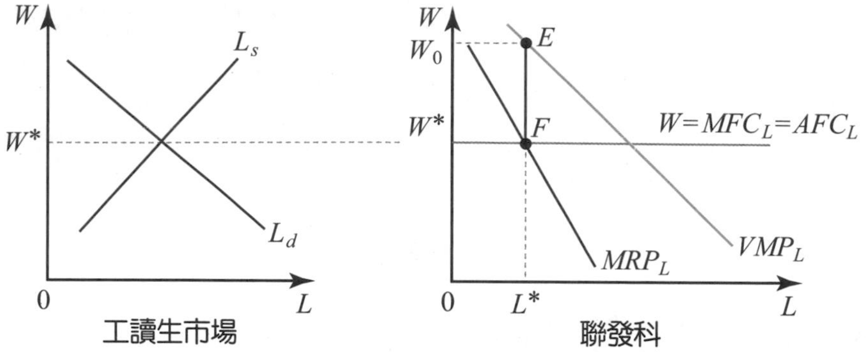

▲ 圖 10.10　專賣廠商均衡

由於個別廠商在要素市場上是工資的接受者，因此對廠商聯發科而言其邊際要素成本剛好等於市場均衡工資水準 W^*，但是因為廠商在產品市場上為獨占，因此 $VMP_L > MRP_L$。一個追求利潤極大廠商將雇用勞動至 $MRP_L = MFC_L$ 為止，所以廠商最適勞動雇用量為 L^*，此時勞動對社會所生產的市場價值 (VMP_L) 顯然大於勞動對廠商的邊際貢獻 MRP_L，因此我們稱 $\overline{EF}$ $(= W_0 - W^*)$ 為廠商對勞動的專賣性剝削 (monopolistic exploitation)（指 VMP_L 大於 MRP_L 部分）。

10.5

要素市場專買，產品市場完全競爭

專買 (monopsony) 指廠商是某一生產要素的唯一雇用者，一個典型專買廠商就是台鐵，因為他是火車司機的唯一雇用者，本節將研究一個要素為專買廠商但卻面臨完全競爭的產品市場結構。假設某一小城鎮只有一家工廠，這家工廠是此城鎮唯一的勞動雇用者，而此城鎮居民很多但只能為這家工廠工作，我們稱此工廠為專買，而這家工廠所生產的財貨屬於完全競爭市場，則廠商的最適勞動雇用量及工資率如何決定？

假設此城鎮居民的勞動供給曲線為 AFC_L，但是廠商所面對的邊際要素成本曲線 (MFC_L) 決不會等於 AFC_L 曲線，在範例二中已經提及 MFC_L 的值會大於或等於 AFC_L 的值，表示曲線斜率將高於或等於 AFC_L 曲線。就產品市場而言，由於個別廠商是市場價格接受者，因此 $VMP_L = MRP_L$，依照 $MRP_L = MFC_L$ 可以決定利潤極大的勞動雇用量 L^*。如圖 10.11 所示：

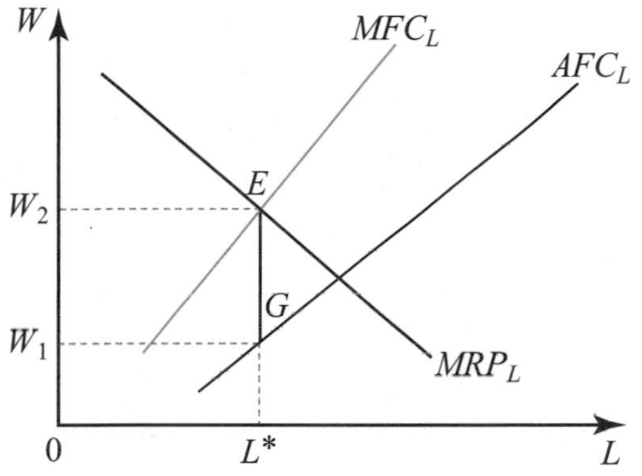

▲ 圖 10.11　要素專買

觀察圖 10.11，我們發現勞動對社會的邊際貢獻為 W_2，可是廠商只支付員工薪資 W_1，因此有 $W_2 - W_1$ 的專買性剝削 (monopsonistic exploitation) 情形發生（如圖 10.11 之 $\overline{EG}$ 線段）。

有沒有可能消除專買性剝削？一般來講，在完全競爭的勞動市場下，訂定最低工資率表面可以保護勞動，但是最終勞動者反而因沒有工作而受害，如圖 10.12 所示：

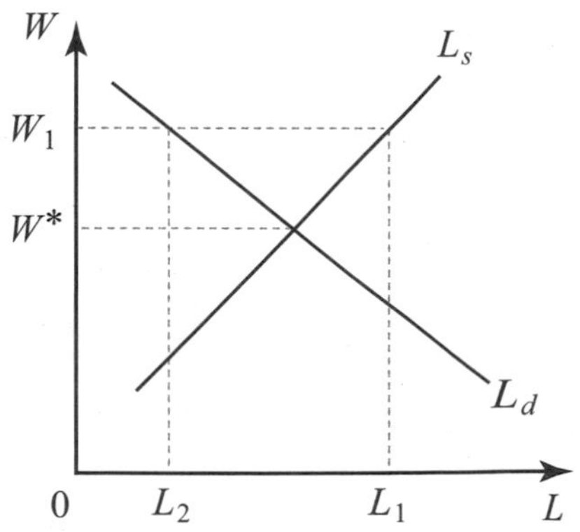

▲ 圖 10.12　完全競爭勞動市場之最低工資訂定

當政府規定最低工資 W_1 時，願意就業的勞動數目有 L_1，但是廠商的勞動需求量只有 L_2，因此會發生 $L_1 - L_2$ 的失業，所以在完全競爭市場下，政府規定最低工資率並沒有刺激就業增加，提高勞動所得的效果。

但如果要素市場為專買時而產品市場完全競爭下，政府訂定最低工資率反而有助於提高整體就業量與勞動供給者的工資所得，如圖 10.13 所示：

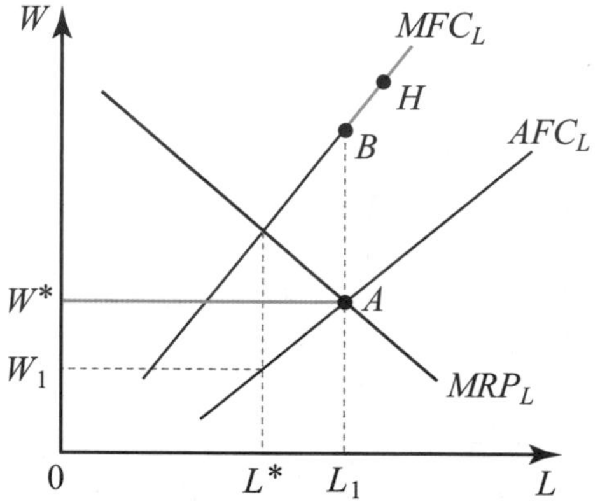

▲ 圖 10.13　要素專買之最低工資效果

當政府沒有管制時，市場均衡工資為 W_1，就業量為 L^*，現在如果政府規定最低工資率為 W^*，則當廠商雇用勞動量低於 L_1 時，其 $MFC_L = W^*$ 為一常數，因此對廠商而言，此時的 MFC_L 剛好等於工資水準 W^*，表示管制後的 MFC_L 曲線為 W^*ABH 所示。因此新的 MFC_L 曲線與 MRP_L 曲線決定新的勞動雇用量 L_1 大於原均衡雇用量 L^*，而新的均衡工資 W^* 大於原工資 W_1。

10.6 要素市場專買，產品市場專賣

最典型屬於雙占市場角色為公賣局，公賣局是臺灣菸農生產菸草的唯一購買者，而公賣局所出售的香菸也是市場的唯一供給者（早期香菸接近專賣），所以公賣局一

方面在要素市場是專買者，在產品市場屬於專賣者，這種屬於雙占的廠商是如何決定勞動雇用量與雇用價格呢？如圖 10.14 所示：

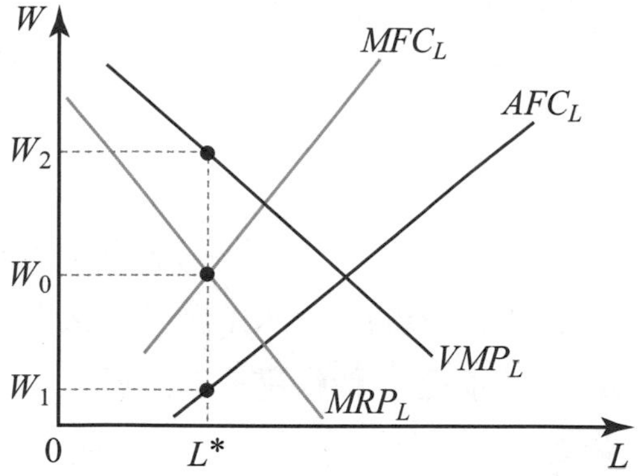

▲ 圖 10.14 雙占市場均衡雇用量

假設要素供給曲線為 AFC_L，由於要素市場為專買，因此對廠商而言，其要素的 MFC_L 曲線斜率將大於 AFC_L 曲線斜率。另外廠商在產品市場是獨占，因此 MRP_L 曲線將位於 VMP_L 曲線的下方。廠商既然在追求成本極小，他必然依照 $MFC_L = MRP_L$ 來決定最適勞動的雇用量，因此廠商最適雇用量為 L^*，但廠商卻依照 AFC_L 來支付勞動的工資水準為 W_1，但是員工對社會真正的貢獻為 W_2，表示此市場同時存在專賣性剝削 $(= W_2 - W_0)$ 與專買性剝削 $(= W_0 - W_1)$。

10.7 要素均衡報酬❷

本章前半部只有討論到勞動要素的均衡報酬，但是生產要素至少還有資本的報酬利息，土地的報酬地租及企業家精神的報酬利潤，因此本節將討論這些生產要素報酬的相關概念。

❷ 更詳細內容可參閱張守鈞所著之《個體經濟理論與應用》(全英出版社)。

差異性工資

如果勞動要素市場為完全競爭，則理論上每一個人的工資報酬都應該相同，可是實際上不同職業所獲得的報酬卻大大不同，其因素除了市場結構不同之外，還有可能包括以下的因素：

1. 勞動轉換工作的不完全性

例如近十年來，從事電子業的員工的薪資明顯超過傳統產業，如果勞動可以迅速由傳統產業轉移至電子業，則兩邊的工資水準應該不致有差異性。因此傳統產業的員工由於有「跨入」電子業的障礙，使得電子業的員工可以獨享超額報酬。

2. 個人間工作能力的差異

其差異可能是天生能力的差異，或者更重要的是由於人力資本 (human capital) 差異所致，人力資本指的是影響個人工作能力的一切因素，包括教育時間、經驗、相關訓練等等相關因素，而勞動邊際產值會與人力資本呈正相關，導致工資產生差異。

3. 補償性工資差異 (compensating wage differentials)

此理論認為影響一個人就業意願除了工資以外還包括就業的環境，如果工作環境非常好例如有冷氣、上下班有專車接送等等，則此人可能願意接受較低的工資水準。

4. 雇主的差別待遇 (discrimination by employers)

例如老闆可能偏好某些特定的員工，而給予較高的工資，將導致工資發生差異。

實質利率決定

一般來講，廠商投資的隱含成本為市場的實質利率，因此實質利率的決定因素很早就吸引許多學者的興趣，本節將利用可貸資金理論 (loanable fund theory) 來說明實質利率是如何決定的。

可貸資金理論認為均衡的實質利率決定於可貸資金的供給與需求，而且假設資金的供給者與需求者都是市場價格的接受者。可貸資金的來源為家計部門的儲蓄(當然可以包括廠商的保留盈餘)，如果替代效果大於所得效果，則可貸資金供給將為正斜率。另外可貸資金的需求來自廠商部門的投資需求（當然也可以包括家計部門的消費需求)，因此可貸資金需求與利率呈反比。透過可貸資金供需，我們可以決定均衡利率水準，如圖 10.15 所示：

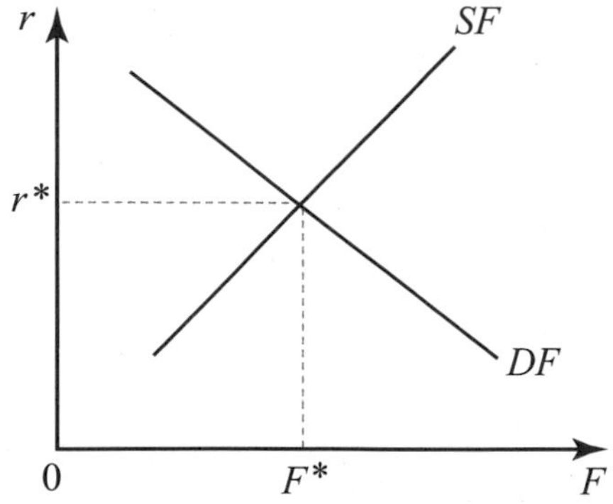

▲ 圖 10.15　可貸資金理論

但是可貸資金的市場種類非常多，例如有國庫券利率、一年期定存利率等，這些利率不盡然會相同，是哪些因素導致特定資金市場利率發生差異？

(1)不同資金市場有不同的風險，若倒帳風險越高，則資金供給者將會要求更高利率報酬，因此公債利率將會低於公司債利率。

(2)借貸時間越長，對資金供給者而言，可能因倒帳機率提高或調度資金彈性變小，因此會要求較高的利率報酬。相反的，對資金需求者而言，期限越長，則較無需擔心資金調度問題，因此願意付出較高的利息。

(3)資金相關借貸成本及租稅負擔，例如若因政府提高利息所得稅等，將使借貸市場的利率提高。

地　租

所謂地租指地主所獲得的報酬，亦即土地的租金，由於從整個社會的觀點來看，土地的供給量是固定的，不會因為用途改變導致土地供給量發生變化，所以早期經濟學家認為這是一種租 (rent)，亦即顯示地租是一種「額外多餘」的報酬，不會影響資源配置。如圖 10.16 所示：

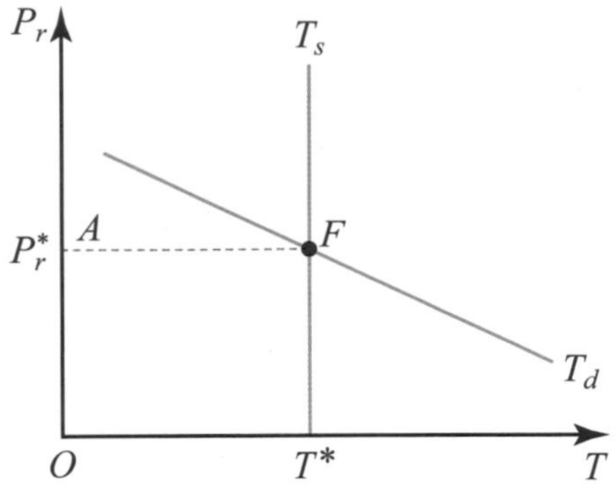

▲ 圖 10.16 地租

假設全國土地供給量固定在 T^*，亦即不管土地的租金價格 (P_r) 的變動如何，土地供給量是固定的，而全國對土地的需求 (T_d) 為土地租金價格的反函數，例如當地租越貴時，佃農對土地的需求量將會減少，透過供需均衡可以決定均衡的土地租金價格 P_r^*，此時 $OAFT^*$ 就是地租。

地租為什麼會吸引許多學者的注目呢？主要原因在於早期有關米價與地租的關係，早期很多人認為因為政府對地租課稅，導致地主提高土地租金，因此生產稻米「成本」增加，導致稻米價格上漲。但是李嘉圖提出不同的觀點，他認為由於土地供給量不變，所以地主無法影響地租，地租之所以上漲是因為稻米價格上漲，導致佃農對土地需求增加，才使得地租增加，當需求增加時，導致地租由 $OAFT^*$ 提高為 OP_1BT^*，如圖 10.17 所示：

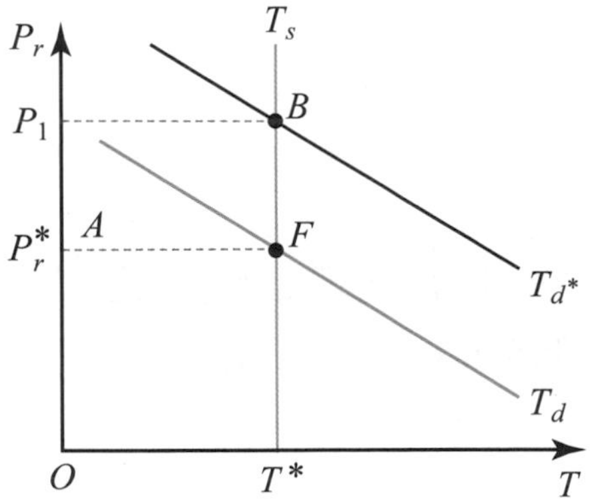

▲ 圖 10.17 李嘉圖地租

經濟租

現代經濟學者繼續引申地租的概念，凡是生產要素所獲得的超額報酬通通稱為經濟租 (economic rent)。換句話說生產要素賺取的報酬 (R^*) 超過轉移至其他行業生產所能獲得最大報酬 ($\hat{R}$)，其超出的部分（即 $R^* - \hat{R}$）稱為經濟租。

雖然早期學者將經濟租視為一種「多餘」的觀點，亦即不會影響資源的配置效率，可是近代學者還是認為經濟租可以指引資源達到最有效率的配置。例如，高雄有名的六合夜市，攤位的面積有限，因此到底應該由誰承租呢？假設某一攤位總共有 4 個承租商，甲廠商賣蛇肉湯，月賺 20 萬，B 廠商賣魚羹，月入 30 萬，而 C 廠商賣水果月入 40 萬，而 D 廠商賣海產粥月入 100 萬，此時這四家廠商在競爭此攤位，想必最後由賣海產粥獲勝，意味著由海產粥經營此攤位可以使資源配達到最有效率的境界。我們可以將經濟租分成以下幾種：

1. 純經濟租 (pure economic rent)

若生產要素供給量固定且只有一種用途（即沒有機會成本），則此生產要素所獲得的報酬全部為經濟租，因此稱之為純經濟租。依照早期學者觀點，因為全國土地供給量為垂直線，因此地租就屬於純經濟租。

2. 邊際內租 (inframarginal rent)

當生產要素供給曲線為正斜率時，除了最後一單位的要素供給者之外，都可以獲得經濟租，稱之為邊際內租。例如工廠裡面的工作人員很多，卻都領到相同的工資，但是每一個人能力不同導致其工作的機會成本不同，因此機會成本較低者可以領到較多的邊際內租，機會成本等於工資者將無經濟租，如圖 10.18 所示，總的邊際內租指三角形 AW^*B 的面積。

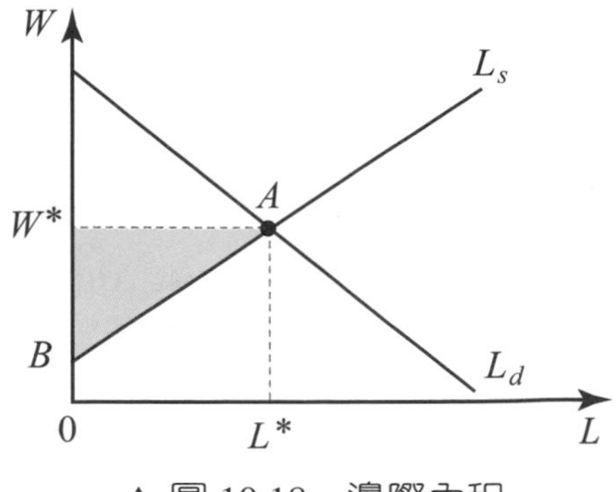

▲ 圖 10.18　邊際內租

3. 準　租 (quasi rent)

指固定生產要素所獲得的超額報酬，所謂固定要素指在短期供給量固定，但是在長期供給量卻是可變的資源。例如在 COVID-19 疫情期間，由於人們對口罩需求大幅增加，導致口罩價格飛漲，短期資本設備雖無法擴充，但是卻可以獲得準租，像美德醫療-DR 這檔股票，從 2 元起漲，六個月時間漲到 14 元，漲了七倍之多。

利　潤

追求利潤是廠商從事經濟活動的主要目標之一，也是企業才能所得到的報酬，當廠商收入扣除支付雇用勞動、資本與自然資源等生產要素的報酬之後的餘額稱之為利潤，利潤可以為正亦可以為負，若為正則稱廠商有超額利潤，反之廠商有虧損。

一般來講經濟學家認為廠商之所以能夠賺取超額的經濟利潤原因如下：

(1)利潤是企業家集合各種生產要素創新所獲得的報酬，熊彼得 (Schumpeter) 認為企業不斷追求新產品開發、新的生產方式、新的市場等因素使得廠商得以維持長期的超額經濟利潤。一個典型例子就是 Intel，為了追求超額的經濟利潤，Intel 投入各項研發成本，不斷追求新產品開發，使得 Intel 一直保有超額的經濟利潤。

(2)利潤是企業家承受各種風險因素所獲得的報酬，若投資失敗，則廠商將血本無歸，因此廠商將冒著極大的風險，所以超額的經濟利潤為廠商從事風險性投資的報酬。

(3)利潤是廠商藉由鑽營等活動所得到獨占利潤的報酬。

重要名詞

- 引申需求 (derived demand)
- 勞動邊際生產收入 (marginal revenue product of labor, MRP_L)
- 勞動的邊際產值 (value of marginal product, VMP_L)
- 勞動的平均生產收益 (ARP_L)
- 勞動的邊際要素成本 (marginal factor cost, MFC_L)
- 勞動平均要素成本 (average fix factor cost, AFC_L)
- 勞動需求曲線 (firm's short-run demand for labor)
- 勞動需求彈性 (elasticity of labor demand)

◆ 替代效果 (substitution effect)
◆ 產量效果 (output effect)
◆ 專賣性剝削 (monopolistic exploitation)
◆ 專買性剝削 (monopsonistic exploitation)
◆ 長期勞動需求曲線 (long-run labor demand curve)
◆ 差異性工資
◆ 補償性工資差異 (compensating wage differentials)
◆ 雇主的差別待遇 (discrimination by employers)
◆ 可貸資金理論 (loanable fund theory)
◆ 地租 (rent)
◆ 經濟租 (economic rent)
◆ 純經濟租 (pure economic rent)
◆ 邊際內租 (inframarginal rent)
◆ 準租 (quasi rent)

摘要

★ 1.廠商在要素市場上對勞動要素有需求，這種需求有別於消費者對最終財貨的需求，稱之為引申需求。

★ 2.勞動邊際收入 MRP_L 指當廠商增加一單位勞動的雇用量時，帶給廠商的邊際收益，亦即 $MRP_L = \frac{\Delta TR}{\Delta L} = \frac{\Delta TR}{\Delta Q}\frac{\Delta Q}{\Delta L} = MR \times MP_L$。

★ 3.勞動的邊際產值 $VMP_L = P \times MP_L$，可衡量勞動對社會的真正貢獻值。

★ 4.勞動的平均生產收益 $ARP_L = \frac{TR}{L}$，為平均每一單位勞動帶給廠商的收益。

★ 5.勞動的邊際要素成本 $MFC_L = \frac{\Delta TC}{\Delta L}$，指衡量廠商多雇用一單位勞動導致廠商生產成本增加的速度。

★ 6.勞動平均要素成本 $AFC_L = \frac{TVC}{L} = \frac{WL}{L} = W$，為平均每雇用一單位勞動所必須支付的成本。

★ 7.廠商的勞動需求曲線為 ARP_L 曲線最高點以下，VMP_L 曲線部分。

★ 8.影響勞動需求彈性大小的因素包括：(1)產品的需求價格彈性，(2)要素間替代彈性大小，(3)該要素成本占總成本的比例，(4)時間的長短。

★ 9.勞動對社會所生產的市場價值 VMP_L 顯然大於勞動對廠商的邊際貢獻 MRP_L，此為廠商對勞動的專賣性剝削（指 VMP_L 大於 MRP_L 部分）。

★ 10.差異性工資的原因在於：(1)勞動轉換工作的不完全性，(2)個人間工作能力的差異，(3)補償性工資差異，(4)雇主的差別待遇。

★ 11.可貸資金理論認為均衡的實質利率決定於可貸資金的供給與需求。

★ 12.地租指地主所獲得的報酬，亦即土地的租金，由於從整個社會的觀點來看，土地的供給量是固定的，不會因為用途改變導致土地供給量發生變化，所以早期經濟學家認為這是一種租，亦即顯示地租是一種「額外多餘」的報酬，不會影響資源配置。

★ 13.經濟租指生產要素賺取的報酬 (R^*) 超過轉移至其他行業生產所能獲得最大報酬 ($\hat{R}$)，其超出的部分（即 $R^* - \hat{R}$）稱為經濟租。

★ 14.經濟學家認為廠商能夠賺取超額的經濟利潤原因包括：⑴利潤是企業家集合各種生產要素創新所獲得的報酬，⑵利潤是企業家承受各種風險因素所獲得的報酬，⑶利潤是廠商藉由鑽營等活動所得到獨占利潤的報酬。

習題

1. 何謂引申需求？
2. 試述完全競爭結構下，廠商對勞動的需求曲線如何導出？
3. 影響勞動需求彈性的因素為何？
4. 當政府發行公債時，市場利率會上漲還是下跌？
5. 試述造成差異工資的理由為何？
6. 何謂經濟租與準租？
7. 廠商之所以有超額利潤的原因為何？
8. 以下那一種需求為一種引申需求 (derived demand)？
   ⑴對汽車的需求因而導致對停車場的需求。
   ⑵對印表機的需求引起對墨水的需求。
   ⑶學校秘書對於文書處理軟體的需求。
   ⑷蛋糕店對雞蛋的需求。
9. 下表為林氏蛋糕店勞動與產出之間的關係。已知林氏蛋糕店面對完全競爭市場，產品價格 20 元，並且林氏蛋糕店在完全競爭的勞動市場僱用勞工。

勞工數	1	2	3	4	5	6	7	8
總產量	10	19	26	34	42	48	52	54

   假設目前工資為 120 元，請問廠商會僱用多少工人？
10. 請問一個普通員工與林書豪相比，哪一個人可以賺得更高的經濟租？為什麼？

Note

第 11 章

福利經濟學與公共選擇

前面章節我們大都在介紹消費者與廠商的行為，亦即在各種不同市場架構下，經濟代理人如何追求最適的行為。但是以「制高點」的觀點來看，經濟體系每一個分子都在追求「私利」極大，但這是否隱含「公利」也達到極大呢？還是導致公利極小？這個問題非常重要，因為如果透過價格機能運作結果使得社會的「公利」變小了，那麼我們為什麼要將資源配置的工作交由價格機能去處理呢？

但是什麼是「公利」極大?「私利」的意義可以容易理解，即消費者在追求效用極大，生產者追求利潤極大。如果我們將公利仿造私利定義指追求社會福利極大，則什麼叫做社會福利極大呢？傳統經濟學者認為要達到社會福利極大，必須滿足效率與公平，但是效率與公平如何定義？這問題相當複雜，本章只能提出一些基本觀點，更進一步探討留待個體經濟學再討論。

11.1 柏拉圖效率

柏拉圖效率定義

何謂效率？簡單來講就是「不浪費」！例如將 100 元分配給 A、B 二人，如何分配才是有效率的分配呢？如下表所示：

▼ 表 11.1　效率分配

	A	B
I	99 元	1 元
II	80	20
III	50	50
IV	45	45

第 I 種分配方式或許讀者會認為非常不公平，但是第 I 種分配將 100 元通通分配完畢，沒有一點浪費，因此這種分配是效率的，同理，第 II、III 種分配方式都沒有浪費，也可以稱為效率分配。唯有第 IV 種分配顯然沒有效率，因為分配完畢之後還有 10 元沒有分配到，顯然浪費這 10 元，因此第 IV 種分配沒有效率。

範例

一、效率就是不浪費

其實經濟學家在表達效率時，都會直覺反應強調「任何事物皆不浪費」，也就是 Pareto 效率，亦即不要過多也不要過少，像我們吃歐式自助餐，拼命吃、吃過頭就是浪費食物，因此不滿足 Pareto 效率的意義。而數量過少其實也是一種無效率，例如很多環保團體要求零污染，可能嗎？如果要求零污染，不要說核能發電、火力發電都不能執行，甚至太陽能發電都會有發電板污染的問題。因此一個滿足 Pareto 效率的發電方式就是要「恰到好處」，污染不能太多也不能太少，以最低污染滿足人類最大的慾望，那就是 Pareto 效率的精神。

根據以上說明，所謂的效率代表著資源已經充分被運用，因此經濟學家可以具體定義何謂效率。而柏拉圖增進 (Pareto improvement) 是指原賦 (endowment) 經過重分配之後，沒有一個人效用變得比較差，但是至少有一個人效用會變得比較好。

假設某監獄有兩個人 *A* 及 *B*，其每年原賦有 100 瓶酒與 100 包香菸，但是 *A* 是老菸槍，喜歡抽菸，而 *B* 是酒鬼，比較喜歡喝酒。因此若 *A* 將酒交換 *B* 的香菸，則 *A* 的效用增加，*B* 的效用也會增加，兩個人效用增加，此種原賦的交換就是一種柏拉圖增進。

如果存在柏拉圖增進，表示原先的分配每一個人擁有的 100 瓶酒與 100 包香菸沒有充分被運用，代表著資源無效率的配置。所以經濟學者定義柏拉圖效率 (Pareto efficiency) 指目前的財貨組合不存在柏拉圖增進的可能。

柏拉圖效率的精神在於如果不存在柏拉圖增進，表示目前資源已經被充分利用，不可能有更好的情形發生，亦即沒有浪費情況，所以目前狀態就是有效率。利用柏拉圖效率的定義，我們可以檢視「朱門酒肉臭，路有凍死骨」是沒有效率的，因為有錢人將剩餘食物分配給窮人，並不會降低有錢人的效用，但是卻可以提高窮人的效用，此為柏拉圖增進，既然存在柏拉圖增進，表示有錢人任由剩餘食物腐敗就是一種浪費，不滿足柏拉圖效率的定義。

依據柏拉圖效率的定義，在目前的財貨組合下，如果我們希望提高 *A* 的效用，則一定要犧牲 *B* 的效用，那麼目前的財貨組合就滿足柏拉圖效率。如圖 11.1 所示：

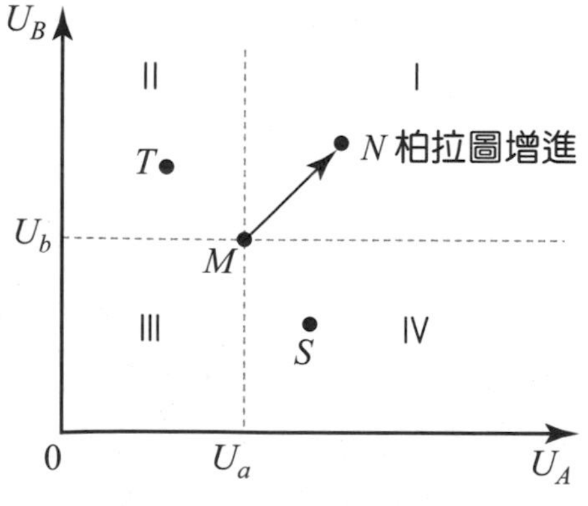

▲ 圖 11.1　柏拉圖增進

如果將 *A* 與 *B* 的原賦重新分配之後，*A* 與 *B* 效用組合點由 *M* 變至 *N* 點，表示每個人的效用都增加了，此為柏拉圖增進。但是如果財富再怎麼重分配，*A* 與 *B* 效

用組合點只能由 M 點往第 II 或第 IV（甚至第 III 象限）象限移動，表示不存在柏拉圖增進，因此目前的分配最有「效率」（即沒有浪費），則 M 點稱之為柏拉圖效率。如圖 11.1 所示，如果 M 點分配為柏拉圖效率，則財富重分配之後只能往 T 點或 S 點移動，表示如果要增加某人效用，則必犧牲其他人的效用。

箱型圖 (Edgeworth box)

經濟學在解釋柏拉圖效率之意義大都採用箱型圖的分析工具。要定義一個完整的箱型圖，必須先說明以下三個要素：

(1)何人參與分配？我們假設有 A、B 二人。

(2)有多少種物品可供分配？我們假設有 X、Y 兩物品可供分配。

(3)有多少數量的物品可供分配?我們假設一開始 A 有 X_A 數量的 X 財貨與 Y_A 數量的 Y 財貨，B 有 X_B 數量的 X 財貨與 Y_B 數量的 Y 財貨。因此整個社會有 $\overline{X} = X_A + X_B$ 數量的 X 財可供分配，同理整個社會亦有 $\overline{Y} = Y_A + Y_B$ 數量的 Y 財可供分配，所以 $(\overline{X}, \overline{Y})$ 表示社會的原賦量。而箱型圖目的就是說明如何分配 $(\overline{X}, \overline{Y})$ 給 A、B 二人可以滿足柏拉圖效率的要求。如下圖所示：

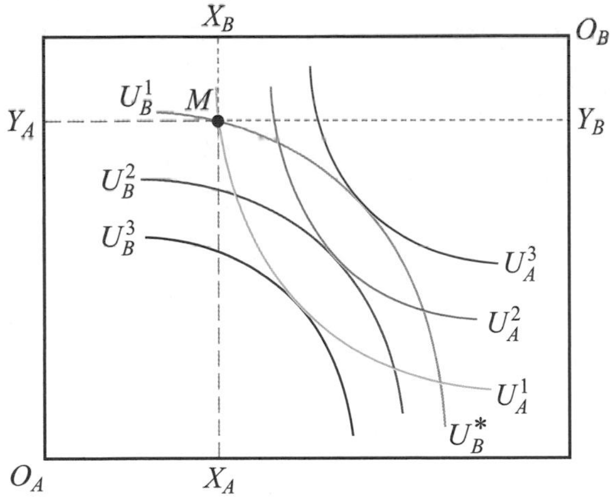

▲ 圖 11.2　箱型圖簡介

箱型圖的左下方與右上方分別代表兩個經濟單位的原點，如 A 的原點 (O_A) 在左下方，而 B 的原點 (O_B) 在右上方。因為無異曲線離原點越遠代表所消費財貨數量越多，因此效用也就越高，所以對 A 而言 $U_A^3 > U_A^2 > U_A^1$，同理對 B 而言，$U_B^3 > U_B^2 > U_B^1$。

如果社會資源初始原賦點分配如圖 11.3 之 *M* 點所示，則 *M* 點是否為有效率的分配呢？

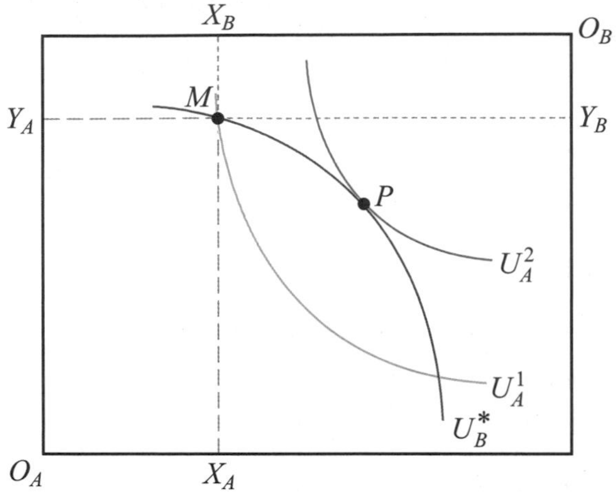

▲ 圖 11.3　箱型圖觀點之柏拉圖效率

依照柏拉圖效率定義為不存在柏拉圖增進可能，但是我們如果將原賦點重新分配由 *M* 點移往 *P* 點，對 *B* 而言由於 *M* 點與 *P* 點位在相同無異曲線上，即 *M*、*P* 兩點帶給 *B* 的效率均為 U_B^*，但是 *A* 的效用卻由 U_A^1 增加為 U_A^2，意味著財富重分配之後，*B* 的效用不變但 *A* 的效用卻提高了，此為一種柏拉圖增進。所以 *M* 點不是柏拉圖效率的分配點，隱含只要無異曲線相交的點，在「正規條件」下不是柏拉圖效率。

那為什麼無異曲線相切的點就代表著柏拉圖效率呢？如圖 11.4 所示：

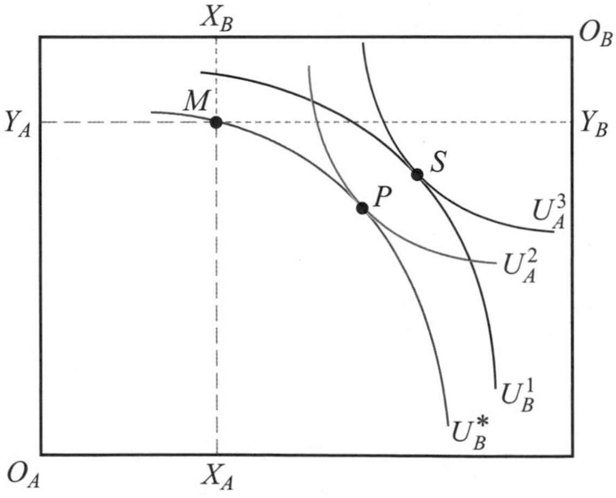

▲ 圖 11.4　無異曲線相切為柏拉圖效率

如果我們想讓 A 的效用持續增加至 U_A^3，即分配點由 P 點往 S 點移動，則 B 的效用將由 U_B^* 減少為 U_B^1，表示要增加某人效用一定要犧牲他人效用，此謂之柏拉圖效率。

以上分析屬於分配（或者交易）的柏拉圖效率分析，我們可以得到分配柏拉圖效率條件為兩人的無異曲線相切。同理讀者可以類推，廠商生產行為如果要滿足柏拉圖效率條件，則必將生產要素雇用到兩種財貨間的邊際技術替代率相等，表示兩財貨的等產量曲線相切為止。

11.2 社會福利定理

經濟學家長久以來一直強調價格機能的可貴，為什麼呢？其實我們可以利用柏拉圖效率觀點證明在完全競爭市場假設之下，只要價格機能充分運作，則保證資源可以達到最有效率的配置，此即為社會福利第一定理。而古典學派更進一步認為，價格機能不只能達成柏拉圖效率，透過適當的課稅再透過價格機能就能兼顧公平與效率！無怪乎經濟學家一直呼籲要尊重市場價格機能。

社會福利第一定理

社會福利第一定理 (first fundamental theorem of welfare economic) 指在完全競爭體系下，透過競爭均衡可以達到資源配置滿足三大效率條件。社會福利第一定理看起來似乎十分抽象，我們以一簡單例子來加以說明。

當每學期面對期中考與期末考時，就是同學對圖書館念書座位需求最強的時候，但是我們往往會發現，很多同學都會利用一本書甚至是一張紙就把一個位置占據一個禮拜，因此每當我們想去圖書館溫習功課時，卻經常發現沒有空位，這就表示圖書館裡面的座位沒有達到最有效率的使用，形成一種浪費。那按照社會福利第一定理，如何解決這種無效率呢？很簡單，就是按照價格機能來指引。也就是想要占位的同學都必須負擔一定的占位費，此時必然有很多的空位可供同學念書。如果有人真的願意支付高額占位費，表示這個同學對念書的空位需求很強，那就由他付費占位。當然同學都會質疑這樣只有富人能夠占位，對窮人不公平！沒有錯，這是社會福利第二定理的主軸，第一定理只是強調透過價格機能必定能夠達到物盡其用，滿足 Pareto 效率條件，但是通常無法達成公平的要求。透過價格機能，資源配置可以達成哪些效率條件呢？

一、生產效率 (production efficiency)

在廠商理論中，我們假設廠商在追求利潤極大，當利潤極大產量一經決定，廠商就要決定最低成本的生產方式，才能夠獲得利潤極大，此即為競爭均衡的意義，意指經濟體系每一個人都在追求私利。當所有廠商在追求成本極小時，對生產要素配置有何影響呢？

在成本一章中，我們已經討論到，在產量不變之下，廠商為了追求成本極小，將雇用生產要素直到等產量曲線與等成本曲線相切，如圖 11.5 之 *A* 點所示：

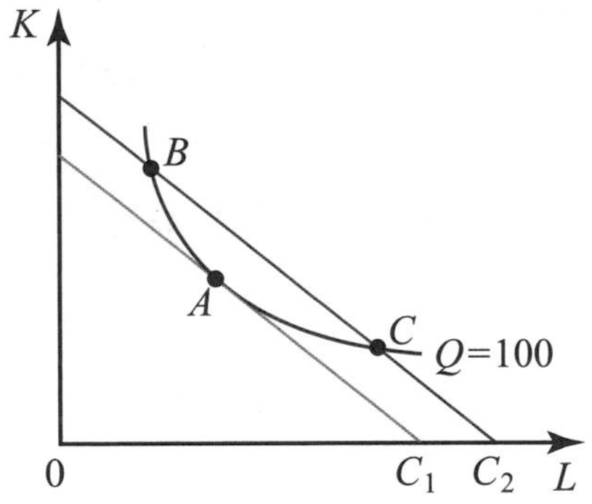

▲圖 11.5　生產效率

當市場的工資 (w) 相對於資本租金成本 (r) 高於 $\left.\frac{MP_L}{MP_K}\right|_X$（$X$ 等產量曲線的斜率）時（即 $\frac{w}{r} > \left.\frac{MP_L}{MP_K}\right|_X$），則廠商知道他雇用太多勞動了，因為通過 B 點的成本值為 C_2，顯然高於最低成本 C_1，所以廠商在追求成本極小的動機下，他會減少勞動的雇

用，同時增加資本的使用，最後達到 $\frac{w}{r}=\left.\frac{MP_L}{MP_K}\right|_X$，即圖 11.5 之 A 點所示。

同理為了追求成本極小，對生產 Y 財貨的廠商也會雇用生產要素直到 $\frac{w}{r}=\left.\frac{MP_L}{MP_K}\right|_Y$ 為止，因此不管是生產 X 財貨還是 Y 財貨廠商，只要藉由相對要素的價格機能就可以調整所有廠商的生產要素雇用量直至

$$\frac{MP_L^X}{MP_K^X}=\frac{w}{r}=\frac{MP_L^Y}{MP_K^Y}$$

上式表示 X、Y 二財貨的等產量曲線相切，因此生產要素資源的配置滿足柏拉圖生產效率的分配。

所以生產效率意味著廠商在既定產量下為了追求成本極小，將會雇用要素到最有效率的配置數量，不會有浪費的情形，這就是價格機能可貴的地方。

二、消費效率 (consumption efficiency)

在私經濟運作過程中，消費者會在其所得預算線限制下追求效用極大，此即為競爭均衡的意義。但是並不是每一個消費者都念過經濟學，他們如何知道購買財貨的數量要恰好滿足 $MRS_{XY}^A=MRS_{XY}^B$ 呢？其實透過價格機能充分運作，自然能夠使財貨分配達到最有效率境界。若消費者 A 觀察到市場均衡價格為 $\frac{P_X}{P_Y}$，當 $MRS_{XY}^A=\frac{MU_X^A}{MU_Y^A}>\frac{P_X}{P_Y}$ 時，如圖 11.6 之 B 點所示：

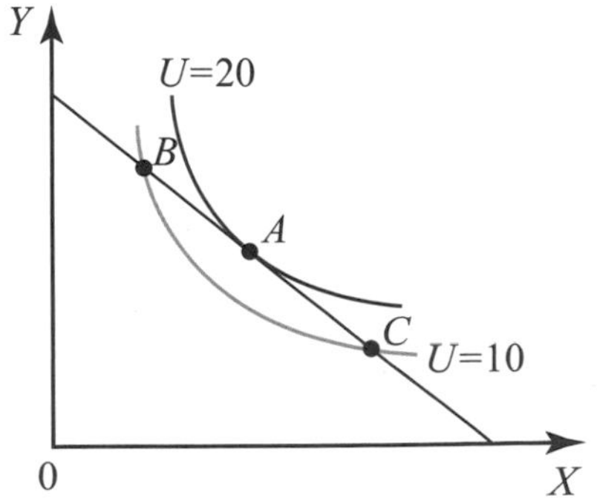

▲ 圖 11.6　消費效率

雖然消費者 A 不曾念過經濟學，若他選擇 B 點，表示他願意支付購買 X 財貨的最高相對價格 $MRS_{XY}^{A}=\dfrac{MU_X^A}{MU_Y^A}$ 高於市場 X 財貨的相對價格 $\dfrac{P_X}{P_Y}$，所以他會覺得購買 X 財貨數量太少了，因此他會增加 X 財貨的購買數量而減少對 Y 財貨的購買數量，透過追求效用極大的動機最後達到 $MRS_{XY}^{A}=\dfrac{P_X}{P_Y}$。同理，消費者 B 在追求效用極大下，將會選擇一購買組合滿足 $\dfrac{P_X}{P_Y}=MRS_{XY}^{B}$。因此透過價格調整機能，所有消費者會自動調整購買財貨數量至最有效率的分配，滿足 $MRS_{XY}^{A}=\dfrac{P_X}{P_Y}=MRS_{XY}^{B}$，亦即最終 A、B 二人的無異曲線會相切。

三、配置效率 (allocation efficiency)

當一個經濟體系滿足生產效率與消費效率時，未必達到經濟效率目標，還必須要求生產的產出恰好是消費者所需要的。例如，在 2018 年，由於氣候穩定導致香蕉、鳳梨以及花蓮文旦等出現產銷失衡，鳳梨一斤僅剩 10 元，導致這些水果乏人問津，棄之於田野。所以這些臺灣生產的高品質水果，即使生產滿足生產效率，如果人民吃不完，對社會來講還是「一種浪費」。因此配置效率要求所有財貨的生產不能過多也不能過少，恰好滿足社會所需，此乃配置效率的表現！

但是廠商如何生產到消費者所需的數量呢？透過價格機能充分運作，消費者以願意支付的價格當做消費者偏好的表現，生產者以消費者願意支付的價格來作為增產或者減產的依據，因此透過廠商追求利潤極大動機，將使廠商所生產的數量恰好滿足社會所需。

在廠商理論中，廠商追求利潤極大的一階條件為 $MR=MC$，在完全競爭市場下，個別廠商是市場價格接受者，因此個別廠商所面對的價格是常數，此時 $P=MR$。亦即在完全競爭假設下，X 產業廠商為了追求利潤極大，將生產至 $P_X=MR_X=MC_X$ 為止，此時 P_X 表示消費者願意支付的最高價格，而 MC_X 表示廠商生產的邊際成本，所以 $P_X=MC_X$ 滿足需求等於供給的意義，表示目前的產量不會太多也不會太少。

同理對 Y 產業廠商而言，在完全競爭假設下，Y 產業廠商也會生產至 $P_Y=MC_Y$

為止，因此若所有產業的產量都恰到好處，則必滿足 $\frac{P_X}{P_Y}=\frac{MC_X}{MC_Y}$，亦即任何兩種商品的消費面之邊際替代率，必須等於其生產面邊際轉換率（marginal rate of transformation, $MRT=\frac{MC_X}{MC_Y}$ ❶）。

上式有相當重要的含意，廠商或許不知道他應該生產多少的產量會達到社會所需要的數量，但是他只要依循追求利潤極大的「本能」，當價格高於邊際成本時，表示廠商所生產的數量太少，應該增產。反之當價格低於邊際成本，表示廠商所生產的數量太多了，應該減產。透過這種價格調整機能，自然使得廠商所生產的數量「恰好」為社會所需的數量。

總效用可能線

社會福利第一定理告訴我們，在完全競爭市場假設之下，保證資源可以達到最有效率的配置，亦即價格機能可以將「餅」作到最大，但是這個餅有多大呢？我們可以利用總效用可能線 (grand utility possibility frontier) 的意義來加以說明。總效用可能線指若社會資源及技術不變，滿足效率三大條件下使得社會能夠達到最大可能效用組合的軌跡。

如下圖所示：

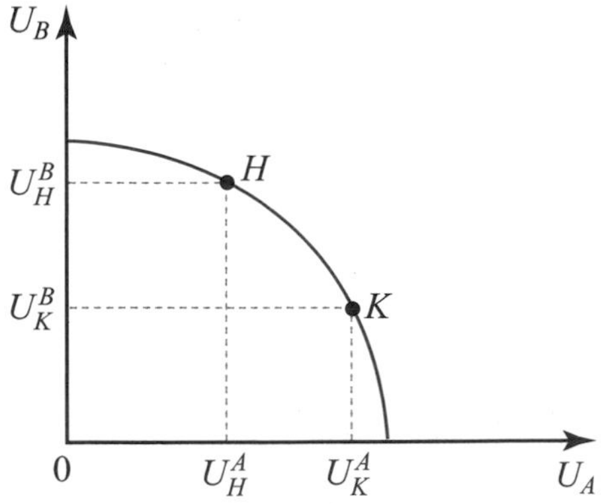

▲ 圖 11.7　總效用可能線

❶ 邊際轉換率為生產可能曲線的斜率，其值滿足 $\frac{MC_X}{MC_Y}$，由於證明過程需數學基礎，詳見任何一本個體經濟學的說明。

由於社會福利第一定理告訴我們在完全競爭體系下，透過價格機能可以保證達到三個效率條件，因此只要價格機能能夠充分運作，則資源配置必然位於總效用可能線上。可是總效用可能線應該是正斜率還是負斜率呢？由於資源及技術限制，如果增加 *A* 的效用，也可以增加 *B* 的效用，那表示原來的資源配置必然是沒有效率，因此總效用可能線在「正常情況」下應為負斜率❷。

但是總效用可能線只告訴我們最有效率配置的結果，但是卻無法告訴我們最好的資源配置點在哪裡？對 *B* 而言他會認為 *H* 比 *K* 好，但是 *A* 卻認為 *K* 比 *H* 好，對社會而言哪一點的效用組合最好是無法透過總效用可能線得到答案的，亦即我們無法從社會福利第一定理得到滿意的解答，此時我們必須另外再討論有關公平的概念。

社會福利第一定理的應用——租稅中立

課稅對人民來說絕對是一件痛苦的事情，因此長久以來一直是經濟學家關心的課題，政府應該依照什麼原則課稅才能讓人民感受到的痛苦幅度最小？古典學派給我們一個明確的答案，那就是租稅中立性！為什麼？

租稅中立指政府課稅應盡量避免干擾到人民原先的選擇，此時會使人民課稅感受到的痛苦幅度最小！這個觀點非常有趣，我們以所得稅法第四條說明。之前我國稅法規定，國中小學以下老師不用繳交所得稅，但是高中（含）以上老師的所得就要繳稅，主要原因是早期實施九年國教時，老師極端缺乏，且國中小學老師薪水較低，為了鼓勵高學歷者從事教職，因此政府給予免稅。但是免稅之後有何後遺症呢？

假設 *A*、*B* 二人為師範學院的學生，*A* 天資聰穎，許多微積分題目都難不倒他，但是 *B* 卻智商過低，許多簡單的數學題目一想好幾天都想不出來，但是如果勉為其難教教國小學生還可以。如果畢業之後，國小高中老師都要課稅，則 *A* 會選擇高中的教職，而 *B* 會選擇當國小老師，此時每一個人都會適得其所。但是若國小老師免稅，則 *A* 會選擇國小數學老師的教職，而 *B* 被迫選擇當高中的數學老師，此時對 *A*、*B* 二人都是痛苦的！因為 *A* 是數學天才，卻每天要教為什麼 $1+1=2$？而 *B* 更加痛苦！因為 *B* 什麼都不會！此時國小老師免稅結果干擾到人民原先選擇，違反租稅中立，使得人民痛苦幅度加深。

所以租稅中立認為政府課徵租稅之後不影響人民最適選擇，此時課稅就沒有無

❷ 若為正斜率，則有另外的經濟涵義，可參閱《財政學》相關書籍。

謂損失，但是社會福利第一定理認為在完全競爭體系，只有尊重市場價格機能才能使社會無謂損失等於 0，意味著真的要滿足租稅中立，那一切必須尊重市場價格機能，政府不應對市場干預，亦即最好的租稅就是不要課稅，政府的淨稅收為 0！

社會福利第二定理

社會福利第一定理認為只要價格機能充分運作，資源配置是有效率的，但是還有一個問題，價格機能是否保證資源配置是公平的呢？這個問題非常重要，例如，「賴姓奸商」只賣給出價高的災民，那些窮困的居民沒有錢購買必需品，對他們公平嗎？因此社會福利第二定理 (second fundamental theorem of welfare economics) 主要目的就是在解決此一「困擾」。

社會福利第二定理內容：

(1)如果消費者偏好滿足 *MRS* 遞減法則，則任何的柏拉圖配置都可被一競爭均衡所支撐 (support)。

(2)柏拉圖最適不一定來自於價格機能（即獨裁經濟也可能滿足效率三大條件）。

社會福利第二定理數學證明過程相當複雜，我們不準備加以證明，但是其經濟涵義相當的重要，社會福利第二定理指出，如果社會偏好某種的效用分配，那麼政府只需要對經濟單位進行原賦重分配，然後再交由價格機能進行資源的配置，自然能夠達到預期的目標而不減損效率。如圖 11.8 所示：

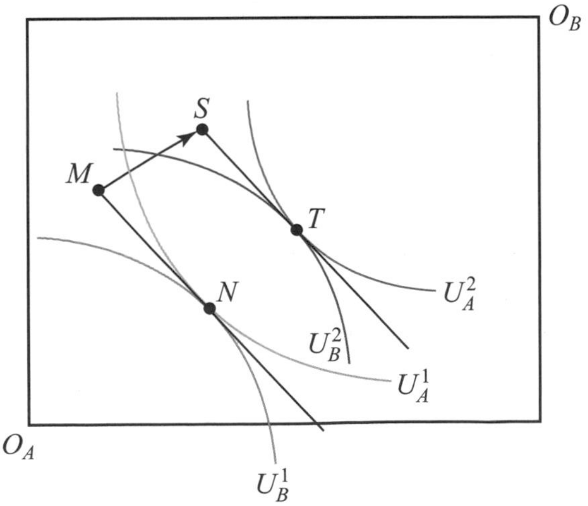

▲ 圖 11.8　社會福利第二定理

如果一開始社會的原賦點在 M 點，透過價格機能充分運作的結果，效率最大點在 N 點，此時 B 獲得 U_B^1 的效用，而 A 只有獲得 U_A^1 的效用，如果社會偏好認為 N 點不夠「好」，T 點的福利分配是最好的，那麼政府不需要從事價格管制、補貼或者課徵高額累進稅來干預市場的運作。政府只需要對原賦進行課稅，讓原賦點由 M 點移往 S 點，此時再交由市場價格機能運作，自然能夠達成兼具效率與公平的分配。

範例

二、社會福利定理應用實例

社會福利第二定理只是在強調一件事情，效率與公平這兩個目標是獨立的，任何在追求公平過程中而傷害效率的事通通違反社會福利第二定理，亦即政府不能以公平為藉口而做出傷害效率的事情，例如為了照顧無殼蝸牛，因此對房租進行價格高限管制，對市場價格管制就會傷害價格機能，違反社會福利第二定理。為了讓讀者更了解第二定理的內涵，我們舉所得稅法的例子來說明，所得稅法規定，為了照顧年輕的首購族，達成住者有其屋目標，房貸利息支出可以列舉扣除。這項規定降低了購屋族貸款利息，但替代效果將使貸款金額增加，古典學派因此認為必有無謂損失，違反社會福利第二定理，為什麼？簡單來講，有能力買得起房子的人大都是經濟相對強勢者，真正的經濟弱勢者是買不起房子的，而且利息支出列舉扣除對高所得的免稅利益比較高（因為適用稅率高），對低所得者免稅利益反而比較低（因為適用稅率低）。所以第二定理主張乾脆取消房貸利息支出列舉扣除，避免干擾貸款的相對價格，而將所增加的稅收全數補貼給真正弱勢者的房貸息支出（這就是原賦重分配），這種情況真正做到不妨礙價格機能，又能夠真正照顧弱勢者，方符合第二定理的精神。

次善理論

從以上說明可知，「最好」的資源配置不僅要兼顧效率也要兼顧公平，但是若無法兼顧效率與公平，則是否滿足效率條件越多的，表示帶給人民福利水準越高呢？根據次善理論，這是不一定的。次善理論 (theory of second best) 指當社會資源分配無法達到全面柏拉圖效率時，則滿足越多效率條件並不表示社會福利越大。

其經濟涵義為如果所有市場都是完全競爭，則尊重市場價格機能可以滿足柏拉圖效率，但是如果其中有一個市場不為完全競爭，則其餘 N – 1 個市場是否還是要放任由市場價格機能運作則存在相當的疑問。次善理論觀點很簡單，一般而言政府的目標不是在追求效率極大，重點是要追求社會福利極大，而社會福利極大必須同時兼顧效率與公平，如圖 11.9 之 *K* 點所示。如下圖 *M* 點滿足效率條件多於 *S* 點，可是 *S* 點的社會福利❸高於 *M* 點。原因在於 *S* 點分配遠比 *M* 來得公平，所以人民反而有可能比較喜歡 *S* 點。

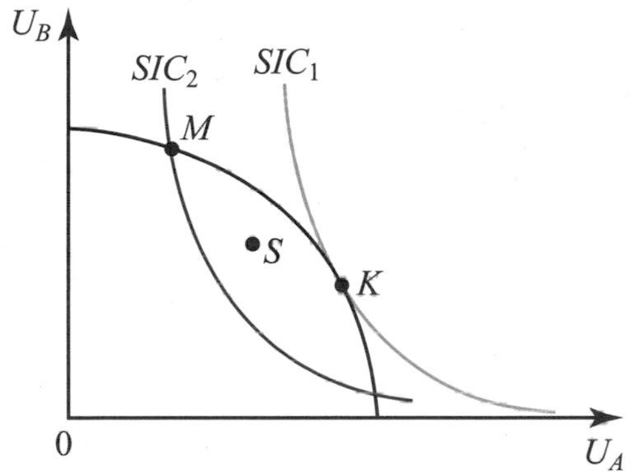

▲ 圖 11.9　次善理論

範例

三、全民健保要不要關門呢？

自從全民健保實施以來，醫療資源不斷浪費，導致虧損累累（全世界所有實施全民健保國家皆如此）。雖然衛福部不斷設法開源節流，依然無法彌補道德風險引起的資源浪費，因此有些人主張乾脆取消全民健保，避免債留子孫。全民健保要不要關門，在理論上值得探討。假設目前我國全民健保醫療資源並沒有效率使用，但是它卻能夠以國家力量去照顧弱勢者，使得全國所有人都可以得到相同的醫療照顧，不因貴賤而有所差別，因此符合公平的要求，假設位於上圖 *S* 點。

如果為了追求效率，避免浪費，廢除全民健保改為自費，假設資源配置點

❸ 我們引用社會無異曲線的觀念，所謂社會無異曲線指線上每一點帶給社會有相同福利水準，其經濟涵義在強調公平。

落在 M 點，意味著 B 可以享有充分醫療照顧，而 A 卻無法享有足夠醫療資源，按照上圖，此時哪一點帶給社會福利水準比較高呢？

11.3 補償準則

既然政府施政目標在追求社會福利極大，因此要判斷政策執行後，社會福利是否提高可以採用柏拉圖增進準則，亦即只要滿足柏拉圖增進準則表示社會福利提高。但是一般而言，政府執行一項新政策之後，不可能沒有人受害的，亦即有些人受益，有些人受害，則依照柏拉圖增進準則，無從判斷新政策的優劣，因此經濟學家提出補償準則 (compensation criteria) 來加以補救。所以透過補償準則的觀念，可以擴大政府政策執行的空間。

例如，臺灣加入 WTO 時，面臨相當大的衝擊，雖然對工業有可能有正面的影響，但是對農業等卻造成負面的衝擊，導致許多農民包括養雞鴨的業者走向街頭抗議，此時臺灣是否應該依照柏拉圖增進準則加入 WTO 是沒有答案的。此時我們介紹兩種補償準則如下：

一、卡多爾準則 (Kaldors' criteria)

若政策改變之後，受益者能夠補償受害者之後福利水準還提高，表示社會福利提高。

例如小林抽菸之後導致小林效用增加 3,000 單位，可是小賴卻減少效用 2,000 單位。此時小林願意補償小賴效用損失 2,000 單位，且剩餘 1,000 單位。表示小林抽菸之後社會的福利水準增加了。

二、席克斯準則 (Hick's criteria)

若政策改變之後，受害者無法利誘受益者改變或放棄原先的改變，表示改變後的社會福利提高。

例如小林抽菸之後導致小林效用增加 3,000 單位，可是小賴卻減少效用 2,000 單位。此時小賴最多只出 2,000 單位希望小林不要抽菸，可是小林不願意（因為抽菸對小林的價值為 3,000 單位），所以小賴無法改變小林抽菸的決策，因此小林抽菸之後社會的福利水準增加了。

當然還有許多學者提出不同補償準則，例如蔡陀斯基 (Scitovsky) 準則，要求 Kaldor's criteria 與 Hick's criteria 必須同時成立才能表示社會福利提高等，有興趣的讀者可以參閱個體經濟學的教科書。

11.4 公共選擇

雖然古典學派強調價格機能可以解決效率與公平的問題，可是歷經 1930 年代經濟大恐慌時代，我們發現價格機能並不是「那麼好用」！因為當時社會充滿著失業人口，工廠因無訂單而停工，加上獨占企業、工廠大量排放污染物引起所謂市場失靈問題，導致許多學者對價格機能失望，此時凱因斯學派趁勢而起，主張政府為生產體，認為政府應積極介入市場運作，以矯正價格機能的缺失，其中以美國新政為代表。自此以後，政府的角色逐漸深入經濟體系的每一個角落。

但是在 1960 年代以後，又有一群學者稱之公共選擇理論，例如布坎南、杜洛克、尼斯卡南等人認為由於政治鐵三角——民意代表、官僚體系、利益團體的交互影響，使得民主政治並沒有朝向為民謀求最大福祉，亦即政府其實也沒有為人民追求最大的福利水準，導致有限的資源遭到錯誤的配置，我們稱之為政府失靈 (government failure)。

為什麼政府會失靈呢？其原因非常多，我們嘗試列舉其中一些原因：

一、利益團體運作的結果

利益團體指一群有共同利益的人藉由集體活動來影響政府的政策稱之為利益團

體。透過政治鐵三角——民意代表、官僚體系、利益團體交互運作過程可知，民意代表藉由掌控預算權來影響官僚體系，而利益團體藉由選票來控制民意代表，所以最終政府將以利益團體的利益為施政的依據。例如，全國老人要求政府提高老年年金、全國農民要求發放老農津貼都可以稱為利益團體。由於利益團體是少數人的一種團體，因此凝聚力較強，藉由選票壓力，壓迫政府答應利益團體的要求。此時政府支出將不斷擴張，但是這些支出是人民所迫切需要的嗎？顯然大有疑問！

二、主雇代理問題

在民主政治中，總統受雇於人民，因此老闆是「人民」，而員工是「總統」，但是人民無法完全監督總統是否為人們在追求福利極大，因此就產生主雇代理問題。由於人民目標在追求福利極大，而總統目標在追求選票極大，此時選民與總統目標不一定一致。例如，財政理論告訴我們，政府支出不應過大，以免造成後代子孫負擔過重，但是執政者為了討好選民，可能以過度發行公債方式來融通政府預算赤字，此時將造成政府的失靈。

三、財政幻覺 (fiscal illusion)

財政幻覺指當政府以公債、貨幣融通或其他租稅來支付公共支出時，人民享受政府支出增加的好處，卻忽略必須支付的機會成本。例如，如果政府要幫每一個家庭免費裝「逆滲透飲水機」，保證每一個人都同意。但是問題來了，錢從哪裡來？如果政府以公債或印鈔票方式將這些成本轉嫁給下一代子孫負擔，將形成政府失靈的現象。

範例

四、政府對人民減稅就是最大財政幻覺

一般來講，執政者認為減稅就是德政，而大多數人民也不會反對減稅的措施，即使這項減稅一點也沒有減到自己的租稅負擔。但是如果政府支出不變，則政府減徵某一項租稅就代表著另外某項稅目要增稅，也就是說一個沒有財政幻覺的人，必須意識到他人稅賦減少就是代表著自己的稅賦要增加！

我們舉綜合所得稅一個明顯的例子，那就是購屋借款利息可以扣除的問題。一個有財政幻覺的人都認為購屋借款利息可以扣除是一項德政，因此項政策可

以照顧無殼蝸牛，但是事實是如此嗎？讀者須注意，租屋與購屋者哪一個經濟能力強？顯然是購屋者，既然購屋者能力強，他就應負擔較高的稅！而更重要的是普通百姓購屋金額通常不到 300 萬，利息不到 10 萬，因此省稅的利益很少（以 6% 計算只有 6,000 元）。可是有錢人購屋動輒 1 億，可以省稅的利益最高可達 12 萬。因此為了省 6,000 元卻可能未來要負擔更高的稅賦，很可能得不償失。

所以政府如果要真正照顧貧窮者，無需以租稅來因應，任何租稅減免都會造成租稅扭曲。張慶輝教授主張以購屋利息減讓對弱勢者更能得到充分照顧，就比購屋借款利息可以扣除更好。

範例

五、歐豬四國的啟示

2011 年，歐洲四國（希臘、義大利、西班牙與葡萄牙）爆發了歐債危機，迅速燃燒到整個世界，導致世界各國股市連番下挫，連臺灣股市也跌破十年線。為何會爆發歐債危機呢？追根究柢，其實就是歐美國家的社會福利太好，而執政者為了繼續執政，不敢刪減社會福利預算，加上人民有財政幻覺，以債養債結果終至破產。因此，歐債危機給我們很大的啟示，臺灣近幾年來，拼命發行公債，一直增加社會福利預算，卻不敢增稅，長期下來，將可能步入歐豬四國的危機。

重要名詞

- 柏拉圖效率 (Pareto efficiency)
- 柏拉圖增進 (Pareto improvement)
- 箱型圖 (Edgeworth box)
- 社會福利第一定理 (first fundamental theorem of welfare economics)
- 生產效率 (production efficiency)
- 消費效率 (consumption efficiency)
- 配置效率 (allocation efficiency)
- 邊際轉換率 (marginal rate of transformation, $MRT = \dfrac{MC_X}{MC_Y}$)
- 總效用可能線 (grand utility possibility frontier)
- 社會福利第二定理 (second fundamental theorem of welfare economics)
- 次善理論 (theory of second best)

◆ 補償準則 (compensation criteria)
◆ 卡多爾準則 (Kaldor's criteria)
◆ 席克斯準則 (Hick's criteria)
◆ 政府失靈 (government failure)
◆ 財政幻覺 (fiscal illusion)

摘要

★ 1.效率就是不浪費。

★ 2.柏拉圖增進指原賦經過重分配之後，沒有一個人效用變得比較差，但是至少有一個人效用會變得比較好。

★ 3.柏拉圖效率指目前的財貨組合不存在柏拉圖增進可能。

★ 4.柏拉圖效率的條件為兩人的無異曲線相切，同理廠商生產行為如果要滿足柏拉圖效率條件，則必將生產要素雇用到兩種財貨間的邊際技術替代率相等，即兩財貨的等產量曲線相切為止。

★ 5.社會福利第一定理指在完全競爭體系下，透過競爭均衡可以達到資源配置滿足三大效率條件，包括生產效率、消費效率與全面效率。

★ 6.總效用可能線指若社會資源及技術不變，滿足效率三大條件下使得社會能夠達到最大可能效用組合的軌跡。

★ 7.租稅中立指政府課稅應盡量避免干擾到人民原先的選擇，此時會使人民課稅感受到的痛苦幅度最小。

★ 8.社會福利第二定理指如果消費者偏好滿足 *MRS* 遞減法則，則任何的柏拉圖配置都可被一競爭均衡所支撐，亦即如果社會偏好某種的效用分配，那麼政府只需要對經濟單位進行原賦重分配，然後再交由價格機能進行資源的配置，自然能夠達到預期的目標而不減損效率。

★ 9.次善理論指當社會資源分配無法達到全面柏拉圖效率時，則滿足越多效率條件並不表示社會福利越大。

★ 10.政府執行一項新政策之後，不可能沒有人受害，亦即有些人受益，有些人受害，則依照柏拉圖增進準則，無從判斷新政策的優劣，因此經濟學家提出補償準則來加以補救。透過補償準則的觀念，可以擴大政府政策執行的空間。

★ 11.卡多爾準則指政策改變之後，受益者能夠補償受害者之後福利水準還提高，表示社會福利提高。

★ 12.席克斯準則指政策改變之後，受害者無法利誘受益者改變或放棄原先的改變，表示改變後的社會福利提高。

★ 13. 由於政治鐵三角——民意代表、官僚體系、利益團體的交互影響，使得民主政治並沒有朝向為民謀求最大福祉，亦即政府其實也沒有為人民追求最大的福利水準，導致有限的資源遭到錯誤的配置，我們稱之為政府失靈。

習題

1. 何謂柏拉圖效率？無窮盡的新鮮空氣代表著效率？
2. 請簡述社會福利第一定理的意義。
3. 依照社會福利第二定理，窮人沒有錢租房子，政府應該給予補貼嗎？
4. 依照公共選擇理論，發生政府失靈的可能原因為何？
5. 試述補償準則為何？
6. 假設某一班的導師要發 100 個糖果給 50 個同學，以下哪一個分法是沒有效率的？
   (1)每一個同學 2 顆。
   (2)成績最好的 10 個同學，每個同學 10 顆。
   (3)成績最高的同學 90 顆。
7. 請用福利經濟學第二定理，解釋政府強力推動證券交易所得稅的問題何在？
8. 請利用公共選擇理論觀點，說明為何每次總統大選老人年金都要加碼 1,000 元？

第 12 章

市場失靈

透過社會福利第一定理，只要市場為完全競爭市場，則資源必滿足柏拉圖最適配置，但是觀察社會一般情形，很多情況下，財貨提供數量不是過多就是過少。例如，早期在高屏溪沿岸民眾飼養高達數百萬頭的豬隻，而高屏溪的水卻是大高雄地區飲用水的來源，導致大高雄地區飲用水品質不良，因此很多高雄市民心想要是高屏溪豬隻的數量能夠減少「多好」，代表著當時高屏溪豬隻有過量生產的可能。或者，最近幾年臺灣的治安有惡化的傾向，許多結夥搶劫或者古惑仔攔路砍人的事情層出不窮，許多人民希望治安能夠更好。這些例子有一共同特性就是無法藉由個人「努力」就可以改善，必須透過政府以及全民努力才有可能達成改善的目標。這種無法透過價格機能引導達成柏拉圖資源配置效率的現象，經濟學家稱之為市場失靈(market failure)。

市場失靈一般來講就是代表市場價格機能失敗或者個人的無力感，如果價格機能可以充分運作，則經濟體系可以重新透過價格機能運作調整資源配置滿足 Pareto 最適。但是在價格機能失靈時，市場喪失了資源重新配置的機能，也就是價格機能無法「命令別人不要養豬」，也無法要求「治安更好」。此時就帶給「政府」干預市場的理由，但是政府職權日益擴大的結果，有些經濟學者認為政府干預的結果不見得比較好！有關市場失靈的原因與政府是否應該干預將在本章作一綜合的說明。

12.1 外部性意義與經濟效果

外部性 (externality) 指經濟個體的行為「無償地」影響到其他經濟個體的效果。例如小林在公共場所抽菸，對其他人健康造成妨礙，但是小林並沒有付補償費，此時小林抽菸的行為就造成外部性。反之，如果小林有補償所有受害人的損失，且受害人都滿意小林的補償金額，此時小林抽菸的行為就沒有造成外部性。

外部性的定義指由於財產權界定不清，導致經濟行為無法透過價格機能反映其真實成本（或者利益）者。由外部性定義可知，外部性根本原因在於財產權界定不清所致，例如臺灣河川為什麼有那麼多的污染，原因在於河川屬於模糊「國有」，且公權力沒有徹底執行。由於河川所有權沒有界定清楚，使得廠商任意傾倒廢物，而一般老百姓也抱著與己無關的態度，導致臺灣河川十有八九都變了「顏色」。

外部性的分類

依照資源分配效率分類的觀點，外部性可以分成金融性外部性 (pecuniary externality) 與真實性外部性 (real externality)。

一、金融性外部性

指由於相對價格發生變動導致社會福利組合發生改變，惟此種改變並不會導致社會整體上有任何效率損失，純粹是所得重分配的結果，稱之為金融性外部性。例如菜價上漲對消費者不利，但對生產者有利；工資上漲對老闆不利但對員工有利；股價下跌對出售者有利對買進者不利。這些情形都是一得一失，並不會對社會效率有太大的影響，通通稱之為金融性的外部性。

當社會有外部性情形時，是否需要政府加以干預以追求效率的提升呢？其實只要沒有任何的市場非法操縱等壟斷情形，就效率觀點，政府不適宜對金融性外部性加以干預，主要原因是金融性外部性是價格機能運作的結果。假設社會對納豆需求增加，此時必然使納豆的價格大幅上漲，因此種植納豆對生產者有利，消費者不利，如果此時政府任意干預市場價格，將導致社會的產量過少，因此將同時發生消費者剩餘與生產者剩餘的無謂損失，反而減損經濟效率。

二、真實性外部性

指人類經濟活動對社會整體而言會造成實質成本或者效益改變，但是私人卻沒有給付代價或者收取利益者。簡而言之，當經濟活動造成社會成本增加而私人卻沒有支付此項成本，此時經濟學家稱之為外部不經濟，反之當經濟活動造成社會利益提高而私人並沒有因此而獲益，此時稱之為外部經濟。

例如，小林將自己庭院種滿了漂亮的花朵，令鄰居感到精神舒暢，可是小林卻沒有因此而得到額外的報酬，此時小林種花的行為就造成外部經濟。又如，每逢春節，大量車輛湧上高速公路，造成彼此不便，此時每一個駕駛行駛高速公路時都會對其他駕駛造成外部不經濟，亦即會降低他人車速，延長行車時間。

由於可能發生外部經濟與外部不經濟，導致私人利益（成本）與社會利益（成本）不一致，因此經濟學家定義以下不同的觀念：

邊際社會成本 $(MSC) =$ 邊際私人成本 $(MPC) +$ 邊際外部成本 (MEC)

邊際社會利益 $(MSE) =$ 邊際私人利益 $(MPE) +$ 邊際外部利益 (MEP)

所謂邊際社會成本 (marginal social cost, *MSC*) 表示某經濟活動帶給社會真正的成本，邊際私人成本 (marginal private cost, *MPC*) 表示私人有支付的成本，而邊際外部成本 (marginal external cost, *MEC*) 表示某經濟活動私人沒有支付的實質成本。例如，小林養豬，每頭豬小林必須支付飼料等費用 3,000 元，此成本就稱之為私人邊際成本。另外每頭豬假設會對鄰居造成 2,000 元的健康損失，可是小林視而不見，並沒有賠償鄰居的損失，此 2,000 元就稱之為邊際外部成本。所以就整個社會而言，小林養豬每頭真正的社會成本應為 $MSC = MPC + MEC$。

同理，當臺北市政府蓋了一座漂亮公園時，對臺北市民而言，這是邊際私人利益，但是公園不僅可以提供臺北市民休閒的活動空間，同時也可以提高鄰近新北市民休閒的價值，此時這座公園對新北市民就產生了邊際外部利益。所以臺北市興建此座公園整個的邊際社會利益就等於邊際私人利益與邊際外部利益的加總。

外部不經濟的經濟效果

當社會存在外部性時（以外部不經濟為例），任由私人去決定私人最適產量相對於社會的最適產量到底是過多還是過少呢？顯然是一個很重要的問題，為了簡化問題起見，我們假設養豬的邊際私人成本為固定常數 $MPC = 3{,}000$ 元，同時每一頭豬所造成的邊際外部成本也是常數 $MEC = 2{,}000$ 元，因此養豬的邊際社會成本為 $MSC = MPC + MEC = 5{,}000$ 元，同時豬肉市場為完全競爭市場。如下圖所示：

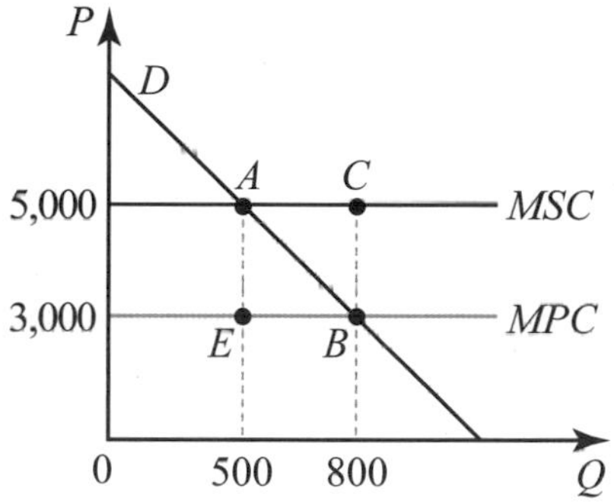

▲ 圖 12.1　外部性經濟效果

依照私人觀點，邊際外部成本 2,000 元 (= $MSC - MPC$) 是無須支付的成本，因此私人的最適產量不為 A 點，原因在於如果廠商在 A 點生產，市場價格 5,000 元，可是私人成本為 3,000 元，顯然增產有利可圖，所以廠商將增產至 B 點為止，滿足 $P = MPC$ 私人利潤極大條件。

可是依照社會的觀點，養豬真正的社會成本應為 5,000 元，所以社會最適產量應依照 $P = MSC$ 來決定，也就是說，私人產量應減少至 500 頭豬才合理。所以私人產量顯然高於社會的最適產量，代表社會資源配置有無謂損失發生，因此提供政府干預市場的一個理由。

範例

一、社會最適的污染量

長久以來，人民有一個根深蒂固的觀念，那就是污染是不好的，因此我們不需要有污染，最適的污染量 (optimum pollution) 應該為零！其實這種觀念有深入探討的必要。

須知一個現代人享受如此高的生活水平是有很高的機會成本，如果我們對水蜜桃有需求就代表著對生產水蜜桃所噴灑的農藥有需求（也就是對農藥污染有間接需求），在夏天使用電力帶來冷氣所提供舒服享受時，就代表著對生產電力所造成的污染（如核污染、二氧化碳污染）有間接需求。除非人們不需要現代化的生活，否則必然對污染有需求！

從圖 12.1 可以提供我們了解管制外部性是有必要的，如果政府能夠知道最適豬隻產量為 500 頭，則限制養豬數量由 800 降為 500 頭，則市場價格上漲引起消費者剩餘減少 $\triangle ABE$，但是同時使外部成本減少長方形 $ACBE$，所以社會總剩餘增加 $\triangle ABC$，因此政府管制外部性是有必要的。

12.2 解決外部不經濟的方法

對於如何解決外部性所引起的資源無效率配置問題，雖然經濟學家提出各種不同的看法，但是根本解決方法是必須讓經濟個體付出應該支付的外部成本，亦即所謂的「外部成本內部化」。但是要使廠商願意自動申報其真正的外部成本，不僅廠商不願意，即使願意廠商也不知道真正的外部成本為何？所以要解決外部性的問題達到資源最適配置，還有一段很長的路要走！

課徵皮古稅 (pigourian tax)

對於解決外部不經濟最直接的方法就是對污染者課稅，這也是最直接滿足外部成本內部化的方法。但是要怎麼課稅才好呢？以圖 12.1 為例，要如何使養豬數量降為 500 頭，很明顯只要讓廠商的成本增加至 5,000 元，廠商自然會減產，所以政府只需課徵最適產量下的外部成本 2,000 元（即 $t =$ 均衡時的 MEC），就可以使廠商減產至 500 頭，滿足資源最適配置。

減產補貼

很多讀者對於政府利用減產補貼以求達到經濟效率可能很不以為然，相當於變相對「污染者獎賞」，無法滿足受益者付費的精神。我們同意此觀點，但是政府要求廠商減產可以領到補貼大都有其歷史因素，例如早期在推行十大建設時，政府極力鼓吹重化工業，而地方政府為創造就業機會，紛紛祭出租稅優惠吸引這些廠商前來設廠。政府不能之前鼓勵，之後就以租稅重罰，導致政策不一致性，因此只有透過減產補貼一途。

但是要如何減產補貼呢？從圖 12.1 可知，當廠商生產 800 頭豬時，變相是賺了 2,000 元應支付的外部成本，因此如果政府從量補貼均衡時的外部成本，則廠商必然樂意減產至 500 頭豬隻，達到柏拉圖最適境界。

但是減產補貼也有嚴重的問題，的確減產補貼在短期可以改善污染，但是在長期下，補貼可以讓原有廠商獲得超額的經濟利潤，如果產業可以自由進出，則必然吸引新廠商加入，長期下產業產量反而有可能增加，亦即在長期下，補貼的結果產業污染量反而會增加，這也是補貼與課稅的最大差異點。一個典型應用就是政府對高雄工業區一些石化工廠給予投資抵減的租稅優惠，雖然可以改善個別工廠的污染，但是長期下卻吸引更多新廠商加入，導致大高雄地區空氣污染並沒有改善。

高斯定理 (Coase Theorem)

前面兩種解決外部性的方法都需要政府出面干預市場，但是政府出面干預市場運作以達經濟效率背後需要有一個嚴格假設，即政府能夠準確知道廠商造成真正外部成本值，但是通常政府資訊顯然不足，因此若不知真正的外部成本，則政府干預之後有可能不足或過多，社會資源配置一樣無效率。因此高斯 (Coase) 嘗試尋找滿足一些條件之下，是否無須政府干預外部性，透過私人談判過程來解決外部性的可行性，高斯證明這是有可能的。為了達到以上目的，高斯作了以下的假設：

⑴能夠區別誰是污染者與被污染者。

⑵交易雙方人數很少。

⑶交易成本極低。

⑷財產權界定清楚。

第一個假設是要確立談判雙方的主角，亦即受害者與加害者之間的談判，例如一個化學污染廠導致某養殖業者魚群暴斃，如果養殖業者不知元兇是誰，則談判無從談起。第二個與第三個假設要求談判的成本很低，甚至趨近於 0，其原因在於當談判成本很高，高過雙方透過談判所得的利得時，則談判不值得談下去，導致談判破裂，因此就無法解決外部性問題。而第四個假設意義非常重要，也就是政府在干預外部性的過程中，只需要做到一件事，那就是財產權（或污染權）的歸屬界定清楚，不管將財產權判給加害者或受害者都可以，一定可以滿足資源的最適配置。讀者或許對這個假設非常不以為然，主觀上政府應該判給受害者才合理！但是讀者須注意，本章全部以效率觀點在處理外部性問題，將財產權判給受害者是基於「公平」觀念出發，由於公平與否太過主觀，所以不列入我們的討論之中。

從以上假設可知，高斯認為之所以產生外部性問題，完全是因為財產權界定不清所致。只要滿足適當條件，透過談判過程，資源可以達到最有效率的配置，而且與財產權歸屬無關。為什麼高斯定理可以成立是一個非常有趣的問題，假設有一化學廠（加害者）與一養殖業者（受害者），如果政府將河流的所有權判給加害者，如圖 12.1 所示，假設 D 表示化學廠的邊際利益曲線 (MB)，則化學廠將生產至 $Q=800$ 以獲得利潤極大。但是養殖業者可以進行談判的工作，根據圖 12.1，如果化學廠能夠減產至 $Q=500$，則化學廠的私人利潤將減少 $\triangle AEB$（即邊際收益與私人邊際成本之間的面積），可是養殖業者的損失大約等於長方形 $ACBE$ 的面積（也就是邊際社會成本與邊際私人成本所圍的面積），此時養殖業者願意賠償化學廠的利潤損失 $\triangle ABE$，但是可以使得養殖業者獲得利得 $\triangle ABC$，表示社會淨福利增加了。同理讀者可以嘗試證明，若財產權為養殖業者所有，則化學廠的最適產量依然為 $Q=500$。

範例

二、如何保護野生犀牛？

非洲野生犀牛數量日益減少瀕臨絕種，所以世界各國要求非洲有關國家明令禁止獵殺犀牛，導致犀牛角價格更加飆漲！此時由於價格太過誘人，因此吸引更多盜獵者鋌而走險，如此循環下去您認為非洲野生犀牛數量會因為「保護」而日益增加還是因此而絕種？

依照高斯觀點，政府只需做到一件事，就是將財產權歸屬界定清楚，例如非洲各國政府可以規定在某一範圍之內的犀牛屬於某部落所有，則此部落為了維護其「私有財產」，不僅不會盜獵，反而會嚴加看守，此時非洲野生犀牛才有可能看到明日的太陽。

範例

三、高鐵對南科的影響

當時在規劃高鐵路線與南科廠址時，由於沒有考慮到高速火車會因震動對電子產品生產過程有顯著影響，等到高鐵與南科都已經興建得差不多時，大家才發現高速火車產生震動的問題非常嚴重，因此雙方吵成一團，此時政府應如何處置呢？

假設解決方法有以下三種，(1)南科遷廠，需經費 500 億；(2)高鐵改道，需經費 300 億；(3)加強減震工程，需經費 100 億。依照高斯定理，政府只需要將路權判給高鐵或者南科皆可，在交易成本為 0 時，並不會影響雙方的最適選擇。例如，政府將路權判給南科，則高鐵將會選擇最低成本方式來解決，因此高鐵將會選擇加強減震工程。反之，若路權判給高鐵，則南科會補貼高鐵作加強減震工程，以避免損失。

高斯定理看起來很有用，但是在實際應用上也有很多問題，其問題根源在於高斯定理必須在以上四個條件成立下才適用，可是一般情況上述四個條件很難成立，導致高斯定理在應用上有很大的困難。其中最重要莫過於實際談判過程中交易成本會很高，從台塑預計在宜蘭設廠或者德國拜耳預計在臺中設廠事件等抗爭活動顯示高斯假設交易成本為 0 過於天真。「污染製造者」的一方要請律師、環境評估顧問甚或「鑽營」的費用 (rent seeking)，這些交易成本一般而言都非常的龐大。另外污染的受害者每一人的損失程度不一，因此要求的補償金額也大不相同，在此情況下，污染製造者很難訂定統一標準使每一個受害者都願意接受「和解」，導致高斯定理無法達成。

污染量管制 (pollution control)

污染量管制意味著政府統一規定排放污染的標準，限制全國廠商的產品一體適用，一個接近例子就是政府規定機車排放廢氣標準，不因廠牌而有所差異。

污染量管制的好處在於降低污染可以有立竿見影的效果，例如取締大烏賊，此時大型客運排放廢氣數量就會減少。但是污染量管制最大問題在於無法滿足經濟的效率，例如有兩種蓮霧，一種稱之為黑珍珠，又甜又脆，很好吃，另外一種為白蓮霧，一吃就會吐出來。如果這兩種蓮霧都要灑農藥，您願意黑珍珠可以灑比較多農藥還是都使用相同農藥劑量？顯然答案會是黑珍珠！所以政府如果規定所有蓮霧能夠噴灑的農藥劑量都相同，顯然這種管制是無效率的。

拍賣污染權 (pollution auction)

既然外部性的效率問題是因為外部性的市場不存在，且政府無法正確認知外部成本值，因此要達成經濟效率，那麼就為外部性創造一個市場，由市場去反映外部性真正的價值，這就是拍賣污染權的一個想法。所以拍賣污染權本質是為外部性創造市場，以使污染達到其市場價值，而反映其真實價格的一種市場價格機制。

首先政府決定最適污染排放總量，接下來再將「污染權」發售給廠商，透過污染權的拍賣市場，讓廠商可以自由買進或賣出「污染使用權」。顯然拍賣污染權有兩大優點，第一，產值最大的廠商可以出更高的價格而獲得污染的權力，從另外一個角度來講，代表稀少性污染的「生產資源」透過市場價格機制給最有效率的廠商使用，亦即賣黑珍珠的果農可以獲得污染權力，使消費者可以獲得更多黑珍珠來消費而得到更高的效用，這就是資源配置效率表現。另外，透過喊價的機制，政府無須了解每家廠商所造成外部成本值，廠商在喊價過程中，透過適當的拍賣制度每家廠商喊出他的外部成本價格會是一個 Nash 均衡解。亦即透過拍賣喊價過程，外部性市場有可能反映每家廠商生產過程中所製造的外部成本，意味著拍賣污染權最符合市場價格機制解決外部性的一種方法。

12.3 公共財

純公共財特性

按照 Samuelson 對公共財 (public goods) 定義為「公共財一旦提供之後，其利益可以由多人同時共享，且多增加一人消費不會影響其他人原來消費的數量」。因此依照 Samuelson 的定義，則公共財必然滿足以下三個主要特性：

一、無（不可）排他性 (nonexcludability)

指公共財一旦建立之後，任何人都有權使用它，任何人都無權排除他人使用，也就是任何人即使沒有付錢也可以消費。按照此觀點則公共汽車就不是公共財，因為在正常情況下必須付費才能搭車，所以公共汽車就具有排他性，因此不為純公共財。

若某財貨具有無排他性，則會產生「搭便車」或者「白吃者」(free-rider) 的現象，導致公共財興建過少而使市場失靈。所謂的搭便車指消費者因不付費也可以享用，因此就會故意隱藏自己的偏好，使自己負擔的成本降低或甚至不用負擔公共財興建成本的一種現象，例如在您住家附近興建公園綠地想必每個人都十分贊成，因此臺北市政府希望各位鄰居「踴躍捐獻」來蓋公園，在公園無排他性的假設之下，則想必很多人都會跟市政府講「我們不太需要公園」。由於「搭便車」使得每個人都會冀望他人多出一點，自己不要出，最終公共財因沒有經費而提供過少，發生市場失靈的現象。

二、無敵對性 (nonrivalry)

指多增加一人消費不會影響其他人原來消費的數量，Samuelson 雖然只有強調消費數量，但是也同時指品質不會受到影響。例如，一旦國防武力建立以後，則多生一個 baby 對每一個人感受的國防安全不會有影響，此即為無敵對性。如果按照無敵對性的特性，則很多財貨看起來像公共財嚴格上來講都不屬於公共財，例如公園，雖然公園滿足無排他性，在人數很少時也約略滿足無敵對性，可是當遊客人數增加時，會因為人數過多而形成所謂的「擁擠效果」，此時就會降低原來遊客的效用，因此公園無法滿足無敵對性，所以公園又稱之為不純粹公共財。其他如圖書館裡面的圖書，雖然是「公家」的，但是因為一本書無法同時有兩個以上讀者借閱，也無法滿足無敵對性，此類財貨也不屬於純公共財。

如果某種財貨滿足無敵對性，則多增加一人消費，不會影響公共財提供的成本，如果按照最適定價法則，則似乎應收取的價格為 0，但是當最適收費為 0 時，則公共財的財源又從哪裡來？

三、不可分割性

指公共財的消費數量不可分割。公共財數量不可分割的原因在於無敵對性，因此只要公共財數量一經決定，則全國人民必然消費相同數量。在這種情形下，公共財無法分割來出售給最需要的人，也就是按照個人需求大小分割不同公共財出售，此時價格機能無從運作，因而市場將無法有效率提供公共財。

公共財均衡條件

任何財貨的最適提供條件不管是公共財還是私有財，在完全競爭假設之下，其 Pareto 最適條件一定要滿足市場供給等於市場需求（若有外部性則須滿足 $MSC = MSB$）。但是因為私有財特性與公共財特性有顯著不同，導致其市場需求的求法有相當的差異。

假設社會只有 A、B 二人，且漢堡為私有財，則 A、B 二人必然面臨相同的漢堡價格。由於私有財同時具有消費上的排他性與敵對性，因此若 A 消費 q_A 數量的漢堡，B 消費 q_B 數量的漢堡，則社會總需求量 (Q) 顯然為 $Q = q_A + q_B$，而數量位於橫軸，因此又稱之為水平加總，如圖 12.2 所示。

圖 12.2 中，假設 A、B 共同面對市場價格 P_1，此時 A 購買 q_A 的數量而 B 購買 q_B 的數量，因此市場總的需求量為 $Q = q_A + q_B$。另外從圖 12.2 中，若市場價格高於 P^*，B 因價格太高而不願意購買，導致市場的需求只剩 A 的需求。

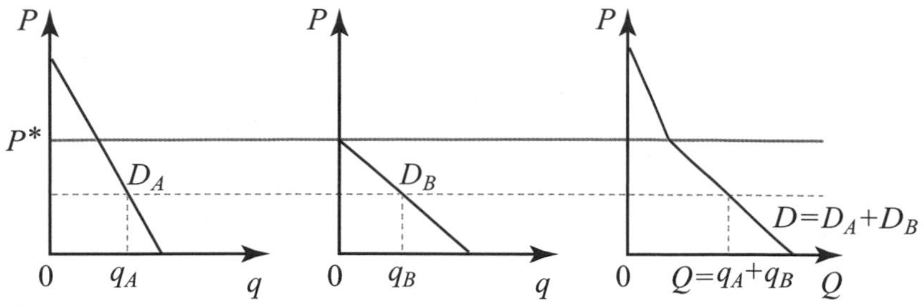

▲ 圖 12.2　私有財的水平加總

反之當人民消費公共財時，由於公共財兼具不可排他性與無敵對性，導致人民對公共財的消費數量均相同，雖然每一個人均消費相同數量的公共財，可是每一個人對公共財的評價不同，因此我們在求公共財的總需求時，必須加總每一個人對公共財的需求價格，亦即在某一數量公共財下整個社會願意支付公共財的價格為每個人需求價格的加總（假設每一個人均誠實宣告自己的偏好），由於為價格加總且價格位於縱軸，因此公共財需求又稱之為垂直加總 (vertical summation)，即 $P=P_A+P_B$，如下圖所示：

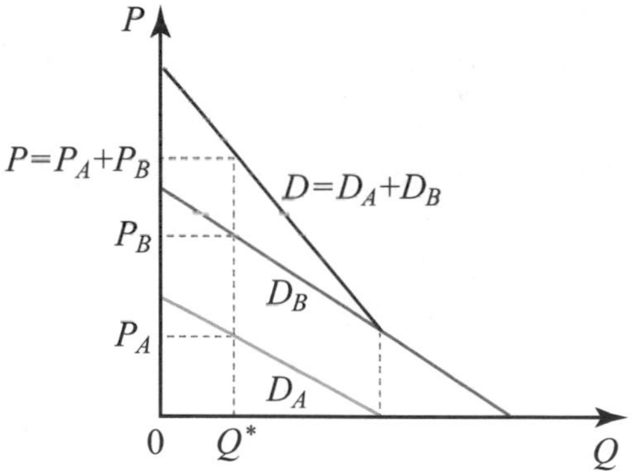

▲ 圖 12.3　公共財的垂直加總

在公共財數量為 Q^* 下，根據 A 的需求曲線，A 願意支付的最高價格為 P_A，而 B 願意支付的最高價格為 P_B，因此社會願意支付的最高金額為 A、B 二人願意支付最高金額的加總，即 $P=P_A+P_B$，此時 $D=D_A+D_B$ 表示社會對公共財的總需求。

當我們得到公共財的社會總需求曲線之後，可以透過供需模型來得到最適公共財數量，如下圖所示：

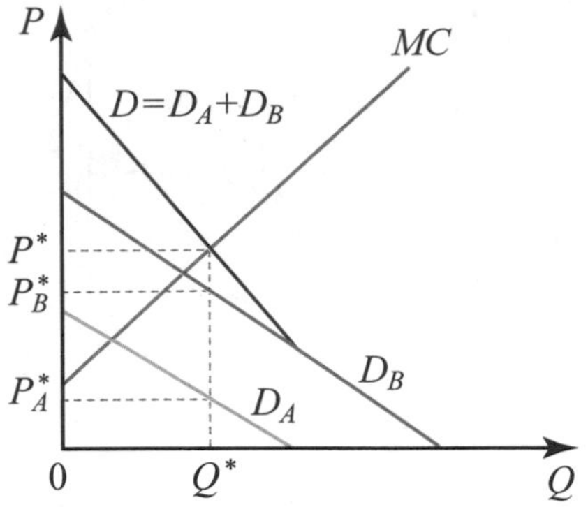

▲ 圖 12.4　公共財均衡條件

當市場的總需求與公共財生產的邊際成本相等時可以決定公共財最適數量為 Q^*，此時人民 A 應該繳交 P_A^* 的金額，而人民 B 應繳交 P_B^* 的費用，總金額為 $P^* = P_A^* + P_B^* = MC$ 滿足柏拉圖最適條件。

公共財均衡的問題

上述求得公共財均衡條件時，背後隱含有一個重要假設，即人民都是誠實的，也就是不會隱藏自己的偏好，簡單來講人民會誠實宣告自己願意負擔興建公共財的最高金額，但是這個假設與公共財具有的無排他性所隱含「搭便車」有很大的衝突。

當人民面對私有財的購買時，我們可以透過價格機能指引來達到柏拉圖最適，若市場需求大於供給時，價格將會上漲，廠商產量增加，消費者購買量會減少來消除超額需求。反之若市場發生供給超過需求，則市場價格下跌，廠商減產配合消費者需求量增加，最後可以消除超額供給，終至達成均衡。

但是問題來了，當公共財發生失衡，例如需求大於供給時，理論上來講人民應該很樂意出錢讓公共財數量得以增加，但是因為「搭便車」的心理，使得消費者不願意付錢，也就是價格機能無法運作，此時公共財數量如何增加呢？從以上說明可知，如果我們希望公共財數量能夠滿足柏拉圖最適的條件，則誘因將是首要的解決問題，亦即我們必須設計一套機制讓人民願意支付公共財帶給他們的邊際利益的代價。

12.4 自然獨占

在獨占一章中我們已經介紹自然獨占廠商的意義，所謂自然獨占廠商一般指廠商的長期平均成本有遞減的現象，所以當廠商成本結構具有 *LAC* 遞減時，產量一定要夠大才能達到規模經濟效果。例如，像公用事業台電，興建一個核四廠的期初成本很高，若只有服務某鄉鎮，顯然不符合經濟效益。又或者如汽車的研發，可能需要幾億的經費，此時若市場只有臺灣，顯然也不符合經濟效益，因此汽車廠商若非世界級，則會很難生存。

當自然獨占廠商達到產量的規模經濟時，將會因成本優勢防止新廠商加入而形成所謂的「自然」獨占。所以當廠商平均成本為遞減時，在無其他因素之下，競爭之後最後市場將只允許一家廠商存在，形成獨占的局面。在此情況之下，若獨占廠商依照利潤極大定價法則，如圖 12.5 所示，將生產 Q_m 產量並定價 P_m。由於不滿足 $P = MC$ 定價法則，表示自然獨占廠商的產量過少與價格過高，此時將發生無謂損失 $\triangle ABC$。

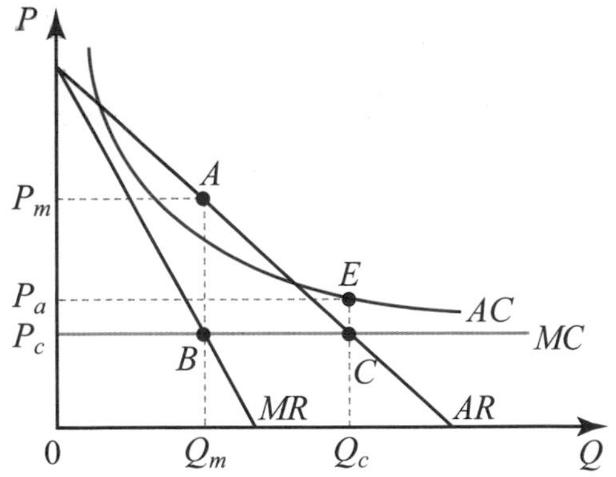

▲ 圖 12.5　自然獨占的無謂損失

但是若政府強制廠商依照 $P = MC$ 定價，則政府會發現市場價格 P_c 低於廠商的平均成本，所以廠商將會發生虧損 $P_aECP_c\ (= (P_a - P_c) \times Q_c)$，因此除非政府補貼，廠商長期將會退出市場。但是若政府以租稅進行補貼廠商生產時，將造成受益的不公平，也就是說繳稅者不一定是購買此財貨的消費者，所以政府以租稅補貼一些公共事業的虧損時，必須確定是絕大多數人民所必須。例如，在金融風暴期間，財政部曾要求各銀行不要對「危險企業」緊縮銀根的動作，可是弔詭的是若商銀不緊縮銀根，可能自己先倒閉，因此若非政府另行補貼（如減免營業稅來打消呆帳），商銀不可能不緊縮銀根。但是所有行業都要繳稅時，為什麼只有金融業不用繳稅？當金融業少繳稅的時候，就代表著廣大的納稅義務人多繳稅的時候來臨了！

12.5 市場失靈的其他原因

除了上述原因之外，現實社會中還有其他因素也會導致市場價格機能失靈而發生無謂損失的現象，例如：

一、資訊不對稱

我們已經介紹過道德風險以及反向選擇的觀念，那為何道德風險與反向選擇會導致價格機能失靈呢？以道德風險之全民健保為例，為什麼實施全民健保之後，人民會過度使用醫療資源發生浪費而導致市場失靈？顯然原因是人民支付看病的代價（如每次看病的價格為 150 元）遠低於社會實際支付的代價，其差額由政府來負擔。所以人民在消費醫療資源時，其中某部分的成本人民並沒有支付，因而發生類似外部不經濟效果，在外部性一節中我們已經知道，只要有外部不經濟，將因過度使用而產生無謂損失。

二、租稅扭曲

由於政府課徵租稅通常會產生替代效果，因而發生超額負擔，導致人民福利受到嚴重損失，因此當租稅引起超額負擔過多時，政府須改善租稅制度，達到租稅中立的要求。

我們以營業稅改革來加以說明，早期我國營業稅採取總額型營業稅，因此會有重複課稅之弊。假設營業稅率為 10%，小林生產麵粉價值 100 元，賣給小賴生產麵包，此時政府另課 10 元的營業稅，因此小賴購買麵粉真正的成本為 110 元。而小賴將所購買的麵粉製成附加價值 200 元的麵包，在總額型營業稅下，則小賴生產的麵包應該訂定多少價格呢？

理論上來講小賴出售的麵包價格原則上應依照：

P = 原料成本 + 本次的附加價值（包括成本費用與應得利潤）+ 營業稅
　= 110 + 200 + 營業稅

如果依照總額型營業稅特性，則稅基為原料成本 + 本次的附加價值（包括成本費用與應得利潤），因此營業稅為 $310 \times 10\% = 31$，小賴的麵包定價將為 341。如下圖所示：

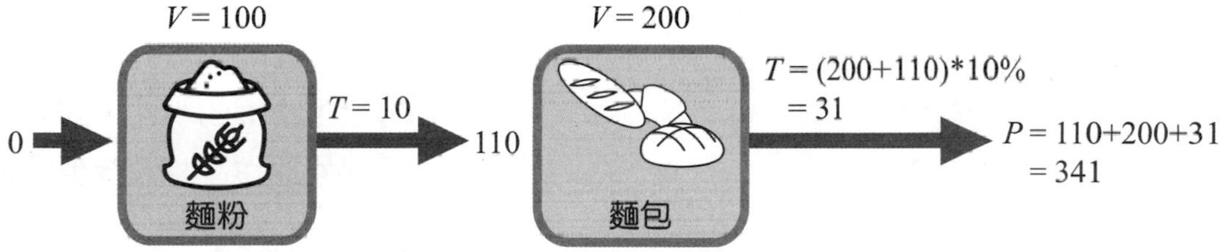

▲ 圖 12.6　總額型營業稅

因此總額型營業稅最大的弊端就是以前所課的營業稅將重複課徵（例如麵粉所創造的附加價值在麵包階段也要再課一次），而且稅上加稅（例如麵粉階段已經繳的稅 $T = 10$ 還要再課徵營業稅）。

反之如果採加值稅，則每一次課稅的稅基就是此階段的附加價值，跟以前階段的附加價值無關（所以不會重複課稅），跟以前繳的稅也沒有關係（所以也就不會稅上加稅），因此總稅負只與整個過程附加價值有關，而與轉手的次數無關，滿足租稅中立的要求。例如在本例中，由於麵包的附加價值為 200 元，因此小賴只需繳交營業稅 20 元，因此總售價為 $P = 110$（進貨成本）$+ 200 + 20 = 330$ 元，如圖 12.7 所示：

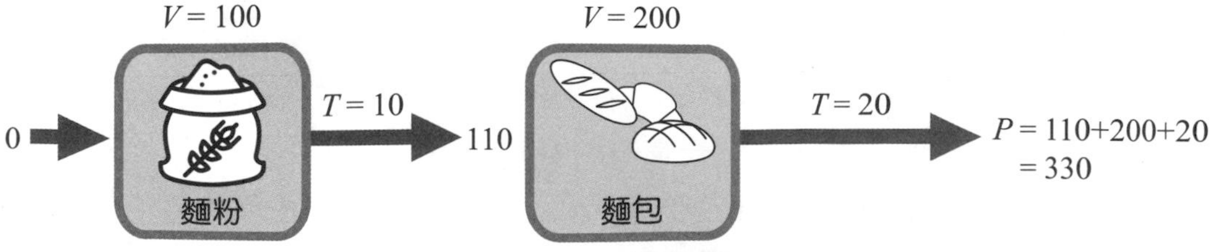

▲ 圖 12.7　加值型營業稅

當我們了解總額型營業稅與加值型營業稅的區別之後，我們就可以了解營業稅改革有其重要性，當在總額型營業稅之下，廠商為了避免被重複課稅與稅上加稅，廠商將被迫選擇一貫作業。由於正常情況下，廠商採取分工合作有利於提高生產力降低生產成本，因此總額型營業稅將造成十分可觀的無謂損失，所以我國營業稅改革對於提高我國廠商競爭力有其貢獻。

三、所得分配不均

最近幾年以來我國所得分配有日漸惡化的趨勢，因此有泛紫聯盟誕生，顯見有關所得重分配問題將成為我國未來施政的重點。但是應否進行所得重分配，卻有不同觀點，贊成所得重分配的理由包括以下各點：

(1)當所得分配極度不均時，極易引起社會動盪，因此政府須改善所得分配，以降低社會的摩擦。

(2)由於所得分配平均之後，社會比較和諧，比較不會發生不幸的事件，因此所得重分配將具有外部經濟的效果，此時若任由價格機能運作，將會發生市場失靈。

(3)所得重分配具有保險的功能，當有錢人繳稅透過政府移轉給窮人時，相當於有錢人在繳交保險費，由於人有旦夕禍福，有錢人不一定一輩子有錢，萬一以後變貧窮，亦可以由政府領到「保費」，避免影響到基本生活。

但是亦有經濟學者持反對的觀點，其理由包括：

(1)所得重分配將破壞價格機能，導致資源配置無效率。在完全競爭市場下個人薪資決定於其要素的邊際生產力，當政府進行所得重分配時將使要素的邊際生產力所具有資源配置機能喪失。

(2)所得重分配將降低經濟誘因，由於所得重分配之後，使人民失去辛勤工作的誘因，導致所得減少，因此一味追求公平的結果可能只使得全民均貧。

四、景氣波動幅度過大時

臺灣過去曾經面臨金融風暴的洗禮，另外也由於世界的不景氣導致我國 2003 年失業率一度突破 5% 的「新高」，這一連串的衝擊，導致人民要求政府維持經濟穩定聲音日高。因此當本國經濟發生景氣波動幅度過大時，依賴市場價格機能可能曠日費時，所以政府有需要出面穩定景氣波動，以矯正市場的失靈。

重要名詞

- 外部性 (externality)
- 金融性外部性 (pecuniary externality)
- 真實性外部性 (real externality)
- 邊際社會成本 (marginal social cost, *MSC*)
- 邊際私人成本 (marginal private cost, *MPC*)
- 邊際外部成本 (marginal external cost, *MEC*)
- 最適的污染量 (optimum pollution)
- 皮古稅 (pigourian tax)
- 綠色租稅 (green tax)
- 雙紅利效果 (double dividend)
- 高斯定理 (Coase Theorem)
- 污染量管制 (pollution control)
- 拍賣污染權 (pollution auction)
- 公共財 (public goods)
- 無(不可)排他性 (nonexcludability)
- 「搭便車」或者「白吃者」(free-rider)
- 無敵對性 (nonrivalry)
- 垂直加總 (vertical summation)

摘要

★ 1. 外部性指經濟個體的行為「無償地」影響到其他經濟個體的效果。由於財產權界定不清，導致經濟行為無法透過價格機能反映其真實成本（或者利益）者。

★ 2. 金融性外部性指由於相對價格變動導致社會福利組合發生改變，而此種改變並不會導致社會整體上有任何效率損失，純粹是所得重分配的結果。

★ 3. 真實性外部性指人類經濟活動對社會整體而言會造成實質成本或者效益改變，但是私人卻沒有給付代價或者收取利益者。當經濟活動造成社會成本增加而私人卻沒有支付此項成本，稱之為外部不經濟，反之當經濟活動造成社會利益提高而私人並沒有因此而獲益，稱之為外部經濟。

★ 4. 外部性所引起的資源無效率配置問題之根本解決方法必須讓經濟個體付出應該支付的外部成本，亦即所謂的「外部成本內部化」。

★ 5. 綠色意味著改善環境污染，因此綠色租稅指對廠商污染給予課徵污染稅，以求減少環境污染，達到永續經營目的，並且滿足使用者付費的原則。

★ 6. 綠色租稅有雙紅利效果，紅利一指透過課徵綠色租稅，將使污染減少，紅利二指污染稅收增加，那麼可以降低其他租稅的稅率。

★ 7. 高斯證明在滿足一些條件之下，無須政府干預外部性，透過私人談判過程來解決外部性是有可能的。

★ 8. 拍賣污染權首先政府須決定最適污染排放總量，接下來再將污染權發售給廠商，透過污染權的拍賣市場，讓廠商可以自由買進或賣出「污染使用權」。

★ 9. Samuelson 對公共財的定義為「公共財一旦提供之後，其利益可以同時由多人共享，且多增加一人消費不會影響其他人原來消費的數量」。

★ 10.公共財必然滿足以下三個主要特性：(1)無（不可）排他性，(2)無敵對性，(3)不可分割。

★ 11.若某財貨具有無排他性，則會產生「搭便車」或者「白吃者」的現象，導致公共財興建過少而使市場失靈。

★ 12.由於公共財兼具不可排他性與無敵對性，導致人民對公共財的消費數量均相同，因此我們在求公共財的總需求時，必須加總每一個人對公共財的需求價格，由於為價格加總且價格位於縱軸，因此公共財需求又稱之為垂直加總，即 $P = P_1 + P_2$。

★ 13.市場失靈的原因包括外部性、公共財、自然獨占與資訊不對稱。

習題

1. 何謂市場失靈？市場失靈的可能原因為何？
2. 何謂公共財？公共財的特性為何？公共汽車與公園是否為公共財？
3. 若 A 對公共財的需求為 $P + 2Q = 12$，B 對公共財的需求為 $P + Q = 30$，則社會對公共財的總需求為何？
4. 何謂外部性？為什麼存在外部性會導致市場失靈？
5. 若某化學廠的私人生產邊際成本為 $MPC = 100$，而 $MEC = Q$，社會需求曲線為 $MB = 200 - Q$，則此化學廠的最適產量為何？
6. 何謂高斯定理？就效率觀點與守恆觀點加以詳述。
7. 請問野生動物（如櫻花鉤吻鮭）應該如何保護才能夠不致於滅絕？（提示：用高斯定理）
8. 自從日本東北大地震發生之後，引發核能電廠存在必要性的爭論，所以為了避免核污染，最適污染量一定為 0？

Note

第13章

國際貿易理論與政策

13.1 國際貿易發生原因
13.2 古典貿易理論
13.3 國際貿易政策
13.4 區域經濟
13.5 國際投資概述

隨著資訊與交通蓬勃發展的影響，世界上幾乎沒有一個國家能夠抗拒與其他國家發生國際貿易。「國際貿易」泛指商品、勞務交易以及國際間生產要素移動。而生產要素移動包括了：勞動力的遷移、國際間資本的借貸以及目前所流行的國際企業等。我國所極力推行的南向政策，屬於對外直接投資 (foreign direct investment, 簡稱 FDI)，為資本移動的一種行為；為了應付六年國建所需龐大的勞動力，政府准許民間引進外勞，而勞動力遷徙所造成的經濟效果也是國際貿易理論討論的重點。

國際貿易與各國經濟和社會發展有著密不可分的關係，尤其對臺灣的經濟發展更是具有絕對的影響。依照行政院主計處的統計資料顯示，我國對外進出口產值各占 *GNP* 比值，在民國 40 年代只有 10% 左右，但在民國 90 年代已經增加至 46% 以上，其間還一度超過 53%。這些數字顯示，如果沒有國際貿易，就沒有所謂的「臺灣經濟奇蹟」。最近幾年，跨國企業興起，國人對外投資風氣日盛，尤其對大陸、越南、印尼等地區，均占該區外資的前三名，可見我國從原先資本輸入國逐漸轉向資本輸出國，資本快速移動對加速本國產業升級將有著密切的影響。

世界上其他主要工業國家對國際貿易的依賴程度也是不斷增加，這種現象說明了世界上沒有一個國家能夠切斷對外的經濟關係；即使能夠切斷，本國經濟所承受的社會福利損失將是無法估計。有鑑於自由貿易能夠提升各國資源使用效率，進而增加產出，提高社會福利，從 1995 年 1 月 1 日起，關稅暨貿易總協定 (General Agreement on Tariffs and Trade, GATT) 正式改組為世界貿易組織 (World Trade Organization, WTO)。基本上，GATT 與 WTO 的目標一致，旨在鏟除貿易壁壘，如減讓關稅、取消進口配額等等，以促進貿易自由化，增加世界福利水準。臺灣是對外貿易依存度極深的國家，為免於本國產品遭受歧視待遇，提高競爭能力以及加速調整國內經濟結構，故極力爭取加入 WTO，現已成為會員國。事實上也唯有如此，才不會被 WTO 所標榜的全球貿易自由化潮流所排斥。

本章將介紹基本的國際貿易理論以及貿易政策。13.1 旨在說明國際貿易發生的原因，13.2 介紹古典貿易理論中的絕對利益法則與比較利益法則，13.3 將介紹關稅及配額的經濟效果，而有鑑於區域經濟整合的重要性，我們將在 13.4 節加以說明，另 13.5 主要討論國際投資問題。

13.1 國際貿易發生原因

「利之所至，金石為開」，除非有「利」可圖，否則沒有人願意與他人交易，國際貿易的精神也是如此。為什麼會發生國際貿易呢?臺灣為什麼要向日本進口汽車?又為什麼要向沙烏地阿拉伯進口石油？什麼原因促使我國向東南亞國家引進大量勞工？這些問題基本上可以用個體經濟學中最著名的供給與需求曲線來回答。日本因為具有技術與生產規模經濟優勢，在生產相同品質的汽車之下，在日本生產的成本遠低於在臺灣生產的成本。因此，在自由貿易的假設下，臺灣向日本進口汽車，原因在便宜。因為價格低，所以每個人爭相購買；日本廠商眼見臺灣汽車價格較高，在追求利潤最大的假設下願意賣更多的 Toyota 到臺灣。所以會發生國際貿易的原因非常簡單，就是兩國對同一種產品的價格發生差異:如果本國產品價格遠高於外國，在不考慮運輸成本之下，本國將進口外國產品，如圖 13.1，在沒有發生國際貿易之前，假設本國產品的價格 P_1 大於外國產品價格 P_2。如果允許國際貿易，因外國產品價格較低，則本國將進口外國產品，國際貿易於焉發生。此時本國的供給增加，外國的供給減少。如果此時兩國間的價格依然存在差異，則貿易將持續發生，直到兩國的價格相等為止。

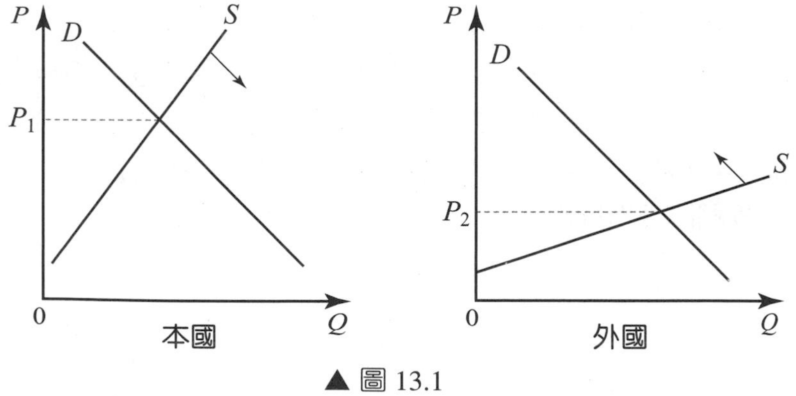

▲ 圖 13.1

同理可以解釋臺灣為何大量引進外勞。臺灣最近因為社會風氣改變，本國勞工對於須耗費大量體力的基礎建設工作就業意願低落，導致有效勞動力供給減少，致使本國工資節節上漲，廠商為求降低成本，轉向政府施壓要求開放外勞。東南亞國家工資低廉，因此勞工極願意到臺灣工作以賺取較高的薪資，在無人為設限下，國際勞動力的遷移自是一件平常的事。

13.2 古典貿易理論

既然我們知道價格的差異是導致國際貿易發生的主因，接下來我們想繼續了解什麼原因會導致兩國間價格的差異？在經濟學中我們了解價格完全由需求與供給曲線來決定，如果我們假設兩國的需求型態一致，那麼國際貿易發生的原因即為供給函數的不同。在完全競爭市場中，廠商的供給曲線決定於邊際生產力的大小，因此只要兩國生產力不同，兩國就有可能發生國際貿易，這就是古典貿易理論——比較利益 (comparative advantage) 的基礎。在探討比較利益法則之前，首先討論何謂絕對利益 (absolute advantage) 法則。

一、絕對利益

何謂絕對利益法則？簡單來講就是本國以相同的勞動投入量卻可以比他國生產更多的產品（例如酒），則本國對酒之生產具有絕對利益。絕對利益法則告訴我們，如果每個國家依據專業化分工生產具有絕對利益的產品並交換其他國家產品，對每個國家均有利。

舉例來說，假設臺灣與美國各只生產兩種產品酒 (W) 與布 (C)，每個國家投入一單位的勞動可以生產的酒與布產量如下表所示：

▼ 表 13.1

	臺灣	美國
酒	2 (a_W)	4 (a_W^*)
布	3 (a_C)	2 (a_C^*)

其中 a_W, a_C 分別表示臺灣每投入一單位勞動可以生產酒與布的數量，a_W^*, a_C^* 分別表示美國每投入一單位勞動可以生產酒與布的數量。由表 13.1 可知，臺灣在生產布具有絕對利益（因 $3 = a_C > a_C^* = 2$），而美國在生產酒具有絕對利益（因 $2 = a_W < a_W^* = 4$）。假設每個國家一開始擁有 10 單位的勞動人口並且臺灣與美國各運用 5 單位的勞動來生產酒與 5 單位勞動投入生產布。在貿易之前，本國的消費必須等於本國的產出，因此臺灣與美國各只能消費如表 13.2(A) 所示：

▼ 表 13.2

(A) 貿易前生產

	臺灣	美國
酒	10	20
布	15	10

(B) 貿易後專業化生產

	臺灣	美國
酒	0	40
布	30	0

則兩國總共生產 30 單位的酒，25 單位的布。如果臺灣與美國依照絕對利益法則生產，則臺灣完全專業化生產布而美國完全專業化生產酒，此時臺灣可生產 30 單位的布，美國可生產 40 單位的酒，你會發現每種產品的總產量都增加了。此時假定兩國願意用 11 單位的布與 11 單位的酒互相交換，那麼臺灣可以享受 19 單位的布與 11 單位的酒；而美國可以消費 29 單位的酒與 11 單位的布。顯示每個國家國民消費每種產品的數量都增加，如同在消費理論所得增加效果一樣，肯定對每個國家消費者的效用都將提高。

絕對利益法則可以用來澄清美國大眾普遍認為開發中國家利用其低廉工資傾銷紡織品是一件不公平的國際貿易。絕對利益法則強調貿易是否有利的焦點不在於工資的高低，如果美國絕對利益的產品是屬於高科技而紡織品不具任何的生產優勢的話，那麼美國放棄生產紡織品而專業化生產高科技的產品再與其他國家交易所能獲得紡織品數量比自己生產的更多，這樣的話每個國家均因此而獲利，因此並不是只有擁有低廉的工資時，國際貿易對本國才有利得產生。

二、比較利益

絕對利益法則有一個相當的限制，假設小林有一個非常能幹的老婆，不管出外工作或者理家均較先生來得優越，根據絕對利益法則，似乎先生只須在家蹺著二郎腿無須外出賺錢或者理家，很明顯這不合乎直覺，「天生我才必有用」，但是如何用呢？比較利益法則告訴我們先生應該選擇相對劣勢小的工作，將使兩個人的報酬達到最高點。如果我們將表 13.1 改成表 13.3 所示：

▼ 表 13.3

	臺灣	美國
酒	90 (a_W)	95 (a_W^*)
布	80 (a_C)	160 (a_C^*)

很明顯美國在兩種產品的生產上都具有絕對利益，因為相同的投入，美國可以生產 95 單位的酒大於臺灣的 90 單位，同理美國可以生產 160 單位的布但臺灣卻只能生產 80 單位，是否臺灣就不可能出口任何產品呢？依據絕對利益法則，兩國不可能發生貿易，而臺灣也不可能出口任何產品。根據李嘉圖的成本比較理論卻認為即使臺灣在生產兩種產品上都不具有絕對利益，但是只要依照比較利益法則專業化生產仍會發生國際貿易，並且貿易後對每一個國家仍然有利可圖。所謂的比較利益就是生產機會成本較小的產品。

雖然美國在生產酒與布都具有絕對利益，但是相對於臺灣而言，美國生產布的機會成本小於臺灣生產布的機會成本（即 $\frac{95}{160} < \frac{90}{80}$），則稱美國生產布具有比較利益。在這種情況下，雖然美國對酒的生產力較臺灣為高，但仍然願意放棄生產酒而專業化生產布，然後與臺灣交換酒，對美國反而有利。

最後我們將說明為何每個國家依照比較利益法則專業化生產，貿易之後每個國家都因此而受益。假設貿易前，每個國家的勞動投入量均為 10 單位，並且每個國家均利用 6 單位勞動生產布與 4 單位的勞動生產酒。依照表 13.3 資料則兩國的酒與布產量如表 13.4(A) 所示：

▼ 表 13.4

(A) 貿易前生產

	臺灣	美國
酒	360	380
布	480	960

(B) 貿易後專業化生產

	臺灣	美國
酒	900	0
布	0	1,600

因此臺灣可以消費 360 單位的酒與 480 單位的布，而美國可以消費 380 單位的酒與 960 單位的布，合計兩國總共消費 740 單位的酒與 1,440 單位的布。如果兩國依照比較利益法則生產，則臺灣專業化生產酒而美國專業化生產布。此時兩國總共生產 1,600 單位的布與 900 單位的酒，比貿易前兩國的總產量都增加。如果兩國同意以 500 單位的布與 500 單位的酒互相交換，那麼兩國貿易之後，臺灣與美國消費量如表 13.5 所示：

▼ 表 13.5

	臺灣	美國
酒	400	500
布	500	1,100

因此臺灣與美國的消費者都受益。

範例

一、比較利益法則應用

比較利益法則不只應用在國際貿易理論上，在很多情形下依然可藉著比較利益法則幫助我們做合理的判斷。例如，一個打字冠軍的無敵高手開一家打字行，他卻請很多的人手幫他打字，表面看起來是很不合理，但是仔細分析如果這個冠軍高手更擅長接洽生意反而可以賺更多的錢，那麼讓他來打字的機會成本實在太高了，「兩害相權取其輕」，比較利益法則告訴我們此人反而「不適合」從事打字的工作。

範例

二、換一個位置就換了一個腦袋？

由於早期臺灣的勞工成本相對的便宜，而紡織業又是勞力密集產業，因此臺灣紡織業的競爭優勢非常明顯，因此以極低的價格銷售至美國，造成美國紡織業者無法生存，所以美國上至國會議員、行政部門的官員，下至老百姓都認為臺灣因為勞工便宜，導致紡織品價格便宜，對美國廠商是一種不公平的貿易行為，而要求美國對臺灣紡織品加以設限。

臺灣因便宜勞工曾經遭受美國的壓力，曾幾何時，我們也怪罪大陸的勞工工資太便宜，因此導致國內業者無法生存。所以低廉的工資通常是本國報復外國造成貿易逆差的重要「藉口」！但是根據比較利益法則，低廉的工資是否是造成貿易不公平的主因？我們發現工資的高低並不是重點，其實只要按照比較利益法則生產其專業化產品並與他國交換自然可以得到更高的效用，與工資水準一點關係也沒有。

試想如果美國自臺灣進口紡織品，則美國可以節省大量的人力，此時美國可以將這些節省的人力轉換去生產比較利益的商品如電子產品，此時美國反而可以進口更多的紡織品，對美國反而是有利的。所以貿易有利與否的重點不在於工資的高低，而是機會成本的高低，並不是只有擁有低廉的工資時，國際貿易對本國才是有利的。

以上觀點也可以說明臺灣不能以工資過高為理由來拒絕大陸商品的進口，工資持續上漲顯示臺灣的產業不適合生產勞動密集商品，所以政府必須加速新產品研發與創新，並加強人力資本的訓練，以創造具有比較利益產品的優勢。

13.3 國際貿易政策

由前一節的分析可知，兩國若從事國際貿易，對兩國的福利水準有利，因此自由貿易就是最好的貿易政策，但是世界上有許多的國家，或多或少都採取了貿易壁壘的政策，好像又有所衝突。其實不然，如同在 13.2 所強調，除非只有一種生產要素且本國的勞動都是同質，否則貿易之後並不是每個人都會受益，而自由貿易政策亦是如此。以全世界的眼光來看，自由貿易是最好的貿易政策，但對個別的國家而言，除非在完全競爭及無扭曲 (distortion) 的假設下，否則自由貿易並不是提高本國福利的最佳政策。

政策一般指政府對於經濟活動採取干預的措施，而國際貿易政策又可以分成兩類。第一種是價格政策；如政府對出口產品給予補貼，或者對外國產品課徵關稅等等。第二種是數量政策；也就是政府對於出口或進口採取限制數量措施，如進口配額 (quota)、出口自動設限 (voluntary export restraints, VER) 或者是有秩序行銷協定 (orderly marketing agreement, OMA's) 等。我們將介紹貿易障礙對本國經濟的影響。

一、關　稅

所謂關稅 (tariff) 就是某商品通過某一關稅區域 (customs area)（通常指國家）時所課徵的租稅，乃是最古老的貿易政策，早期課徵關稅目的是為了財政收入，轉變至今則主要為了保護本國的工業。關稅依照課徵的方式可分為從價稅 (ad valorem tariff)、從量稅 (specific tax) 與混合關稅等三種。從量稅指每件進口品課徵 T 元。從量稅基本上具有累退的性質，也就是單價較高的產品，每元所負擔的稅額較輕。從價稅指按實際價格課稅，也就是每進口一元的商品本國政府課徵 t 元，理論上課徵從價稅比較公平，但是進口廠商容易以高報低逃避關稅。而混合關稅指從價稅與從量稅混合使用。

為了簡化分析起見，我們採用部分均衡分析來說明課徵關稅對本國經濟體系所造成的影響。假設本國是小國，意謂著本國無法影響世界價格，因此本國是價格的接受者。在貿易之前，本國布的均衡價格受到本國供給曲線 (S) 與需求曲線 (D) 共同決定，如下圖之 A 點所示：

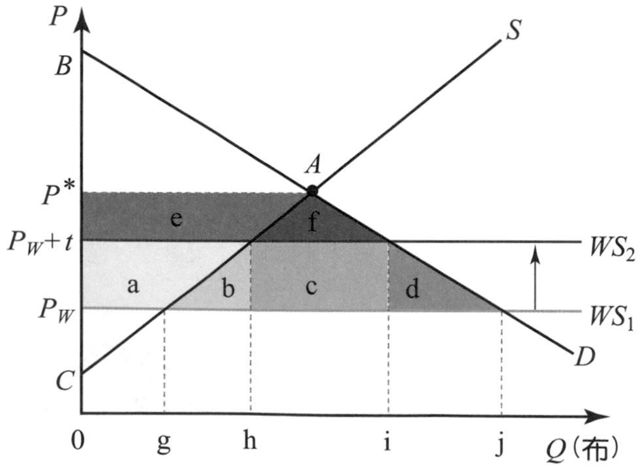

▲ 圖 13.2　課徵關稅經濟效果

因此貿易之前，本國的福利水準等於消費者剩餘 $\triangle BAP^*$ 加上生產者剩餘 $\triangle P^*AC$。假設本國開放進口，則本國面臨進口品的供給曲線 (WS_1) 是一條水平線，也就是供給彈性無窮大。進口品的價格 (P_W) 必定低於本國貿易之前布的均衡價格 (P^*)，否則本國不願意進口。貿易之後本國社會福利變化情形如下：

消費者剩餘：$+(a+b+c+d+e+f)$

生產者剩餘：$-(a+e)$

因此本國福利淨效果增加了 $(b+c+d+f)$ 的面積，顯示了自由貿易提高本國福利水準。如果政府為保護本國的產業而對外國課徵關稅 t，則世界的供給曲線由 WS_1 上升至 WS_2。因為本國所面臨的世界供給曲線的彈性是無窮大，意謂著外國產品可以在世界上其他的國家賣得 P_W 元，如果本國課徵關稅 t 元使得外國產品無法在本國實際收到 P_W 元，則外國廠商眼見其他的地區可以賣得 P_W 元，在追求利潤極大的假設下，外國廠商將不再進口。所以除非由本國人民完全負擔所有的稅額，否則不可能發生國際貿易。課徵關稅之後的福利效果可分析如下：

消費者剩餘：$-(a+b+c+d)$

生產者剩餘：$+a$

政府的稅收：$+c$

所以課徵關稅之後，本國的福利水準減少了 $b+d$ 的面積。基本上 d 的面積部分是由於關稅提高之後，價格上漲所造成消費者剩餘損失的部分。而 b 的面積是由於本國生產無效率的損失。為什麼本國生產者剩餘增加，卻導致社會福利的減少？因為本國所增加產量的部分如果改由外國進口，可以減少生產成本；但是卻由本國無效率生產，所以對社會福利而言是一種損失。

實施關稅是否一定對本國福利水準有害？事實不然，課徵關稅有損本國福利的結論是建立在小國模型的假設下。詳言之，本國課徵關稅之後，因進口供給曲線是水平線，所以本國國民必須負擔所有的稅額；如果模型改成兩國模型，也就是本國不再是小國，因此對世界價格有影響力，則進口的供給曲線將變成正斜率；那麼本國課徵關稅之後，部分的稅額將由外國來負擔，如果外國所負擔的稅額大於本國因課徵關稅所導致生產者損失加上消費者損失的部分，則課徵關稅反而會提高本國的福利水準。不過上述的結論是假設對手國不採取報復性的關稅才成立，一般來講犧牲外國的福利以提高本國福利的「以鄰為壑」的作法並不可取，而且經常會引發相互關稅報復，反而有損本國的福利。

支持關稅的學者或是官員經常以保護幼稚工業 (infant industry) 作為立論的基礎。在傳統的國際貿易理論中，除非有存在扭曲的現象，否則自由貿易是最好的國際貿易政策，這種看法基本上是一種靜態的觀點。假設某種產業在發展的初期，由於平均成本較高，所面臨的世界價格卻很低，若政府不加以干預，則此產業無法生存。但是如果此幼稚產業隨著時間的增長，透過經驗的累積，使其平均成本能夠低於世界價格，則本國對外國課徵關稅以保護本國幼稚工業對本國的社會福利將有正面的貢獻，如圖 13.3 所示：

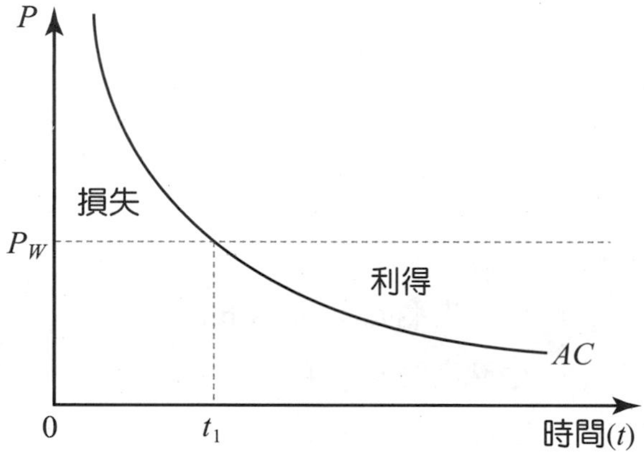

▲ 圖 13.3　保護幼稚工業

在 t_1 時間以前，幼稚工業由於處於草創初期，平均成本遠高於世界價格 P_W。如果本國政府保護此幼稚工業，因此本國的消費者必須忍受較高的價格，對本國而言是一種消費者剩餘的損失。但是隨著時間的經過，如果此產業能夠茁壯使得平均成本低於世界價格 P_W，此時本國國民享受低價格產品，消費者剩餘增加。如果最後「好處」部分大於「損失」部分，經濟學家並不反對保護幼稚工業。但是在實際上，政府經常無法確定哪些產業值得保護，所謂的「值得」指有發展潛力且本國具有比較利益的產業。我國以前特別鍾情於保護本國的汽車業，基本上因為汽車是「火車頭」工業，對經濟發展有帶頭的作用，然而本國消費者卻必須長期忍受高價格的汽車，導致消費者剩餘損失無法估計。另外，受保護的產業是否有積極的誘因去從事研究改良，降低成本的工作，值得深思。

二、配　額

自從 GATT 關稅減讓多次談判以來，參加會議先進國家的平均關稅已經降低到 5% 以內，因此利用關稅以保護本國工業的目的已不甚明顯，取而代之各國政府紛紛採行數量限制的貿易政策。數量限制的貿易政策指在某一段期間內，進口國對進口財限制最大的輸入量（如 quota）或者出口國對出口財設定最大的輸出量（如 VER）。

quota 泛指進口國對進口數量（或總價值）的限制，此種限制由進口國自己管理。在 1950 年以前，GATT 規定除非會員國為支持本國農業或者國防以外，不得採取進口配額政策，因配額對社會資源所造成的扭曲作用可能更甚於採取關稅保護措施，最主要是因為配額是數量的管制，即使你想付更高的價格，卻可能發生買不到產品的窘境。但是在 1960 年代，一些開發中的國家（如臺灣、韓國等）不斷以低價格的勞力密集產品銷售至已開發國家，由於這些國家具有工資向下僵固性，因此產生了大量的失業，造成配額主義再度興起。而後在 1980 年代，美元被嚴重高估，造成美國大量的貿易赤字，因此美國國會對採取非關稅障礙的貿易政策，以減少貿易逆差的聲浪未曾稍歇。

近十年來，WTO 對會員國採行配額多所限制，因為配額造成社會福利損失更甚於關稅的保護。但是 WTO 有一條但書，如果本國的產業受到強大的競爭時，可採取適當的措施加以保護，因此藉由兩國協商所產生的 VER、OMA's 在國際間大受歡迎。VER 與 quota 最大的差別在於 quota 的進口配額由進口國管理，但 VER 是由進口國要求，經兩國協商，對進口產品數量加以管制，但配額是由出口國來管理。而 OMA's 基本上與 VER 相似，所唯一不同的是，在 OMA's 下若出口國不依照協定時，進口國的元首有下令禁止超過配額數量產品進口的權力，但在 VER 下，進口國元首無此權力。

關於 VER 最著名的例子是我國與美國所簽訂紡織出口配額制度。本國廠商要出口紡織產品至美國，必須由本國政府核發出口許可證，而配額的多寡依照基本配額（過去廠商的出口實績）與自由配額（依照出口品單價的高低）來決定。不過這種方法有兩個主要缺陷，第一：擁有較多配額的廠商，可能自己不生產，而把配額賣給其他廠商。第二：本國廠商可能與美國代理商勾結，把定價抬高，私底下再將此差價轉還給代理商，對本國社會福利造成嚴重的損失。

13.4 區域經濟

自從二次大戰以來，一些已開發國家，有鑑於自由貿易的好處，紛紛設法降低彼此貿易壁壘，以期增加各國的貿易量。一般而言，推動國際貿易自由化有兩個最主要的途徑。第一就是 GATT 的簽訂：GATT 於 1974 年在瑞士日內瓦包括我國在內的 23 個國家達成一致的協議，原文 38 條，最主要的原則是簽約各國必須秉持非歧視原則 (non-discrimination principle) 與互惠性原則 (reciprocity principle) 給予簽約國最惠國待遇。由於 GATT 只是一般性的協定，為加強其功能，在 1995 年 GATT 已經正式改組為世界貿易組織 (WTO)。GATT 自 1974 年舉行第一次談判以來，對於各國關稅的減讓有莫大的成就，但有些議題卻進展不順利。如農業問題，世界上許多國家都有以農為國家之本的想法，不太願意降低對本國農產品的保護，因此 GATT 亦准許會員國對農產品進口採取關稅或配額保護。另外，自 1970 年代以來，美國對外商品貿易赤字累累，為維持貿易收支的均衡，便以智慧財產權為保護重點。同時一些工業化國家，由於都有仿冒的困擾，因此都站在同一條陣線上，將智慧財產權納入烏拉圭回合多邊貿易談判的最終草案中。這些像農業、服務業及智慧財產權能夠得到世界各國一致的協定是 WTO 能夠成立的主因。

但是經過 40 多年的談判，GATT 才終於完成這些重要的突破如智慧財產權、服務業等談判，順利改組成 WTO。在這段期間內，一些國家眼見既然無法順利消除世界各國的貿易障礙，何不找幾個國家先形成關稅同盟 (customs union)，消除彼此間的所有貿易壁壘。希望透過自由貿易，使區域內的貿易量增加，帶動經濟發展。理論上，區域經濟整合在程度上可分成下列四類：

1. 自由貿易區 (free trade area)

會員國之間的商品貿易完全自由流通，但對非會員國依然採取關稅障礙。例如美洲自由貿易區或者 RCEP（東協自由貿易區）。

2. 關稅同盟 (customs union)

與自由貿易區相同，差別在於會員國對外關稅是統一的。

3. 共同市場 (common market)

會員國間不僅商品自由貿易，連要素移動也完全自由。例如早期的歐洲共同市場，以及加勒比海共同市場。

4. 經濟同盟 (economic union)

除了會員國之間商品貿易自由、要素也自由移動之外，會員國在經濟政策如貨幣政策、財政政策亦力求統一，如早期比、盧兩國。

前述經濟整合形成之後，基本上對本國貿易有兩種效果，一為貿易創造效果 (trade creation effect)；意謂著消除會員國之間的貿易障礙之後，使會員國之間的貿易量大增。由於市場規模的擴大，如果存在規模經濟會促使生產效率為之提高。第二就是所謂的貿易移轉效果 (trade diversion effect)；形成關稅同盟之後，會員國會以區域內的貿易取代原先與非會員國之間的貿易。但是如果與非會員國貿易的財貨價格較低，則這種轉向效果對本國的福利水準反而有害。所以成立關稅同盟對本國福利水準的淨效果並不確定。例如，歐洲共同市場的成功是因為貿易創造效果大於貿易移轉效果，但是對美加兩國的損失卻很大，這可以從歐洲共同體與美加地區貿易量銳減可知。

範例

三、ECFA

由於 WTO 會員國完全消除關稅障礙在目前是不可能辦得到的，因此自由貿易區 (FTA) 成為目前的主流，而臺灣與中國簽訂 ECFA（兩岸經濟合作架構協議）協定對臺灣的影響更是深遠。其中包括取消關稅、排除非關稅障礙以及投資保障協定等，這些對臺灣出口到中國的商品具有重大影響。贊成者認為可以增加兩岸的貿易機會（增加臺灣的出口）、提高臺灣的就業及促進總體經濟成長等。但是反對者也大有人在，其中最重要的是未來將使臺灣對中國依賴日深而無法自拔，喪失獨立發展的契機。

13.5 國際投資概述

另外臺灣目前許多勞動密集產業無法忍受當前高漲的工資，紛紛移往國外設廠，引起許多學者、官員的深度關切；政府是否應該讓這些產業移至國外投資，如果讓這些產業轉移至外國生產，是否會造成本國產業的空洞化？所謂產業空洞化指製造業的產值占 *GNP* 比值有下降的傾向。一般來講，如果本國製造業產值下降是因為服務業中如銀行、運輸等具生產性活動所造成，則對本國經濟的發展仍然有利。但如果是因為如餐飲等消費性活動增加所造成，則對本國經濟發展有負面的影響。最嚴重的是產業空洞化是由於本國產業失去競爭能力而必須「出走」，則產業空洞化問題就非常值得注意。這就是對外直接投資所討論的重要課題之一。由於對外直接投資範圍廣泛，本節只簡單介紹造成資本移動的原因。

一般來講，資本的移動可分為金融性資產的移動 (financial capital flow) 與對外直接投資，兩者最大的區別在於前者目的是投機，而後者在於取得公司的控制權。發生國際間資本移動的原因是國際間資本報酬率不同所致，透過價格機能促使全世界的資源得到最適的配置，因此全世界總的福利水準上升。除了資本報酬率不同之外，Krugman 亦提出了區位 (location) 理論嘗試解釋為何跨國企業會盛行。所謂的區位理論例如指菲利浦公司為何不在荷蘭生產再出口至臺灣卻反而跑到臺灣直接生產銷售，區位理論指出像生產原料、運輸成本、關稅或非關稅障礙以及外部經濟等等考慮因素都會促使母公司跑到外國設廠。例如美國一直對我國成衣採取出口自動設限，為避免此貿易壁壘，本國產業曾一度有意至加勒比海國家生產，以規避美國所造成的貿易障礙，這就是最明顯的區位理論所探討的問題。

重要名詞

◆ 對外直接投資 (foreign direct investment)
◆ 關稅暨貿易總協定 (General Agreement on Tariffs and Trade, GATT)
◆ 世界貿易組織 (World Trade Organization, WTO)
◆ 比較利益 (comparative advantage)
◆ 絕對利益 (absolute advantage)

◆ 進口配額 (quota)
◆ 出口自動設限 (voluntary export restraints, VER)
◆ 有秩序行銷協定 (orderly marketing agreement, OMA's)
◆ 關稅區域 (customs area)
◆ 幼稚工業 (infant industry)
◆ 非歧視原則 (non-discrimination principle)
◆ 互惠性原則 (reciprocity principle)
◆ 自由貿易區 (free trade area)
◆ 共同市場 (common market)
◆ 經濟同盟 (economic union)
◆ 貿易創造效果 (trade creation effect)
◆ 貿易移轉效果 (trade diversion effect)
◆ 金融性資產的移動 (financial capital flow)
◆ 區位 (location)

摘要

★ 1.國際貿易泛指商品、勞務交易以及國際間生產要素移動。而生產要素移動包括了勞動力的遷移、國際間資本的借貸以及目前所流行的國際企業等。

★ 2.本國以相同的勞動投入量卻可以比他國生產更多的產品，則本國對此產品之生產具有絕對利益。如果每個國家依據專業化分工生產具有絕對利益的產品並交換其他國家產品，對每個國家均有利。

★ 3.比較利益指各國應生產機會成本較小的產品。只要依照比較利益法則專業化生產將會發生國際貿易，並且貿易後對每一個國家皆有利可圖。

★ 4.以全世界的眼光來看，自由貿易是最好的貿易政策，但對個別的國家而言，除非在完全競爭及無扭曲的假設下，否則自由貿易並不是提高本國福利的最佳政策。

★ 5.支持關稅的學者或是官員經常以保護幼稚工業作為立論的基礎。

★ 6.進口配額泛指進口國對進口數量（或總價值）的限制，此種限制由進口國自己管理。

★ 7.出口自動設限 VER 與進口配額 quota 最大的差別在於 quota 的進口配額由進口國管理，但 VER 是由進口國要求，經兩國協商，對進口產品數量加以管制，但配額是由出口國來管理。

★ 8.關稅同盟在程度上可分成下列三類：(1)自由貿易區，(2)共同市場，(3)經濟同盟。

★ 9.經濟整合形成之後，基本上對本國貿易有兩種效果：(1)貿易創造效果，意謂著消除會員國之間的貿易障礙之後，使會員國之間的貿易量大增。由於市場規模的擴大，如果存在規模經濟會促使生產效率為之提高。(2)貿易移轉效果，形成關稅同盟之後，會員國會以區域內的貿易取代原先與非會員國之間的貿易。

★ 10.資本的移動可分為金融性資產的移動與對外直接投資，兩者最大的區別在於前者目的是投機，而後者在於取得公司的控制權。

★ 11.區位理論指出生產原料、運輸成本、關稅或非關稅障礙以及外部經濟等考慮因素會促使母公司跑到外國設廠。

習題

1. 試討論國際貿易的原因。
2. 何謂絕對利益法則？
3. 何謂比較利益法則？
4. 假設臺灣與美國各只生產兩種產品酒 (*W*) 與布 (*C*)，每個國家投入一單位的勞動可以生產的酒與布產量如下表所示：

	臺灣	美國
酒	2(a_W)	6(a_W^*)
布	1(a_C)	2(a_C^*)

請問根據比較利益法則，臺灣應該出口何種產品？

5. 美國曾經控告臺灣紡織品低價傾銷到美國，您的看法如何？
6. 試述對外國進口品課徵關稅的利弊為何？
7. 何謂 quota？何謂 VER？
8. 何謂區位理論？
9. 請尋找相關資料探討臺灣與中國簽訂 ECFA 的利弊得失？
10. 假設有 A、B、C 三國均生產 *X*、*Y* 兩種產品，勞動是唯一的生產要素。下表描述生產每單位商品所需投入的勞動量：

國家	*X* 商品	*Y* 商品
A	4	6
B	4	2
C	6	4

若世界市場上，1 個 X 可以換 1.5 個 Y，試問這三個國家會出口什麼？進口什麼？

11.假設 X 商品未開放貿易時的需求曲線為 $P=100-Q$，供給曲線為 $P=Q$。試求：

(1)未開放貿易時的價格和數量各為何？

(2)如果開放貿易，且國際價格為 30 元時，則進口量為何？人民福利增加多少？

第 14 章

國民所得概念及衡量

什麼是「總體經濟學」?其實每一天只要稍微翻一翻報紙，很多的經濟事件的報導都是總體經濟學所要探討的主題。例如，民國 87 年發生了世界性的金融風暴，這一金融風暴對臺灣所造成的影響既深且遠。首先，新新人類發現似乎要找到理想工作非常的困難，既然沒有滿意的工作機會，那就繼續找。當時主計處官員「非常惶恐」宣布臺灣在民國 88 年 3 月的「失業率」已達 2.84%，比 2 月份升高 0.11 個百分點，創下自民國 72 年 3 月以來的最高水準。但是曾幾何時，在民國 93 年，由於國外不景氣再加上國內政治內耗，導致我國失業率創下歷史新高達 5.3%！孰料，民國 97 年馬總統上臺之後，面對金融大海嘯，失業率更超過 5.5%！對一個現代的新人類來講，什麼叫做「失業」已經是必備的常識？直覺的想法是沒有工作的人就叫失業，這種定義當然有其缺陷，因為嬰兒不會工作難道算失業嗎？媽媽辛苦的在家忙煮飯洗衣服算不算失業呢？因此我們必須小心定義何謂失業，而失業所產生的問題在哪裡以及解決之道都是總體經濟學所要探討的課題之一。

另外，父母一定會在民國 88 年大嘆生活維艱，因為在這一年，水費、電費、瓦斯費及電信費用等民生必需品都漲，唯一不漲的就是「薪水」，寫下了自民國 77 年以來每年均調薪的記錄，因為政府「勉勵」全體國民，像鄰近的國家如新加坡及香港，因為金融風暴導致經濟不景氣，使得公務人員的薪水不僅沒有漲反而減薪，所以臺灣「不錯了」。但是更慘的是，自民國 88 年至 94 年之間，政府只調過一次薪，但是民國 93 年底開始，由於新一波油價飆漲，導致「百價上漲」，但是政府為什麼在 6 年間只調一次薪？原因很簡單，因為經濟不景氣，政府財源不足。讀者一定會產生一個疑問，什麼叫做「不景氣」？用什麼指標來衡量呢？經濟學家使用目前大家已經耳熟能詳的專有名詞「國內生產毛額」(gross domestic product, *GDP*) 值的大小來衡量一個國家景氣的好壞。例如民國 87 年臺灣預估的國內生產毛額年成長率從 6.3% 直線下降至 4.8%，震驚當時號稱財經內閣的蕭院長，於是拯救經濟的政策陸續發布，其中最重要的施政就是擴大內需及調降存款準備率，行政院決定增加政府支出達 3,000 億及寬鬆資金來挽救當時已經瀕臨破產的臺灣經濟。

但是臺灣的經濟成長過程卻每下愈況，自民國 89 年之後，臺灣面臨世界不景氣再加上通貨緊縮，使得臺灣經濟成長率居然為負，其間行政院陸續執行 8100 臺灣啟動、新十大建設等財政措施。而馬總統上臺之後，為了解決當時美國次貸風暴，實施了所謂消費券的政策；無獨有偶，面對 COVID-19，蔡總統也推行振興券。一個現代的國民必須了解，為什麼增加政府支出或者增加貨幣的發行可以刺激景氣復甦，當然也必須了解其負面影響在哪裡。

從民國 97 年政府調漲民生公共費率產生了總體經濟學所要關切的另一重要主題即俗稱的物價膨脹 (inflation)，意謂著每一種物品的價格持續變得比較貴。臺灣自二次石油危機以來，對於物價的平抑有相當良好的控制，大都能夠維持在 3% 以下，因此年輕讀者對於物價膨脹所造成的負面效果大多無法體會。舉例來說，使用衛生紙似乎是我們日常生活的習慣，但是在民國 60 年代發生石油危機時，大家拼命搶購衛生紙而導致衛生紙嚴重缺貨似乎是不可思議的事情。更誇張的是，民國 39 年剿共失利，上海發生極為嚴重的物價膨脹，第一天早上喝豆漿需要「一布袋」的錢，到了第二天，居然要「兩布袋」的錢，讀者可以試想如果今天的臺灣也發生相同嚴重的物價膨脹，對於我們日常生活會造成多麼的不便。

當然總體經濟學所關注的目標不只這些，對於如何維持國際收支均衡及金融市場穩定等都是有趣的課題，但是總體經濟學首要目標在增進本國國民所得，因此本章首先將介紹主計處如何衡量本國的國民所得，據此來探討政府的施政。

14.1 國內生產毛額

如何具體描述一個國家的景氣好壞，基本上就是如何衡量一國經濟的總產出 (total output) 或是總所得 (total income)，而國內生產毛額編制的目的就是要衡量一個國家的總產出 (total output) 或是總所得 (total income)，但是經濟學家對於如何衡量國內生產毛額卻有相當嚴謹的定義，國內生產毛額指一個經濟體系，在一段期間內，所生產最終財貨與勞務的市場價值總合。

上述的定義有四個重點需要說明：

一、一個經濟體系

當計算一國產值強調「一個經濟體系」的意義有兩種，如果是限定本國地區為範圍所生產出來的最終財貨與勞務，就稱為國內生產毛額 (*GDP*)，如果一個經濟體系指的是以衡量全體國民的總產出為目標，則稱為國民生產毛額 (gross national product, *GNP*)。舉例來講，小林遠赴紐西蘭辛勤工作所得 1,000 萬，依照 *GDP* 的定義，由於小林的工作地點並不在臺灣地區，因此小林賺的錢對臺灣的所得 (*GDP*) 並沒有貢獻，但是如果主計處依照 *GNP* 的定義，由於小林是臺灣人，因此他的薪水可以算是臺灣的所得 (*GNP*)。同理，讀者可以說明引進外勞，對臺灣的 *GNP* 並沒有直接的貢獻，因為他們都是外國人，但是引進外勞可以提高臺灣的 *GDP*，因為他們是在臺灣地區工作。早期主計處大都採用 *GNP* 的定義，但是由於 *GDP* 比較能夠反映一國經濟發展的情勢，因此目前主計處以 *GDP* 來表示臺灣國民所得的高低。*GDP* 與 *GNP* 的關係可以表示如下：❶

$$GDP = GNP - \text{本國人民在國外所賺得報酬} + \text{外國人民在本國所賺得報酬}$$
$$= GNP - \text{國外要素所得淨額}$$

近十年來，由於臺灣廠商積極在世界各地設廠，導致本國生產要素在外國賺得大量的所得，因此臺灣國外要素所得淨額呈現正值。但是在 87 年左右曾經因大量引

❶ 若沒有特殊聲明，我們假設 $GNP = GDP$。

用外勞，使得國外要素所得淨額差距縮小。而近年來，許多國內廠商在大陸設廠，國內工作機會減少，因此國外要素所得淨額長期趨勢呈現走高的傾向。圖 14.1 及表 14.1 顯示我國自 70 年到 108 年有關 *GNP*、*GDP* 與國外要素所得淨額的相關資料。

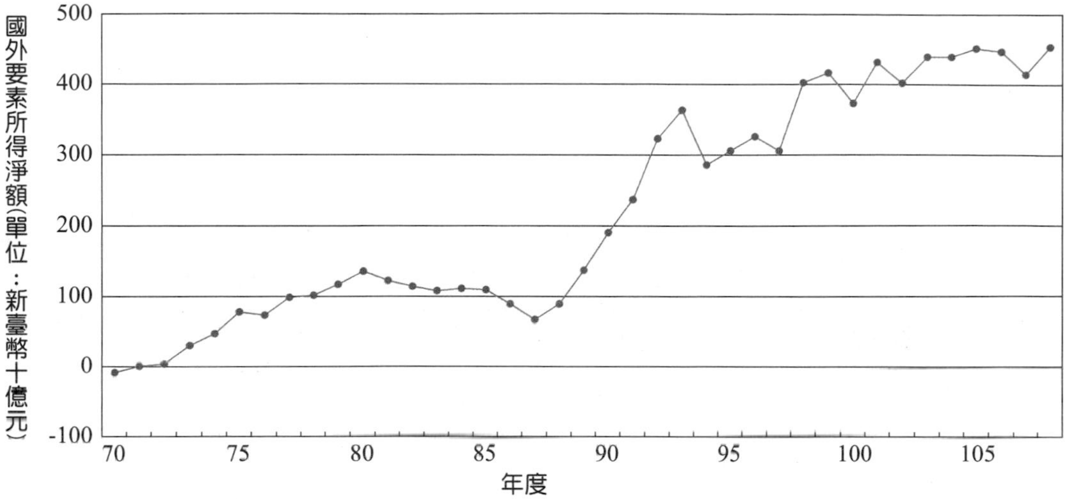

▲ 圖 14.1　國外要素所得淨額

▼ 表 14.1　國外要素所得淨額

年度	GNP	國外要素所得淨額	GDP
70	1,794,778	–9,653	1,804,431
71	1,937,341	–682	1,938,023
72	2,172,702	3,256	2,169,446
73	2,448,215	29,975	2,418,240
74	2,582,170	47,114	2,535,056
75	3,042,373	76,925	2,965,448
76	3,418,256	73,321	3,344,935
77	3,713,008	97,346	3,615,662
78	4,133,153	100,689	4,032,464

79	4,591,514	117,226	4,474,288
80	5,153,461	135,442	5,018,019
81	5,729,967	120,610	5,609,357
82	6,313,988	113,834	6,200,154
83	6,886,649	107,253	6,779,396
84	7,501,637	110,575	7,391,062
85	8,140,368	109,063	8,031,305
86	8,793,900	88,751	8,705,149
87	9,433,416	67,079	9,366,337
88	9,893,116	88,613	9,804,503
89	10,465,202	136,653	10,328,549
90	10,308,613	189,184	10,119,429
91	10,867,017	236,106	10,630,911
92	11,246,157	322,128	10,924,029
93	11,959,648	363,407	11,596,241
94	12,321,781	285,106	12,036,675
95	12,878,527	305,940	12,572,587
96	13,689,358	325,441	13,363,917
97	13,420,912	305,816	13,115,096
98	13,321,803	402,358	12,919,445
99	14,476,060	415,715	14,060,345
100	14,634,307	372,106	14,262,201
101	15,109,951	432,186	14,677,765
102	15,673,232	402,504	15,270,728
103	16,697,152	439,105	16,258,047

104	17,494,741	439,661	17,055,080
105	18,006,409	451,141	17,555,268
106	18,430,708	447,361	17,983,347
107	18,757,692	414,801	18,342,891
108	19,339,384	452,506	18,886,878

資料來源：行政院主計處。

範例

一、請計算以下的 *GNP* 與 *GDP*

若日本 SONY 公司到臺灣設廠，總共的產值 1,000 萬，並且已知 SONY 支付的成本如下：

⑴雇用日本技術員薪資 200 萬

⑵臺灣技術員薪資為 500 萬

此時並沒有其他的成本。則請計算出 SONY 為臺灣創造多少的 *GNP* 與 *GDP*？

解：

根據以上的資料，我們可以完成以下的表格：

	臺灣地區	國外地區
臺灣人	500 萬	0
外國人	200 萬（薪資） 300 萬（利潤）	0

因此 $GDP = 500 + 200 + 300 = 1{,}000$ 萬，但是 $GNP = 500$ 萬。

二、一段期間

國內生產毛額強調必須在「一段期間」（通常指一年）內所生產的財貨與勞務才能算是今年的 *GDP*，因此以前所生產財貨與勞務均不列入今年的 *GDP*。例如，小林購買一幅國畫大師張大千先生的遺畫價值 1 億，雖然是經過市場的交易，可是卻不列入今年的 *GDP*，最主要的理由在於避免重複計算產值，設想如果小林買畫的交易算是今年的 *GDP*，則只要此交易行為發生 1,000 次，則臺灣的 *GDP* 就增加 1,000 億，顯然不符我們對 *GDP* 的要求。同理讀者可以說明股票的買賣並不算是今年的 *GDP*，但是在證券公司上班的營業員所提供的勞務算是今年的 *GDP*，因為此勞務是在「今年」提供投資者方便投資，所以對今年的 *GDP* 有貢獻。

範例

二、自然增值要計入 *GNP*

雖然過去所生產的財貨不能列入 *GNP*，但是屬於自然增值的產值要列入 *GNP*。例如，小林在 85 年買進一棟房子價值 500 萬，而於 101 年賣出，其價值為 800 萬，則對 101 年的 *GNP* 有何影響呢？

解：

由於這一棟房子已經早被生產出來，所以「前面」的 500 萬不能列入 101 年的 *GNP*，可是後面的 300 萬可以視為小林努力維修美化房子的貢獻，所以必須列入 *GNP*。

三、透過生產過程

一定要經過生產的財貨與勞務才能列入 *GDP*，所以非市場性的生產活動及移轉性支出一般而言均不計入今年的 *GDP*。例如，老林今年從政府領了 6 萬元的國民年金，表面看起來老林所得增加 6 萬元，因此 *GDP* 應該增加 6 萬元，實則不然。*GDP* 最主要的目標在衡量本國今年新增加的所得，此 6 萬元並不是老林努力所得來的，因此對 *GDP* 並沒有貢獻，所以所有的移轉性支出一律不列入 *GDP* 中。

四、最終財貨產值

經濟學家在計算 *GDP* 強調的是最終財貨的產值，不包括中間財貨的產值，最主要的原因也是在避免重複計算。所謂最終財貨指的是產品或勞務已經完全生產而被消費者購買謂之。例如，麵粉可以直接賣給消費者亦可賣給麵包商，但只有賣給消費者麵粉的產值算是今年的 *GDP*，賣給麵包商的麵粉產值則不計入 *GDP* 中。

五、市場價值總合

GDP 強調市場價值總合，亦即 *GDP* 強調必須經過市場交易以後的產值才能算在今年的 *GDP*。為什麼一定要經過市場的交易才能算是今年的 *GDP* 呢？主要是 *GDP* 是用來衡量一國經濟繁榮的程度，若不經過市場的交易，則主觀成分太重，容易失去客觀的比較基礎。但是此原則有些例外，自有房屋租金以及農民留供自用的農產品的設算比較容易，因此這兩項產值雖然沒有經過市場的交易，依然列入今年的 *GDP* 中。

下圖為我國歷年 *GDP* 的時間序列圖，大致上來講除了金融風暴期間之外，我國 *GDP* 持續往上增加。

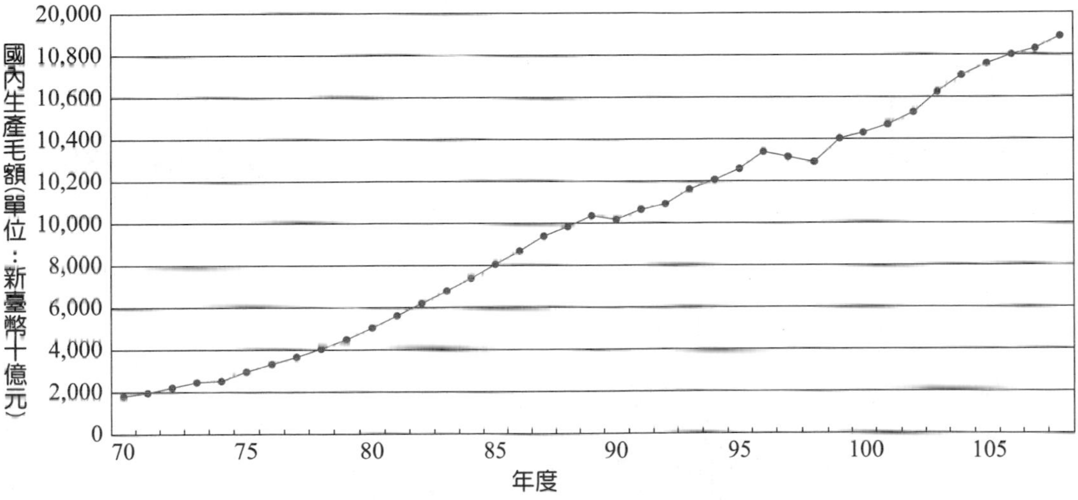

▲ 圖 14.2　我國 *GDP* 時間序列圖

14.2 經濟循環圖

雖然我們已經了解 *GDP* 內容的一般性原則，可是如何具體衡量這項指標與經濟循環圖 (circular flow diagram) 有密切關係。我們首先假設一個簡化的經濟體系只包含消費者及生產者（稱為兩部門），如下圖所示：

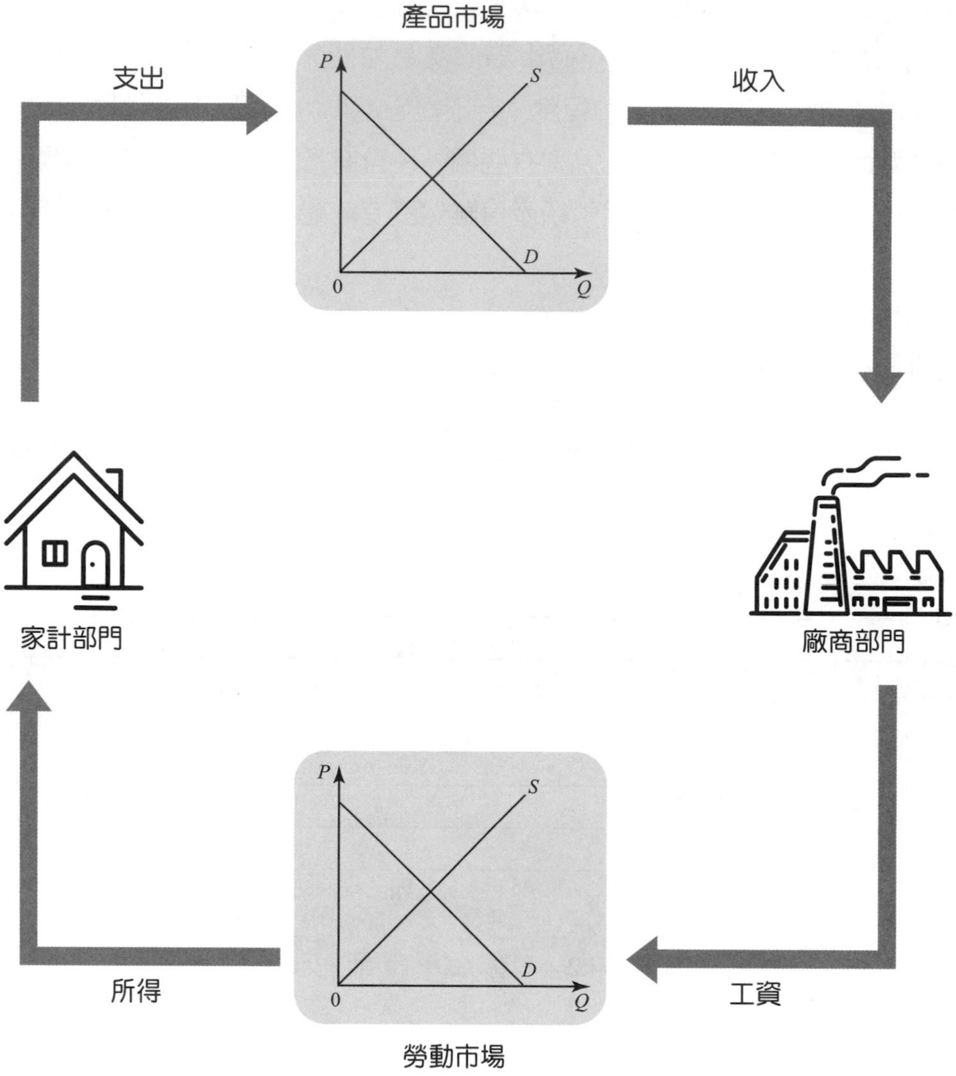

▲ 圖 14.3　兩部門經濟循環圖

圖 14.3 說明一個包括家計部門和廠商組合的簡單兩部門經濟體系，該循環圖說明家計部門與廠商同時扮演兩個角色，在產品市場上家計部門是產品的需求者，主要向廠商購買產品，廠商所得的收入用來支付雇用員工的薪資。而家計部門為了有足夠的所得來消費，必須在勞動市場上提供勞動，並藉由該要素的供給，從廠商部門取得相對應的報酬稱之為所得。因此，家計部門能夠利用這些所得向廠商購買所需的財貨及勞務稱之為支出。

當然一個現實的經濟體系不可能如此簡單，一個稍微複雜的經濟體系除了包括前述家計部門與廠商之外，也包括政府部門，同時也納入金融仲介機構扮演資金流動仲介的角色，此經濟體系稱之為封閉體系 (closed economy)。譬如每個國家都有「政府」存在，政府可以向家計部門和廠商課稅，例如每年 5 月所課徵的個人綜合所得稅或營利事業所得稅等。但政府部門同時也對兩部門提供服務，例如興建高速鐵路、便民化的施政措施等等。同樣地，家計部門也會在政府部門工作並獲得報酬；同時廠商也會提供財貨和勞務給政府部門，例如臺灣高速鐵路的 BOT 就是廠商提供財貨和勞務給政府，並獲得適當的利潤。

最後，一個完整的經濟循環體系除了封閉體系外還必須包含國外部門，所謂國外部門係指國與國之間的經濟活動，主要包括財貨、勞務的交換及資金的往來。一般而言本國人民並不會完全消費他本身所生產的財貨與勞務，如果將部分的產品賣到國外去，稱之為出口 (export)。同理，我們也會買一些本國沒有生產的東西，如石油、BMW 等，稱之為進口 (import)。將封閉體系加上國外部門，經濟學家稱之為開放體系 (open economy)。

雖然完整的開放體系非常的複雜，但是從簡單兩部門體系的經濟循環圖，我們可以了解家計部門與廠商之間的收入與支出關係，此正是衡量 *GDP* 的會計基礎。也就是說，不管經濟體系多麼的複雜，只要能夠加總每個部門的支出或者所得，我們就可求出本國的 *GDP*，而且不管從所得面或者支出面，其結果完全一樣。

14.3 *GDP* 的三個等價衡量法

從經濟循環圖中可知要衡量一個國家的 *GDP* 可以分別從下列三種方式來獲得：(1)支出面 (expenditure approach)，就如同消費者購買的支出，(2)所得面 (income approach)，如同家計部門參與勞動所獲得的工資報酬，(3)生產面 (production approach)，即加總每一個企業所創造的附加價值。現在分別詳述如下：

一、支出面衡量法

從支出面來衡量 *GDP* 的原則是透過衡量每個部門對最終財貨與勞務的購買支出，一個完整的經濟體系包含家計部門、廠商部門、政府部門及國外部門，因此我們只要加總這四部門的最終支出就可以求得 *GDP*，其內容分別如下：

1. 家計部門：消費支出 (*C*)

所謂的消費主要包含耐久財消費 (durable consumption)、非耐久財消費 (non-durable consumption) 及勞務等三大項。耐久財消費指的是「服務」時間較久的產品消費，例如享受車子或房子帶給我們的便利等等，而非耐久財消費指的是蔬菜、漢堡等等飲食方面的消費。耐久財消費與非耐久財的購買又有何不同呢？例如，我們在陽明山購買一棟價值 1 億的透天別墅，享受陽光山水的愜意生活，此等享受算是耐久財的消費，可是購買房屋支出 1 億卻不算是耐久財的消費，應該算在投資項目內，所以自有房屋租金的設算屬於消費支出項目。另外，消費支出並不限定只能消費本國產品，也包含外國產品與勞務在內，所以當計算本國的 *GDP* 時，要將消費外國產品與勞務部分剔除。

2. 廠商部門：投資支出 (*I*)

投資又可以分成毛投資與淨投資兩種，所謂毛投資 (gross investment) 包含新建廠房、添購新機器與存貨變動。所謂存貨變動等於期末存貨減去期初存貨，而淨投資等於毛投資減去折舊。對於存貨變動算在 *GDP* 內，讀者或許有疑問，因為 *GDP* 強調要經過市場交易的財貨與勞務才可以算在國民生產毛額，而存貨變動並未經過市場的交易，為何還算在廠商的投資項目之內呢？主要的原因有兩個：⑴廠商的存貨增加仍然屬於本期所生產的最終財貨，只是尚未出售，此增加存貨部分有助於滿足消費者意外需求突然增加時的需要，對於社會依然有正面的貢獻。⑵存貨的增加也代表著廠商的資產增加，因此將存貨增加的部分當做投資。

一般經常聽說某人買了台積電的股票當做長期投資，可是依照經濟學對投資的定義，購買股票不算是投資的項目，購買股票只是資產的移轉，對今年「新增」的產出並沒有幫助，因此

$$\text{毛投資} = \text{新建廠房} + \text{添購新機器} + \text{存貨變動}$$

當然投資同時包含對外國機器設備的進口，但是這些生產工具不是本國所生產，因此要計算本國的 *GDP* 時，需將進口外國機器設備部分扣除。

3. 政府部門：政府支出 (G)

經濟學所講的政府支出主要包含各級政府對最終財貨與勞務的購買及具有生產性的消費支出等。因此救濟金等移轉性支出（如老年年金、失業救濟金等）一律不列入政府支出，因為此類移轉性支出只是將財產所有權變成他人使用，對於本國新增所得並無貢獻。當然政府支出亦包含對外國產品與勞務的購買，所以計算本國的 GDP 時，要將政府消費外國產品與勞務部份剔除。

而會計學上所講的政府支出包括資本性支出與經常性支出。所謂經常性支出是指政府當期消費性支出包括政府消費支出（購買勞務與商品）、政府移轉性支出與債務利息支出。而資本性支出包括公共投資與建設支出，耐久性消費購置，及債務還本支出。目前我國政府投資性支出（重大建設等）列入國內投資支出。

4. 國外部門：淨出口 $(X-M)$

本國所生產最終財貨與勞務中有部分被輸往外國，沒有被本國人民所消費，但是這些財貨與勞務仍然是本國今年所新增的產出，因此必須列入 GDP 的項目中。另外，本國人民也會消費不是本國所生產的財貨與勞務，稱之為進口 (M)，在消費、投資及政府支出項目都包含購買外國的財貨與勞務，由於這些產品不是本國所生產，因此在計算 GDP 時，應該予以扣除。如果出口減進口大於零 $(X-M>0)$，稱之為順差，反之稱為逆差。當我們加總此四部門支出，就可以求得本國的 GDP，即：

$$GDP=C+I+G+X-M$$

圖 14.4 為我國自民國 80 年至 107 年間四部門的支出概況，顯示我國消費支出隨著所得提高有逐漸增加的傾向，而投資支出與淨出口變化的幅度最大。

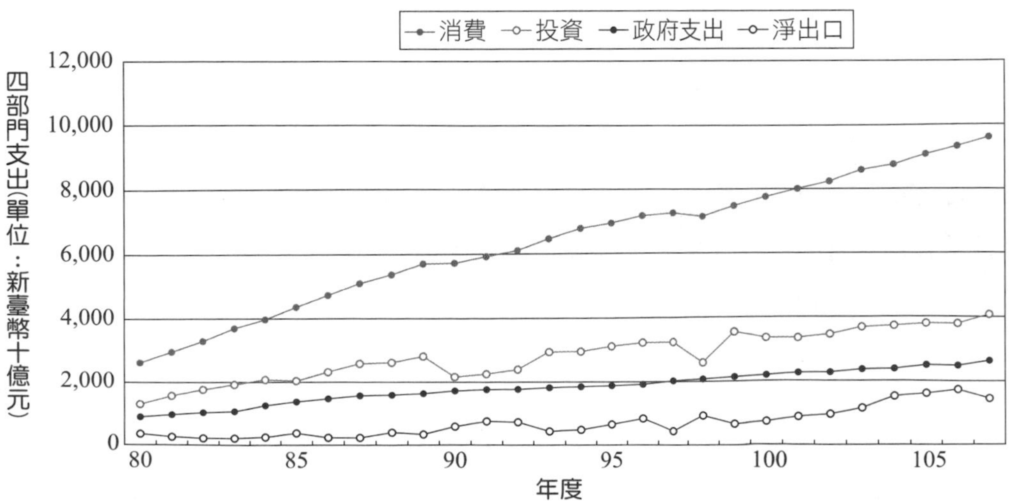

▲ 圖 14.4　我國四部門支出時間序列圖

範例

三、進口增加對本國所得直接的影響

很多讀者認為當進口增加 100 億時，由於 $GDP = C + I + G + X - M$，表示本國 *GDP* 將減少 100 億？這種想法是錯誤的！試想為什麼要進口呢？有以下三種可能：

(1)如果進口目的是為了消費，例如進口水蜜桃 100 億，則進口增加 100 億的同時，將引起消費也增加 100 億，因此本國 *GDP* 不變。

(2)如果進口目的是廠商為了投資，例如進口 100 億的機器，則進口機器增加 100 億的同時，將引起本國投資也增加 100 億，因此本國 *GDP* 不變。

(3)如果進口目的是政府消費支出增加，例如進口 100 億的武器，則進口增加 100 億的同時，將引起政府支出也增加 100 億，因此本國 *GDP* 不變。

根據以上說明，進口增加不會影響本國的 *GDP*，但是如果出口增加，當然本國 *GDP* 將會增加。

二、所得面衡量法

從經濟循環圖可知每一個部門必須用所得來融通它的支出，因此，我們也可以利用所得面來計算一國的 *GDP*。經濟循環圖裡所指的所得是生產要素的報酬，在個體經濟學生產理論一章中生產要素包含勞動、資本、土地及企業家精神，在總體經濟四部門經濟循環還包括政府部門及資本折舊，分述如下：

1. 勞動：工資 (wages)

工資是勞動供給者提供勞動的所得，包括薪資、退休金及各種津貼，由於這些項目會包含在廠商生產成本中，因此必須列入 *GDP* 的計算。

2. 資本：利息 (interest)

利息是家計部門提供資金或機器設備給予廠商部門從事生產所得的報酬，廠商將部分的收入分配給資本擁有者，構成經濟體系收入的來源之一。

3. 土地：地租 (rent)

地租是廠商租用實質財產如土地等所支付的費用，由於地租屬於生產成本之一，因此列入 *GDP* 的計算中。

4. 企業家精神：利潤 (profit)

利潤就是企業家精神的報酬，亦即企業家克服各種投資風險後所賺取的盈餘，此盈餘包括紅利、公司保留盈餘及直接稅（如營利事業所得稅）等等。

5. 政府：企業間接稅淨額

廠商所得的銷貨收入中有一項收入並沒有歸入廠商的生產成本或者廠商的盈餘中，而是轉繳給政府，稱之為企業間接稅 (indirect tax)，例如：貨物稅 (sales taxes)，是由廠商部門代收後交給政府（可以轉嫁給消費者負擔），該貨物稅是家計部門原先所得之一，故在計算 *GDP* 時必須將此項加入。但政府有時會對一些重點發展企業進行補貼，此項補助並不是廠商所生產，因此應予扣除，所以

企業間接稅淨額 = 企業間接稅 − 政府對企業補貼

6. 折舊 (depreciation)

廠商部門購買機器設備的支出不能視為當期的費用，必須每年以折舊的方式攤銷，顯然折舊是廠商的生產成本之一，可是折舊並不被視為生產要素而得到應有的報酬，故在計算 *GDP* 時必須另立項目將此加入。所以，由所得面來計算國內生產毛額可表示如下：

GDP = 工資 + 利息 + 地租 + 利潤 + 折舊 + 間接稅淨額

三、生產面衡量法（附加價值法）

生產面衡量法是利用加總全國各行各業所創造出來的附加價值 (value added) 所得的 *GDP*，附加價值等於生產總值減去中間要素投入成本，例如，本國所生產的葡萄酒製程如表 14.2 所示，農夫利用肥料當做中間投入生產葡萄，其附加價值為 800 (= 1,000 − 200)，而製酒廠購買葡萄當做中間投入作成葡萄酒後賣給消費者所得為 2,000，但是製酒廠的附加價值為 1,000 (= 2,000 − 1,000)，因此本國的 *GDP* 等於 1,800 (= 800 + 1,000)。

▼ 表 14.2　附加價值法

生產部門	生產總值	中間投入	附加價值
農夫	1,000 NT 葡萄	200 NT 進口肥料	800 NT
製酒廠	2,000 NT 葡萄酒	1,000 NT 葡萄	1,000 NT

雖然 *GDP* 的衡量方式有三種，但是就事後的眼光來看，我們衡量去年實際發生的 *GDP* 不論是由生產面、支出面及所得面其結果應該皆相等。

14.4 國民所得會計帳

國民所得會計帳是由顧志耐 (Kuznets) 所提出，除了衡量本國的總產出之外，我們也希望以國民的儲蓄及消費資料來了解當國民消費或者儲蓄改變時是否會影響總體經濟的表現，據此提出一些對策來解決經濟問題。

一、國民生產淨額 (net national product, *NNP*)

國民生產淨額主要衡量所有經濟部門所生產最終財貨與勞務的市價「淨值」，因為在生產過程中，有一些機器設備等資本財會磨損（稱之為折舊），雖然折舊算在今年的 *GDP* 中，但卻無法提供最終消費的服務，因此要計算一國人民所能享受的淨產值必須從 *GDP* 中減去折舊，即：

$$NNP = GDP - \text{折舊}$$

二、國民所得 (national income, *NI*)

國民所得指生產最終財貨與勞務的要素報酬，因此，國民所得等於工資 + 利息 + 地租 + 利潤，即：

$$NI = NNP - \text{間接稅淨額}$$

三、個人所得 (personal income, *PI*)

個人所得指的是家計部門實際上所獲的所得，因此個人所得等於國民所得減去「已賺未得」加上「未賺已得」。所謂已賺未得指的是本國所生產出來的最終財貨並未分配給家計部門者，例如營利事業所得稅、社會安全捐、公營事業盈餘繳庫及公司未分配的保留盈餘等，這些項目分明是由要素供給者辛苦所生產，但卻未分配到這部分的所得，因此有時又稱「勞而不獲」。未賺已得表示這部分所得不是由要素所有者生產，而是透過移轉性支出取得，例如失業救濟金、國民年金、公債利息等，這部分的個人所得有時又稱「不勞而獲」。因此：

$$PI = NI -「已賺未得」+「未賺已得」$$

四、個人可支配所得 (disposable personal income, *DPI*)

個人可支配所得強調個人可以完全支配的所得，因為繳交直接稅是人民應盡的義務，例如綜合所得稅、房屋稅等。由於租稅屬於政府支配的，扣除之後剩下的所得稱之為個人可支配所得，即：

$$DPI = PI - 個人租稅$$

最後個人可支配所得不是用來消費就是儲蓄，即：

$$DPI = C + S$$

從國民會計帳中，可知加總消費、儲蓄及租稅淨額（＝直接稅＋間接稅－政府移轉性支出）可得本國的 *GDP*，即：

$$GDP = C + S + T$$

重要名詞

- 國內生產毛額 (gross domestic product, *GDP*)
- 物價膨脹 (inflation)
- 國民生產毛額 (gross national product, *GNP*)
- 國外要素所得淨額
- 經濟循環圖 (circular flow diagram)
- 封閉體系 (closed economy)
- 開放體系 (open economy)
- 支出面 (expenditure approach)
- 所得面 (income approach)
- 生產面 (production approach)
- 耐久財消費 (durable consumption)
- 非耐久財消費 (non-durable consumption)
- 毛投資 (gross investment)
- 企業間接稅 (indirect tax)
- 附加價值 (value added)
- 國民生產淨額 (net national product, *NNP*)
- 國民所得 (national income, *NI*)
- 個人所得 (personal income, *PI*)
- 個人可支配所得 (disposable personal income, *DPI*)

摘要

★ 1. 國內生產毛額指一個經濟體系，在一段期間內，所生產最終財貨與勞務的市場價值總合。

★ 2. 一個經濟體系的意義有兩種，如果是限定本國地區為範圍所生產出來的最終財貨與勞務稱為國內生產毛額 GDP，如果一個經濟體系是以衡量全體國民的總產出為目標，則稱為國民生產毛額 GNP。

★ 3. $GDP = GNP -$ 本國人民在國外所賺得報酬 $+$ 外國人民在本國所賺得報酬 $= GNP -$ 國外要素所得淨額。

★ 4. 一個稍微複雜的經濟體系除了包括家計部門與廠商之外，也包括政府部門，同時也納入金融仲介機構扮演資金流動仲介的角色，此經濟體系稱之為封閉體系。

★ 5. 一個完整的經濟循環體系除了封閉體系外還必須包含國外部門。所謂國外部門係指國與國之間的經濟活動，主要包括財貨、勞務的交換及資金的往來。如果本國將部分的產品賣到國外去，稱之為出口，而我們也會買一些本國沒有生產的東西，稱之為進口。將封閉體系加上國外部門，經濟學家稱之為開放體系。

★ 6. 衡量一個國家的 GDP 可以分別從下列三種方式：(1)支出面，就如同消費者購買的支出，(2)所得面，如同家計部門參與勞動所獲得的工資報酬，(3)生產面，即加總每一個企業所創造的附加價值。

★ 7. 消費主要包含耐久財消費、非耐久財消費及勞務等三大項。毛投資包含新建廠房、添購新機器與存貨變動。政府支出主要包含各級政府對最終財貨與勞務的購買及具有生產性的消費支出等。

★ 8. $GDP =$ 工資 $+$ 利息 $+$ 地租 $+$ 利潤 $+$ 折舊 $+$ 間接稅淨額。

★ 9. 附加價值 $=$ 生產總值 $-$ 中間要素投入成本。

★ 10. $NNP = GDP -$ 折舊。$NI = NNP -$ 間接稅淨額。$PI = NI -$ 已賺未得 $+$ 未賺已得。$DPI = PI -$ 個人租稅。

習題

1. 總體經濟學最主要關心哪三項重要目標？
2. 何謂國內生產毛額？與國民生產毛額有何不同？John 是來臺打工的外籍生，請問 John 所賺得的錢算是 GNP 或 GDP？

3. 下列哪些項目算在今年的 *GDP* 中？

(1)小林賣一個古董

(2)小林買一張台積電的股票

(3)小林種菜自己吃

(4)小林出租房屋的租金所得

4. 何謂開放體系？何謂封閉體系？各包含哪些部門？

5. 從支出面衡量 *GDP* 包含哪些項目？投資支出包含哪些項目？政府發放老年年金算不算在政府支出項目中？

6. 從所得面衡量 *GDP* 包含哪些項目？

7. 何謂附加價值計算的 *GDP*？

8. 試從行政院統計局找尋歷年臺灣的 *GDP*, *NNP*, *NI* 等資料，並繪於同一張圖上。

9. 麵包店在製造過程中花費 3 萬元買糖，8 萬元購買麵粉，10 萬元的工資，已知麵包店銷售麵包收入為 30 萬元，其生產的附加價值為多少？

10. 假設 A 國在某年國民所得帳資料如下所示：

項目	金額	項目	金額	項目	金額
政府移轉性支出	20	民間租金及利息	40	企業間接稅淨額 (IBT)	5
政府支出	40	綜合所得稅	60	折舊	10
工資	50	企業利潤	100	人民消費支出	100
國內資本形成毛額	50	公司所得稅	15		

(1)請計算該國 NI。

(2)請計算該國 GDP。

第 15 章

追求 GDP 成長的迷思

在金融風暴期間，某報紙發表以下言論：「根據主計處資料顯示，我國經濟產值在民國 86 年的實質 *GNP* 為 2,848 億美元，但是在亞洲金融風暴衝擊之下，87 年我國實質 *GNP* 產值減少至 2,623 億美元。可是主計處認為與亞洲其他國家相互比較，預估臺灣排名將由全球第十五名躍升為第十三名，雖不滿意尚可接受，也就是說臺灣還是保有相對中度的成長」。

從這一篇報導中可以了解傳統觀念比較哪一個國家人民能夠享受較好的生活水平是以 *GNP*（或 *GDP*）的大小來衡量，當然 *GDP* 絕對值大小並沒有任何的意義，一般而言人口較多的國家其總產值都會較大，因此經濟學家注重的是平均每一個人所能夠分配的所得是否比較多，但是我們是否因此可以斷定平均每人的國內生產毛額較大的國家，其人民一定可以享受較高的生活水準呢？答案依然是否定的。

現代經濟政策基本上已經脫離對 *GDP*「值」的追求，由於早期各國政府注重以 *GDP* 成長為目標的經濟政策，已經使地球的環境品質遭到嚴重的破壞，例如山坡地的過度開發導致汐止林肯大郡嚴重死傷、神木村的土石流、南桃園每到颱風必然缺水等等。另外水資源的污染、垃圾堆積如山，使得經濟學家開始注意到對自然環境的關懷。

當然 *GDP* 還無法反映追求實質經濟成長的目標、所得分配是否平均，以及其他相關經濟活動有助於提高本國社會福利卻無法在 *GDP* 項目中反映出來，如週休二日等，這些我們將在本章詳加討論。

15.1 名目 GDP 與實質 GDP

一個國家富有與否決定於每個人所能夠消費實際數量的財貨與勞務（稱為實質 *GDP*），但是由於 *GDP* 是衡量本國最終產出的「市場價值」，含有價格的因素，因此我們不能說平均每個人 *GDP* 較大的國家就比較富有。舉例來說，如下表所示：

▼ 表 15.1　實質國民所得

	臺灣	新加坡
產量	10	15
價格	30	15

表 15.1 顯示臺灣與新加坡同時生產漢堡，其產量分別為 10 及 15（假設所有的漢堡均同質），而價格分別為 30 及 15 元新臺幣，依照 *GDP* 的定義，臺灣的 $GDP = 30 \times 10 = 300$，而新加坡的 *GDP* 卻只有 225 $(= 15 \times 15)$，因此臺灣的名目 *GDP* 大於新加坡，可是臺灣的實質產出（稱之為實質 $GDP = 10$）卻小於新加坡的實質 *GDP* (= 15)。很明顯物價水準的高低對本國福利並沒有太大的幫助，反而是實質 *GDP* 的多寡會影響到人民所能消費的財貨與勞務的數量，因此實質 *GDP* 較名目 *GDP* 更能反映本國富有的水準。

根據上例，我們可以定義實質國內生產毛額 (*gdp*) 如下：

$$gdp = \frac{GDP}{P} \times 100$$

即

$$\text{實質國內生產毛額} = \frac{\text{名目國內生產毛額}}{\text{物價指數}} \times 100$$

因此要知道實質國內生產毛額，必須先求物價水準 *P*，基本上我們將 *P* 視為一種物價指數 (price index)，係指一國平均物價水準。另外由於 *GDP* 衡量時間以年為單位，故比較的起始年稱為基年 (base year) 或基期 (base period)，例如，民國 90 年當做基年，則當年物價指數定為 100，如果民國 100 年物價水準為 200，則表示民國

100 年物價水準為民國 90 年的兩倍。因此上述公式乘以 100 隱含我們將基期實質國內生產毛額或物價水準的指數視為 100。

目前主計處所公布的物價指數主要有三種，第一為消費者物價指數 (consumption price index, CPI)，主要計算日常生活有關財貨價格的加權平均值，其編制的目的在於衡量一國的物價膨脹及調整相關的稅負，例如，臺灣綜合所得稅的免稅額會隨著物價上漲的年增率而有所調整。第二為躉售物價指數 (wholesale price index, WPI)，根據主計處定義為衡量各廠商企業間交易之所有商品價格變化情形，分為國產內銷品、國產出口品及進口品物價，即主要在衡量批發物品相關的價格。躉售物價指數編制的目的在於提供產業關聯的統計及作為營利事業資產重估的依據。最後為 = GDP 平減指數 $\frac{GDP}{gdp} \times 100\%$，就是衡量 GDP 項目的物價指數。

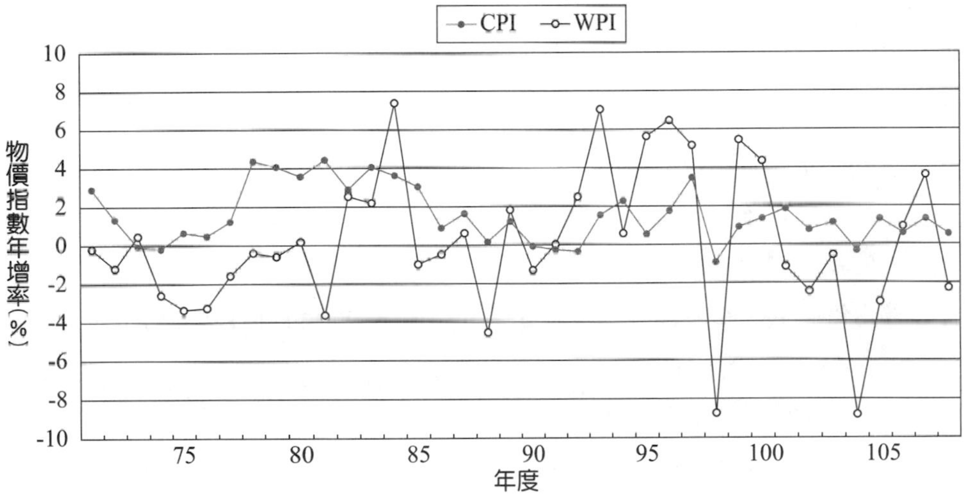

▲ 圖 15.1 臺灣躉售物價指數年增率與消費者物價指數年增率

圖 15.1 為臺灣自民國 71 年至 108 年有關消費者物價指數年增率與躉售物價指數年增率的時間序列資料，從圖 15.1 可知，臺灣地區的消費者物價指數年增率相對而言比較穩定，大約維持在 3% 上下。由於政府經歷石油危機所引發物價膨脹的教訓，對於物價上漲特別具有戒心，行政院還設置物價督導彙報專責監控臺灣物價的波動。但是在民國 90 年至 92 年以及 98 年（美國金融海嘯次年），我國消費者物價指數居然為負，因此有部分經濟學者認為此時發生物價緊縮 (deflation) 的現象。在民國 93 年由於國際原物料價格飆漲，使得躉售物價指數開始上揚的傾向，帶動消費者物價指數開始持續上漲。不過綜觀自美國金融海嘯以來，我國消費者物價指數上

漲率大致維持 2% 以下，尚稱穩定，意味著央行努力在控制物價水準。但是就反面來講，物價穩定表示我國需求不振，因此我國近年來經濟發展就不是那麼理想。

物價指數大致可以反映本國人民的生活成本變化，一般物價水準較高時，代表本國人民購買相同財貨所需的金額增加，因此生活成本增加。但是當物價指數水準上漲，是否代表人民生活的品質一定下降？倒也不盡然：

(1) 物價指數並沒有考慮到產品品質改善的特性。例如，民國 85 年大約需要 2 萬元才能購買一臺一倍數的 CD-ROM，可是到民國 108 年我們卻只要花 2,000 元就可以買到一臺藍光燒錄機。物價指數不變，可是我們卻享受更好的設備，因此物價指數無法完全反映人們真正生活品質的變化。

(2) 物價指數並沒有考慮到新產品的發明。例如藍光光碟機 (BD) 發明取代 DVD，代表人們可以享受更高的視聽品質，可是物價指數無法反映此種趨勢的存在。

範例

一、物價指數的計算方式

對一般國民而言，消費者物價指數與 *GDP* 平減指數是最重要的兩種物價指數，但是它們的計算方式是否相同呢？其實這兩種計算方式有顯著的不同，消費者物價指數又稱為顯性物價指數，其計算方式乃利用所謂拉氏物價公式為 $L_p=\dfrac{P_x^1q_x^0+P_y^1q_y^0}{P_x^0q_x^0+P_y^0q_y^0}=\dfrac{\sum P^1q^0}{\sum P^0q^0}$。而 *GDP* 平減指數又稱為隱性物價指數，意指 *GDP* 平減指數是透過間接估算而來，其計算公式採用畢氏物價公式，*GDP* 平減指數 $=\dfrac{\text{名目 }GDP}{\text{實質 }GDP}$。為了說明以上計算的差別，如下表所示：

▼ 表 15.2 烏托邦的生產資料

商品	105 年		109 年	
	價格	數量	價格	數量
X	5	15	8	20
Y	3	10	10	8

1. 請以 105 年為基期，計算 109 年之消費者物價指數。

2. 請計算 109 年之名目 *GDP*。

3. 請計算 109 年之實質 *GDP*。

4. 請計算 109 年之 *GDP* 平減指數。

解：

1. $CPI = \dfrac{P_1Q_0}{P_0Q_0} = \dfrac{8 \times 15 + 10 \times 10}{5 \times 15 + 3 \times 10} = \dfrac{220}{105} = 209.5\%$

2. 109 年之名目 $GDP = 8 \times 20 + 10 \times 8 = 240$

3. 109 年之實質 $GDP = 5 \times 20 + 3 \times 8 = 124$

4. GDP 平減指數 $= 240 / 124 = 193.5\%$

15.2 GDP 與所得分配

雖然我們已經討論到平均每人的實質 *GDP* 越高代表平均每個人所能享受的財貨數量越多，可是這並不能夠表示人民的生活水準就一定較高，「不患寡而患不均」表示所得分配的均勻與否對社會的安定有重要的影響，以下介紹三種所得分配指標：

一、洛倫茲曲線

經濟學家利用洛倫茲曲線 (Lorenz curve) 來描述一個國家所得分配的不均度，一般而言，平均每個人的 *GDP* 是以家戶作為所得的單位，由累計戶數與累計所得間的關係大約可知所得分配是否平均。如表 15.3 所示：

▼ 表 15.3　絕對平均所得分配

所得分配比 %	累計戶數 %	累計所得 %
20	20	20
20	40	40
20	60	60
20	80	80
20	100	100

我們將所有家庭依每戶全年所得金額由低至高排列，按戶數分成五等分，第一列數字表示全國所得最低的 20% 戶數的所得總和占全國人民可支配所得的 20%，第二列數字表示全國所得最低的 40% 戶數的總所得占全國人民可支配所得的 40%，依此類推。如果所得分配如表 15.4 所示，則其洛倫茲曲線將如下圖黑色對角線所示：

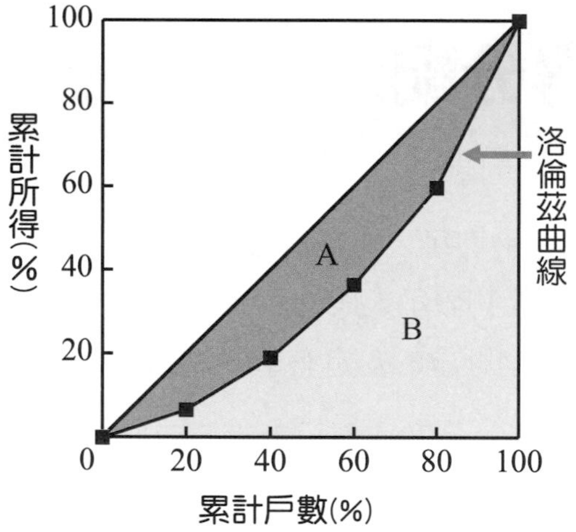

▲ 圖 15.2　洛倫茲曲線

但是實際上所得分配不可能如此的理想，表 15.4 是依照主計處統計臺灣國民 107 年的可支配所得分配概況。

則臺灣所得分配的洛倫茲曲線將呈現如圖 15.2 右下方的拗折曲線，如果洛倫茲曲線越偏離 45° 線，表示所得分配越不平均。

▼ 表 15.4　民國 107 年臺灣所得分配

所得分配比 %	累計戶數 %	累計所得 %
6.66	20	6.66
12.31	40	18.97
17.15	60	36.12
23.38	80	59.50
40.51	100	100.00

二、吉尼係數

經濟學家定義吉尼係數 (Gini coefficient) 來比較各國所得分配平均度，吉尼係數就是洛倫茲曲線與 45° 線所圍繞的面積占絕對平均線底下的三角形面積的比例，即：

$$吉尼係數 = \frac{A}{A+B}$$

吉尼係數越大表示所得分配越不均勻。

三、五分位指標

最高所得組所得對最低所得組所得的倍數稱為五分位指標。臺灣在民國 70 年代最高所得（前 20%）是最低所得（後 20%）的 4.7 倍，但到民國 80 年代，倍數已經提高到 5.6 倍，顯示隨著國民所得提高，臺灣所得分配越來越不平均，到了民國 90 年五分位指標已經到達 6.39 倍的歷史高點。自此之後開始呈現遞減，到了民國 108 年，五分位指標降到 6.09 倍。如圖 15.3 所示，最高所得組級距與最低所得組級距的比值也逐漸攀高。這種現象顯示雖然臺灣的國民所得持續成長，但是所得大部分卻集中在少數人的手中，最後將導致社會各階層的對立，對於社會的安定有不利的影響。

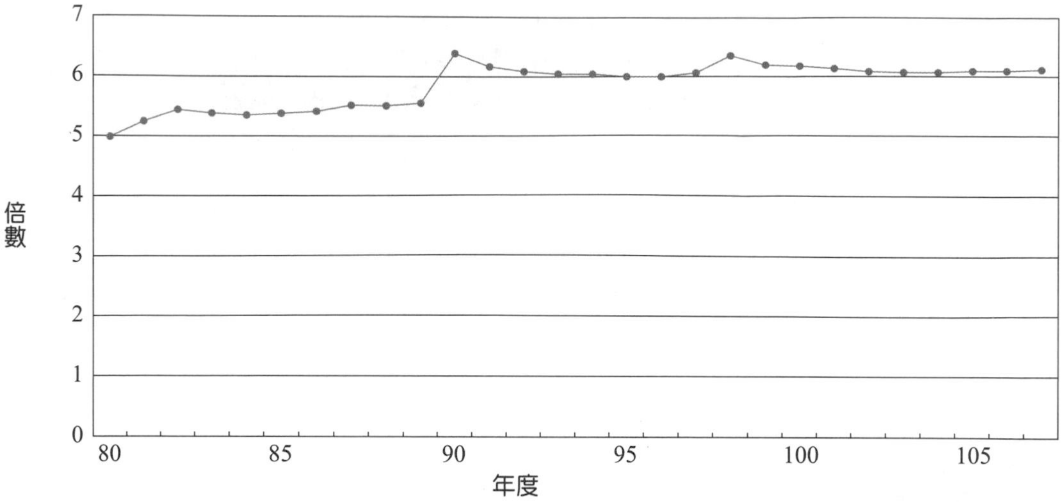

▲ 圖 15.3　臺灣五分位指標時間序列圖

下表為我國自民國 80 年以來，有關五分位指標相關資料。

▼ 表 15.5　我國歷年五分位指標

年度	平均每戶可支配所得（元）	平均每戶可支配所得按戶數五等分位組					第五分位組為第一分位組之倍數（倍）
		1（最低所得組）	2	3	4	5（最高所得組）	
80	587,242	227,816	389,205	511,410	674,452	1,133,327	4.97
81	639,696	235,752	423,392	560,466	742,466	1,236,408	5.24
82	727,879	259,381	477,408	642,257	853,214	1,407,140	5.42
83	769,755	280,259	499,105	669,983	892,016	1,507,414	5.38
84	811,338	296,166	525,749	704,713	948,484	1,581,580	5.34
85	826,378	298,443	537,241	723,067	966,103	1,607,034	5.38
86	863,427	312,458	557,429	753,919	1,005,815	1,689,517	5.41
87	873,175	310,865	560,766	765,375	1,014,770	1,714,097	5.51
88	889,053	317,001	573,853	778,496	1,031,669	1,744,245	5.50
89	891,445	315,172	571,355	778,556	1,043,508	1,748,633	5.55

90	868,651	279,404	524,766	740,054	1,013,478	1,785,550	6.39
91	875,919	292,113	538,584	743,888	1,005,274	1,799,733	6.16
92	881,662	296,297	545,465	745,231	1,021,325	1,799,992	6.07
93	891,249	297,305	555,452	775,719	1,035,972	1,791,796	6.03
94	894,574	297,694	556,117	779,044	1,043,131	1,796,884	6.04
95	913,092	304,274	564,865	795,427	1,073,507	1,827,387	6.01
96	923,874	312,145	571,128	799,418	1,069,885	1,866,791	5.98
97	913,687	303,517	564,893	796,225	1,068,804	1,834,994	6.05
98	887,605	282,260	544,532	771,572	1,049,242	1,790,418	6.34
99	889,353	288,553	542,741	773,468	1,054,693	1,787,312	6.19
100	907,988	296,352	546,903	786,324	1,083,008	1,827,354	6.17
101	923,584	301,362	566,814	810,075	1,093,553	1,846,116	6.13
102	942,208	309,459	583,287	823,937	1,111,674	1,882,680	6.08
103	956,849	317,144	587,625	830,741	1,128,799	1,919,937	6.05
104	964,895	320,312	587,763	836,842	1,139,842	1,939,718	6.06
105	993,115	329,400	616,604	861,413	1,153,992	2,004,165	6.08
106	1,018,941	338,278	627,855	884,183	1,191,537	2,052,850	6.07
107	1,036,304	344,948	637,775	888,498	1,211,270	2,099,030	6.09

資料來源：行政院主計處。

探究為什麼臺灣所得分配越來越不平均的原因可能為，第一，由於房地產價格飆漲，因此凡是擁有房地產者就是富有的階層，凡未擁有房地產者憑其一生薪資，也難以購買房屋，因此造成貧富懸殊。第二，由於第三波工業革命之後，資訊產業成為主流，凡具有電子專門技術之工作人員可獲得超高之薪資，例如一些高科技電子廠員工配股所得遠遠超過一般產業員工全年薪資所得。第三，稅制不公平。早期為了刺激廠商提高投資意願，因此我國實施很多減稅措施，其中影響最大的為證券交易所得免稅。就租稅理論而言，所有所得都要課稅，唯獨證券交易所得免稅明顯違反水平公平的租稅原則。況且我們發現當今很多有錢人，大都是靠著證券交易或者土地買賣而來，要靠著薪資所得水準而買到「帝寶」幾乎不可能。因此馬政府在 2012 年準備課徵證券交易所得稅，馬上引起既得利益者的反彈，認為會引起股市下跌、資本市場資金籌措困難等，進而導致經濟萎縮。

對這些論點看起來有點道理，實則不然。我國過去從未實施證券交易所得稅，但是股市從來沒有一直維持在 10,000 點以上，所以影響股市漲跌最重要的因素是經濟的發展，課證券交易所得只是短期影響而已。至於資本市場資金籌措問題更簡單，只要台積電跌到 20 元、鴻海跌到 50 元而獲利能力不變的話，試想投資者不會搶進嗎？以上這三種因素構成臺灣所得分配趨向不平均的主要原因。

15.3
GDP 與環保

用 *GDP* 來代表一個國家的福利的其中一個缺失是 *GDP* 並沒有考慮環境污染的外部成本。由於廠商生產的過程中，都會產生一些廢物而對環境有嚴重的污染，因此我們只計算廠商的產值而忽略廠商對環境造成污染的外部成本，顯然高估 *GDP* 的產值。根據王塗發教授觀點❶，*GDP* 用來衡量國民福利指標有關環境部分至少有以下的缺失：

(1)垃圾、噪音越多，環境污染越嚴重，則 *GDP* 越高，越無法顯示人民福利水準的變化。更可笑的是，由於環境污染越嚴重，因此必須投入更多防治污染設備的購置經費，但是此項部分支出卻列入投資，屬於 *GDP*，變成污染越嚴重，*GDP* 反而越高。

(2)環境破壞越嚴重，則政府必須支出更多的經費來復原，但是這部分經費支出卻無法顯示人民福利水準提高。例如 921 大地震發生時，政府花費大筆復建的費用，屬於 *GDP* 的項目，卻頂多將福利水準提高至大地震前的效用水準而已。

❶ 王塗發，〈永續發展與再生能源〉，《看守臺灣》，第二卷第三期，2000 年 7 – 9 月，pp. 183 – 185。

(3)資源耗損越嚴重，如大量種植水蜜桃，導致山坡地水土流失，但是因為水蜜桃產值高導致 *GDP* 產值高，無法反映一國福利水準的變化。

會發生此種弊端主要是因為 *GDP* 衡量一國的最終產值市價，亦即 *GDP* 是依市場價值計算的各類生產價值的總合，但是 *GDP* 卻無法涵蓋因經濟活動而導致的環境污染及自然資源耗損的成本。這些活動通常不經過市場交易，所以不會出現在 *GDP* 帳上。因此在環境保護的意義之下，「綠色國民所得帳」的編制已成為世界趨勢。

其實針對 *GDP* 編制的弊端，托賓 (Tobin) 早在 1973 年就提出所謂經濟福利指標——*MEW* (measure of economic welfare) 指標，由於綠色環保組織曾經譏諷 *GDP* 為垃圾 (garbage)、噪音 (noise) 及污洋 (pollution) 的簡寫，因此托賓特別從 *GDP* 中扣除了犯罪、污染、都市擁擠等一些社會外部成本，托賓所求得的 MEW 值比較能夠忠實反映一個國家真實的國民所得。

目前各國所編制的「綠色國民所得帳」主要是根據聯合國所制定整合環境與經濟帳系統 SEEA (system for integrated environment and economic accounting) 加以適度修正。我國「綠色國民所得帳」曾經在民國 74 年至民國 77 年間急速下降，爾後再慢慢回升，這和臺灣 *GDP* 每年成長的印象大異其趣。

另外有一些經濟學家，除了環保因素之外，還將公共危險、交通阻塞、所得分配等重要影響人民生活福祉的因素考慮進來，被視為是廣義的「綠色國民所得帳」。

範例

二、綠色 *GDP* 的涵義與實踐

根據陶在樸教授研究（《工商時報》，民國 90 年 1 月 4 日）顯示，綠色 *GDP* 有以下具體的政策涵義：

(1)由於綠色 *GDP* 為自傳統 *GDP* 減除環境與自然資源耗損的部分，因此綠色 *GDP* 約略只有傳統 *GDP* 的某一百分比而已，亦即綠色 *GDP* 可能只有傳統 *GDP* 的 80% 而已。

(2)綠色 *GDP* 成長率有可能高於、等於或低於傳統的 *GDP* 成長率，完全決定於資源與環境耗損的速度。當自然資源耗損程度越快，則綠色 *GDP* 的成長速度越可能低於傳統的 *GDP* 成長率。

(3)傳統上政府可以透過財政與貨幣政策來促進傳統 *GDP* 的成長，可是這些政

策對綠色 *GDP* 沒有什麼太大的幫助。反而是綠色租稅 (green tax) 可能有雙重紅利 (double dividend) 效果，對促進綠色 *GDP* 成長較有幫助。

⑷影響綠色 *GDP* 的景氣循環與傳統 *GDP* 景氣循環的因子完全不同，綠色 *GDP* 與政府對於環境保護政策持續性較有關聯，若政府因任期到期，使得環保政策改變，將使綠色 *GDP* 呈現循環性的改變。

範例

三、綠色租稅

大部分廠商只在追求私人利益極大，但卻由於財產權界定不清，導致廠商任意污染環境，卻由全民來負擔環境破壞的後果，而大部分的廠商並沒有負擔此部分的外部成本。所以就社會的觀點來看，這些廠商是犧牲環境來為自己創造利潤，因此經濟學者就提出所謂綠色租稅的觀念。綠色意味著改善環境污染，因此綠色租稅意指對廠商課徵污染稅，以求減少環境污染，達到國家永續經營，並且滿足使用者付費的原則。

經濟學者之所以極力主張綠色租稅，原因在於綠色租稅可以達成雙重紅利。在現實社會中，政府職能日益擴大，因此政府所課徵的租稅種類繁多而且稅率有時過重，導致社會無謂損失過大，因此若透過課徵綠色租稅，將使污染減少，此紅利一也，另外污染稅收增加，那麼可以降低其他租稅的稅率，此時又可以減少社會課稅所引起的無謂損失，此紅利二也。

15.4

GDP 與週休二日

GDP 不能真正反映一個國家的福利水準，除了上述的理由之外就是 *GDP* 忽略了休閒的價值，因此經濟發展的目標如果是為了要提高人民福利水準，則不能忽略

休閒所帶給人民的效用。因此自民國 87 年政府開始實施隔週休二日時，第一階段挪移國定假日來隔週休二日，第二階段於民國 90 年實施每月兩次週休二日。

實施週休二日對臺灣的國民所得、國際競爭力以及國內產經復甦情形有相當大的衝擊，因此引起廣泛的討論。例如前人事行政局長魏啟林先生認為實施週休二日恐打擊投資意願、降低廠商對勞工的雇用意願等，使國內經濟受到衝擊，反而對民眾不利。而且根據當時經建會總體模型的預測，全面實施週休二日可能使第二年經濟成長率降低一點二個百分點，產業薪資成本將增加四點五個百分點，對臺灣總體經濟表現有相當大的影響。

但是週休二日可能迫使廠商朝生產更高附加價值產品發展，另外對休閒服務業的產值有顯著的貢獻，例如隔週休二日帶動了民間的消費能力，有助於降低亞洲金融風暴對我國的衝擊。從世界先進國家大部分已實施週休二日來看，週休二日已是世界潮流所趨，例如美國、英國、日本、法國、德國等已開發國家，甚至連亞洲的菲律賓及中國大陸也都實施週休二日。

15.5 *GDP* 與地下經濟

地下經濟之所以「蓬勃發展」最主要有兩個理由，一是為了逃漏稅，另外是為了逃避管制。一般而言世界各國的地下經濟產值大約占各國 *GDP* 的 10% 至 30% 之間，而臺灣所遺漏地下經濟活動的產值約在 15% 左右，比例可謂相當的嚴重，因此地下經濟的產生導致 *GDP* 無法反映一國真實的產值。

為了改善掌握地下經濟的活動，政府設計很多的制度來「迫使」許多產業及個人誠實申報其所得，例如統一發票制度迫使許多廠商誠實申報其營業收入，因此立法院欲消除或減少統一發票的獎金反而不被財政部所接受。另外，政府於民國 88 年通過租屋支出可以當做列舉扣除額，表面上是政府為照顧低所得無殼蝸牛的一項德政，但是此項政策本身具有「自動勾勒」功能，亦即政府稅收減少的部分可以從房東徵收更多的所得稅來彌補，另外也可以減少地下經濟的活動。

重要名詞

- 實質 *GDP* (real *GDP*)
- 物價指數 (price index)
- 基年 (base year)
- 基期 (base period)
- 消費者物價指數 (consumption price index)
- 躉售物價指數 (wholesale price index)
- *GDP* 平減指數 (*GDP* deflator)
- 物價緊縮 (deflation)
- 洛倫茲曲線 (Lorenz curve)
- 吉尼係數 (Gini coefficient)
- 經濟福利指標 (measure of economic welfare, *MEW*)
- 整合環境與經濟帳系統 (system for integrated environment and economic accounting, SEEA)
- 綠色租稅 (green tax)
- 雙重紅利 (double dividend) 效果

摘要

★ 1. 實質國內生產毛額 $gdp=\frac{GDP}{P}$，即實質國內生產毛額 $=\frac{\text{名目國內生產毛額}}{\text{物價指數}}\times 100$。

★ 2. 物價指數指一國平均的物價水準。另外由於 *GDP* 衡量時間以年為單位，故比較的起始年稱為基年或基期。

★ 3. 目前主計處所公布的物價指數主要有三種，第一為消費者物價指數，主要計算日常生活有關財貨價格的加權平均值，其編制的目的在於衡量一國的物價膨脹及調整相關的稅負。第二為躉售物價指數，主要在衡量批發物品相關的價格。第三是 *GDP* 平減指數，則是衡量 *GDP* 項目的物價指數。

★ 4. 物價指數水準上漲，不一定代表人民生活的品質下降，主要理由為物價指數並沒有考慮到產品品質改善的特性，也沒有考慮到新產品的發明。

★ 5. 消費者物價指數又稱為顯性物價指數，其計算方式乃利用所謂拉氏物價公式為 $L_p=\frac{P_x^1q_x^0+P_y^1q_y^0}{P_x^0q_x^0+P_y^0q_y^0}=\frac{\sum P^1q^0}{\sum P^0q^0}$。而 *GDP* 平減指數又稱為隱性物價指數，意指 *GDP* 平減指數是透過間接估算而來，其計算公式採用畢氏物價公式， *GDP* 平減指數 $=\frac{\text{名目 } GDP}{\text{實質 } GDP}$。

★ 6. 洛倫茲曲線可用來描述一個國家所得分配的不均度。

★ 7. 吉尼係數是洛倫茲曲線與 45° 線所圍繞的面積占絕對平均線底下的三角形面積的比例，即吉尼係數 $= \frac{A}{A+B}$。吉尼係數越大表示所得分配越不均勻。

★ 8. *GDP* 用來衡量國民福利指標有關環境部分至少有以下的缺失：(1)垃圾、噪音越多，環境污染越嚴重，則 *GDP* 越高，(2)環境破壞越嚴重，則政府必須支出更多的經費來復原，但是這部分經費支出卻無法顯示人民福利水準提高，(3)資源耗損越嚴重，*GDP* 產值越高。

★ 9. 綠色租稅可能有雙重紅利效果，對促進綠色 *GDP* 成長較有幫助。

★ 10. *GDP* 無法考慮以下因素，所以無法反映一國福利水準：(1)人口數，(2)物價指數，(3)所得分布，(4)環境污染，(5)休閒價值，(6)地下經濟。

習題

1. 何謂實質 *GDP*？何謂名目 *GDP*？其關係為何？
2. 目前主計處公布的物價指數有哪三種？其編制的目的各為何？
3. 利用物價指數來衡量人民的生活成本有哪些問題？
4. 何謂 Lorenz curve？何謂吉尼係數？其算法為何？
5. 試討論臺灣地區所得分配越來越不平均的可能理由。
6. 為什麼 *GDP* 無法反映環境破壞的機會成本？
7. 何謂 *MEW*？何謂綠色國民所得帳？
8. 試討論週休二日對 *GDP* 的影響。
9. 您認為 *GDP* 無法反映一國「實際」的福利水準的可能因素有哪些？
10. 假設某國只生產 *X*、*Y*、*Z* 三種商品，資料如下所示：

商品	2018 年		2019 年		2020 年	
	P	*Q*	*P*	*Q*	*P*	*Q*
X	5	5	8	6	12	8
Y	8	10	10	12	10	20
Z	6	12	8	10	15	6

請計算：

(1) 2020 年的名目 GDP。

(2)以 2018 年為基期，計算 2020 年的實質 GDP。

(3)以 2018 年為基期，計算 2020 年的通貨膨脹率。

11.假設 A 國只有 4 個人，其所得分別為 2、2、4、4。請畫出該國的洛倫茲曲線，並計算該國的吉尼係數。

Note

第16章

景氣循環兼論總體思想演進

張三：「在前一陣子金融風暴期間，小林每天三餐只是吃碗泡麵，怎麼最近都在吃螃蟹大餐？」

李四：「因為最近政府積極提出振興景氣方案，加上外資拼命買臺灣的股票，現在股市又回到高點，景氣好轉小林業績好當然是吃香喝辣的。」

其實幾乎每個人的遭遇跟小林是相似的，當景氣好的時候，生活上就顯得相當的愜意，當景氣不好的時候，手頭上就會相當的緊。

依照圖 16.2 我們發現臺灣的經濟成長並不是一成不變，反而是高高低低，起伏不定，這就是經濟波動的現象。因此經濟波動（或者景氣循環）指的是總體經濟變數（如本國國民所得、物價、失業率等）會依著長期趨勢進行週期性的不規則變動。依照圖 16.2 所示，臺灣每人所得成長率長期大約是 6.2%，因此您會發現實際臺灣每人所得成長率會圍繞著 6.2% 做上下起伏的波動。除此之外，您也可以發現，臺灣經濟每隔 4～5 年都會出現一個相對低點的經濟成長率，但是週期的長短是不固定的。

重要總體經濟變數既然如此多變，對我們的影響又如何呢？例如，當我們碰到亞洲金融風暴、美國金融大海嘯甚至歐豬四國公債危機，百業蕭條，被解雇的機率相對就增高，當失業人口大增對社會福利及治安都是一項挑戰，因此政府面臨這種短期經濟失衡時，莫不積極尋找解決之道。因此本章首先將介紹景氣循環的意義及過程並提出可能解決的政策。

16.1 景氣循環的意義與過程

景氣循環 (business cycle) 指的是一個國家的國民所得會依循長期趨勢進行週期性的不規則變動，既然會形成週期性的波動，因此經濟學家又將波動的週期分成四個階段，頂峰 (peak)、衰退 (recession)、谷底 (trough) 及擴張 (expansion) 期（如圖 16.1 所示）。

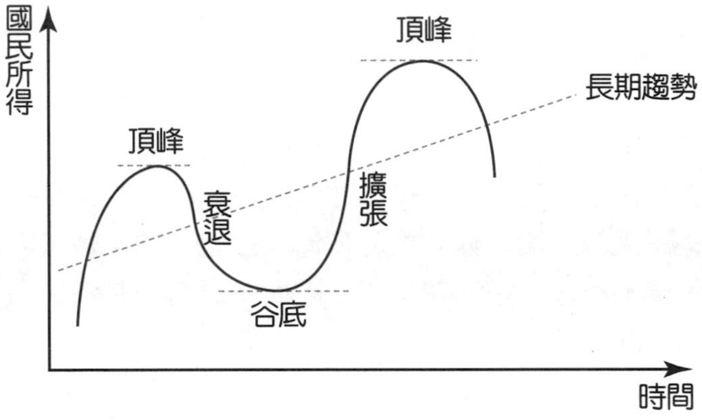

▲ 圖 16.1　景氣循環圖

但是並不是每一個循環週期都一定要歷經這四個階段，可能景氣剛自谷底翻揚，擴張到一半又衰退，各種情況都有可能，因此景氣循環的週期很難加以預測。

一、景氣動向指標

為了能夠捉住經濟波動的脈絡，經濟學家根據過去的經驗選擇跟景氣相關的變數來預測未來景氣波動的軌跡，包括了：

1. 領先指標 (leading indicators)

指某些經濟變數領先景氣循環變動者，可以預測未來景氣變動，當這些變數變好時，通常未來經濟景氣會變好，例如製造業新接單指數、股價指數、貨幣供給餘額、M_{1B} 變動率。

2. 同時指標 (coincident indicators)

指某些經濟變數波動恰好與景氣波動同時，可衡量當時景氣狀況，例如工業生產指數、國內運貨量等。

3. 落後指標 (lagging indicators)

指某些經濟變數稍微落後景氣循環變動者，例如賦稅收入或者失業率等。

二、景氣對策信號

經建會為了方便政府採取適當政策來緩和經濟的波動，特別編制景氣對策信號，其內容主要包含兩大類：

▼ 表 16.1　景氣對策信號內容

金融面	實質面
1. 貨幣供給 M_{1B} 變動率 2. 直接與間接金融 3. 票據交換金額及跨行通匯 4. 股價指數變動率	1. 製造業新接訂單指數變動率 2. 海關出口值變動率 3. 工業生產指數變動率 4. 製造業成品存貨率 5. 非農業部門就業變動率

依照經建會的定義，如果總分大於 38 分為紅燈表示景氣過熱，政府應該降溫，例如減少貨幣供給或者減少政府支出。如果總分小於 16 分為藍燈，表示景氣衰退，政府應該擴張貨幣供給或者增加政府支出。如果分數介於 23 分至 31 分之間為綠燈，表示景氣恰到好處，政府無須干預。

景氣對策信號真的可以反映臺灣真正的景氣循環嗎？根據經建會所編制的景氣對策分數與經濟成長率關係而言是相當的密切，如圖 16.2 所示。

但是景氣對策信號仍然有不足的地方。例如，在民國 88 年元旦時，景氣對策信號已經由藍燈轉為黃藍燈，景氣有變好的跡象，可是這種「轉好」的原因是由於股市加溫的結果，製造業並沒有嗅到景氣回春的跡象，因此只有少部分投資者可以大魚大肉的享受，一般的老百姓包括公教人員及勞工階層還是「勤儉過日」。

另外，海關出口的變動率也可能會失真，海關出口變動率提高，意謂著淨出口成長率提高。可是在金融風暴期間，當時的海關出口變動率顯示臺灣景氣好轉，可是究其原因是因為臺灣進口大幅減少的結果。如果景氣真的好轉，那麼國人將有更大的能力消費外國產品，進口金額理論上應該大幅成長才對，顯然事實與資料呈現相反的結果。

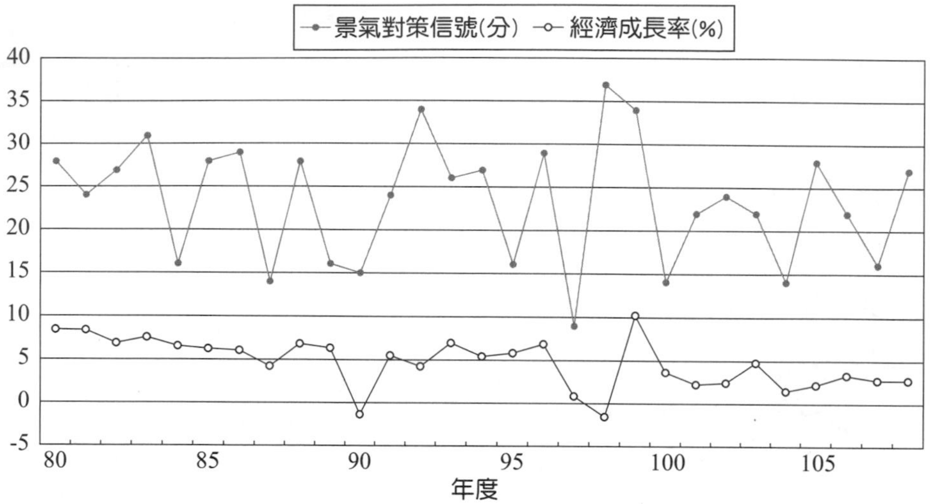

▲ 圖 16.2　景氣對策信號與經濟成長率

16.2

景氣循環的對策——凱因斯理論

由於景氣循環經常造成社會不必要資源調整的成本，如失業、機器設備閒置等等，因此有部分經濟學家開始思考政府應該扮演何種角色？是應該積極介入還是袖手旁觀，讓經濟本身慢慢自我療傷？

這個問題在 1930 年代美國發生經濟大恐慌時，似乎得到「短暫」的答案，政府應該扮演上帝的角色來緩和經濟波動的幅度，其主張的代表人物就是凱因斯 (Keynes)。當時美國總統羅斯福採用凱因斯的理念，推行新政，內容主要包含政府降低一般的消費稅但是卻提高遺產稅，另外一方面政府大力擴張公共支出，這個雙重的努力終於挽救美國經濟脫離經濟大恐慌的夢魘。

為什麼凱因斯的經濟理念如此的有效？我們必須對當時經濟所處的背景作一簡單的介紹。在發生工業革命之後，由於機器替代人力，導致產量大增，人民所得及消費能力大大提高，因此只要產品被生產出來，「自然」就會被人購買，廠商不須擔心賣不出去的問題。可是在 1929 年，美國紐約股市發生大崩盤，情況嚴重到華爾街每天都有人在「練習跳樓」比賽。而美國的經濟衰退更加嚴重，1933 年美國的 *GDP* 只占 1930 年的 40%，當時美國經濟有大量的失業，工廠停工，機器閒置，而政府卻束手無策，只能「勉勵」全體國人「勤儉儲蓄」。

就在這一片愁雲慘霧之中，凱因斯挺身而出駁斥當時一面倒所謂「勤儉建國」的「謬論」，反而認為全民包括政府應該一起來「消費」，這樣才能挽救經濟的衰退。這種新思考的確帶給當時的經濟學家相當大的震撼，為什麼鼓勵消費可以救國？我們可以利用簡單的經濟循環圖來說明，如圖 16.3 所示。

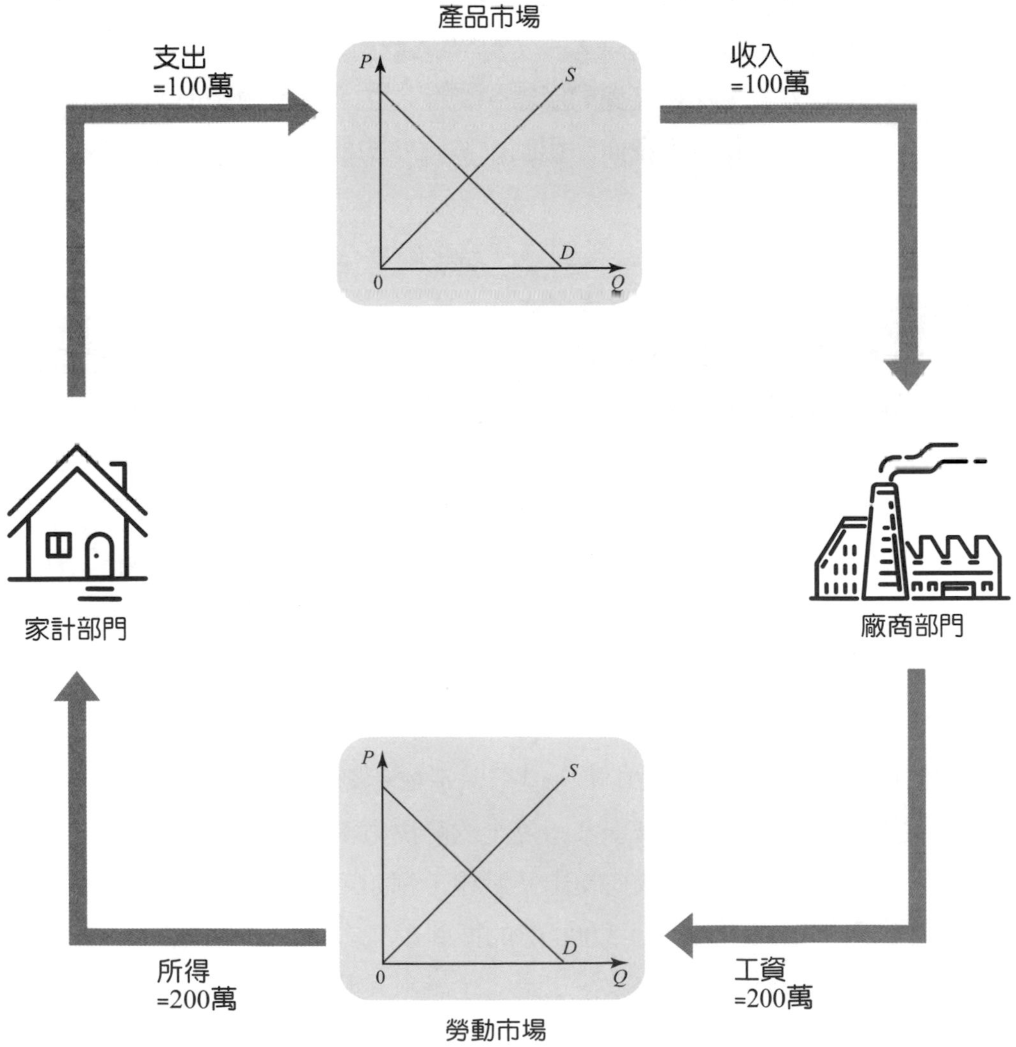

▲ 圖 16.3　經濟循環圖

假設第一年廠商發 200 萬的工資給消費者，那麼代表第一年消費者有 200 萬的所得，如果消費者有儲蓄的「美德」，只願意花費 100 萬購買產品，那麼表示廠商只能收到 100 萬的銷貨收入，同時意謂著第二年廠商只能發 100 萬的薪水給消費者，因此國民所得將減少。如果消費者繼續發揮儲蓄的美德，則廠商的銷貨收入越來越少，將導致消費者所能夠領的薪水越來越少，這正是美國面臨經濟大恐慌時經濟之所以衰退的原因。

既然經濟衰退的病因是由於人民的支出不足，政府應該設法鼓勵人民多消費，所以美國政府降低消費稅率，產品價格下跌結果自然就會激起民眾的購買慾。另外提高累進所得稅率及遺產稅基本上也是鼓勵有錢人「趕快花錢」。這兩項政策的確鼓舞了美國人民的消費慾望。但不止於此，由於全國的總支出包括消費、投資、政府支出及淨出口（即 $AE = C + I + G + X - M$），因此政府可以擴大公共建設 ($G\uparrow$)，同時可以雇用大量的人力，提高人民的所得。總而言之，鼓勵消費與擴大公共建設，讓廠商的收入增加，因此刺激廠商「招回」被解雇的員工來增加生產，景氣自然就恢復。

凱因斯理念獲得空前的成功，美國經濟迅速復原，連帶使得世界各國群起效尤，以臺灣為例，民國 60 年代的十大建設就是希望由政府帶動民間投資意願來振興經濟。又如政府所提倡的獎參條例、投資抵減等鼓勵投資意願，就是希望透過總合支出增加 ($AE\uparrow = C + I\uparrow + G + X - M$)，增加廠商的銷售率，使得廠商多雇員工促使國民所得的提高。

當然對臺灣一個彈丸之地，全體國民的消費能力相對於世界而言顯得微不足道，因此鼓勵外國消費者購買本國產品也是一個不錯的途徑。因此早期臺灣鼓勵出口抑止進口的政策導致本國的淨出口增加，意謂著本國的總合支出增加 ($AE\uparrow = C + I + G + (X - M)\uparrow$)，當廠商發現產品銷售熱烈時會增加員工的雇用，所以進一步帶動臺灣的經濟發展。

雖然凱因斯政策理念歷經 70 年，但是似乎依然影響世界經濟發展的潮流，在 1998 年爆發金融風暴之後，經濟學家所提出的解決方案依然不出凱因斯經濟學的範疇，標準答案只有一個：增加政府支出及減稅。例如，日本提出 8 兆日圓的減稅方案，而臺灣也祭出增加政府支出 3,000 億的振興景氣方案。這些情況顯示，政府支出與稅收是對抗景氣循環的重要政策工具，金融風暴時如此，阿扁總統上臺時亦是如此。

自從2000年開始，世界景氣開始步入物價緊縮的時代，當時行政院長張俊雄先生體認到非政府出面不足以解決景氣衰退的問題，因此分別實施800億緊急就業方案，8100臺灣啟動等擴大內需的政策。為什麼要實施800億緊急就業方案？因為可以促使人民可支配所得增加，進而增加消費，使得廠商可以有新增訂單而增產，促使景氣復甦。另外，當時的游錫堃院長也緊接著提出新十大建設希冀刺激景氣復甦，新十大建設與8100臺灣啟動都屬於透過公共投資來帶動民間需求增加使景氣復甦的政策。2008年馬政府上臺時，面對美國金融大海嘯所提出的政策就是發行消費券，主要目的是希望透過提高人民的可支配所得，刺激人民消費增加，帶動廠商訂單增加，進而提高國民所得。2016年蔡總統上任以來，陸續推出前瞻基礎建設、振興券、紓困金等，無一不是凱因斯主張。

雖然凱因斯的理念廣為世界各國作為對抗景氣循環的依據，但是擴張性的政府支出與減稅並不是醫治景氣衰退的萬靈丹。凱因斯的政策之所以有效完全是建立在社會有大量的閒置資源——即大量的失業及機器的閒置，因此廠商在增加生產時，可以雇得到員工來生產，當然可以刺激國民所得提高。相反的，如果本國所有的勞工都有工作時，廠商如果想增雇員工卻雇不到人，此時即使政府支出增加或者人民消費支出增加對國民所得一點影響也沒有，因為廠商巧婦難為無米之炊。

所以當社會到達充分就業及機器充分利用時，經濟能夠持續成長的機能就不在於鼓勵消費，反而應該鼓勵儲蓄。因為儲蓄才能購買更多的機器設備來幫助生產，此時經濟成長才可能得以持續。1960年代，美國出兵幫助越南，導致國內勞動資源減少，景氣衰退，當時美國政府迷信凱因斯政策「法力無邊」，拼命增加政府支出。一方面由於勞動力減少，代表著國內產品的供給減少，一方面政府鼓勵消費支出，導致人民對商品的需求增加，這雙重壓力導致美國物價大漲的殷鑑不遠。

16.3 景氣循環的對策——貨幣理論

除了政府支出及減稅之外，其實政府最主要對抗景氣循環的工具是貨幣政策，也就是政府藉由控制貨幣供給餘額的變化來影響景氣謂之。為什麼貨幣餘額的變動對國民所得會產生影響呢？這種關連性至今連經濟學家都還未得到一致的結論❶，在此我們略舉凱因斯所強調的貨幣傳導機能 (transmission mechanism of money supply)。

貨幣傳導機能認為央行增加貨幣供給將導致經濟體系有過多的資金（即閒錢過多），因此銀行體系為消化這過多的資金，必須調降利率以吸引更多的貸款者。而利率調降有助於廠商提高投資意願，因此可以刺激總合支出增加，導致國民所得的提高。

而央行可以透過存款準備率、重貼現率及公開市場操作來影響體系的貨幣供給餘額，而且也不必經過立法院的同意，因此貨幣政策才是政府對抗景氣循環的重要利器。但是，貨幣政策真的有效嗎？以臺灣第一次民選總統為例，當時政府為對抗中共飛彈武力恐嚇，連續調降存款準備率及重貼現率，可是經濟並沒有好轉而股票市場依然跌跌不休。因此貨幣政策的變動只能宣示政府的「決心」，至於要產生實質的效果可能需要甚長的時間。

即使如此，自 2008 年之後，美國聯準會主席面對美國次貸風暴連續實施 QE1、QE2 量化寬鬆的貨幣政策，其目的就是希望透過寬鬆的貨幣政策來刺激景氣復甦，這表示美國聯準會主席認為貨幣政策依然有重要的功能。

16.4 景氣循環的對策——無為而治

從凱因斯學派的觀點，假設政府是萬能的，也就是說政府可以預知景氣衰退的來臨以及「治療」景氣衰退「劑量的多寡」都能準確的拿捏，這種情況簡直是天方夜譚。

以臺灣早期提出 3,000 億振興景氣方案為例，到底要實施哪些重大建設需經過經建會的計畫，之後由行政院長送請立法院同意，再由相關單位發包興建，之間可

❶ 關於貨幣對經濟的影響可參閱林鐘雄的《貨幣銀行學》(三民書局)。

能會碰到抗爭，又可能使得完工日期延後。因此政府從觀察到景氣衰退到方案執行完畢所需的時間可能長達 3 年，此時景氣可能已經脫離谷底到達頂峰階段，那麼當時振興經濟的方案反而使得景氣過熱而需要降溫，豈人所能預料。例如，行政院所提出 3,000 億振興經濟方案還沒執行完畢，臺灣的景氣對策信號已經從黃藍燈轉成安全的綠燈。

因此有些經濟學家並不主張政府過度干涉經濟自然的運作，經濟體系存在一些「自動調整機能」(built in stablizers)，使得經濟體系可以慢慢自我調整到充分就業水準，這些機能包括：

1. 累進稅

當景氣衰退時，人民所得減少，可供課稅的金額也就相對大幅減少，因此可以提高人民的消費能力，刺激本國總合支出增加，進而帶動國民所得的提高。相反的，如果景氣過熱，由於課徵的是累進稅，因此人民所繳的稅額將相當的龐大，可以抑止人民的消費支出，所以可以緩和景氣過熱的現象。

2. 社會救濟金

當景氣衰退時，政府可以發放一些失業救濟金等社會救濟金，提高人民的消費能力，因此刺激總合支出的增加將帶動國民所得的提高。

當然自動安定機能相當的多，可是效果相當的不明確，即使它有效，可是所需的時間將相當的漫長，社會因此而付出的機會成本將相當的龐大。有鑑於此，經濟學家普遍認為當一國面臨相當嚴重的景氣循環時，適當採取財政或者貨幣政策依然是必要的選擇。

16.5 停滯性物價膨脹時期

當貨幣學派與凱因斯學派對解決景氣衰退問題爭論不休的時候，一種史無前例的經濟現象發生了，那就是停滯性物價膨脹 (stagflation)，也就是物價上漲與失業率提高（國民所得減少）居然同時發生，這種經濟現象從凱因斯學派觀點的確無法接受。按照凱因斯學派觀點，當政府擴大需求時或許可能促使物價上漲，但是一般物價水準上漲時，至少可以誘使廠商增產，失業率下降。

為什麼會發生停滯性的物價膨脹呢?主要是在 1970 年代發生非常嚴重的石油危機，原油價格上漲使得廠商可以用來生產財貨的自然資源減少，導致全國總合生產（總合供給）減少，所以帶動物價與失業率同時增加的現象。此時若政府再擴大支出，將使得物價更為飆漲，臺灣在民國 60 年代所面臨高物價膨脹率就是因為在石油危機時政府再實施十大建設所致。

自石油危機以來，停滯性通貨膨脹問題一直困擾著人類，即使現代美國聯準會主席柏南克也不例外，由於次貸風暴引起景氣蕭條，因此柏南克透過 QE1、QE2 來刺激景氣復甦，但是接下來卻面對石油需求增加，導致油價大漲，進而帶動通貨膨脹。為了避免通貨膨脹過高，柏南克又必須採緊縮性貨幣政策，如此反反覆覆，真的可以拯救世界的經濟嗎？

理性預期學派

回顧凱因斯學派主張擴大需求政策之所以能夠有效解決經濟不景氣問題乃建立在勞工完全「無知」上，也就是說政府擁有優勢的資訊而勞工完全無知，所以政府可以完全愚弄人民。當政府增加支出或者增加貨幣供給引起一般物價水準上漲時，廠商願意以較高的名目工資來吸引員工，可是勞工所獲得的實質工資卻減少。一個非常不合理的情況是，難道勞工願意一直忍受長期實質工資下跌而不作任何的反擊嗎？

至此，勞工對未來物價預期對經濟體系所造成的影響已經是無法迴避的問題，也就是說政府雖然可以擴大支出來刺激廠商增產的意願，但是另外一方面勞工會預期此舉將使物價上漲，使自己的實質工資受損，為了維護自己的權益，勞工將會向老闆要求加薪，此舉又會打擊廠商增產的意願，因此擴大支出到底可不可以刺激景氣復甦就理性預期學派來講是一件不可能的任務。

所以理性預期學派假設政府部門與勞工所擁有的資訊是站在相同的地位，勞工會充分運用相關資訊，包括過去、現在與未來的訊息，並從中提煉有用的訊息，使得大眾對未來經濟變數的判斷平均起來是對的，不會有系統性誤差的現象，就稱之為理性預期 (rational expectation)。

當人民有理性預期時，譬如政府增加貨幣供給 3%，則人民將預期物價也上漲 3%，此時理性勞工將轉向老闆要求加薪 3%，在這種情況下，雖然需求「增加 3%」；可是供給亦將「減少 3%」，兩相抵消的結果對國民所得將沒有任何幫助。而更有甚者，若勞工預期物價上漲率超過 3%，表示勞工要求的工資上漲率超過實際物價上漲率，代表著勞工要求「過高」的工資，反而打擊廠商勞動需求意願，最後國民所得因而減少，產生了停滯性物價膨脹的現象。

供給面經濟學派

供給面經濟學派顧名思義是以影響一國總合供給為目標的經濟學派，這個主張的確「一針見血」，因為凱因斯學派強調刺激支出增加以提高國民所得，可是刺激一國需求增加，連帶使一般物價水準上漲，因此凱因斯學派政策主張根本無法解決停滯性物價膨脹的問題。而供給面經濟學派主張必須刺激總合供給增加，若一國生產增加就如同供給增加效果將使一般物價水準下跌而產出增加的雙重效果，自然可以解決停滯性物價膨脹的問題。

供給面經濟學派之所以有以上的主張完全是看出凱因斯學派一味主張擴大支出，完全忽略了生產面必須配合增產才會有效的盲點，萬一發生供給面生產力衰退或者石油危機導致總合供給減少現象等，則擴大支出主張自然兵敗如山倒。

但是何謂一國的總合供給？其實一國總合供給就是一國的總生產，而一國總生產就是由一國的總生產函數來決定，即 $Y = AF(L, K, T)$，其中 L 為勞動、K 為資本、T 代表資源、A 表示技術。因此供給面經濟學派認為只要能夠刺激一國勞動、資本、資源增加與技術進步的政策誘因都會使一國生產增加。但是如何刺激勞動、資本、資源增加與技術進步呢？供給面經濟學派提出以下的見解：

1. 降低所得稅率

凱因斯主張降低所得稅率，供給面經濟學派也主張降低所得稅率，所以這兩學派主張殊途同歸？當然這是不對的，雖然這兩學派主張相同，但是降低所得稅率的作用主張卻南轅北轍。

凱因斯認為降低所得稅率，可以使人民可支配所得增加，進而帶動全國消費支出增加，使廠商有新增訂單而增加全國產出水準。但是供給面經濟學派認為降低所得稅可以提供很大誘因使勞工願意多工作，當一國就業量增加時，透過總生產函數，可以增加一國總合供給。

2.對投資減稅

凱因斯學派也主張對投資減稅，但是對廠商投資減稅的原因在於可以促進投資需求增加，進而帶動全國總合支出增加，提振經濟復甦力道。但是供給面經濟學派認為影響廠商投資最重要的因素就是利潤，因此造成投資誘因不足最重要的原因就是稅率，因為高稅率將使廠商稅後利潤大降。所以降低廠商投資成本在供給面經濟學派眼中是刺激總合供給增加的良方，對企業實施減稅可以刺激投資增加，資本存量增加，透過總合生產函數，一國的總合供給也就增加。

3.減少社會福利支出

從供給面經濟學派的主張可知凡是會打擊到工作誘因的因素，將使一國就業量減少，透過總生產函數，一國供給將因此減少。所以供給面經濟學派認為政府發放失業津貼或失業救濟金將打擊勞工積極尋找工作的誘因，試想如果失業在家還可以領八成薪，則大部分的勞工將不願意再找工作。因此供給面經濟學派認為人們願意失業在家，並不是找不到工作所致，而是偷懶的緣故。

這一點與凱因斯學派主張就大異其趣，凱因斯認為，當景氣衰退時，政府透過發放失業救濟金，可以刺激人民可支配所得增加，進而帶動消費支出增加，提高總合支出水準，所以廠商願意配合增產來刺激國民所得提高。從以上的分析可知，凱因斯學派政策主張在刺激需求增加，而供給面經濟學派重點在刺激總合供給的增加。

4.刺激儲蓄增加

凱因斯學派對於儲蓄大大的反對，因為會讓人民消費支出減少，進而使廠商訂單減少，陷入景氣衰退的困境。但是供給面經濟學派卻提出不同的觀點，由於廠商投資需要資金，而資金的供給來自於人民的儲蓄，因此要使廠商有充分的資金從事投資，政府必須鼓勵人民多儲蓄。但是為什麼人民儲蓄意願不高呢？其中可能的原因包括社會安全制度太好了，導致勞工無後顧之憂，有多少所得就花多少錢，或者政府部門支出赤字過於龐大，也可能導致一國總額儲蓄減少。

5.尊重市場價格機能

凱因斯學派認為政府應該訂定最低工資，保障員工有足夠所得來維持消費，以使廠商有足夠訂單維持目前的產出。但是供給面經濟學派卻提出不同看法。如下圖所示：

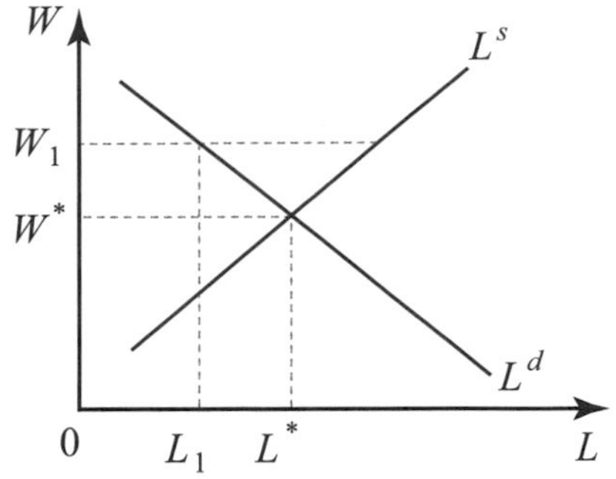

▲ 圖 16.4　最低工資經濟效果

當勞動市場達到均衡時，均衡就業量與工資分別為 (L^*, W^*)，如果規定最低工資水準為 W_1，則廠商將減少雇用量直至 L_1 為止，當廠商勞動雇用量減少時，透過一國總生產函數，將使本國產出減少，不利於解決停滯性物價膨脹。

16.6 晚近總體經濟學的發展

理性預期學派「橫掃」1980 至 1990 年代之間總體經濟思潮，既然財政政策與貨幣政策如果被勞工充分預期將通通無效，那麼一國產出將只決定於實質面的因素，只有實質因素干擾 (shocks) 才可以影響一國的實質變數如就業量、產出等，這就是著名的實質景氣循環模型 (real business cycle model)。實質景氣循環模型藉由市場機能與外生干擾項的增殖機能的確可以模擬出許多實際總體經濟資料的時間序列，而受到許多經濟學家的喜愛。

實質景氣循環模型只要研究短期的景氣波動問題，當時間進到 1990 年代時，新的經濟情勢又展現出來，由於技術與研發不斷創新，導致世界各國享受高度經濟成長果實，而且有錢的國家越來越有錢。為了研究這種「新經濟」所帶來的衝擊，內生成長理論 (endogenous growth theory) 應運而生，認為在長期下，經濟成長將不斷持續演化下去。

但是在金融風暴之後，內生成長理論又受到相當的質疑，因為我們發現金融面因素干擾也會影響到實質的總體經濟變數，顯然我們仍然還沒有進入總體經濟的殿堂。

重要名詞

- 景氣循環 (business cycle)
- 頂峰 (peak)
- 衰退 (recession)
- 谷底 (trough)
- 擴張 (expansion)
- 領先指標 (leading indicators)
- 同時指標 (coincident indicators)
- 落後指標 (lagging indicators)
- 景氣對策信號
- 貨幣傳導機能 (transmission mechanism of money supply)
- 自動調整機能 (built in stabilizers)
- 理性預期 (rational expectation)
- 供給面經濟學 (supply-side economics)
- 實質景氣循環模型 (real business cycle model)

摘要

★ 1.經濟波動（或者景氣循環）指的是總體經濟變數（如本國國民所得、物價、失業率等）會依著長期趨勢進行週期性的不規則變動。

★ 2.經濟學家將波動的週期分成四個階段，頂峰、衰退、谷底及擴張期。

★ 3.領先指標指會領先景氣循環變動的經濟變數，例如製造業新接單指數、股價、貨幣供給餘額等。同時指標指與景氣波動同時的經濟變數，例如工業生產指數、國內運貨量等。落後指標指某些經濟變數稍微落後景氣循環變動者，例如賦稅收入或失業率。

★ 4.美國總統羅斯福採用凱因斯的理念，推行新政，內容主要包含政府降低一般的消費稅但是卻提高遺產稅，另外一方面政府大力擴張公共支出，這個雙重的努力終於挽救美國經濟脫離經濟大恐慌的夢魘。

★ 5.貨幣傳導機能認為央行增加貨幣供給將導致經濟體系有過多的資金（即閒錢過多），因此銀行體系為消化這過多的資金，必須調降利率以吸引更多的貸款者。而利率調降有助於廠商提高投資意願，因此可以刺激總合支出增加，導致國民所得的提高。

★ 6.有些經濟學家不主張政府過度干涉經濟自然的運作，經濟體系存在一些「自動調整機能」可以慢慢自我調整到充分就業水準，這些機能包括累進稅以及社會救濟金。

★ 7.停滯性物價膨脹指物價上漲與失業率提高（國民所得減少）同時發生。

★ 8.理性預期學派假設政府部門與勞工所擁有的資訊是站在相同的地位，勞工會充分運用相關資訊，包括過去、現在與未來的訊息，並從中提煉有用的訊息，使得大眾對未來經濟變數的判斷平均而言是對的，不會有系統性誤差的現象，稱之為理性預期。

★ 9.供給面經濟學派主張必須刺激總合供給增加，若一國生產增加，就如同供給增加效果將使一般物價水準下跌而產出增加的雙重效果，自然可以解決停滯性物價膨脹的問題。

★ 10.供給面經濟學派政策主張：(1)降低所得稅率，(2)對投資減稅，(3)減少社會福利支出，(4)刺激儲蓄增加，(5)尊重市場價格機能。

★ 11.實質景氣循環模型認為只有實質因素干擾才會影響一國的實質變數，如就業量、產出等。

習題

1. 何謂景氣循環？
2. 景氣循環的指標有哪些？
3. 何謂景氣對策信號？簡單敘述其內容。
4. 試簡述凱因斯學派對抗景氣循環的對策為何？
5. 試簡述貨幣學派對抗景氣循環的對策為何？
6. 何謂貨幣傳導機能？
7. 何謂自動安定機能？主要有哪些機制？
8. 請敘述供給面經濟學派的主張，並與凱因斯學派主張作比較。

第 17 章

簡單的凱因斯模型

自從金融風暴以來，歷任行政院長均莫不以穩定經濟成長為目標，例如蕭萬長先生所提 3,000 億景氣振興方案，張俊雄先生 8100 臺灣啟動或者游錫堃先生所提的新十大建設，都是希望透過政府力量來振興景氣，因此本章擬由簡單凱因斯模型觀點去探討政府這些政策背後的理由何在？並藉由此模型進一步作為探討總體經濟模型演進的基礎。

17.1 存貨調整機能

凱因斯模型源自於 1929 年美國紐約股市的大崩盤，當時由於百業蕭條，廠商滯銷而停產，進而引發全面性的失業，國民所得持續性下跌。在此時刻凱因斯 (Keynes) 所著的《就業、利率與貨幣之一般理論》(*The General Theory of Employment, Interest, and Money*) 指出當時全球經濟的病因在於有效需求不足，因此主張擴大公共支出與降低所得稅率，但是為什麼凱因斯有這些政策主張呢？我們曾經討論過衡量國民所得有三種主要方法，包括生產面、所得面以及支出面。若從事後 (ex post) 觀點而言，由於去年的 *GDP* 已經發生，所以不管從生產面、所得面或支出面，最後三種方法所得結果必然相同，亦即這些計算方法都是恆等式，也就是說國民生產 (Q) 必等於國民所得 (Y) 也必等於國民支出 (AE)。

但是如果從事前 (ex ante) 觀點來看，則上述三個等式不必然恆等，例如明年小林預計賺 100 萬，則小林明年不一定會花 100 萬，因此凱因斯認為若一國預擬支出大於預擬所得時，表示廠商將面臨供不應求的情形，此時廠商將會增產，反之廠商將會減產。只要一國預擬支出等於預擬所得時，廠商不會改變預計的產量，此時就達成體系的均衡。

由於一國支出為 $AE = C + I + G + X - M$，而一國所得為 Y（等於一國總產出），因此當 $AE < Y$ 表示廠商的存貨增加，廠商將會減產，減少雇用勞動，進而導致一國所得減少。唯有 $AE = Y$ 時，表示一國供給等於需求，此時的所得 Y 就稱之為均衡國民所得。

17.2 四部門行為函數

從凱因斯存貨調整機能可知，廠商的角色完全是被動的，只要全國需求增加廠商就會配合增產，因此在凱因斯模型中，決定國民支出函數就顯得非常重要，所以我們首先將討論決定五大支出的因素為何。

一、消費函數

從世界各國國民所得資料可知，消費是最穩定的變數，同時也是占國民支出比例最高的變數，而影響消費的因素非常多，例如物價、利率、財富等因素，但是凱因斯認為在大蕭條時期物價及利率相對上都顯得相當的穩定，所以凱因斯假定這些因素在短期內是固定不變。因此凱因斯認為影響消費最重要的因素為可支配所得 Y_d（即所得扣除所得稅），至於消費函數的型態可用凱因斯的消費基本心理法則 (fundamental psychological law) 來說明，消費基本心理法則指消費會隨著可支配所得提高而增加，但消費增加的速度會小於所得增加的速度。

如果消費函數為線性，則 $C=a+bY_d$，其中 $Y_d=Y-T$ 表示人民的可支配所得。根據凱因斯消費的基本心理法則，由於人們對未來充滿不安全感，雖然可支配所得增加，但是消費增加的速度會小於 1，也就是說 $0 \le b < 1$。此時 $b=\dfrac{\Delta C}{\Delta Y_d}=\dfrac{\text{消費的變動}}{\text{所得的變動}}$，稱之為邊際消費傾向 (marginal propensity to consume, *MPC*)。bY_d 又稱之為誘發性消費 (induced consumption)，表示受所得影響的消費支出。而 $a>0$ 是維持生命所必需的支出，不受所得影響，又稱為自發性消費 (autonomous consumption)，所以消費函數必須通過縱軸正截距，如下圖所示：

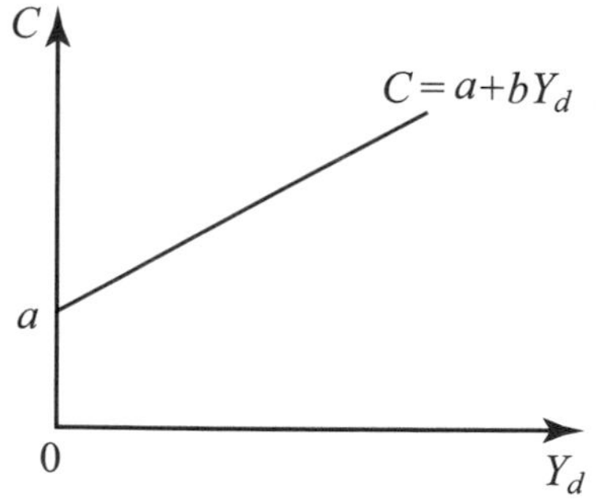

▲圖 17.1 消費函數

另外根據消費函數，我們可以定義平均消費傾向 (average propensity to consume, *APC*) 為消費支出占可支配所得的比例，由於 $APC=\dfrac{C}{Y_d}=\dfrac{a+bY_d}{Y_d}=b+\dfrac{a}{Y_d}$，

因此 APC 將會隨著所得增加而逐漸遞減，且 $MPC < APC$。

由國民所得處分面可知，家計部門的可支配所得不是用來消費就是用來儲蓄，即 $Y_d \equiv C + S$，所以儲蓄函數 S 可以寫成

$$\begin{aligned} S &= Y_d - C = Y - (a + bY_d) \\ &= -a + (1-b)Y_d \\ &= -a + sY_d \qquad (0 < s = 1 - b < 1) \end{aligned}$$

其中，$s = \dfrac{\Delta S}{\Delta Y_d} = \dfrac{\text{儲蓄變動}}{\text{所得變動}}$，稱為邊際儲蓄傾向 (marginal propensity to save, *MPS*)，表示每增加一元的可支配所得，人民預擬增加儲蓄的金額，若 $s > 0$ 表示當所得提高，人們儲蓄意願會增強。如下圖所示：

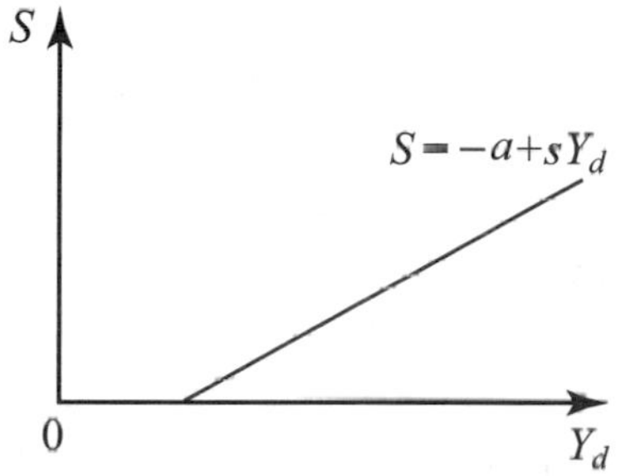

▲ 圖 17.2　儲蓄函數

由於當可支配所得為 0 時，消費者必須借錢來維持基本生活所需（假設沒有其他財產），因此儲蓄函數必通過負的縱軸截距。為了了解儲蓄函數特性，我們定義平均儲蓄傾向 (average propensity to save, *APS*) 為儲蓄占所得的比例，$APS = \dfrac{S}{Y_d} = \dfrac{-a + sY_d}{Y_d} = s - \dfrac{a}{Y_d}$，因此 APS 必然隨著所得增加而遞增，且 $MPS > APS$。

二、投資函數

在 GDP 的組成分子中，我們發現投資是最變化無常，似乎毫無理性可言，因此凱因斯曾經認為廠商投資決定於「動物的本能」(animal spirit)，所以簡單凱因斯模型假設投資為一外生變數，即 $I = \bar{I}$。

三、政府支出函數

政府支出就是政府對財貨及勞務的購買支出，根據資料顯示政府支出占本國 *GDP* 歷年來都超過 20% 以上，所以實務上政府支出應該是所得的增函數，但是在簡單凱因斯模型中強調政府支出是由政府所控制的變數，因此在簡單凱因斯模型中假設政府支出為外生變數，即 $G=\overline{G}$。

四、租稅函數

實際上租稅課徵非常複雜，本章假設租稅函數為 $T=\overline{T}+tY$，亦即由定額稅與比例稅構成。但是我們必須注意，其實供給面經濟學家認為減稅反而可以刺激稅收增加！因為當降低所得稅率時，將刺激勞動供給意願增加，當就業量增加時，透過總生產函數，可以提高本國所得，若所得稅率彈性大，則稅基擴大的結果稅收有可能增加，著名的拉佛爾曲線 (Laffer curve) 如下圖所示：

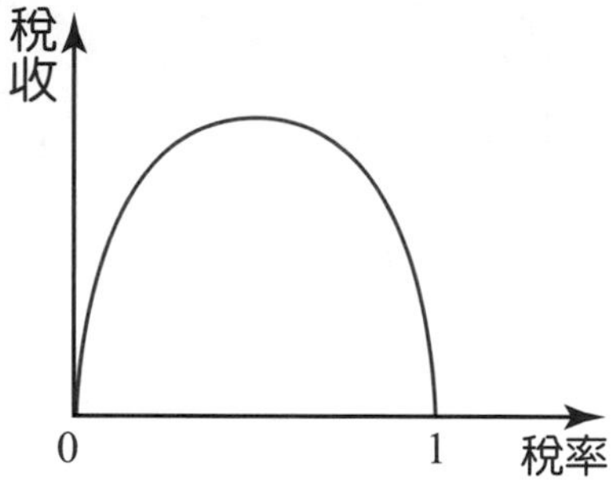

▲ 圖 17.3　拉佛爾曲線

其中橫軸代表稅率，縱軸代表稅收，當稅率 $t=0$ 時稅收等於 0（若沒有定額稅），當稅率在 $t=1$ 時表示全部所得都被政府所徵收，導致無人願意工作，稅基為 0，所以稅收亦等於 0，上圖顯示存在一最適所得稅率使得政府稅收極大。

五、進出口函數

影響一國進出口金額因素非常多，例如本國進出口品物價、外國所得以及匯率等，為了簡化分析我們假設這些因素都不變，因此簡單凱因斯模型假設出口為一外生的變數 $X=\overline{X}$。而影響進口最重要的因素莫過於本國的所得，當本國所得越高時，進口的需求也就跟著增加，所以簡單凱因斯模型假設進口函數為 $M=\overline{M}+mY$，其中

$m = \dfrac{\Delta M}{\Delta Y}$ 稱為邊際進口傾向，意味著每增加一元可支配所得導致進口增加的金額。

17.3 均衡國民所得決定論

簡單凱因斯模型中認為可以藉由存貨調整機能達到均衡的國民所得，也就是說政府可以透過增加一國需求刺激所得增加，因此我們首先必須根據以上模型來決定一國的總合支出，由於總合支出函數為 $AE = C + I + G + X - M$，因此將上節所設定的函數代入可得：

$$\begin{aligned} AE &= a + b(Y - \overline{T} - tY) + \overline{I} + \overline{G} + \overline{X} - \overline{M} - mY \\ &= (a + \overline{I} + \overline{G} + \overline{X} - \overline{M} - b\overline{T}) + [b(1 - t) - m]Y \\ &= \overline{E} + kY \end{aligned}$$

其中 $\overline{E} = a + \overline{I} + \overline{G} + \overline{X} - \overline{M} - b\overline{T}$ 稱為一國的自發性支出，表示自發性支出不受到所得的影響，而 $[b(1 - t) - m]Y = kY$ 表示受所得影響的支出，又稱之為誘發性支出。

當我們求得一國總合支出函數之後，如圖 17.4 所示。

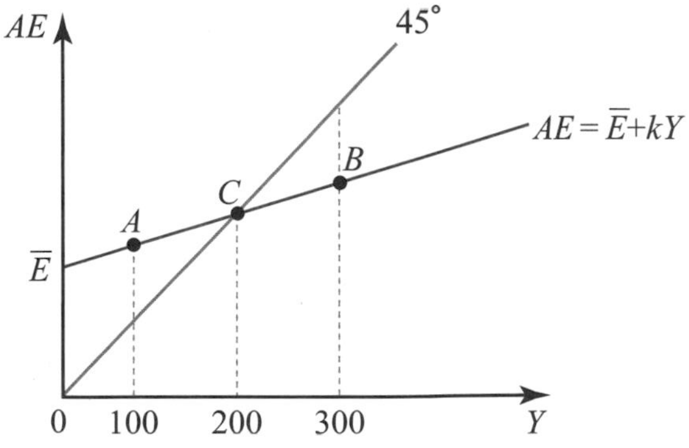

▲ 圖 17.4 凱因斯 45° 線模型

其中縱軸截距表示一國的自發性支出 $\overline{E}$，而總合支出曲線 $AE = \overline{E} + kY$ 的斜率為 $k = b(1 - t) - m$，此 AE 曲線可以視為「一國的需求」。由存貨調整機能可知，一國均

衡所得由 $Y = AE$ 決定，此即 45° 線，在推理過程姑且將 45° 線視為廠商「被動的供給線」。因此若所得一開始位於 $Y = 300$，則顯示供給大於需求，廠商將發現非意願性的存貨增加，因此將減產，導致國民所得往 $Y = 200$ 移動。反之如果所得一開始位於 $Y = 100$，則表示一國需求大於供給，廠商發現非意願性存貨減少，因此將擴大生產，國民所得將往 $Y = 200$ 移動，表示當 $k < 1$ 時，簡單凱因斯模型是穩定的。

根據以上圖形分析，我們知道均衡所得必定滿足 $Y = \overline{E} + kY$，因此可以解得均衡所得必須滿足 $Y = \overline{E} + kY$，所以化簡可得均衡國民所得為：

$$Y = \frac{1}{1 - b(1 - t) + m}(a + \overline{I} + \overline{G} + \overline{X} - \overline{M} - b\overline{T})$$

範例

一、臺灣經濟發展經驗

雖然均衡所得為 $Y = \frac{1}{1 - b(1 - t) + m}(a + \overline{I} + \overline{G} + \overline{X} - \overline{M} - b\overline{T})$ 是一個硬梆梆的數學函數，但是過去臺灣幾十年經濟發展過程莫不遵循此方程式，例如早期出口加工區的設立就是鼓勵出口來帶動內需。民國 50 年代鼓勵華僑回國投資條例以及投資抵減設置都是希望透過加強投資來帶動一國經濟發展，而民國 60 年代，十大建設就是希望以政府力量來刺激內需，凡此種種可以了解凱因斯理論對臺灣經濟發展的重要性。

即使扁政府上臺所實施一連串的 8100 臺灣經濟啟動、緊急就業方案、新十大建設，或者馬政府實施的愛臺 12 大建設與消費券等，甚至是蔡總統的前瞻基礎建設，每一項都是與凱因斯理念有關，所以 $Y = \frac{1}{1 - b(1 - t) + m}(a + \overline{I} + \overline{G} + \overline{X} - \overline{M} - b\overline{T})$ 的確主宰了過去 60 年臺灣的經濟發展。

由於可支配所得不是用來消費就是用來儲蓄，即 $Y_d = Y - T \equiv C + S$，而均衡時 $Y = AE = C + I + G + X - M$，因此另外一種表示均衡國民所得的條件為 $C + S + T + M = C + I + G + X$，簡化得 $I + G + X = S + T + M$。由於在簡單凱因斯模型中投資、政府支出與出口均為常數，因此 $I + G + X$ 為常數與所得無關。反之儲蓄、租稅與進口函數為所得增函數，所以 $S + T + M$ 為正斜率，表示所得越高，$S + T + M$ 就越大。如圖 17.5 所示：

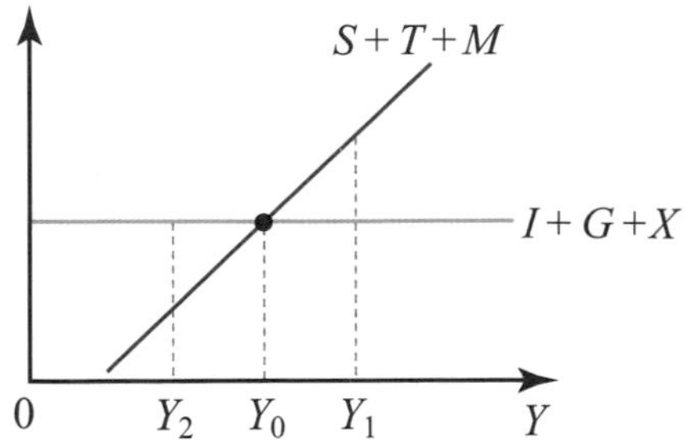

▲圖 17.5　浴缸原理

當所得一開始位於 Y_1 時，由於 $S+T+M>I+G+X$，表示一國需求小於其供給，因此廠商將減產至 Y_0。反之若一開始國民所得位於 Y_2，則 $S+T+M<I+G+X$，表示一國需求大於供給，廠商將增產直至 Y_0 為止，此種調整機能又稱之為浴缸原理。

範例

二、雙赤字

美國自從雷根政府主政以來，在共和黨執政時期都面臨非常嚴重的雙赤字 (twin deficits) 的現象，亦即一國財政有龐大的政府預算赤字及國際收支龐大的逆差，這種現象可以從 $S+T+M=I+G+X$ 恆等式加以說明。假設一國的儲蓄約略等於投資，則 $G-T=M-X$，因此當一國有預算赤字時 $(G-T>0)$，則連帶國際收支將會發生赤字 $(M-X>0)$。

從以上會計恆等觀點 $G-T=M-X$，可以解釋臺灣在 2005 年經常帳順差創下近年新低的可能原因。在 2005 年由於人民幣升值帶動亞洲各國對美元紛紛升值，新臺幣一開始也從 33 元升值到 31 元左右，可是央行總裁認為當時我國經常帳順差只有幾億美元，而認為新臺幣無升值空間，導致新臺幣立刻迅速貶值到 33.15 元新臺幣兌 1 美元。我們很有興趣，為何亞洲國家都在升值，經濟大好，唯獨新臺幣貶值？一個可能原因為臺灣近幾年來預算呈現赤字狀態，而且規模越來越大，導致民國 94 年上半年國際收支順差僅呈個位數增加，創下歷年的新低，這其中當然有很多因素，例如我國出口品競爭力衰退，當然，政府支出過分膨脹也是其中原因之一。

範例

三、經常帳逆差是壞事嗎？

大部分讀者都會有一種想法，那就是一國順差越多越好？順差是否越多越好我們在後面章節會慢慢討論，假設政府維持預算平衡 $(G=T)$，就會計恆等觀點 $I+G+X=S+T+M$，則 $X-M=S-I$，因此若一國有大量經常帳順差，則表示我國的 $S>I$。民國 70 年代是我國順差大量累積的十年，但是在那十年間，我國投資金額卻一直低於儲蓄，表示投資意願不足，還曾經引起政府官員的關切。但是若國際收支處於逆差階段，則表示我國投資高於儲蓄，對於促進未來景氣復甦當有助益。

範例

四、均衡所得計算

假設某簡單的三部門凱因斯模型的消費函數、投資需求函數、政府支出函數與租稅函數分別如下所示：

$$C=100+0.8Y_d$$
$$Y_d=Y-T$$
$$I=340$$
$$G=200$$
$$T=50+0.5Y$$

試求均衡的所得水準若干？

解：

1. 先求一國總合支出水準為

$$AE=C+I+G=100+0.8Y_d+340+200=640+0.8(Y-50-0.5Y)$$
$$=640+0.4Y-40=600+0.4Y$$

其中 600 稱為自發性支出，而 $0.4Y$ 稱為誘發性支出。

2. 令所得等於支出

$$Y=AE=600+0.4Y,\ 0.6Y=600,\ Y=1{,}000$$

17.4 節儉的矛盾

透過均衡所得為 $Y=\dfrac{1}{1-b(1-t)+m}(a+\bar{I}+\bar{G}+\bar{X}-\bar{M}-b\bar{T})$ 可知在景氣衰退時期，擴大支出是有必要的，政府應鼓勵民眾多消費才能促進國民所得的提高，因此凱因斯反對人民節儉儲蓄，此種理念與大多數讀者腦中根深蒂固「勤儉建國」的觀念相違背。所以凱因斯更進一步提出「節儉的矛盾」(paradox of thrift) 來強化以上的觀點，節儉的矛盾指如果每個人想藉由增加儲蓄來提高個人所得，則實現的儲蓄反而不變或減少之現象。

這種主張在景氣極端衰退時的確可能發生，因為在景氣衰退時，經濟的病因在於有效需求不足，所以政府應該鼓勵多消費來提高廠商新增的訂單，如果一味的增加儲蓄，則廠商訂單減少結果將使廠商減產，最終國民所得減少，將影響一國實際儲蓄的金額。我們將藉由兩部門模型來加以解釋，如圖 17.6 所示：

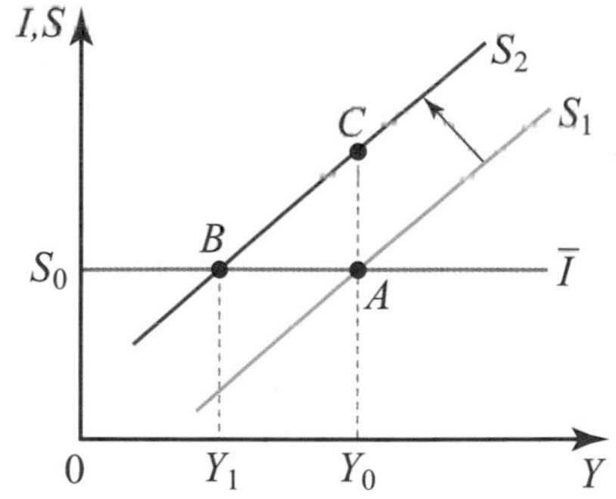

▲ 圖 17.6　節儉的矛盾

假設一開始儲蓄曲線為 S_1，因此透過浴缸原理，當投資與儲蓄相等時可以決定均衡所得為 Y_0。現若每一個人都想藉由提高儲蓄來增進個人所得的話，則儲蓄曲線將由 S_1 上移至 S_2，此時由於 $S>I$ 隱含著 $C+S>C+I$，所以在 C 點總合支出小於國民所得。此時因廠商發現非意願性存貨增加，所以將會減產，導致國民所得將由 Y_0 減少為 Y_1，因此實現的儲蓄將會回至原先水準 S_0，於焉發生節儉的矛盾。

因此節儉到底是罪惡還是美德似乎好像跟以前「不太一樣」，但是讀者應注意，任何總體經濟理論只是在解釋當時經濟的病因，因此當經濟學家提出一套解決方法原則上只適用於當時的經濟現象，並不是所有經濟理論都可以放諸四海皆準，凱因斯模型也不例外。其實過度鼓勵大眾消費的結果將導致儲蓄減少，投資因而受到牽累，不利於一國經濟成長。因此當社會資源處於充分就業時，唯有加強儲蓄，促使投資增加才能維持經濟高度的成長。

範例

五、四大基金的虧損

民國 94 年立法院「突然發現」我國四大退撫基金虧損到不像話，未實現的損失高達 600 多億元，當然不賣不虧，不過這種現象倒是讓我們了解到節儉的矛盾的意義。節儉的矛盾隱含如果儲蓄增加無法同時搭配投資增加，則提高儲蓄意願對於增進國民所得一點幫助也沒有。當我們要求公教人員必須增加儲蓄用來支付自己退休後的生活，則如果只是將一部分的錢聚集起來買股票而不去投資生產事業，就經濟學觀點來看，是無法刺激總合支出增加（因為買賣股票不算投資），那麼如何提高國民所得呢？此時，四大退撫基金只是政府用來「護盤」股市的財源而已，基本上只會扭曲股票價格的市場機能，此時不會有「勤儉建國」的現象。

17.5 乘數理論

雖然根據凱因斯的有效需求理論，提高自發性支出可以增進國民所得，但是到底增加一元的自發性支出會增加多少國民所得呢？這就是「乘數」(multiplier) 理論的重心。乘數為研究自發性支出變動導致國民所得變動的影響，亦即：

$$乘數 \equiv k_E = \frac{所得變動}{自發性支出變動} = \frac{\Delta Y}{\Delta \overline{E}} = \frac{Y_2 - Y_1}{E_2 - E_1}。$$

此時 $\overline{E} = a + \overline{I} + \overline{G} + \overline{X} - \overline{M} - b\overline{T}$ 代表自發性支出。一般來講，自發性支出的乘數均大於一，也就是說每增加一元的自發性支出，最後均衡國民所得會增加一元以上，其主要原因在於存在誘發性支出。例如當自發性政府支出增加 100 元時，雖然第一輪全國支出只增加 100 元，廠商因而配合增產 100 元，可是當國民所得增加之後，又會引起消費支出增加，如果邊際支出傾向 $k = 0.8$，則消費支出將增加 80 元，因此第二輪導致廠商訂單又會增加 80 元，所得又增加 80 元，如此循環下去，如下圖所示：

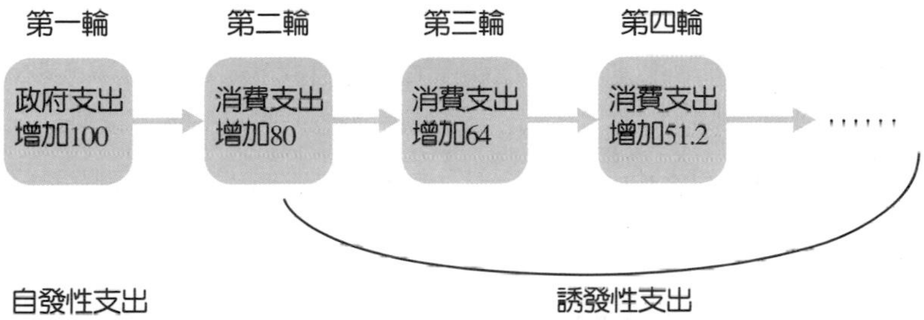

▲ 圖 17.7 乘數理論

當自發性支出增加時，由於誘發性支出也會增加，因此全國總合支出增加金額為自發性支出增加的金額與誘發性支出增加金額的總合，即全國支出將會增加 $100 + 100 \times 0.8 + 100 \times 0.8^2 + \cdots = 100 \times \frac{1}{1 - 0.8} = 500$，也就是說當政府支出增加 100 元時，全國所得將會增加 5 倍，此即為政府支出乘數。對於求取一般化的乘數並不複雜，由於 $Y = \frac{1}{1 - b(1-t) + m}(a + \overline{I} + \overline{G} + \overline{X} - \overline{M} - b\overline{T})$，配合乘數的定義，$\frac{\Delta Y}{\Delta \overline{E}} = \frac{1}{1 - b(1-t) + m}$，因此我們可以求得四部門模型下的乘數分別為：

1. 政府支出乘數 k_G

指其他情況不變之下，政府支出增加導致所得增加的倍數，由於 $\Delta \overline{E} = \Delta G$，可知政府支出乘數為 $k_G = \frac{\Delta Y}{\Delta G} = \frac{1}{1 - b(1-t) + m}$。

2. 自發性投資乘數 k_I

指其他情況不變之下，自發性投資增加導致所得增加的倍數，由於 $\Delta \overline{E} = \Delta I$，可

知 $k_I = \frac{\Delta Y}{\Delta I} = \frac{1}{1-b(1-t)+m}$。

3. 定額稅乘數 k_T

指其他情況不變之下，定額稅增加對所得的影響，由於 $\Delta\bar{E} = -b\Delta\bar{T}$，所以 $\frac{\Delta Y}{\Delta\bar{E}}$ $= \frac{\Delta Y}{-b\Delta\bar{T}} = \frac{1}{1-b(1-t)+m}$，因此定額稅乘數為 $k_T = \frac{\Delta Y}{\Delta\bar{T}} = \frac{-b}{1-b(1-t)+m}$。

4. 出口乘數 k_X

指其他情況不變之下，自發性出口增加導致所得增加的倍數，由於 $\Delta\bar{E} = \Delta\bar{X}$，可知 $k_X = \frac{\Delta Y}{\Delta\bar{X}} = \frac{1}{1-b(1-t)+m}$。

5. 進口乘數 k_M

指其他情況不變之下，自發性進口增加對本國所得的影響，由於 $\Delta\bar{E} = -\Delta\bar{M}$，可知 $k_M = \frac{\Delta Y}{\Delta\bar{M}} = \frac{-1}{1-b(1-t)+m}$。

範例

六、緊急就業方案的省思

陳水扁的第一任總統任內，由於國內外因素影響，導致臺灣面臨近二十年來失業率超過 5% 的困境，因此當時行政院長張俊雄先生立刻提出數百億「緊急就業」的特別預算，希望能夠緩和失業所引起的困境。但是如果我們仔細觀察所謂的緊急就業的內涵時，想必很多人都會「昏倒」! 因為有部分的就業是要求人民去「割墓草」，很多人士懷疑墓草割完馬上又會長長，割墓草對國計民生有何幫助？

如果按照凱因斯理論，當然割墓草本身對國計民生不會有太大的幫助，但是重點在後面的誘發性效果，也就是說人民拿著這筆所得可以從事消費，因此廠商的訂單就會增加，當廠商訂單增加就會增加員工的雇用，一方面可以增加未來所得稅收，其他如營業稅、貨物稅等稅收也會增加。如果誘發性效果夠強的話，那麼不僅經濟會復甦，連「本金」都會因稅收增加而「回收」，但是您認為誘發性效果是大還是小呢？

如果民進黨執政時期的割墓草政策有效的話，那麼馬政府發消費券的政策就反過來沒有效嗎？其實我們發現，其背後的經濟邏輯按照凱因斯的觀點都是一致的。只是當時，大家所質疑的是到底應採取擴大公共建設（前監察院長王作榮主張），減稅（民進黨主張）或者發消費券（馬政府主張）？其實這三種政策各有優缺點，如果採取擴大公共建設，理論上乘數效果最大，但是問題在於目前臺灣執行效率很差，官商勾結情況嚴重，可能100億的經費撥下去，真正用在執行上只有40億。反之，減稅也是不錯的主張，問題是若實施減稅，有錢人減的稅最多，但是有錢人什麼都有，不會因減稅就大量增加消費支出。反過來講，窮人消費意願最強，但是所得低，因此減稅的實質利益最低。而發消費券，最能幫助窮人提高所得，但是實施的社會成本是最高的。

範例

七、乘數的計算

利用範例四，我們可以計算出相關的乘數，由於最後均衡所得為 $Y = 1.6\overline{6} \times 600 = 1{,}000$，也就是說均衡所得為 $Y =$ 簡單乘數 $\times$ 自發性支出，所以相關的乘數如下所述：

1. 自發性消費乘數、投資乘數與政府支出乘數全部都等於 $1.6\overline{6}$
2. 定額稅乘數為 $\dfrac{\Delta Y}{\Delta \overline{T}} = \dfrac{-b}{1-b(1-t)} = (-0.8) \times 2 = -1.3\overline{3}$

17.6 膨脹性缺口與緊縮性缺口

雖然凱因斯認為擴大支出可以誘使廠商增產，但是凱因斯學派掌門人托賓(Tobin)認為凱因斯並沒有一味主張增加支出來提高國民所得，反而認為一國存在最大產出即潛在產出(potential *GDP*)，此潛在產出水準受限於當時的生產技術、就業人口及資本設備等，短期是固定不變的，因此潛在產出又稱為充分就業產出。若一國支出超過潛在產出，表示景氣過熱，此時政府反而應該降溫。反之若一國支出低於潛在產出，表示目前資源沒有充分利用，政府應擴大支出來提高國民所得。因此凱因斯學派認為政府應該調整總合支出剛好等於潛在產出的水準。如下圖所示：

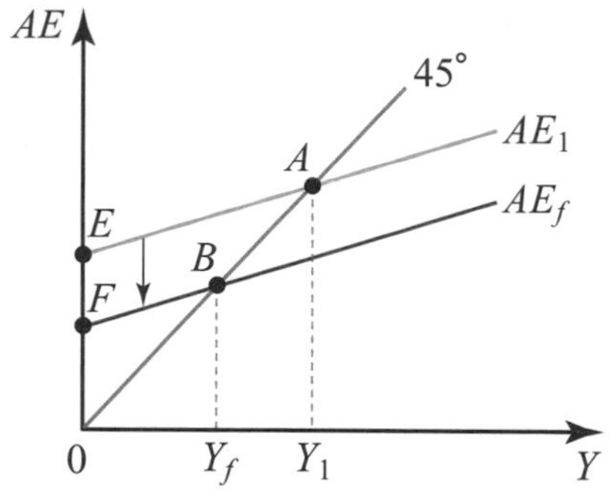

▲ 圖 17.8 膨脹性缺口

上圖 Y_f 代表著社會的潛在產出，Y_1 代表當時總合支出為 AE_1 下的均衡國民所得，此時由於 $Y_f < Y_1$，代表景氣過熱。因此政府應設法讓 AE_1 減少，亦即 AE_1 應下移至 AE_f 剛好通過 B 點以回復到充分就業產出水準 Y_f，此時政府所必須減少自發性支出金額為 $\overline{EF}$ 稱之為膨脹性缺口 (inflationary gap)。

反之當社會有人沒有工作及機器閒置，造成資源的浪費則稱為緊縮性缺口 (recessionary gap)，如下圖所示：

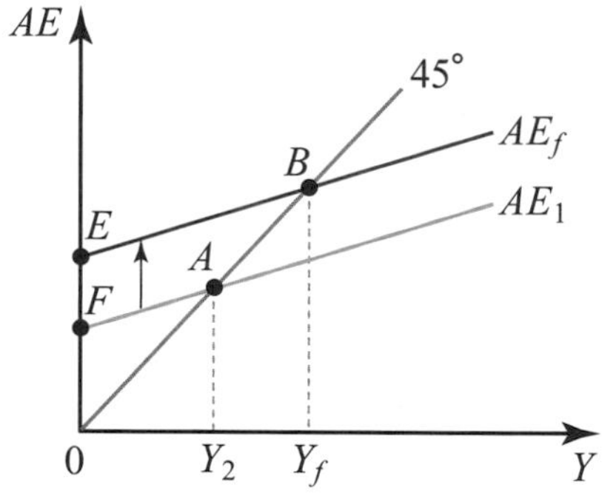

▲ 圖 17.9 緊縮性缺口

由於 $Y_f > Y_2$，代表景氣低迷，此時政府應設法讓 AE_1 增加通過 B 點以回復到充分就業產出水準 Y_f，從圖形上可知應讓總合支出增加為 AE_f，此時政府所必須增加自發性支出金額為 $\overline{EF}$ 稱之為緊縮性缺口。

範例

八、政府需要出面嗎？時間落後觀點

雖然緊縮性缺口理論認為增加政府支出可以刺激國民所得提高，但是貨幣學派卻認為政府不是萬能，而且會產生時間落差的問題。例如2000年陳水扁總統上任時國際景氣開始下滑，但是當時政府卻還沒有察覺，此稱之為認知落後(lag of recognition)。等到行政院長張俊雄先生開始研擬8100臺灣啟動的經濟方案，期望挽回臺灣的經濟成長率，但是此一構想提出後，經過幾個月的時間還是處於「研議」的階段稱之為行政落後(lag of administration)。等到經建會或者經濟部提出具體方案之後尚須編制預算再經立法院審議通過，其間若須增稅等不利立法委員爭取連任等措施，通過之日更是遙遙無期，這段期間學者稱之為決策落差(lag of decision)。即使8100臺灣啟動方案通過，但是由於政府執行方案效率往往須「考慮」各級民意的壓力而有所礙，因此等方案通過到執行產生真正的效果可能須好幾年，這段期間學者稱之為執行落差(lag of execution)。到那時經濟狀況可能發展到景氣過熱，反而需要「降溫」，因此今天的好意變成明天的落井下石，實非任何經濟學者所能預測及掌握的。

基於以上的理由，貨幣學派並不主張政府過度干涉經濟自然的運作，因為經濟體系存在一些「自動調整機能」(built in stablizers)，使得經濟體系可以慢慢自我調整到充分就業水準，這些機能包括累進稅，指當所得增加時，人民繳稅增加的速度更快，因此可以抑止消費增加的速度，達到降溫的目的。其他如失業救濟金，指當景氣衰退時，失業增加，因此請領社會救濟金人數增加，可以增加個人可支配所得，帶動消費支出增加，國民所得因此就會逐漸提高。

雖然經濟體系有許多安定機能，但是這些安定機能是否能夠發揮作用使均衡所得逐漸調整至充分就業產出的水準，在實務上不無疑問，而且所需的時間可能非常的久，因此在碰到非常嚴重的經濟不景氣時，有些經濟學家仍然建議政府應當適時介入，來減緩景氣波動的幅度。

範例

九、缺口的計算

1. 若潛在產出水準為 1,500，則根據範例四，此時有緊縮性還是膨脹性缺口？其缺口值若干？
2. 若潛在產出水準為 900，則根據範例四，此時有緊縮性還是膨脹性缺口？其缺口值若干？

解：

1. 若潛在產出水準為 1,500，表示當前所得 1,000 太低，因此有緊縮性缺口，如要以擴張政府支出來解決此缺口，則膨脹缺口值為 $\frac{1{,}500-1{,}000}{1.6\bar{6}}=300$。
2. 若潛在產出水準為 900，表示當前所得 1,000 太高，因此有膨脹性缺口，如要以緊縮政府支出來解決此缺口，則緊縮缺口值為 $\frac{1{,}000-900}{1.6\bar{6}}=60$。

重要名詞

- 《就業、利率與貨幣之一般理論》(*The General Theory of Employment, Interest, and Money*)
- 事前 (ex ante)
- 消費基本心理法則 (fundamental psychological law)
- 邊際消費傾向 (marginal propensity to consume, *MPC*)
- 誘發性消費 (induced consumption)
- 自發性消費 (autonomous consumption)
- 平均消費傾向 (average propensity to consume, *APC*)
- 邊際儲蓄傾向 (marginal propensity to save, *MPS*)
- 平均儲蓄傾向 (average propensity to save, *APS*)
- 拉佛爾曲線 (Laffer curve)
- 雙赤字 (twin deficits)
- 節儉的矛盾 (paradox of thrift)
- 乘數 (multiplier)
- 政府支出乘數 (the multiplier of government spending)
- 自發性投資乘數 (the multiplier of autonomous investment)
- 定額租稅乘數 (the multiplier of lump-sum tax)
- 出口乘數 (the multiplier of export)
- 進口乘數 (the multiplier of import)
- 潛在產出 (potential *GDP*)
- 膨脹性缺口 (inflationary gap)
- 緊縮性缺口 (recessionary gap)
- 認知落後 (lag of recognition)

◆ 行政落後 (lag of administration)
◆ 執行落差 (lag of execution)
◆ 決策落差 (lag of decision)
◆ 自動調整機能 (built in stablizers)

摘要

★ 1. 凱因斯所著的《就業、利率與貨幣之一般理論》指出當時全球經濟的病因在於有效需求不足，因此主張擴大公共支出與降低所得稅率。

★ 2. 當 $AE<Y$ 表示廠商的存貨增加，廠商將會減產，減少雇用勞動，進而導致一國所得減少。唯有 $AE=Y$ 時，表示一國供給等於需求，此時的所得 Y 就稱之為均衡國民所得。

★ 3. 消費基本心理法則指消費會隨著可支配所得提高而增加，但消費增加的速度會小於所得增加的速度。

★ 4. 邊際消費傾向 $MPC=b=\dfrac{\Delta C}{\Delta Y_d}=\dfrac{\text{消費的變動}}{\text{所得的變動}}$。$bY_d$ 又稱之為誘發性消費，表示受所得影響的消費支出。當 $C=a+bY_d$ 時，$a>0$ 是維持生命所必需的支出，不受所得影響，又稱為自發性消費。

★ 5. 平均消費傾向 APC 為消費支出占可支配所得的比例，由於 $APC=\dfrac{C}{Y_d}=\dfrac{a+bY_d}{Y_d}=b+\dfrac{a}{Y_d}$，因此 APC 將會隨著所得增加而逐漸遞減，且 $MPC<APC$。

★ 6. 邊際儲蓄傾向 $MPS=\dfrac{\Delta S}{\Delta Y_d}=\dfrac{\text{儲蓄變動}}{\text{所得變動}}$，表示每增加一元的可支配所得，人民預擬增加的儲蓄金額。

★ 7. 平均儲蓄傾向 APS 為儲蓄占所得的比例，$APS=\dfrac{S}{Y_d}=\dfrac{-a+sY_d}{Y_d}=s-\dfrac{a}{Y_d}$，因此 APS 必然隨著所得增加而遞增，且 $MPS>APS$。

★ 8. 當降低所得稅率時，將刺激勞動供給意願增加，當就業量增加時，透過總生產函數，可以提高本國所得，若所得稅率彈性大，則稅基擴大的結果稅收有可能增加，此即著名的拉佛爾曲線。

★ 9. 均衡所得必定滿足 $Y=\bar{E}+kY$，因此可以解得均衡所得必須滿足 $Y=\bar{E}+kY$，均衡國民所得為 $Y=\dfrac{1}{1-b(1-t)+m}[a+\bar{I}+\bar{G}+\bar{X}-\bar{M}-b\bar{T}\ ]$。

★ 10. 另外一種表示均衡國民所得條件為 $C+S+T+M=C+I+G+X$，簡化得 $I+G+X=S+T+M$，此種調整機能又稱之為浴缸原理。

★ 11.雙赤字現象指一國財政有龐大的政府預算赤字及國際收支逆差。

★ 12.節儉的矛盾指如果每個人想藉由增加儲蓄來提高個人所得，則實現的儲蓄反而不變或呈現減少之現象。

★ 13.乘數是研究自發性支出變動導致國民所得變動的影響，亦即乘數 $\equiv k_E = \dfrac{\text{所得變動}}{\text{自發性支出變動}} = \dfrac{\Delta Y}{\Delta \overline{E}} = \dfrac{Y_2 - Y_1}{E_2 - E_1}$。

★ 14.支出乘數指其他情況不變之下，自發性支出增加導致所得增加的倍數，支出乘數為 $k_E = \dfrac{\Delta Y}{\Delta E} = \dfrac{1}{1 - b(1-t) + m}$。

★ 15.定額稅乘數 k_T 指其他情況不變之下，定額稅增加對所得的影響，定額稅乘數為 $k_T = \dfrac{\Delta Y}{\Delta \overline{T}} = \dfrac{-b}{1 - b(1-t) + m}$。

★ 16.潛在產出水準受限於當時的生產技術、就業人口及資本設備等，短期是固定不變的，因此潛在產出又稱為充分就業產出。

★ 17.當社會有人沒有工作及機器閒置，造成資源的浪費稱為緊縮性缺口，若一國支出超過潛在產出，表示景氣過熱稱之為膨脹性缺口。

★ 18.緊縮性缺口理論認為增加政府支出可以刺激國民所得提高，但是貨幣學派卻認為政府不是萬能，而且政策會產生時間落差的問題。

習題

1. 何謂存貨理論？試從存貨理論觀點說明若 AE 曲線斜率大於 45° 線，則體系穩定性程度如何？
2. 假設某國的經濟體系可以用下列模型表示：$C = 100 + 0.8Y_d, T = 80, I = 100, G = 64$
   (1)試求均衡的國民所得若干？
   (2)投資與政府支出乘數為何？
   (3)定額稅乘數若干？
   (4)若充分就業所得為 $Y_f = 1{,}200$，此時有膨脹性或緊縮性缺口？此時缺口值若干？
   (5)上述模型是否有節儉的矛盾？
3. 近幾年來景氣衰退嚴重，您認為政府是否應該介入市場，採用擴張性的財政政策呢？

4. 如果某國儲蓄函數為 $S = -200 + 0.4Y$，當所得為 1,000 時，試計算該國的：

(1) APC。

(2) MPC。

(3) APS。

(4) MPS。

5. 分析下列情況對政府支出乘數的影響為何：

(1)邊際消費傾向提高。

(2)稅率提高。

(3)人民偏好外國貨。

第 18 章

貨幣供給與需求

人類在歷史上重要的文明首推「錢」的使用，我們可以不理會牛頓的萬有引力有多偉大，但是早上一出門如果沒有錢，保證每一個人都會過著「寸步難行」的生活。

當然早期人類並沒有使用到「錢」，為什麼先人可以不使用錢而現代人類卻非得使用錢不可？我們可以舉例說明，例如老賴是一個兩袖清風的教書先生，雖然滿腹經濟學的知識，可是經濟學卻無法填飽肚子，因此老賴必須到「市場」上去尋找賣米的人，老賴找了許久終於找到小林是賣米的，可是小林卻說他只喜歡吃雞腿不喜歡聽經濟學，怎麼辦呢？因此老賴必須闖蕩天涯去尋找一個既喜歡聽經濟學又是養雞的人（此種現象經濟學稱之為「意願雙重配合」(double coincidence of wants)，可以想像一時之間不太容易能夠找到這個人。因此一個沒有交換媒介的物物交換的經濟體系中，存在非常龐大的交易成本。

錢的使用的確幫助人類省卻許多的麻煩，錢在學術上稱為貨幣，與我們日常生活中經常提到「錢」的概念有些不一樣，需要先做說明。

第一，我們經常說「小林很會賺錢，月薪高達 100 萬」。這 100 萬不是指貨幣而是強調小林的「所得」很高。貨幣是屬於「存量」的概念，而所得是屬於「流量」的概念。例如我們說老李家裡庫存 10 萬公斤的稻米，這就是存量，強調某一時點的數量有多少。又例如老賴很羨慕老李會做生意，一天可以賣出 1,000 公斤的稻米，這就是流量的概念，強調在一段時間內，存量的變化。

第二，「小林家裡很有錢」，所謂很有錢應該指的是「財富」，包括不動產、股票等有價債券，這與貨幣強調交換的媒介不太相同，當然在某些情況下，貨幣與財富是可以相互的轉換。

本章將先介紹貨幣價值與制度，之後介紹貨幣供給與需求，並探討利率決定的因素。

18.1 貨幣的功能

所謂的貨幣一般人的想法就是「鈔票」，它主要的功能在於能夠換取所需的財貨與勞務，一般而言貨幣具有四大功能：

1. 交易的媒介 (medium of exchange)

如果沒有貨幣的存在，「意願雙重配合」的交易成本將會相當的龐大，整個社會將會浪費龐大的資源去尋找他所需要的「那個人」，因此利用貨幣充當交易媒介可以節省大量的交易成本。

2. 價值的標準 (unit of account)

在物物交換的社會中，如果存在 n 種物品就會有 $C_2^n = \frac{n(n-1)}{2}$ 種價格，當 n 很大時，將造成訊息及交易成本大幅增加。如果有貨幣充當交易的媒介，則此社會只需 $(n-1)$ 種物品與貨幣的交換比（即為此物品的價格）就可以讓交易順利的進行。

3. 延期支付的標準 (deferred payment)

如果沒有貨幣，償債也是一個大問題。例如老賈向小李借一隻豬，言明第二年還，可是到期之後，這隻豬大小、重量、品種甚至肉質可能都會有所爭議。因此貨幣可以將這些抽象的概念用具體的事物來衡量，讓借貸得以順利進行。

4. 價值儲存 (store of value)

人類日常生活的支出與收入的時間經常不一致，例如有些果農一年只收成一次，而且只能保存相當短的時間，如香蕉、鳳梨等，但是果農一年 365 天都需要用錢，因此果農必須要有良好購買力儲存的工具，而貨幣剛好可以幫助果農解決這個問題。

當然有很多的財貨都可以當做是良好價值儲存的工具，例如公債、股票、古董、房地產或者其他具有「增值」潛力的商品來保值，這些保值的工具比貨幣「好的地方」是它們的價格可能會隨著通貨膨脹而增加。但是貨幣具有其他財貨所無法取代的特性即流動性 (liquidity)。所謂的流動性就是某項資產轉換成貨幣的時間很短，而且本金不會遭受損失的難易程度，所以貨幣具有百分之百的流動性，但是貨幣在物價膨脹的期間卻是最不能保值的資產，因為貨幣的購買力持續的下降，此時貨幣就不是良好的價值儲存工具。

18.2 貨幣的價值與制度

貨幣的價值（用 V 表示）在於它能夠交換人們所需的財貨與勞務，經濟學稱之為貨幣的購買力 (purchasing power)。當物價上漲時，相同的貨幣數量所能購買的財貨與勞務的數量越來越少，代表著貨幣的購買力越來越低，意味著貨幣的價值越來越小，所以一般物價水準 (P) 與貨幣的價值剛好呈現反比，即 $P \propto \frac{1}{V}$。例如，我們說一個蘋果的價格 (P) 是 50 元，也就是用新臺幣表示的蘋果價值為 50 元，反過來講我們可以說 1 元貨幣的價值為 1 / 50 (1 / P) 個蘋果。

為什麼人們願意接受貨幣作為交換的媒介呢？尤其是現代所謂的「鈔票」，一點「用處」也沒有，既不能吃也不能用，為什麼它會有購買力的功能存在呢？要回答這個問題，必須對貨幣制度的發展作一簡單的介紹。大體而言，整個貨幣演進大約有兩個時期❶：

一、商品貨幣

一開始人類使用貨幣當做交易媒介時，貨幣本身必須具備內在價值，否則人們沒有信心持有它，因此早期人類所使用的貨幣本身都具有商品功能，例如貝殼、貴重金屬或者珠寶等，稱為商品貨幣 (commodity money)。

但是任何的商品是否都適合用來充當交易的媒介呢？當然是不可能，例如用牛肉來交換一臺賓士車所可能產生的麻煩包括(1)不容易攜帶，因為所需的牛肉太多了，從屏東運到臺北的費用相當龐大。(2)價值非常的不穩定，因為牛肉有時生產過剩有時太少，導致牛肉的價值變化無常，因此難以當做計價的標準。(3)品質不穩，由於牛肉的重量、品種、外表等都會影響到它的價值，因此也不適合充當交易的媒介。(4)難以分割，有時我們希望買一枝鉛筆，如果用牛肉充當交易的媒介，必然是大費周章。

❶ 詳細內容可參閱張清溪等《經濟學理論與實際》（翰蘆圖書）或者李榮謙的《貨幣銀行學》（智勝文化）。

從上述的分析，商品貨幣最後大概只剩金銀銅等貴重金屬適合作為人類貨幣的主要來源，尤其是黃金，幾乎世界所有國家都以黃金當做貨幣來使用。即使如此，早期人們發現攜帶這些貴重金屬遠遊還是不便而且危險，因此就有「銀票」(所謂的紙幣）的產生，這些紙幣保證可以兌現票面所承諾的黃金數量，因此又稱為「金本位制度 (gold standard)」，如果紙幣承諾的是兌現白銀，則稱為「銀本位制度 (silver standard)」。

二、強制貨幣

「金本位制度」或者「銀本位制度」的確有很多的優點，但是由於世界各國黃金蘊藏量分布不均，因此對於黃金蘊藏量少的國家到最後可能沒有黃金充當貨幣發行的媒介，此時就演變成強制貨幣 (fiat money) 時期。強制貨幣基本上廢除了紙幣與黃金之間的關係，而人們願意持有強制貨幣的信心源自於政府規定貨幣具有無限法償 (unlimited legal tender) 的地位，人民可以利用這些貨幣來償還各種債務，如果債權人不接受，則無法再向債務人求償。

民國 40 年代，臺灣銀行所發行的新臺幣雖屬強制貨幣，但為控制物價膨脹及維持人民的信心，仍然採取「完全現金準備」，即央行發行新臺幣的數量不可超過央行所擁有黃金及外國現金數量的總和。到了民國 68 年，政府放寬「完全現金準備」，改採「十足準備」，即央行發行貨幣的準備金可以包括有價證券，例如公債等。

臺灣目前所發行的強制貨幣有硬幣（如目前所流通的 1 元、5 元、10 元、20 元及 50 元硬幣）及紙幣（如 100 元、200 元、500 元、1,000 元以及 2,000 元現鈔），將鑄幣與紙幣合併又稱之為通貨 (currency)。

18.3 貨幣的定義

什麼叫做貨幣供給餘額？大部分讀者直接反應就是央行印的鈔票，那央行為什麼可以印鈔票？央行可以無限制的印鈔票嗎？貨幣供給餘額又有哪些分類？要回答這些問題，我們就從貨幣最基本定義開始說明。

1. 貨幣基數 (Money Base, M_B)

又稱之為強力貨幣 (High Power Money) 或者準備貨幣 (Reserve Money)，最基本定義是指央行賴以發行貨幣的基礎。什麼叫做央行賴以發行貨幣的基礎？我們以新臺幣改革作一說明，在民國 40 年代、為了遏阻當時惡性的通貨膨脹，央行以臺灣銀行名義開始所謂新臺幣的改革，規定 1 元新臺幣可以兌換 0.02474635 克的黃金，意味著央行如果要印 100 元的新臺幣就必須擁有 2.474635 克的黃金，此時央行所持有的黃金部位就是央行賴以發行貨幣的基礎。在這種情況下，央行是不可以無限制印新臺幣的，除非央行有等值的黃金準備。在此 100% 準備之下，人民就會比較願意持有新臺幣，對當時穩定物價有相當的作用。

當然現在很少國家採 100% 的黃金準備，但是基本精神還是維持不變，貨幣基數就是指央行的淨資產部位，在不考慮股東權益下，一個最簡化的央行資產負債表如下所示：

▼ 表 18.1 簡化的中央銀行資產負債表❷

中央銀行

資產	負債
外匯存底 F	大眾持有通貨 C^P
政府公債 B	商銀準備金 R

外匯存底就是指央行持有外國通貨（包括美元、歐元、日幣以及人民幣等）、外國有價證券（如美國公債）以及貨幣用的黃金。根據央行 2020 年 5 月資料顯示，臺灣外匯存底居然高居世界第四名。而政府公債是指財政部所發行公債（又稱為甲種公債）被央行買進持有，成為央行的資產但是為財政部的負債。

而央行的負債第一個就是大眾持有通貨，也就是指人民與企業（不包括商業銀行）所持有的新臺幣，包括個人口袋裡的現金、放在保險箱的現金、7–11 抽屜現金或者台積電保險箱現金等。人民有權將這些新臺幣跟央行兌換等值的外幣，因此構成央行的負債。另外央行最重要的負債就是商銀的準備金，也就是指商業銀行所持有的新臺幣，包括商業銀行的法定準備金 (*RR*) 以及超額準備金 (*ER*)。所以貨幣基

❷ 詳細內容可參閱李榮謙的《貨幣銀行學》(智勝文化)。

數可以定義為 $M_B = C^P + R = F + B$，根據此定義，當臺灣外匯存底增加、或者央行大量買進甲種公債，都會使貨幣基數增加。

2. M_1

或許讀者會認為央行只要能夠控制貨幣基數的大小，就能夠掌控貨幣對經濟體系的影響，實則不然，很多的金融性資產雖然它不屬於貨幣基數，但是很容易轉換成現金，所以對經濟體系都會造成深遠的影響，這就是 M_1。

M_1 指強調交易功能的貨幣，又稱之為狹義的貨幣供給。根據中央銀行分類，我國 M_1 又可以細分成兩類 M_{1A} 及 M_{1B}：

$$M_{1A} = \text{大眾持有通貨}\ (C^P) + \text{可開支票存款} + \text{活期存款}$$

$$M_{1B} = M_{1A} + \text{活期儲蓄存款}$$

所謂的可開支票存款就是指在支票存款帳戶裡的餘額，可以立刻兌換等值的通貨者，但是個人所開的支票不可以視作 M_1，必須視此人在銀行是否有等額的存款。另外活期存款指的是法人的活存，而活期儲蓄存款指的是自然人的活存。

隨著資訊時代的來臨，許多交易工具陸續的出現，其中重要的是塑膠貨幣 (plastic money) 與電子貨幣 (electronic money) 的使用，常用的塑膠貨幣如提款卡及信用卡，但是這些「貨幣」基本上只是輔助人類交易的方便，並不是屬於真正的貨幣。一般而言，貨幣是具有購買力，貨幣越多代表您的購買力越強，財富越多。然而信用卡越多，最多只表示您的交易越方便，並不代表您的購買力越強，所以這些交易的工具一律不列入 M_1 餘額中。而最近幾年流行的比特幣（電子貨幣）由於我國央行不承認其法定定位，因此也不列入我國的 M_1 計算中。

3. M_2

M_2 除了包含 M_{1B} 項目以外，還包括了具有保值功能的貨幣，經濟學稱之為準貨幣 (quasi-money) 或者近似貨幣 (near money)。準貨幣包含可以很快轉換成 M_1 但有保值功能的金融資產，如定期存款、定期儲蓄存款、可轉讓定期存單、外匯存款、郵政儲金、附買回交易餘額、外國人新臺幣存款、貨幣市場共同基金。

$$M_2 = M_{1B} + \text{準貨幣}$$

從 M_{1A}, M_{1B} 及 M_2 的關係可知，就流動性的高低而言，$M_{1A} > M_{1B} > M_2$，但就其所含資產的種類多寡則為 $M_2 > M_{1B} > M_{1A}$。

圖 18.1 為民國 80 年至 108 年間我國 M_{1B}, M_2 的成長率：

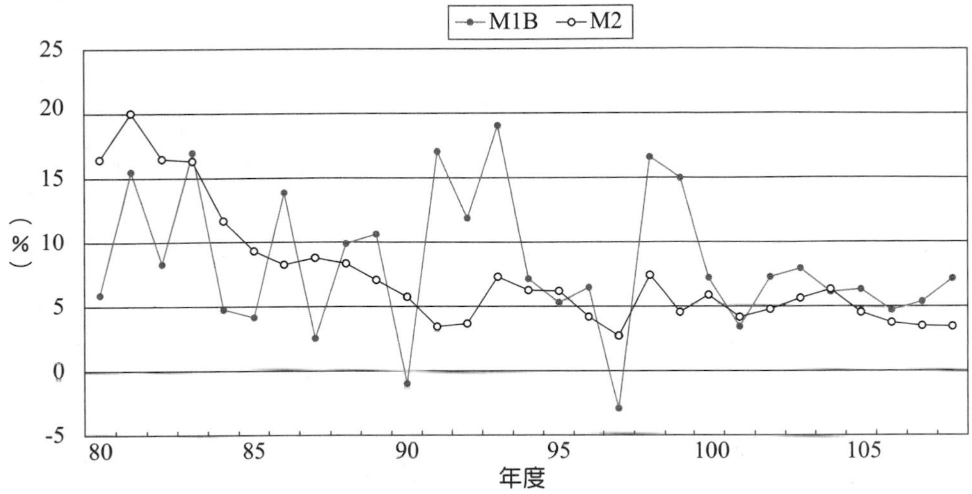

▲ 圖 18.1　臺灣地區 M_1, M_2 成長率

由圖 18.1 顯示，臺灣地區早期 M_{1B} 變化非常劇烈，而 M_2 相對比較平穩，一個可能原因在於 M_{1B} 極易受到利率（或者股價）的影響，當利率調高時（股價下跌），民眾會將多餘的資金轉成定存，因此 M_{1B} 將減少而 M_2 不變，反之 M_{1B} 將增加，所以形成 M_{1B} 波動幅度較大。

範例

一、貨幣定義為何？

貨幣範圍如何界定在有關貨幣理論中是一個值得爭議的問題，本章採用先驗法則，亦即主觀上定義貨幣的範圍。但是貨幣學派卻認為，貨幣與總體經濟變數有密切的關係，因此凡是跟總體經濟變數關係最密切的貨幣就是最適合用來衡量一國貨幣餘額多寡的指標。為此我們提供以下幾種時間序列圖，讀者可自行嘗試判斷之。

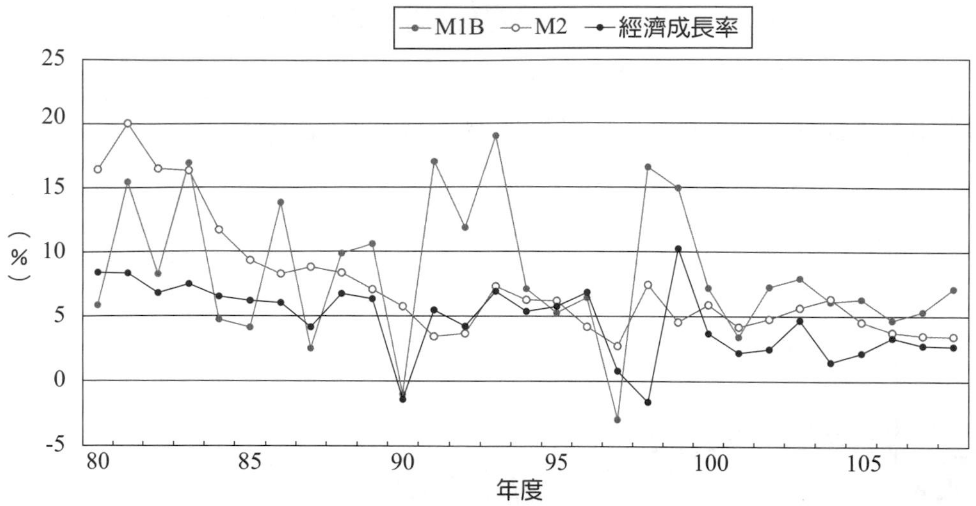

▲ 圖 18.2 M_{1B} 成長率、M_2 成長率與經濟成長率時間序列圖

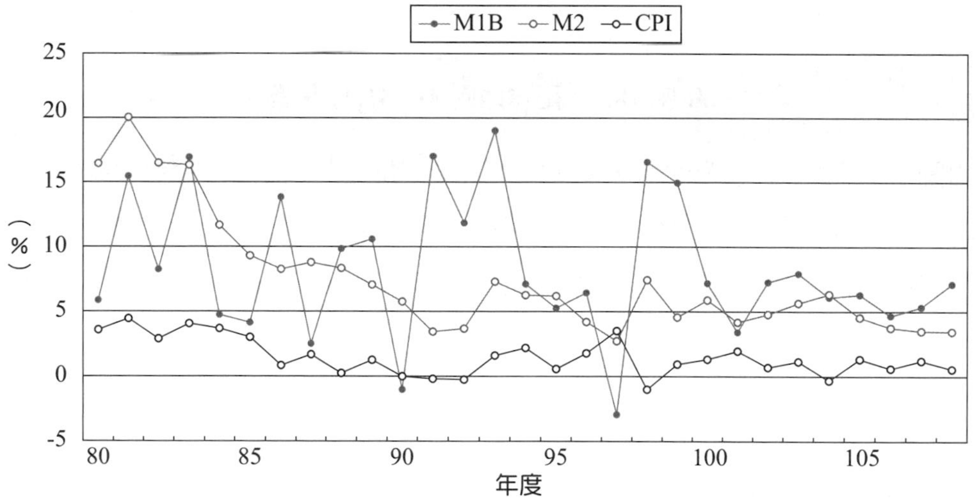

▲ 圖 18.3 M_{1B} 成長率、M_2 成長率與消費者物價指數時間序列圖

從圖 18.2 與圖 18.3 我們發現，其實 M_2 與經濟成長率與消費者物價指數走得比 M_{1B} 更「接近」，無怪乎貨幣學派主張央行應透過管制 M_2 來穩定本國經濟波動。

18.4 貨幣需求理論

人類自古就非常「喜愛」錢，但這不是經濟學所稱的貨幣需求 (money demand)，所謂的貨幣需求指的是在某一特定時間，人們想持有的貨幣數量。例如早上上班出門前您希望口袋裡放多少錢，這就是您的貨幣需求。

「人們平均每天的貨幣需求到底是多少？」的確是一個很難回答的問題，費雪 (Fisher) 首先提出交易方程式 (equation of exchange) 可以間接回答這個問題。交易方程式基本上是一個恆等式，它主要描述一個國家人民財貨與勞務交易的總值除了等於一般物價水準 (P) 乘上財貨與勞務的數量 (T) 之外，還可以從貨幣流通數量與交易的流通速度 (transaction velocity of circulation of money) 觀察得知。交易流通速度 (V_T) 指平均每一元在一段期間內被交易的次數，因此在這一段期間內全國的交易總值又等於 $M \times V_T$。由於全國財貨與勞務的總值是不變的，因此

$$M \times V_T = P \times T$$

此即為 Fisher 著名的交易方程式。

例如，如果 $V_T = 100$，表示每一元新臺幣在這一年內被使用了 100 次，假設貨幣存量為 300 億，則今年全國的交易總值為 30,000 億 ($= 300 \times 100$)。而人民的貨幣需求可以從 $M = \frac{1}{V_T}PT$ 得知，人民平均握有的貨幣餘額等於全年總支出的 $1/100(1/V_T)$，大約是 4 天的支出水準 ($\frac{365}{100} \cong 4$)。

費雪的交易方程式是從貨幣的交易動機去探討貨幣需求，可是貨幣是資產的一種，因此凱因斯從人類對各種不同流動性資產需求的角度來探討影響人類貨幣需求的因素，這就是著名的「流動性偏好理論 (liquidity preference theroy)」。凱因斯認為人類之所以願意保有貨幣而放棄具有生息的其他資產的原因主要有三個：

1. 交易動機 (motivation for transaction)

指個人為了應付日常的支出所必須保有的貨幣，稱之為交易動機的貨幣需求 (k)。影響交易動機貨幣需求的因素主要有國民所得及利率，當國民所得越高時，人

民購買財貨與勞務的需求就會增加，因此會增加對貨幣的需求。另外當利率上揚時，Baumol 認為持有貨幣所損失的利息增加，因此會減少貨幣需求。

範例

二、Baumol 存貨貨幣需求理論

凱因斯認為交易動機的貨幣需求只跟所得有關，而包莫 (Baumol) 存貨貨幣需求理論乃是針對交易性貨幣需求提供個體化的基礎，並且指出交易動機貨幣需求也跟利率有關。

包莫假設人民交易性的支出是非常的平滑，如果民眾每月有 3 萬元的薪水收入，因此民眾每天預期花 1,000 元，則人民要保有多少的交易性貨幣需求呢？包莫認為如果放太多的錢在口袋裡面的話將會損失太多的利息 C_P，但是如果放太少的錢在身邊，則可預期提款次數將會增加，意味著提款成本 C_S 也會增加。所以包莫認為所謂的交易性貨幣需求就是使得持有貨幣相關成本 $C_P + C_S$ 最小時應持有的貨幣。

我們可以進一步推導出 C_P 與 C_S 的函數型態，令期初薪資所得為 Y，每次提款的金額為 S，利率為 r，每次提款成本為 b。根據定義，人民提款的次數為 $n = \frac{Y}{S}$，所以 $C_S = b \times \frac{Y}{S}$。而此人每月平均提款額度為 $\frac{S}{2}$，所以持有貨幣所損失的總利息為 $C_P = r \times \frac{S}{2}$。因此持有交易性貨幣需求的總成本為 $TC = C_P + C_S = b \times \frac{Y}{S} + r \times \frac{S}{2}$，如下圖所示：

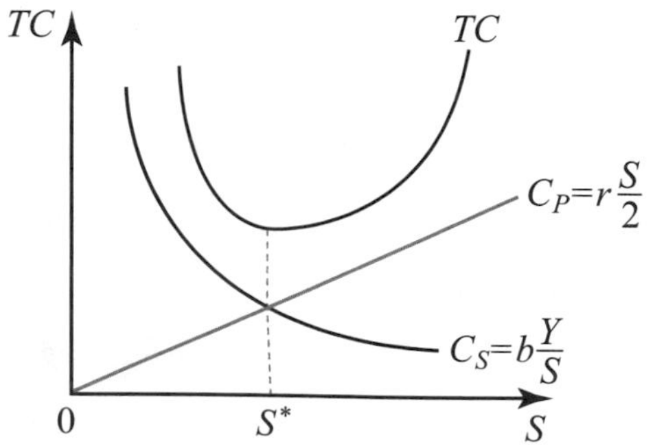

▲ 圖 18.4　包莫貨幣需求理論

包莫認為最適提款金額為總成本之最低點 S^*，此時平均每天所持有的貨幣餘額為 $\frac{S^*}{2}$ 即為貨幣需求。現在若利率上漲（假設由 r 上漲至 r_1），將使持有貨幣所損失的利息增加，導致 C_P 往上移動至 $C_P=\frac{r_1S}{2}$，使得持有貨幣相關總成本提高至 TC_2，此時最適提款金額將會減少至 S_2，如下圖所示：

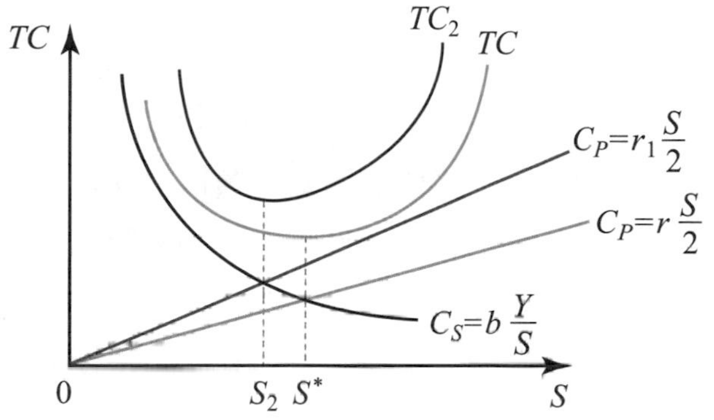

▲ 圖 18.5　利率變動對包莫貨幣需求的影響

2. 預防動機 (motivation for precaution)

人們除了日常生活所需的支出之外，另外可能會保有一些意外性支出的貨幣，如包紅包、客人突然到訪請客等支出，因此為了應付非預期事件的支出而必須保有的貨幣稱之為預防動機的貨幣需求 (l)。影響預防性貨幣需求最重要的因素是國民所得，當所得越高，預防動機的貨幣需求也就越多。

3. 投機動機 (motivation for speculation)

凱因斯假設人類只能持有兩種形式的資產，一是不能生息的貨幣，二是能夠生息的公債，因此要討論投機性的貨幣需求首先必須了解公債與利率之間的關係。

所謂的投機動機的貨幣需求就是為了能夠賺取「資本利得」，也就是指債券的價差。債券的價格並不是永遠維持不變，就像股票一樣會有漲跌的現象，而影響債券價格最重要的因素是利率。例如財政部發行面值 100 萬元票面利率為 8% 的公債，表示此公債每年配息 8 萬元，如果銀行的定存利率調低為 5%，那麼投資人發現買公債比較划算，因此搶購公債的結果將導致公債的價格上漲。反之如果定存利率漲至 12%，則投資人將公債出售轉存定存，則公債價格將下跌，所以公債的價格與利率會呈現反向變動。

如果人們的總財富 (W) 是固定的，則 $M^d + B^d = W$，其中 M^d 代表人類所持有的貨幣，B^d 表示人類所持有的公債。因此當利率上漲時投資人將減少對公債的購買，同時意味著投資人對貨幣的需求增加，所以就投機貨幣需求的動機而言，投機性的貨幣需求似乎與利率呈現同向變動。

但是凱因斯卻有另類思考，當利率上漲導致公債價格下跌時，有一些人會開始進場買進公債，因為公債價格不可能只跌不漲的，如果利率持續上漲，就會有更多的投資人預期利率將回跌，也就是預期未來公債價格將上漲而買進公債。當利率到達最高點時，大家都預期未來利率將回跌時，意味著未來公債的價格將上漲，因此一個理性的投資人將會持有公債，等到未來公債價格上漲再賣出，以賺取價差。當投資人多持有公債表示貨幣需求減少，因此投機性的貨幣需求與利率依然呈現反向變動。

總結凱因斯的流動性偏好理論，貨幣需求與利率呈現反向變動而與所得呈同向變動，即：

$$r\uparrow \Rightarrow M^d\downarrow$$

$$Y\uparrow \Rightarrow M^d\uparrow$$

由於貨幣需求與利率呈現負相關，如圖 18.6 所示，貨幣需求曲線將呈現負斜率。當所得 (Y) 增加時，貨幣需求增加，則貨幣需求曲線將由 $M^d(Y_0)$ 往右移動至 $M^d\,(Y_1)$，如下圖所示：

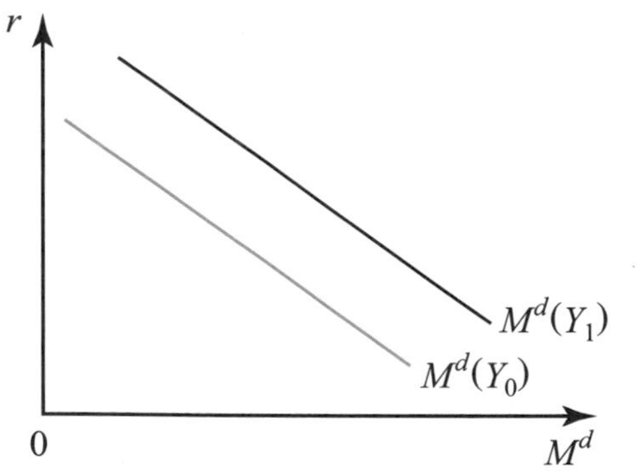

▲ 圖 18.6　貨幣需求曲線

範例

三、流動性陷阱 (liquidity trap)

Keynes 認為在極端不景氣階段，一國經濟可能處於流動性陷阱，所謂流動性陷阱指經濟處於不景氣時，利率跌到最低點（表示目前公債價格最高），人民預期未來利率將上漲（表示未來公債價格將下跌），為了賺取資本利得，人民將會「窖藏」央行所發行任何的貨幣，等到未來公債價格下跌時再行購買，因此貨幣需求彈性將趨近於無窮大，貨幣需求曲線將為水平線，如下圖所示：

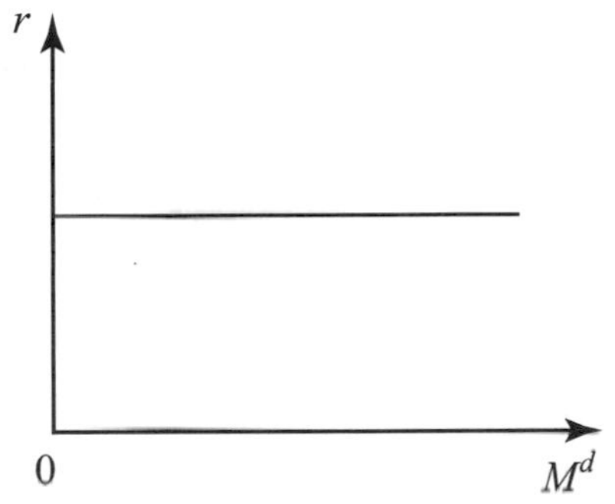

▲ 圖 18.7　流動性陷阱下的貨幣需求曲線

在現實社會中，日本可能曾經陷入流動性陷阱，因為日本於 1990 年代為了挽救景氣衰退，日本央行將其名目利率幾乎已經降到 0 的地步，利率跌到 0 代表已經跌無可跌！

但是曾幾何時，自從次貸風暴之後，美國利率也跌到幾乎為 0 的地步，表示此時美國經濟也幾乎掉入流動性陷阱泥淖中。

18.5

流動性偏好的利率決定論

根據凱因斯的講法，利率是人類為保有貨幣流動性的機會成本，也就是說人類為了交易動機、預防動機及投機動機而保有貨幣，因此必須付出代價，其機會成本就是人們所損失的利息。

假設中央銀行可以控制本國發行的貨幣供給餘額而不受利率的影響，則貨幣供給曲線將如圖 18.8 所示是一條垂直線，表示不管利率到底多高，貨幣存量維持不變。透過貨幣供給等於貨幣需求，就可以決定市場的均衡利率 r^*。

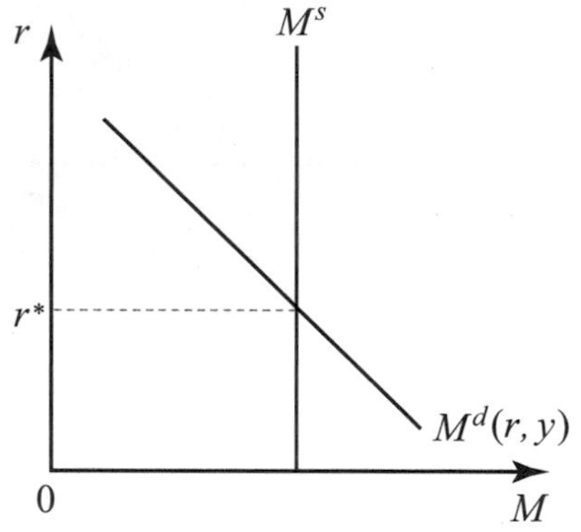

▲ 圖 18.8　均衡利率之決定

圖 18.8 有相當多的經濟含意，例如東南亞金融風暴導致臺灣出口及經濟成長大幅的衰退，於是很多的經濟學者及財經官員建議增加貨幣供給來提振景氣，為什麼增加貨幣供給與景氣有關呢？如圖 18.9 所示，當央行增加貨幣供給時（即 M_1^S 增加至 M_2^S 時），貨幣供給曲線將往右移動，導致市場利率下跌（即 r_1 跌至 r_2），利率下跌有助於提高廠商投資意願，進而帶動景氣的復甦。

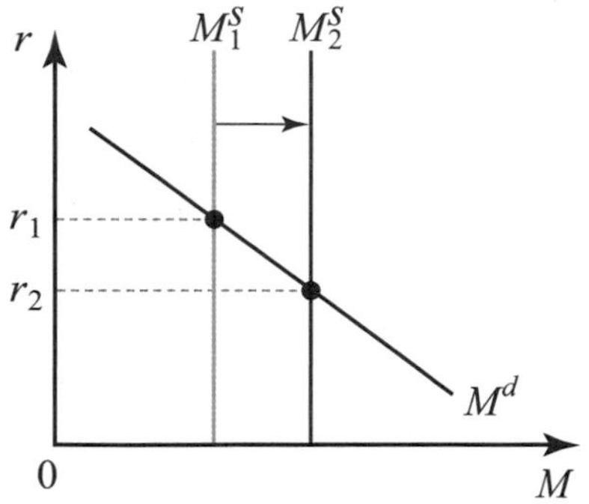

▲ 圖 18.9　貨幣供給對均衡利率的影響

但是貨幣政策一定有效嗎？如果貨幣政策有效性是決定於利率下跌可以刺激廠商的投資意願增加的話，那麼在流動性陷阱下，貨幣政策就可能無效，如圖 18.10 所示：

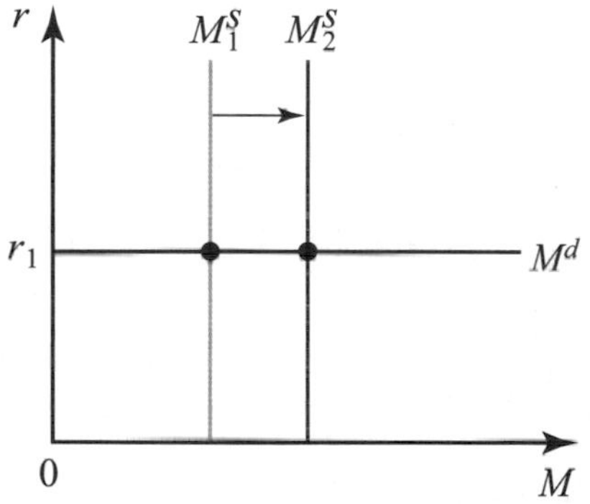

▲ 圖 18.10　流動性陷阱下的貨幣政策

雖然央行增加貨幣供給，但是由於人民預期未來公債價格將上漲，為了賺取資本利得，人民將會窖藏央行所增加發行的貨幣，導致利率無法下跌，這也就是說在流動性陷阱下，貨幣政策無從發揮利率下跌的效果，因此貨幣政策效果將會非常微弱。

範例

四、貨幣供給成長率與利率之間的關係

雖然透過流動性偏好的利率理論可知，貨幣供給變動與利率似乎應呈反向變動，可是透過實際資料顯示，其間的關係並沒有那麼單純，如下圖所示：

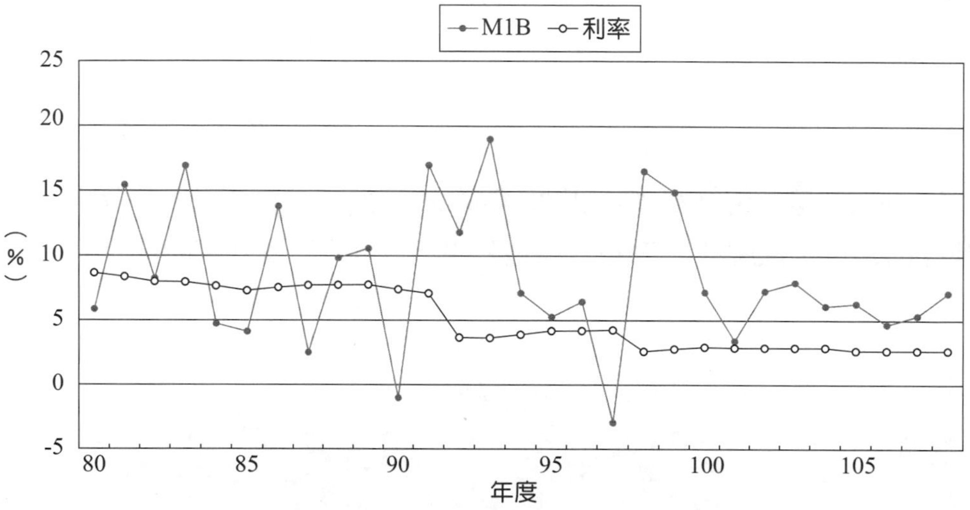

▲ 圖 18.11 M_{1B} 成長率與利率時間序列圖

上圖顯示我國自民國 80 年以來長期放款利率是下跌的，可是 M_{1B} 成長率卻起伏不定，因此兩時間序列間的關係並不明顯。再看 M_2 成長率與放款利率之間的關係圖，如圖 18.12 所示：

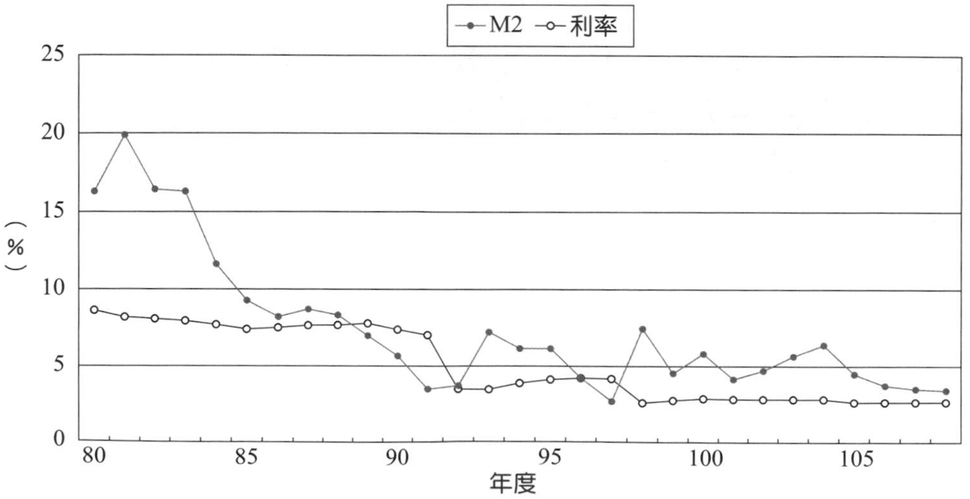

▲ 圖 18.12 M_2 成長率與利率時間序列圖

從上圖可知，早期放款利率與 M_2 的關係顯然較與 M_{1B} 關係來得密切，但是最近十年我國利率幾乎不動，原因在於前央行總裁彭淮南先生主張實質利率不應為負，所以強力維持利率不變，導致我國利率幾乎與貨幣供給無關，這是一種政府干預的結果，與市場運作無關。但是在國外就不是如此，尤其近幾年來世界各國不斷的量化寬鬆貨幣政策結果就是負利率時代來臨（例如歐盟與日本），所以貨幣供給與利率還是呈現反向關係。

重要名詞

- 意願雙重配合 (double coincidence of wants)
- 交易的媒介 (medium of exchange)
- 價值的標準 (unit of account)
- 延期支付的標準 (deferred payment)
- 價值儲存 (store of value)
- 流動性 (liquidity)
- 貨幣的購買力 (purchasing power)
- 商品貨幣 (commodity money)
- 金本位制度 (gold standard)
- 銀本位制度 (silver standard)
- 強制貨幣 (fiat money)
- 無限法償 (unlimited legal tender)
- M_1
- M_{1A}
- M_{1B}
- 通貨發行淨額
- M_2
- 準貨幣 (quasi-money)
- 貨幣基數 (money base, M_B)
- 強力貨幣 (high power money)
- 塑膠貨幣 (plastic money)
- 電子貨幣 (electronic money)
- 貨幣需求 (money demand)
- 交易方程式 (equation of exchange)
- 交易流通速度 (transaction velocity of circulation of money)
- 流動性偏好理論 (liquidity preference theory)
- 交易動機 (motivation for transaction)
- 預防動機 (motivation for precaution)
- 投機動機 (motivation for speculation)
- 流動性陷阱 (liquidity trap)

摘要

★ 1. 一個沒有交易媒介的物物交換經濟體系中，存在非常龐大的交易成本，例如「意願雙重配合」的成本。

★ 2. 貨幣具有四大功能，即交易的媒介、價值的標準、延期支付的標準、價值儲存。

★ 3. 流動性指某項資產轉換成貨幣的時間很短而且本金不會遭受損失的難易程度，

而貨幣具有其他財貨所無法取代的特性即貨幣具有百分之百的流動性。

★ 4.整個貨幣演進大約有兩個時期，即商品貨幣與強制貨幣。

★ 5.強制貨幣基本上廢除了紙幣與黃金之間的關係，人們願意持有強制貨幣的信心源自於政府規定貨幣具有無限法償的地位，人民可以利用這些貨幣來償還各種債務，如果債權人不接受，則無法再向債務人求償。

★ 6. M_1 為強調交易功能的貨幣，又稱之為狹義的貨幣供給。M_1 可以細分成兩類 M_{1A} 及 M_{1B}, M_{1A} = 通貨發行淨額 (C^P) + 可開支票存款 + 活期存款，$M_{1B} = M_{1A}$ + 活期儲蓄存款。

★ 7. M_2 除了包含 M_{1B} 項目以外，還包括了具有保值功能的貨幣，經濟學稱之為準貨幣或者近似貨幣。準貨幣包含可以很快轉換成 M_1 但有保值功能的金融資產，如定期存款、定期儲蓄存款、可轉讓定期存單、外幣存款、郵政儲金甚至央行的國庫券亦包含在內。$M_2 = M_{1B}$ + 準貨幣。

★ 8.央行發行通貨的基礎稱之為「貨幣基數」(M_B) 或者「強力貨幣」。M_B = 外匯存底 + 政府公債 = 大眾握有的現金 + 商銀轉存央行的準備金。

★ 9.一段期間內全國的交易總值等於 $M \times V_T$。由於全國財貨與勞務的總值是不變的，因此 $M \times V_T = P \times T$，此即為 Fisher 著名的交易方程式。

★ 10.凱因斯從人類對各種不同流動性資產需求的角度來探討影響人類貨幣需求的因素，這就是著名的「流動性偏好理論」。凱因斯認為人類之所以願意保有貨幣而放棄具有生息的其他資產的原因在於：(1)交易動機，(2)預防動機，(3)投機動機。

★ 11.流動性陷阱指經濟處於不景氣時，利率跌到最低點（表示目前公債價格最高），人民預期未來利率將上漲（表示未來公債價格將下跌），為了賺取資本利得，人民將會「窖藏」央行所發行任何的貨幣，等到未來公債價格下跌時再行購買，因此貨幣需求彈性將趨近於無窮大，貨幣需求曲線將為水平線。

習題

1. 試探討沒有交易媒介所產生的交易成本有哪些？
2. 貨幣的功能有哪些？
3. 何謂流動性？
4. 何謂貨幣的購買力？
5. 貨幣的演進可以分成哪兩大類？

6. 何謂強力貨幣？何謂 M_{1A}, M_{1B}, M_2？

7. 簡述費雪的貨幣需求理論。

8. 簡述凱因斯貨幣需求理論。

9. 請繪圖說明貨幣供給增加，將導致利率下跌。

10. 當景氣低迷，股市大跌，您預期對 M_1、M_2 的影響為何？

11. 請利用流動性偏好理論說明以下事件對利率的影響為何？

(1)發生擠兌事件。

(2)出口增加。

(3)過年。

12. 下列何者不是 M_1 但是貨幣基數？

(1)小林家裡保險箱的現金。

(2)台積電保險箱的現金。

(3) 7–11 保險箱的現金。

(4)中信銀行保險箱的現金。

(5)中信銀行櫃檯的現金。

(6)中信銀行 ATM 的現金。

第 19 章

金融市場與中央銀行

小林辛苦建立一個牧場，經過幾年的奮鬥終於有一些的盈餘，小林想如果將這些錢放在身邊無法生利息，萬一發生物價膨脹，則這幾年來的辛苦可能會化為烏有。可是如果要借給別人，萬一對方存心騙錢，則「老本」去得更快，可是要做徵信所需的成本可能非常的昂貴。因此小林想如果有銀行（經濟學稱之為金融仲介）多好，銀行可以幫忙做徵信的工作，由於存在規模經濟，此項成本必然很低，而且有銀行作保，被倒帳的機率相對的降低。

假設小林不想存錢，反而想繼續擴充規模，若是金融體系不健全，則小林必須尋找「金主」，萬一碰到高利貸，借 10 萬，一年還 1,000 萬，則小林的後果不堪設想。即使小林碰到老賈願意借錢給他，可是這之間的利息與借貸額度都是一個大問題。而在現代的金融體系底下除了可以向銀行借錢之外，還可以在「資本市場」發行公司債或者股票等來籌措資金，因此一個健全的金融體系對借貸雙方都有好處，可以降低彼此的交易成本，提高整體經濟效率。

從以上的討論得知，一個健全的金融體系對國家的經濟發展有重大的影響，許多的經濟理論曾經告訴我們只有實質的因素如技術進步、資本增加或者其他影響生產力因素變動，對實質國民所得才會產生助益。但是自世界性金融風暴發生後，經濟學家赫然發現金融面的因素影響經濟成長更加深遠，幾乎亞洲國家的經濟成長率都因金融風暴而倒退兩年以上。就在亞洲金融風暴之後，因發行衍生性金融商品而倒閉的美國雷曼兄弟，其所引發的次貸風暴再度重擊世界經濟。這些經驗告訴我們一個健全的金融體系尤其是基層金融對於國家穩定發展占有絕對的因素，本章有必要探討金融市場的特性、金融市場的工具及央行如何藉由權責來穩定經濟發展。

19.1 金融體系功能

一個完整的金融體系主要包含金融機構及金融市場❶，如圖 19.1 所示：

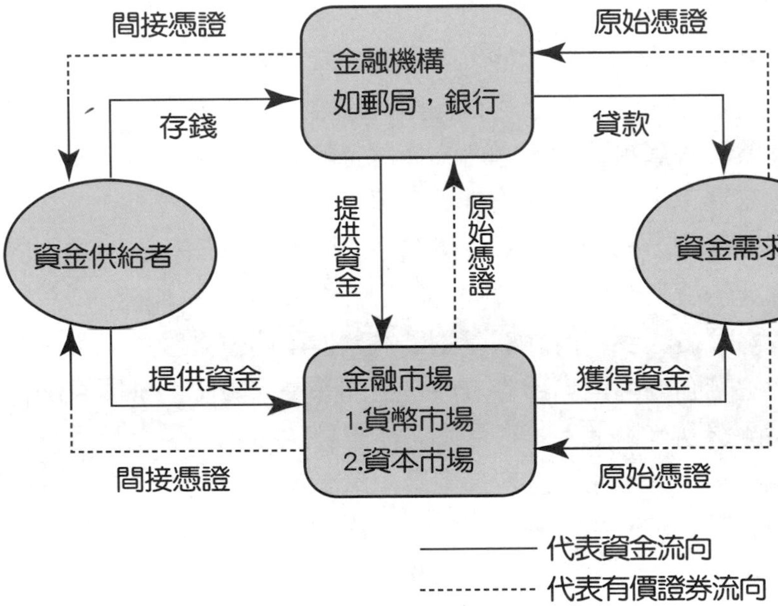

▲ 圖 19.1　金融體系架構圖

其中金融機構除了郵局、商業銀行之外尚包括許多名目的金融機構如保險公司、地方信用合作社、具存放款業務的農漁會等；而金融市場主要含貨幣市場及資本市場兩種，貨幣市場一般指買賣有價證券的期限為一年以內者，而資本市場指買賣有價證券的期限一年以上者謂之。

對資金的供給者而言，雖然有多餘的資金，可是他可能沒有專業知識不諳生產之道，不知如何利用既有的資源去從事有效率的生產。相反的，資金的需求者有專業化素養，懂得如何去創新及增加產出，但卻苦無資金。而仲介機構及金融市場剛好是這兩者之間的橋樑，可以提供較好的儲蓄與投資的管道。由於存在金融體系可

❶ 詳細內容可參閱林鐘雄《貨幣銀行學》（三民書局）、李榮謙的《貨幣銀行學》（智勝文化）及葉秋男等《貨幣銀行學》（五南書局）。

以將社會的閒餘資金運用至生產力較高的產業，將使得本國經濟得以持續的成長。

而就金融機構與金融市場的資金融通的優越性而言，金融機構的資金融通似乎更優於金融市場的資金融通，由於金融機構的存放款對象都很多，因此可以利用風險分攤來降低風險，所以可以以支付利息方式來鼓勵存款，同時以低於民間借貸的利息借給資金的需求者，提高儲蓄與投資雙方的借貸意願。

19.2 金融市場的工具

影響投資人決定投資某項金融商品的主要因素，包括金融商品的風險、投資報酬率及變現性。一般而言，經過市場套利的結果，高報酬的金融商品通常都會伴隨著高風險，因為如果世界上真的有「穩賺不賠」高獲利的商品，則必然有許多的投資者爭相購買，經搶購後該金融商品的價格必然節節高漲終至無利可圖。而金融商品的變現性雖然有高有低，但是大都比其他的資產如不動產等具有較高的流動性。

一、貨幣市場的工具

貨幣市場 (money market) 主要包含一年以內到期短期有價證券的買賣，因此在貨幣市場交易的金融商品一般都具有變現性高的特性，貨幣市場主要工具包括：

1. 國庫券 (treasury bill)

這是由財政部（或者中央銀行）發行，通常用來彌補政府短期資金不足時的債務憑證，到期時間通常是三個月、六個月或者一年。臺灣所發行的國庫券有兩種，甲種國庫券是按照面額乘以固定利率付息，而乙種國庫券不付利息而採取折價發行。

2. 商業本票 (commercial paper)

所謂的本票指到期時由本人負責支付先前所簽發的金額，因此商業本票就是由公司所發行的本票。商業本票長久以來是廠商籌措短期資金最主要的來源，而在歐美國家大受歡迎，因為商業本票一般而言是無擔保的，因此只有體質好的公司發行的商業本票才能誘使投資人購買，而屬於「地雷股」的企業則乏人問津。另外這些好公司所發行的本票大都由銀行作保，較不用擔心變成「壁紙」，因此歐美國家的商業本票規模相當的龐大。

3. 承兌匯票 (banker's acceptance)

一般貿易進行時，由於買賣雙方交貨與付款的時間經常不一致，賣方擔心可能被倒帳而不肯交易導致貿易無法順利進行，為了解決這項困擾，買方可能會商請往來密切的銀行負責擔保買方所簽發的匯票能夠如期兌現，這就是所謂的銀行承兌匯票。

4. 可轉讓定期存單 (negotiate certificates of deposits)

指由商業銀行所發行的無記名定存單，此付息存款憑證可以轉讓。一般而言，我們在銀行存定存是指名並且不可以任意轉讓，最多只能質押借款。商業銀行喜好發行可轉讓定期存單的原因包括商銀活存存款餘額變化非常大，銀行資金調度不易，因此為免「頭寸」不足的窘境，銀行必須保有龐大的準備金，造成銀行營運成本上升。因此商銀發行可轉讓定期存單一方面可以降低準備金的餘額，一方面如果有「閒錢」也可以買回在外流通的可轉讓定期存單，提高銀行資金運用的效率。

二、資本市場的工具

資本市場 (capital market) 指到期日一年以上或未定期限有價證券交易的市場，工具如下：

1. 股票 (stocks)

股票是公司籌措長期資金最好的工具，由於公司發行股票不須付息，可以降低公司的負債，提高公司的獲利能力。但是發行股票代表增加許多新股東來分配公司的盈餘，因此原股東所能分配的股利將被稀釋。

股票又可以分成特別股 (preferred stocks) 與普通股 (common stocks)，所謂的特別股指公司有盈餘時必須先配發特別股的股利（通常股利是固定的），但是持有特別股的股東並沒有選舉董監事的權利。公司盈餘經配發特別股股利之後有剩餘時才配發普通股的股利，因此每年普通股股利並不一定，但是持有普通股可以選舉董監事。

一般公司要籌措新資金時，通常會採取現金溢價。普通股每股的面值為 10 元，可是因為公司每股的市場價值通常會大於 10 元，所以會以大於 10 元的價格賣給投資人，稱之為現金溢價。現金溢價的幅度一般決定於該公司以前的獲利率、股價等有關的因素。

範例

一、股票市場簡介

股票市場是反映一國經濟的櫥窗，股價指數為景氣的先行指標，因此若股價上漲，則景氣不好也難，下圖為我國自民國 97 年以來每年的平均股價時間序列圖：

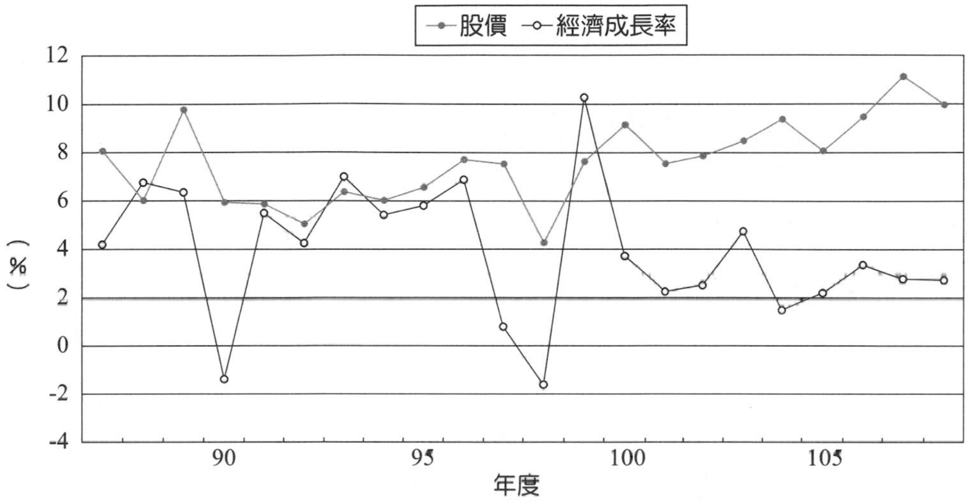

▲ 圖 19.2　我國股價與經濟成長時間序列圖

從以上時間序列圖可知，影響股價波動最重要的因素之一為經濟成長，當經濟成長率越高時，股價上漲機率越高。尤其美國金融大海嘯 (2008) 發生時，我國經濟成長率為負，連帶使股價跌破 10 年線。

2. 政府公債 (government bonds)

政府公債一般都是由中央政府及院轄市發行，目前政府公債發行的種類主要分成甲、乙兩類，甲類資金主要用於非自償性的公共建設，而乙類資金主要用於自償性的公共建設。

一般而言，政府發行公債籌措資金主要目的是用於重大公共建設，如果用於政府的經常性支出，如發放公務人員薪水、購買官員的高級轎車等，則容易引發不良的經濟效果。由於公債必須付息，以債養債的結果通常政府都會破產，因此央行必須發行大量的通貨來替政府還債，導致物價膨脹的發生，一些南美國家的物價水準如此之高大都是因為政府債臺高築所致。

臺灣目前各級政府官員及民意代表大都由民選產生，背負勝選的壓力，因此開出許多的社會福利政策，在不加稅的考量下，增加公債發行勢不可免，而這些福利支出大都不具生產性，因此後代子孫將要付出更多的成本，對後代子孫而言是一件極為不公平的負擔。

3. 公司債 (corporate bonds)

公司債指的是公司所發行的長期債券，由於發行長期債券風險性較高，為了降低發行的利率成本，通常公司都會提供一些優惠的配套措施，例如可轉換公司債等，可轉換公司債表示公司債持有者可以在一定期限內將公司債轉換成股票，當股票市場處於多頭時期，這項權利將帶給投資者莫大的吸引力，因此公司可以以較低的利息將公司債售給投資者，達到節省利息成本的目的。

當然資本市場的工具相當的多，例如央行所發行的定存單、信託基金等，尤其許多的金融衍生性商品陸續出現，更使得資本市場蓬勃發展，有興趣的讀者可以參閱更進一步的教科書。

隨著臺灣金融市場穩定的發展，廠商主要籌資的管道由金融機構逐漸轉至資本市場，尤其是股票市場及債券市場，因此一個健全的資本市場及貨幣市場對廠商提高資金運用的效率有重要的影響。而我國於民國 91 至 93 年間的間接金融比重已經由高峰時期下降至 74.21%、71.44% 與 71.84%，表示廠商在籌措資金管道多元化之後，對間接金融的需求已經慢慢在下降之中。

範例

二、金融雙元性

每一個國家大部分都會存在金融雙元性的現象，所謂金融雙元性指一個國家除了有法令管制的金融市場之外，還存在著不受金管會監督的借貸市場，像地下錢莊、民間標會以及早期股票作丙❷等等。有趣的是，根據一些學者研究指出，像地下錢莊對臺灣經濟發展的貢獻反而超過檯面上的金融機構，原因在於商業銀行是標準的「晴天送傘，雨天收傘」。反之，地下錢莊在雨天時「勇於」貸款，對企業週轉反而有幫助。但是地下錢莊的貸款利率實在太高，因此與銀行借款才是上策。

❷ 丙種資金的借貸，意指投資者將股票質押給私人金主，獲得某成數的資金後再去炒作股票。

19.3 貨幣乘數與貨幣創造過程

金融市場的存在除了提供資金供需調節的功能外，金融機構還可以發揮信用擴張的功能。例如根據《金融統計月刊》資料，1997 年我國的貨幣基數包含通貨發行額 684,311 百萬元及準備貨幣 957,447 百萬元，合計約為 1 兆 6,000 億元，但同時期我國的 M_{1B} 卻高達 3,715,252 百萬元，約 3 兆 7,000 億元；意謂著央行每增加 1 元通貨的發行，活存約增加 2 元。為什麼銀行的存款總額會大於央行所發行的通貨總額？這些「多出來」的錢正是貨幣乘數所要探討的主題。

貨幣乘數 (m) 定義為 $\frac{M_1}{M_B}$，亦即央行每增加發行 1 元的貨幣基數導致 M_1 增加的倍數。為什麼貨幣乘數值都會大於 1 呢？例如央行增加 100 元通貨發行存放於臺灣銀行，如果臺灣銀行將錢貸放給張三用於購買水果，而水果商李四又將錢存放回臺灣銀行，則臺灣銀行的負債除了央行通貨發行 100 元之外還包括了李四的 100 元的活期存款，因此 M_1 增加了 200 元，如此循環下去，則商業銀行所創造出來的貨幣將會相當的可觀。

簡單貨幣乘數

為了對貨幣創造過程有基本的了解，我們先討論所謂的簡單貨幣乘數，其基本假設如下：

(1)商業銀行不持有超額準備。

(2)民眾不握有現金，意味著大眾將所有的現金都存入銀行。

(3)商業銀行為獨占銀行。

(4)沒有現金流失。

假設央行規定法定準備率為 $r = 0.2$，則小賴將 100 萬元新臺幣等值的外匯存入臺灣銀行時，臺灣銀行將小賴的部分存款一方面轉存央行作為法定準備金，其大小等於 NT$\$100 \times 0.2 = 20$ 萬，另一方面，假設臺灣銀行將剩餘資金貸放給小林，因此臺灣銀行的資產負債表如下：

臺灣銀行資產負債表

資產	負債
轉存央行之準備金 20 萬	小賴存款 100 萬
對小林債權 80 萬	

如果小林將所貸的款項向阿牛購買旗魚，而阿牛將所得款項繼續存於臺灣銀行，臺灣銀行將阿牛的部分存款一方面轉存央行作為法定準備金 NT$16 萬 $(= 80 \times 0.2)$，另一方面，臺灣銀行將剩餘資金 64 萬貸放給小林繼續向阿牛買旗魚，因此臺灣銀行的資產負債表如下：

臺灣銀行資產負債表

資產	負債
轉存央行之準備金 20 萬 對小林債權 80 萬	小賴存款 100 萬
轉存央行之準備金 16 萬 對小林債權 64 萬	阿牛存款 80 萬

同理，如果阿牛將 64 萬繼續存放於臺灣銀行，則臺灣銀行將繼續放款 $64 \times 0.8 = 51.2$ 萬給小林等等。由於 M_1 為計算 $C^P + D$ 的總合，既然我們假設人民不持有現金 $(C^P = 0)$，則最終整體銀行放款總額（即 M_1）為活存的加總，即 $100 + 100 \times 0.8 + 100 \times 0.8^2 + \cdots = \dfrac{100}{1-0.8} = \dfrac{100}{0.2} = 500$ 萬，因此最初通貨增加 100 萬，最後 M_1 總額增加至 500 萬，恰好為央行所發行通貨的 5 倍，此倍數稱之為簡單貨幣乘數 (money multiplier)，即：

$$M_1 = m \times M_0 \quad （m：貨幣乘數）$$

此時簡單貨幣乘數 $m = \dfrac{1}{法定準備率}$。

範例

三、我國 M_{1A}、M_{1B} 與 M_2 的貨幣乘數

我國自民國 91 年以來，由於央行希望透過貨幣政策刺激景氣復甦，連年調降法定準備率已經低於 5%，若按照簡單貨幣乘數，乘數值應約略為 20 左右，下表為我國 M_{1A}、M_{1B} 與 M_2 的實際貨幣乘數：

▼ 表 19.1　我國 M_{1A}、M_{1B} 與 M_2 的貨幣乘數

年度	91	92	93	94	95	96	97	98	99
M_{1A} 乘數	1.29	1.36	1.45	1.54	1.50	1.55	1.57	1.43	1.65
M_{1B} 乘數	3.57	3.70	3.90	4.20	4.05	4.20	4.11	3.63	4.49
M_2 乘數	13.99	13.63	12.67	13.25	12.65	13.19	13.07	12.18	12.60
年度	100	101	102	103	104	105	106	107	108
M_{1A} 乘數	1.66	1.58	1.66	1.68	1.70	1.74	1.69	1.71	1.72
M_{1B} 乘數	4.42	4.21	4.33	4.32	4.40	4.41	4.33	4.40	4.38
M_2 乘數	11.98	11.56	11.77	11.33	11.62	11.51	11.05	11.27	10.85

資料來源：中央銀行。

從上表可知，實際貨幣乘數值遠遠低於簡單貨幣乘數，其中原因包括人民會持有貨幣、商業銀行會保有超額準備或者現金會有流失等情況，這些情況都會導致實際的乘數變小。

考慮大眾持有現金的貨幣乘數

當然在實務上商業銀行除了必須保有適量的法定準備之外，大眾也會保有部分的現金 (C^P)，因此根據 M_1, M_B 的定義，一般化的貨幣乘數可以表示如下：

$$m=\frac{M_1}{M_B}=\frac{C^P+D}{C^P+R}=\frac{\frac{C^P}{D}+1}{\frac{C^P}{D}+\frac{R}{D}}=\frac{c^p+1}{c^p+r}$$

其中 R 代表商銀轉存央行的準備金，D 表示活期存款，而 c^p 意謂著民眾握有現金占活存的比例。從上式，如果 $c^p=0$，則 $m=\frac{1}{r}$ 稱為簡單貨幣乘數。

從上式不難發現，當民眾握有現金的慾望增加時 ($c^p\uparrow$)，則此部分的貨幣被民眾所窖藏，無法提供給商業銀行從事新的貸款，因此貨幣乘數會變小。另外法定準備率的提高，導致銀行可放款的金額減少，因此所能創造的貨幣變少，貨幣乘數隨之變小。

19.4 中央銀行

中央銀行在世界各國或許有其他的名稱，如美國稱之為聯邦準備體系等，但是唯一不變的是，中央銀行所負責的內容日益廣泛且艱鉅。從早期只負責發行貨幣及管理金融市場，到了凱因斯時代以後卻還要負責達成本國充分就業的目標，到了現在還要維持本國物價及匯價的穩定。因此央行到底有哪些政策工具來達成民眾所交付的任務是一個值得探討的問題。

根據我國民國 68 年中央銀行法之規定，中央銀行改隸行政院，宣示貨幣政策與行政部門相互配合達成總體經濟的目標❸。中央銀行在組織上設有理事會作為決策機構，監事會為監察業務及總裁執行央行的業務。

基本上央行主要的業務與功能包含有：

1. 維持本國貨幣供給餘額的穩定

由於央行職責首要的總體目標就是要維持本國通貨內在價值的穩定，因此央行首要目標就是控制貨幣供給的穩定，因為貨幣供給餘額的變動對本國的物價、利率及匯率有重要的影響，因此央行每天無時無刻均緊盯著貨幣供給餘額的變化。

❸ 進一步探討央行自主性問題可參閱陳昭南等合著之《經濟學》(華泰書局) 或者李榮謙的《貨幣銀行學》(智勝文化)。

2. 作為銀行資金最終供給者 (lender of last resort)

由於央行規定各商業銀行對不同顧客存款有法定準備率的限制，因此商業銀行必須轉存法定準備金至中央銀行，於是央行可以利用這些資金融通商業銀行萬一發生資金短缺時所需。

3. 與財政部合作維持全國金融市場的穩定

由於央行可以訂定重貼現率、存放款的最高利率、準備率及流動比例，因此可以與財政部合作，如金檢等達到監控金融的功能，以維持金融市場穩健的發展。

4. 調節國際收支

由於臺灣所握有的外匯存底於民國 94 年高達 2,200 億美元，因此央行有能力來捍衛新臺幣的匯價。例如，當發生世界性的金融風暴時，央行屢次動用外匯準備守住臺幣對美元匯率不致大幅貶值。當然央行是否有必要干預市場機能進行匯價保衛戰，經濟學家有各種不同的意見，將在國際金融一章加以討論。

範例

四、央行的外匯資產

由於我國不是國際貨幣基金成員，因此萬一有匯兌的危機時都必須「自理」，尤其在金融風暴期間更是風聲鶴唳。有人認為我國在金融風暴期間，受傷較為輕微，原因就是我國央行持有大量的外匯存底，那到底央行持有多少的國外資產呢？如下圖所示：

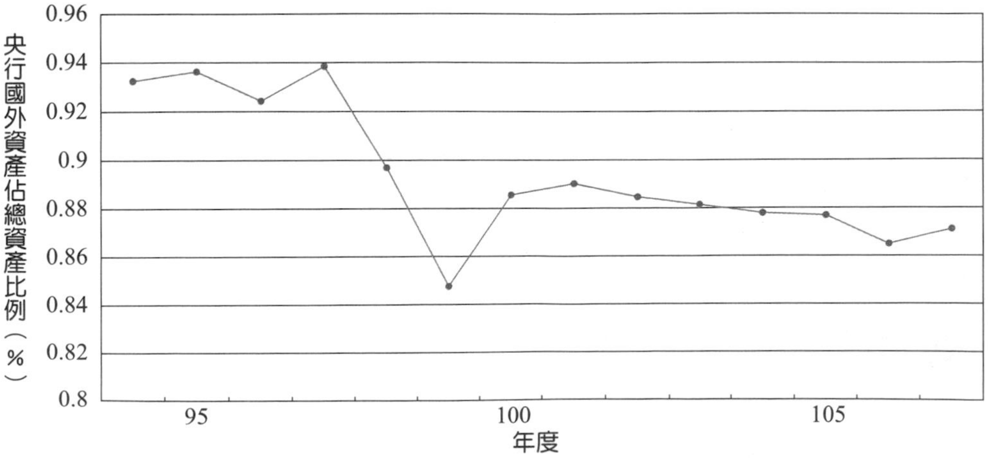

▲ 圖 19.3　央行國外資產占總資產比例

從上圖可知，過去十年央行持有外國資產比例約略在 88% 左右，所以央行一直持有大量外匯，隨時能夠因應不時所需。

而我國央行總資產自民國 94 年的 9,094,570 百萬元到民國 107 年已經累積到 16,480,678 百萬元，屢創下歷史新高，如圖 19.4 所示：

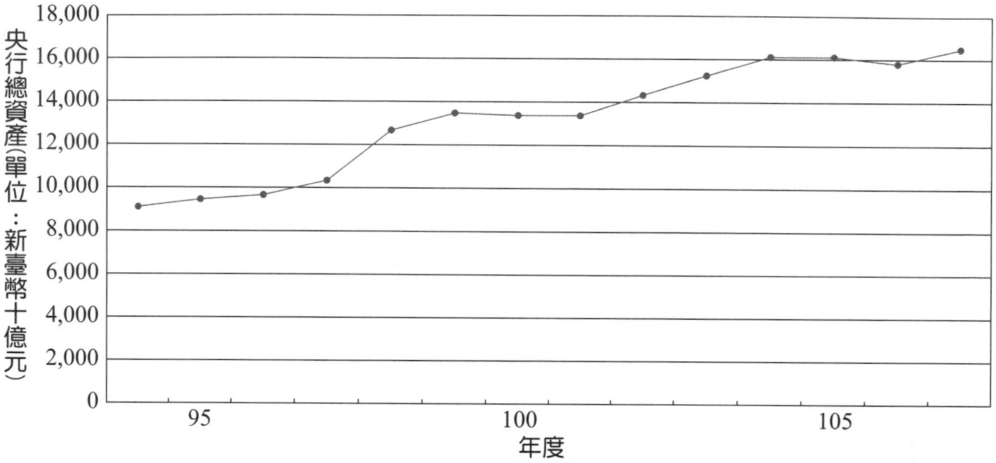

▲ 圖 19.4　央行資產總額時間序列圖

所以央行資產增加過程中，央行所持有的國外資產比例也一直提高，顯示央行有足夠的「子彈」來維持外匯市場穩定。

19.5 央行控制貨幣政策的工具

一、數量的控制

央行除了印鈔票之外，最重要的工作就是控制在外的貨幣流通數量，因為流通數量的多寡，對整個國家的重要經濟變數有很大的影響，而央行控制流通在外貨幣數量的工具主要包含如下：

1. 公開市場操作 (open market operations)

指中央銀行在公開市場（指金融市場）上藉由有價證券（如公債）的買賣來影響本國的貨幣供給餘額謂之。央行在公開市場上例如買賣公債為何跟本國經濟體系的貨幣供給餘額有關呢？我們可以從中央銀行資產負債表得知，貨幣基數 (M_B)：

$$M_B = \text{外匯存底} + \text{政府公債}$$
$$= \text{大眾握有現金} + \text{準備金}$$

因此當央行出售政府公債時，代表央行所握有公債數量減少，因此可供央行發行通貨的準備減少，意謂著貨幣基數變小，表示本國的貨幣供給餘額減少。其實央行出售政府公債給人民時，一方面將政府公債移轉給人民，另外一方面將「鈔票」收回保險庫，導致流通在外的強力貨幣數量變少，當然貨幣供給餘額亦隨之減少。

公開市場操作最重要的應用就是所謂的「沖銷」，在民國 70 年代，臺灣有大量的貿易順差，表示我國因外匯存底大量的累積，導致本國貨幣供給餘額大幅的攀升，對當時物價的穩定有相當不利的影響。為了緩和物價波動的壓力，央行於是進場進行干預，大量拋售政府公債、國庫券及可轉讓定期存單回收新臺幣，降低因順差對貨幣供給額的影響，謂之「沖銷」。

為什麼實施沖銷可以讓貨幣供給餘額不變呢？假設今年外匯存底增加 10 億臺幣，如果央行不採取沖銷，則本國貨幣基數增加 10 億，如果央行同時出售 10 億的公債，則：

$$M_B = \underset{\uparrow \text{增加 10 億}}{\text{外匯存底}} + \underset{\downarrow \text{減少 10 億}}{\text{政府公債}}$$

貨幣基數不變，可以達到穩定貨幣基數的目標。

2. 重貼現率 (rediscount rate)

即使是商業銀行，在短期間也可能發生資金不足的窘境，此時商業銀行可以向中央銀行要求融通，此時借款的利率稱之為「重貼現率」。如果商業銀行向央行借 100 元出來，代表著流通在外的強力貨幣增加，因此貨幣供給餘額增加。

一般而言，央行調降重貼現率重點在宣示央行放鬆銀根的政策，但是調整重貼現率的效果卻相當的有限。如果商業銀行向中央銀行借「太多的錢」必然招致央行「關愛」的眼神。另外如果商業銀行有多餘的超額準備，則央行調降存款準備率必然無法吸引商業銀行前去貸款，使得寬鬆貨幣政策無法實現。更「有趣」的是第一次民選總統時，一些缺頭寸的銀行預期央行還會調降重貼現率，因此延緩向央行貸款，更使得央行政策美意無法落實。

3. 存款準備率 (required reserve ratio of deposits)

央行最經常利用調整存款準備率來控制本國貨幣供給餘額，當央行調高存款準備率時，透過簡單貨幣乘數可知將導致貨幣供給餘額減少，反之調降存款準備率意謂著央行實施寬鬆的貨幣政策。

就理論上而言，調整存款準備率是央行最方便的方法，但是央行變動存款準備率到貨幣供給餘額變動所需的時間可能很長，當然到政策目標實現所需的時間更久，這之間會產生時間落差 (time lag) 的問題，例如，民國 87 年發生世界性金融風暴之後，臺灣股市由 7,400 點狂瀉至 5,400 點，央行其間調降多次的存款準備率及重貼現率，但是股市還是向下探底。可是經過將近一年的落差，股市又重回 8,000 點，顯見央行貨幣政策效果會產生相當嚴重的時間落差。

4. 郵政儲金

由於郵局不得從事放款業務，按照規定必須轉存至其他銀行或中央銀行，若存款轉存至中央銀行，則變相貨幣被緊縮，貨幣基數減少。

二、質的控制

以上四種方法我們稱之為數量的控制，除了管制貨幣供給餘額數量之外，央行還可以進行質的控制，意味著在總量不變的情形下，來影響資金的流向，其方法包括：

1. 選擇性信用管制 (selected credit control)

所謂選擇性信用管制指的是控制資金的流向，但是也有可能會影響到貨幣總量。常見的選擇性信用管制例子如股票市場的融資與融券的成數，當股票價格下跌時，會調降融資成數鼓勵人民購買股票（亦即可以貸款更多）。又或者消費者信用管制，對消費者購買的耐久財的貸款（如房屋貸款、汽車貸款）條件給予限制，在景氣低迷時，提高可貸款成數。

2. 間接管制

央行藉由道義的規勸又稱之為開口政策 (open mouth policy) 或者下巴骨政策 (jaw control)，主要透過公開宣導央行政策達到控制資金流向的目的。

3. 直接管制

(1)信用分配 (credit rationing)：對商銀信用創造給予適當分配與限制，如央行為了避免人民信用過度擴張，進而對商業銀行發行現金卡給予管制。

(2)流動比率 (liquidity ratio)：央行為了管制商銀創造信用的能力，除了法定準備率的規定之外，對商銀的資產要求維持某種程度的流動性，以避免商業銀行進行太多的放款。

(3)規則 Q (rule of Q)：亦即央行對商業銀行的活存及定存分別規定有最高存款利率的限制。

重要名詞

- ◆ 貨幣市場 (money market)
- ◆ 國庫券 (treasury bill)
- ◆ 商業本票 (commercial paper)
- ◆ 承兌匯票 (banker's acceptance)
- ◆ 可轉讓定期存單 (negotiate certificates of deposits)
- ◆ 資本市場 (capital market)
- ◆ 特別股 (preferred stocks)
- ◆ 普通股 (common stocks)
- ◆ 政府公債 (government bonds)
- ◆ 公司債 (corporate bonds)
- ◆ 貨幣創造過程
- ◆ 貨幣乘數 (money multiplier)
- ◆ 公開市場操作 (open market operations)
- ◆ 重貼現率 (rediscount rate)
- ◆ 存款準備率 (required reserve ratio of deposits)
- ◆ 時間落差 (time lag)
- ◆ 選擇性信用管制 (selected credit control)
- ◆ 開口政策 (open mouth policy)
- ◆ 下巴骨政策 (jaw control)
- ◆ 信用分配 (credit rationing)
- ◆ 流動比率 (liquidity ratio)
- ◆ 規則 Q(rule of Q)

摘要

★ 1. 金融機構的資金融通似乎更優於金融市場的資金融通，由於金融機構的存放款對象很多，因此可以利用風險分攤來降低風險，所以可以用較高的利息來鼓勵存款，同時以較低的利息借給資金的需求者，提高儲蓄與投資雙方的借貸意願。

★ 2. 貨幣市場主要包含一年以內到期短期的有價證券的買賣，因此在貨幣市場交易的金融商品一般都具有變現性高的特性，貨幣市場主要的工具包括：(1)國庫券，(2)商業本票，(3)承兌匯票，(4)可轉讓定期存單。

★ 3. 資本市場指買賣有價證券的期限一年以上者，資本市場的工具包括：(1)股票，(2)政府公債，(3)公司債。

★ 4.貨幣乘數 (m) 定義為 $\frac{M_1}{M_B}$，亦即央行每增加發行一元的貨幣基數導致 M_1 增加的倍數，簡單貨幣乘數 $m = \frac{1}{法定準備率}$。

★ 5.當民眾握有現金的慾望增加時，則此部分的貨幣被民眾所窖藏，無法提供給商業銀行從事新的貸款，因此貨幣乘數會變小。另外法定準備率的提高，導致銀行可放款的金額減少，因此所能創造的貨幣變少，貨幣乘數隨之變小。

★ 6.央行主要的業務與功能包含有：(1)維持本國貨幣供給餘額的穩定，(2)作為銀行資金最終供給者，(3)與財政部合作維持全國金融市場的穩定，(4)調節國際收支。

★ 7.央行控制流通在外貨幣數量的工具主要包含：(1)公開市場操作，(2)重貼現率，(3)存款準備率，(4)郵政儲金。

★ 8.「沖銷」是指央行為了緩和物價波動的壓力，於是進場進行干預，大量拋售政府公債、國庫券及可轉讓定期存單回收新臺幣，降低因順差對貨幣供給額的影響。

★ 9.央行對貨幣質的控制意味著在總量不變的情形下，來影響資金的流向，其方法包括：(1)選擇性信用管制，(2)間接管制，(3)直接管制。

習題

1.試討論金融體系存在的必要性。

2.何謂金融機構？何謂金融市場？

3.何謂貨幣市場？包含哪些項目？

4.何謂資本市場？包含哪些項目？

5.貨幣市場主要的工具有哪些？

6.資本市場主要的工具有哪些？

7.何謂貨幣乘數？簡單的貨幣乘數為何？

8.中央銀行主要的業務及功能有哪些？

9.央行控制貨幣供給餘額的工具有哪些？

10.假設人們持有現金占活存比例為 0.8，如果央行規定銀行存款準備率為 0.2，則貨幣乘數為何？

11.為了緊縮貨幣供給，央行應採哪些措施？

(1)公開市場賣出公債。

(2)調降法定準備率。

(3)賣出乙種公債。

(4)發行可轉讓定存單。

第20章

利率與政策有效性

簡單凱因斯模型雖然開啟總體經濟學的大門，讓世人了解到有效需求的重要性，而且在初期也得到某種程度的成功，但是隨著經濟的演進，財政政策有效性日益受到許多經濟學者的質疑，其中最重要的原因之一就是簡單凱因斯模型認為企業家所做的投資決策完全是一個不理性的行為，因此簡化投資為一固定的外生變數。這一過度簡化假設有兩個主要缺點：⑴政府支出擴張對私人投資影響無從討論，使得財政政策的效果有可能被過度誇張。⑵影響一國景氣波動的主因在於投資波動，如果我們將投資簡化為常數，將使凱因斯的模型無法去解釋甚至預測未來景氣的走勢。至此挖掘決定投資的因素就變得非常重要，因此本章主要探討決定投資的因素，並結合利率決定論以探討財政政策與貨幣政策的有效性。

20.1 投資決定論

或許凱因斯認為投資是不理性的行為，但是多數經濟學家同意絕大部分企業家的投資行為完全決定於追求利潤極大的動機，既然我們假定廠商在追求利潤極大，則當廠商在面臨各種不同的投資計畫時，廠商應該如何投資呢？此時有各種不同學派的看法，本節擬簡介凱因斯學派的投資準則。

一、淨效益現值準則 (present value of net benefit)

當我們考慮有多期決策時，就會有現值的觀念，例如今年將 100 萬存入銀行，定存利率（折現率）為 5%，則第二年可以領回本利和 105 萬，因此以今天的價值來看，明年的 105 萬等同於今年的 100 萬，所以明年 105 萬的「現值」為 100 萬。所以 n 年後有一筆金額 F，在折現率為 r 之下，其現值為：$PV = \frac{F}{(1+r)^n}$。

令 r 代表折現率，R_t 表示廠商投資計畫在第 t 期的預期收益，而 C_t 表示廠商在第 t 期必須支付的成本，則此投資計畫的淨現值為：

$$NPV = \sum_{t=1}^{N} \frac{R_t}{(1+r)^t} - \sum_{t=1}^{N} \frac{C_t}{(1+r)^t}$$

當 $NPV > 0$ 時，表示此投資計畫預期可以獲利，因此值得採行。

透過淨現值法則，利率變動如何影響投資機會呢？假設某計畫只須期初投資 100 元（如果沒有其他成本也沒有殘值），而第二期可以回收 120 元，則廠商是否應該投資呢？如下表所示：

▼ 表 20.1　利率與淨現值

利率	淨現值
5%	14.26
10%	9.09
20%	0
30%	−7.69

我們發現當利率越高時，淨現值就越低，表示廠商的投資機會越少，因此廠商投資會與利率呈現反向變動。

二、內部報酬率準則 (internal rate of return, *IRR*)

假設小林期初投資金額 P_I 從事甜甜圈的販賣（沒有殘值），預期以後每一期分別可以獲得 R_t 的淨收益，則投資甜甜圈的報酬率（即內部報酬率 r^*）必須滿足

$$P_I = \sum_{t=1}^{\infty} \frac{R_t}{(1+r^*)^t}$$

透過內部報酬率的觀念，則利率變動如何影響廠商的投資機會呢？當我們計算出某計畫的內部報酬率低於市場利率，顯然此時廠商還不如將錢存在銀行來得划算，所以市場利率提高將使廠商投資意願降低。

三、q 比例 (q-ratio)

Tobin 首先提出 q 比例來預測廠商投資意願，所謂 q 比例為公司市場價值與重置成本的比例，而 Tobin 更進一步認為公司的股票市值最能反映這家公司的未來現值（即市價），因此令 P_e 表示股票的價格，而 Q_e 表示某公司發行的股票數量，若一張股票代表著一臺機器，則 q 比例將為：

$$q = \frac{P_e Q_e}{P_I Q_e}$$

其中 P_I 為每股的面額，因此 $P_I Q_e$ 表示廠商的重置成本。當市場價格 (P_e) 大於廠商的重置成本 ($P_I Q_e$) 時，即 $q > 1$，則廠商願意增加投資，反之如果廠商重置成本大於市場價格，則廠商投資意願將會降低。

當然一家公司的市值跟許多因素有關，一般而言一家公司的市值等於這家公司未來股息的折現值，如果市場利率越低，代表著這家公司的現值越高，因此當利率下跌時也會透過 q 比例來促進廠商投資意願提高。

範例

一、q 比例與投資意願

當臺灣面臨金融風暴洗禮之後，許多體質不良公司紛紛爆發財務危機，導致投資者投資信心遭受打擊，全體股票價格也跟著下跌，連帶使許多好公司股

價跌破 10 元面額，甚至只有 2、3 元（俗稱雞蛋水餃股），也就是 q 比例小於 1。

而 q 比例小於 1 對臺灣經濟影響如何呢？首先人民的財富水準大幅縮水，影響國內消費水準，導致百業蕭條。另外 q 比例小於 1 導致廠商在集資時發生困難，因為每一張股票面額 10 元，可是市場價格只有 3 元，那投資者只願意到市場買也不願意認股，種種不利現象慢慢導致臺灣景氣進入物價緊縮的現象。

綜合以上說明，廠商投資需求將會與市場利率呈現反向變動，也就是市場利率越高時，廠商的投資需求越少，如下圖所示：

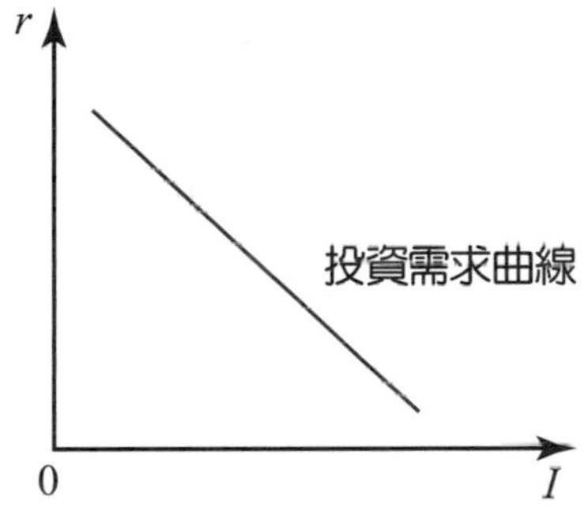

▲ 圖 20.1　投資需求曲線

如果投資需求與利率有關，除非事先知道均衡利率的水準，否則我們將無法透過簡單凱因斯模型求得均衡的所得水準，而為了了解均衡所得決定的因素，我們必須同時考量決定利率的因素，因此本章將結合流動性偏好理論與 45° 線模型來共同探討影響財政政策與貨幣政策有效性的因素為何。

範例

二、加速原理

投資需求真的與利率成反向變動嗎？如圖 20.2 所示。表面上投資需求與利率似乎呈反向變動，也就是長期利率下跌，而投資支出也隨著增加，但這背後也可能隱含共積分 (co-integration) 的關係，這部分留待讀者更進一步研究。但是我們須特別注意在金融風暴之後，臺灣利率下跌，但是投資支出並沒有增加，為什麼會這樣呢？顯然我們需要其他理論來加以說明，這首推克拉克 (Clarke) 的加速原理 (acceleration)。

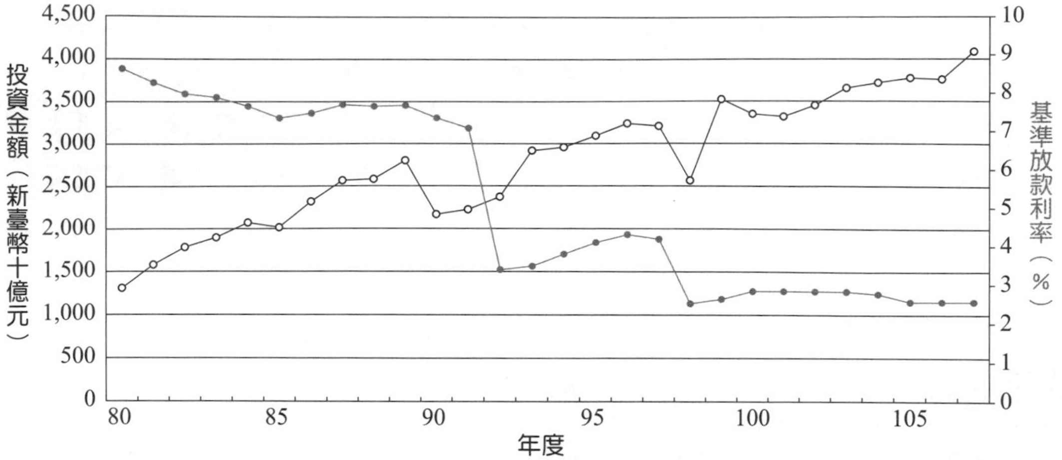

▲ 圖 20.2　利率與投資需求

加速原理認為投資是一種引申需求 (derived demand) 而非最終需求，財貨與勞務才是最終需求，因此產品市場需求的變動對投資需求會產生重要的影響。克拉克作了以下的假設：

(1)資本產出比為常數，即 $\frac{K_t}{Y_t}=\beta$ 為常數。

(2)機器設備充分利用。

根據資本產出比為常數的假設，因此 $K_t=\beta Y_t, K_{t-1}=\beta Y_{t-1}$，所以投資 $I_t=K_t-K_{t-1}=\beta(Y_t-Y_{t-1})=\beta\Delta Y_t$，隱含除非所得增加速度越來越快，投資才會增加。

因此加速原理認為只有廠商預期未來景氣越來越好時，廠商投資需求才會增加，與利率並沒有直接關係。當在金融風暴時，利率雖然下跌，可是廠商對未來充滿著悲觀，因此投資需求反而會減少。所以影響投資意願的因素非常多，除了利率之外，還包括廠商對未來景氣預期、國內公共設施是否完善等。

20.2 財政政策有效性

基本觀念

根據以上的分析可知，投資會受到利率的影響，因此在簡單凱因斯模型中除非事先知道利率的水準，否則只透過簡單凱因斯模型我們依然無法決定均衡的國民所得，因為一條方程式最多只能解一個變數（即所得 Y），因此我們有必要尋找決定利率的因素，亦即我們最少需要兩條方程式才能夠解兩個變數。

這個難題並沒有難倒席克斯 (Hicks)，他認為由於貨幣需求不只受到利率的影響，也跟所得有關，因此透過流動性偏好理論，要決定均衡利率水準必須先知道均衡的國民所得，但是如果要先求得均衡的國民所得（即透過商品市場均衡條件 $Y=AE=C+I(r)+G+X-M$），又必須先知道均衡的利率水準，這似乎陷入套套邏輯之中。但是席克斯利用聯立方程式的概念，既然我們要同時決定均衡的利率及所得水準，那麼就必須有兩條方程式，因此只要將 $Y=AE$ 與 $M^s=M^d$ 聯立解，自然可以求得均衡的所得與利率，因為兩條方程式恰好可以求解兩個變數。

範例

三、均衡所得與利率的計算

為了說明以上的觀點，我們舉一個計算範例來加以解釋，假設某國經濟體系可以用以下數學方程式表示：

$$C=50+0.8Y_d$$

$$T=50$$

$$I=470-300r$$

$$G=20$$

$$\frac{M^s}{P}=100\text{，假設 }P=1$$

$$m^d=0.3Y-200r$$

試求均衡的所得與利率為何？

解：

若依照傳統簡單凱因斯模型，則透過 $Y = AE$ 可以單獨決定均衡所得，但是由於本模型中，假設投資需求會受到利率影響，因此即使透過 $Y = AE$ 也無法決定均衡所得水準，如下所述：

$Y = AE = C + I + G = 50 + 0.8(Y - 50) + 470 - 300r + 20$

也就是說我們可以簡化 $Y = AE$ 方程式為 $0.2Y + 300r = 500$（此又稱為 IS 曲線，即指滿足商品市場均衡的 (r, Y) 的組合）。但是我們無法透過 $0.2Y + 300r = 500$ 單獨決定均衡所得，因為我們無法事先知道利率水準。所以席克斯認為必須有兩條方程式才可以同時解兩個變數，因此席克斯引進貨幣市場均衡的條件（即貨幣供給等於貨幣需求）如下所述：

$M^s = 100 = m^d = 0.3Y - 200r$

簡化得 $0.3Y - 200r = 100$（此又稱為 LM 曲線，即指滿足貨幣市場均衡的 (r, Y) 的組合）。此時我們有兩條方程式，即 IS 與 LM 曲線，聯立求解就可以求得均衡所得與利率分別為 $r^* = 1, Y = 1{,}000$。我們可以將以上數學方程式以圖形表示如下（此即席克斯所稱的 IS–LM 模型）：

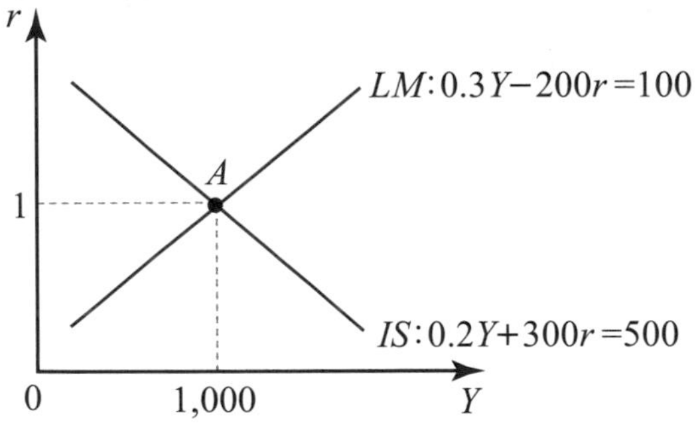

▲ 圖 20.3 *IS*–*LM* 模型

圖 20.3 中 IS 曲線表示商品市場均衡條件（即 $Y = AE$），顯然 IS 曲線同時受到利率與所得的影響並且為負斜率，如果不知道利率水準，則無從透過 $Y = AE$ 求得均衡的所得水準。因此我們引入貨幣市場均衡條件 $(M^s = M^d)$，此即 LM 曲線，根據凱因斯流動性偏好理論，LM 曲線同時會受到所得與利率的影響。因此解聯立即可求取 IS 與 LM 曲線交點，可以得到均衡所得與利率。

利率變動對財政政策的影響

簡單凱因斯模型認為只要政府支出增加，透過存貨調整機能，將使本國所得增加，其實背後有一個很重要的假設在支撐，那就是凱因斯假設投資為常數，亦即投資不受到利率的影響。但是按照流動性偏好理論，所得增加同時，也會導致人民對貨幣需求增加，此時將引起利率上漲，但是當利率上漲之後對私人投資有不利影響，當投資需求減少時，將引起本國支出下降，導致本國均衡所得減少，這種情形學者稱之為「擠出效果」(crowding out effect)，如果發生擠出效果，將對提高所得有反效果。

為了說明以上的觀點，我們同時考慮簡單凱因斯模型與流動性偏好理論來說明均衡所得是如何被決定的，如下圖所示：

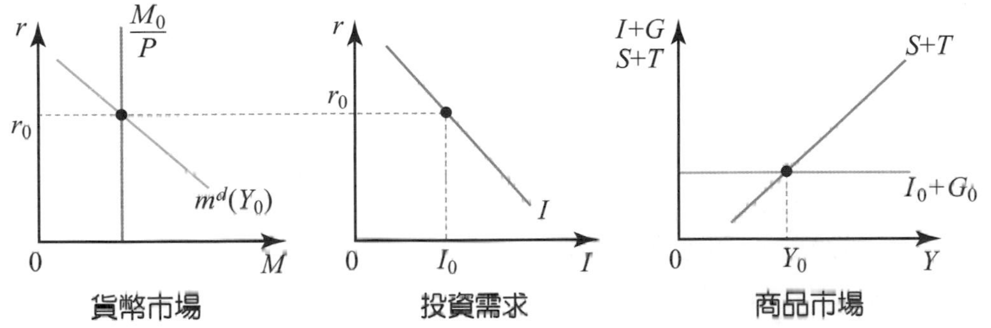

▲ 圖 20.4　考慮貨幣市場所得決定論

在貨幣市場中我們假設貨幣供給餘額由央行控制，因此在物價水準不變下實質貨幣供給 $\dfrac{M_0}{P}$ 為一垂直線，此時與實質貨幣需求 $m^d(Y_0)$ 共同決定均衡的利率水準 r_0。再透過投資需求曲線得知一國投資需求為 I_0，因此若 I_0+G_0 與 $S+T$ 共同決定均衡所得恰好為 Y_0，亦即能夠支撐貨幣需求 $m^d(Y_0)$，則此時體系達成均衡。

現在如果政府支出由 G_0 增加為 G_1，則 I_0+G_0 曲線將上移至 I_0+G_1，如下圖所示，一開始均衡所得將由 Y_0 增加為 Y_1，此效果與簡單凱因斯模型乘數效果相同。

但是故事還沒有結束，當所得增加為 Y_1 之後，將會使貨幣需求由 $m^d(Y_0)$ 增加至 $m^d(Y_1)$，此時將使利率提高至 r_1，利率上漲將使得投資需求由 I_0 減少為 I_1，因此將使 I_0+G_1 下移至 I_1+G_1，所得將會由 Y_1 減少為 Y_2。

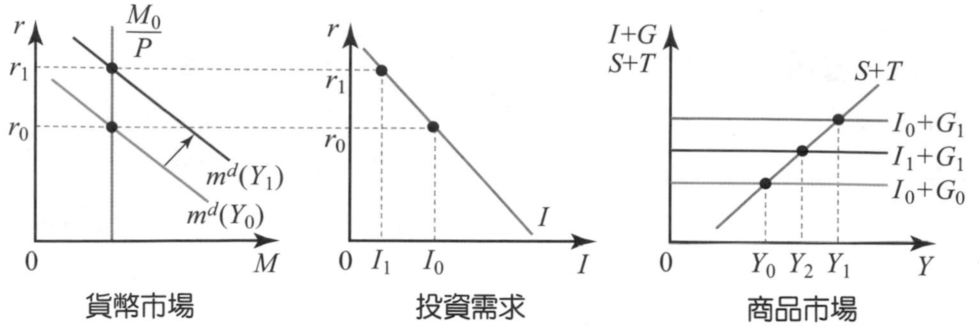

▲ 圖 20.5　排擠效果

雖然 Y_2 並非最後均衡的所得水準（理論上還是會持續調整下去），但是從以上分析可知政府支出增加會產生兩個效果，一為簡單凱因斯模型的乘數效果，即在投資不變之下，所得由 Y_0 增加至 Y_1 的效果，但是同時因利率上漲也會引起投資減少的擠出效果，此擠出效果將使所得減少，也就是說擠出效果會抵消乘數效果。所以財政政策效果大小將與擠出效果有密切的關係，擠出效果越大，財政政策效果也就越小。

範例

四、擠出效果計算實例

透過圖 20.5 去分析財政政策變動的效果實在太複雜，但是如果透過 *IS–LM* 模型（即圖 20.6）去分析財政政策效果則簡單許多。當政府支出增加時，表示在利率不變之下，全國支出增加，因此 *IS* 曲線將會往右移動，如下圖所示：

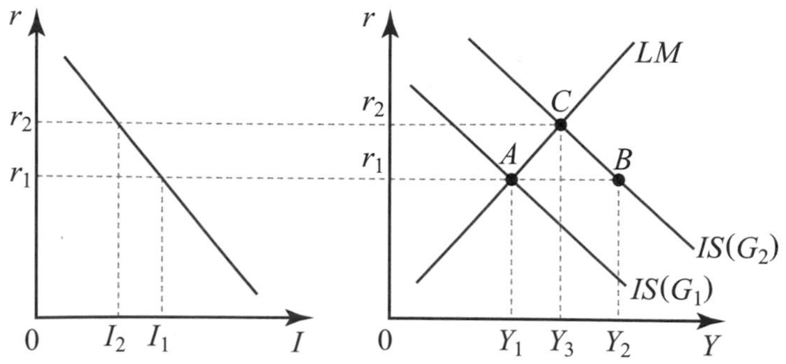

▲ 圖 20.6　財政政策效果

當政府支出由 G_1 增加至 G_2 時，IS 曲線將由 $IS(G_1)$ 右移至 $IS(G_2)$，在利率不變的情況下均衡點將由 A 增加至 B，此即簡單凱因斯模型下的簡單乘數效果。但是 B 點無法滿足貨幣市場均衡，當政府支出增加的過程中，會引起利率由 r_1 上漲至 r_2，此時投資需求將由 I_1 降至 I_2，導致所得由 Y_2 下降至 Y_3，此過程稱之為擠出效果。

為了確切說明以上的擠出效果，根據範例三，假設政府支出由 20 增加至 150，則均衡利率將由 1 上漲至 1.3，因此投資需求將由 $I_1 = 470 - 300 \times 1 = 170$ 減少至 $I_2 = 470 - 300 \times 1.3 = 80$，此即為擠出效果。

財政政策有效的情況

那在什麼情形下，擠出效果最小呢？凱因斯早就提出投資陷阱與流動性陷阱來說明財政政策的有效性：

一、投資陷阱

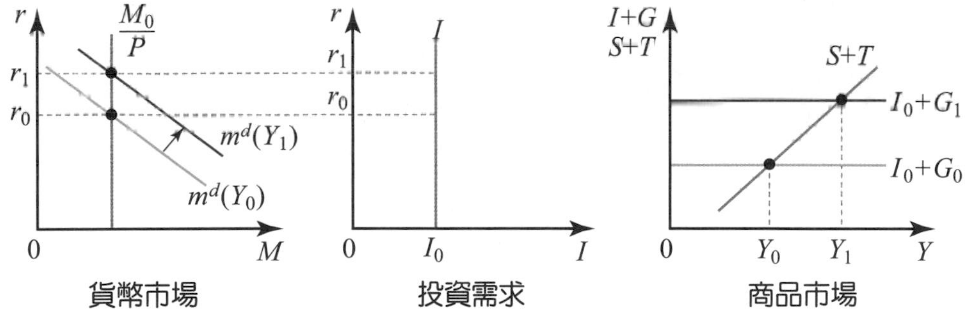

▲ 圖 20.7　投資陷阱下的財政政策

投資陷阱表示在極端不景氣的情況下，廠商極端的悲觀，此時廠商的投資需求完全不受到利率的影響，因此圖 20.7 的投資需求曲線將變為垂直線。所以當政府支出由 G_0 增加為 G_1，則 $I_0 + G_0$ 曲線將上移至 $I_0 + G_1$，所得也增加至 Y_1，因此貨幣需求也會增加至 $m^d(Y_1)$，利率也上漲至 r_1，但是因為投資不受利率影響，因此並不會發生擠出效果，最終均衡所得將位於 Y_1 水準，此時財政政策效果達到最大。

二、流動性陷阱

除了投資陷阱之外，凱因斯還提出所謂流動性陷阱 (liquidity trap) 觀念來說明財政政策的有效性，流動性陷阱指在極端不景氣之下，利率處於非常低的水準，因此公債價格必然處於高點，為了獲取資本利得，人民將會窖藏 (hoarding) 政府所發行的任何貨幣，也就是貨幣需求為一水平線。如下圖所示：

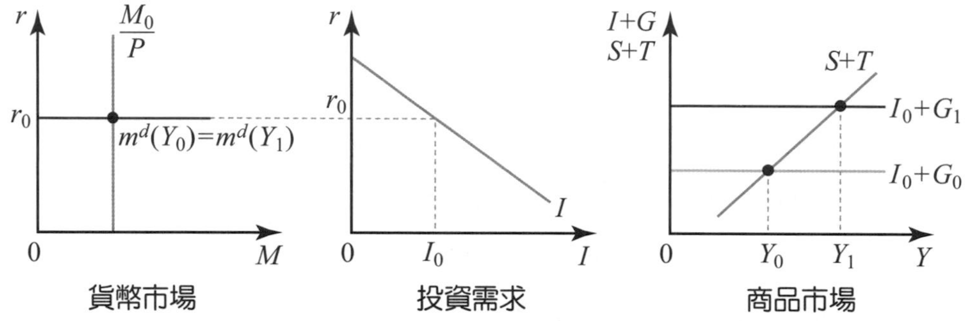

▲ 圖 20.8　流動性陷阱下的財政政策

因此當政府支出由 G_0 增加為 G_1，則 I_0+G_0 曲線將上移至 I_0+G_1，所得也增加至 Y_1，但是因為貨幣需求為水平線，所得增加並不會影響利率水準 r_0，導致投資需求不受利率影響，因此並不會發生擠出效果，最終均衡所得還是位於 Y_1 水準，此時財政政策效果依然最大。

範例

五、擠出效果還是擠入效果 (crowding in effect)？

當金融風暴發生之後，亞洲各國普遍有陷入流動性陷阱的危機，因此當時各國政府紛紛提出財政政策以之因應，例如我國曾經提出 3,000 億的景氣振興方案，日本也提出減稅 6 兆日圓的計畫，為什麼呢？

其實在金融風暴之後，各國景氣普遍都處於低檔，因此非常接近流動性陷阱，所以若政府採用擴張性的財政政策無須煩惱發生擠出效果，反之若政府從事重大公共建設，例如廣建水庫、電廠、基礎公共建設，也會吸引廠商增加投資，這就是所謂的擠入效果。其實我們發現若政府在景氣衰退時勇於從事重大公共建設，不僅可以發揮火車頭的角色，執行的成本也會大幅減輕，像等到

2005年，油價大幅上漲時帶動原料價格大幅飆高再想擴大基礎建設，已經有為時已晚的感覺。

Barro 等價定理

雖然凱因斯學派信誓旦旦認為財政政策有效，但是也有些學者提出反向的觀點，我們將介紹 Barro 等價定理 (Barro equivalence theorem) 觀點。凱因斯認為只要政府支出增加就代表著總合支出增加，但是 Barro 卻認為當政府支出增加 100 億時必須同時考慮財源為何？若政府採用增稅 100 億，則人民可支配所得將因此減少 100 億，因此人民將同時減少消費 100 億。但是若政府以公債融通，人民馬上想到未來會增稅，例如陳水扁說十年後每一個人都必須繳交 200 萬的稅，則人民必須現在減少消費增加儲蓄，所謂等價就是人民增加儲蓄的現值將會等於政府支出增加金額的現值。所以綜合以上兩種融通方式，我們可以將 Barro 等價定理陳述如下：當政府支出增加時，人民消費支出必減少等量的金額，且人民消費減少的金額與政府以租稅或者公債融通方式無關。

因此如果 Barro 等價定理成立，政府支出增加 100 億，人民消費也減少 100 億，則全國支出並沒有增加，因此廠商並無新增的訂單，所以無法透過存貨調整機能達到刺激國民所得提高的目的。當然凱因斯學派對 Barro 等價定理也提出反對的質疑，其中最重要一個原因就是政府以公債融通時，人民不會理性到增加等額的儲蓄，尤其對即將面見「上帝」的人，無須負擔到未來的租稅，因此可能就不會增加儲蓄，導致 Barro 等價定理不成立。

範例

六、財政政策無效的其他理由

主張財政政策無效的經濟學者為數不少，當然 Barro 等價定理屬於其中最重要的主張之一，另外認為財政政策無效理論中，早期以完全擠出效果最著名。古典學派認為，當政府支出增加同時將引起利率上漲，使得投資需求減少的金額與政府支出增加金額相同，因此總合支出水準並沒有變動，所以國民所得並不會改變。如下表所示：

▼ 表 20.2 凱因斯、Barro 與古典學派對財政政策看法的比較

	AE =	C +	I	+ G	有效性
凱因斯學派	100			100	有效
Barro 等價定理	0	−100		+100	無效
古典學派	0		−100	+100	無效

按照 Barro 等價定理觀點，那麼馬政府所實施的消費券政策應該無效。原因在於當人民一收到消費券 3,600 元時，馬上想到未來要增稅 3,600 元，因此一個理性的大眾將同時增加儲蓄 3,600 元。這意味著人民可支配所得並沒有增加，所以不會增加消費，廠商訂單也就不會增加，所得也就不會提高了。

20.3 貨幣政策有效性

政府面臨經濟不景氣時，最主要有兩種對策，一為擴張性的財政政策，另外就是央行的貨幣政策，也就是透過增加貨幣供給來刺激景氣的復甦。但是為什麼印鈔票景氣就可以復甦？顯然比擴張性財政政策更加「神奇」！

為了說明貨幣供給變動對經濟體系可能造成的影響，我們首先介紹凱因斯學派的「貨幣傳導機能 (transmission mechanism of money supply)」，假設央行調降存款準備率，意味著本國的貨幣供給餘額增加，因此將誘使本國利率下跌，刺激本國投資需求增加，進而帶動本國的總合需求增加，透過存貨調整機能誘發本國所得的提高，即 $M^s\uparrow \Rightarrow r\downarrow \Rightarrow I\uparrow \Rightarrow AE\uparrow \Rightarrow Y\uparrow$。如圖 20.9 所示。

假設中央銀行調降存款準備率使得本國實質貨幣供給增加至 $\frac{M_1}{P}$，因此本國均衡利率水準將降至 r_1，而利率下跌將誘使本國投資水準增加至 I_1，因此 I_0+G_0 將上

移至 $I_1 + G_0$，透過存貨調整機能本國均衡國民所得將增加至 Y_1。

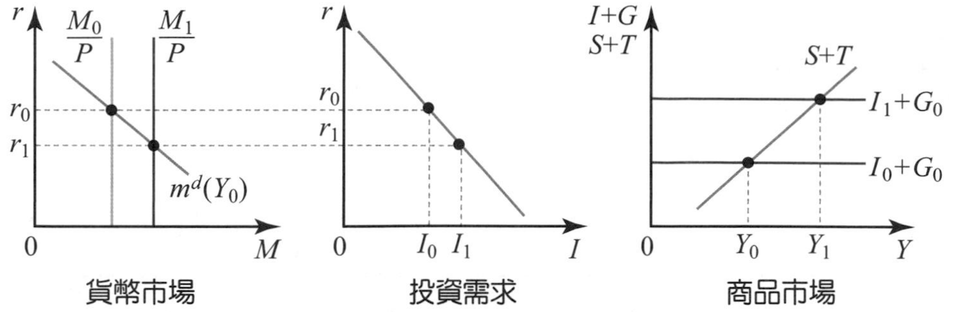

▲ 圖 20.9　貨幣傳導機能

範例

七、貨幣政策效果的 IS–LM 分析

透過圖 20.9 分析貨幣政策的最終效果將是一件十分艱鉅的工作，因此我們利用 *IS–LM* 模型來簡化我們的分析，如下圖所示：

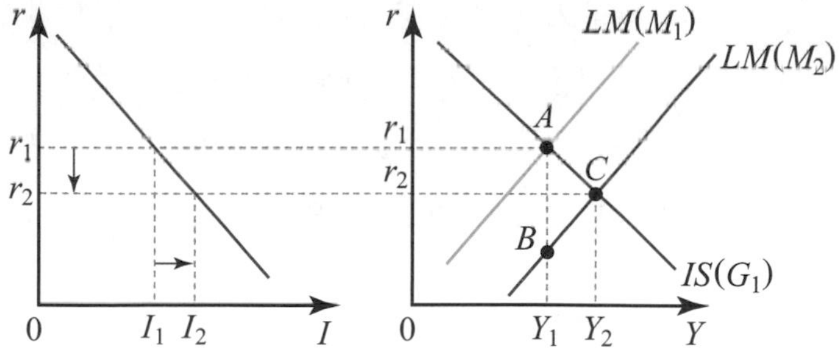

▲ 圖 20.10　*IS–LM* 模型下的貨幣政策效果

當貨幣供給由 M_1 增加至 M_2 時，*LM* 曲線將由 $LM(M_1)$ 往右移動至 $LM(M_2)$，均衡也由 *A* 點往 *C* 點移動，此時市場均衡利率由 r_1 下跌至 r_2，導致投資需求由 I_1 增加至 I_2，因此國民所得也由 Y_1 增加至 Y_2，所以央行採取擴張性的貨幣政策將同時降低利率及提高所得。

雖然 Y_1 不是最後均衡的所得水準，但是我們可以了解到貨幣政策之所以有效，完全依靠兩個傳導作用，一為貨幣供給增加利率會應聲而跌，二為利率下跌之後，廠商投資需求會增加，可是凱因斯卻指出在投資陷阱與流動性陷阱存在的情形下，貨幣政策是無效的。如下圖所示：

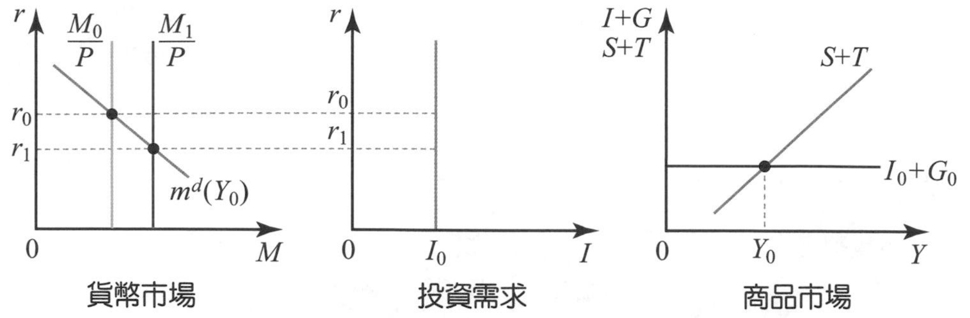

▲ 圖 20.11　在投資陷阱下貨幣政策無效

在投資陷阱下，雖然央行採用擴張性貨幣政策可以刺激利率下跌，但因為廠商過度悲觀，投資需求並沒有增加，因此存貨調整機能無法發揮作用，貨幣政策無效。

凱因斯另外認為在流動性陷阱下，貨幣政策也是無效的，因為當利率下跌到某一個「臨界」點時，本國所有的民眾都認為利率不可能再低了（想像利率快跌到 0 的時候），如果利率為 0 是大眾認為最低的利率水準，那麼意味著兩件事情，一是目前的公債價格最高，二是未來的利率將上漲。如果此時央行增加貨幣供給，人民將會持有所有增加的貨幣以待未來公債價格下跌時再買進公債賺取資本利得。因此央行所增加發行的貨幣不是被民眾儲蓄而是被窖藏，如果民眾不儲蓄（例如轉存定存），則商業銀行無從發揮增加信用供給的功能，因此利率就無法下跌。如下圖所示：

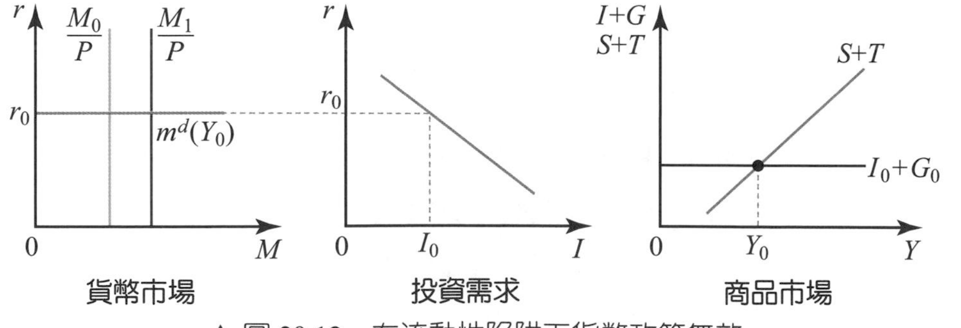

▲ 圖 20.12　在流動性陷阱下貨幣政策無效

由於存在流動性陷阱，因此貨幣需求為一水平線，所以當貨幣供給增加時，利率並沒有下跌，廠商投資需求不會增加，所以貨幣政策無效。

範例

八、金融風暴時為什麼不用貨幣政策？

自從金融風暴以來，世界各國在對抗不景氣時均採用擴張性財政政策，鮮少採用擴張性的貨幣政策，原因何在呢？其實包括臺灣，例如 8100 臺灣啟動、新十大建設等也是希望透過擴張性的財政政策來達到刺激景氣復甦的目的。其實原因在於景氣極端衰退時，利率處於低檔，利率再跌有限，另外廠商對未來也是悲觀的，此時想寄望利率下跌刺激私人投資增加實在是緣木求魚（相當於位於投資陷阱），因此綜觀這幾年對抗不景氣的唯一法寶就是擴張性的財政政策。但是讀者可以觀察實際上財政政策是否有效呢？

理論上告訴我們面對流動性陷阱時，貨幣政策是無效的，但是為何美國聯準會主席在利率低到快接近 0 時依然採 QE1、QE2 政策呢？背後有很多理由，其中第一個就是有鑄幣稅的利益，也就是美國可以拼命發行貨幣（成本低）去購買世界其他國家財貨來提高美國人民利益。第二個就是利用美元發行過多來刺激美元貶值，帶動美國出口增加。所以當美國實施 QE1、QE2 政策時，就會關注其他國家有沒有干預匯價，連臺灣也受到關注而使新臺幣升破 29 美元。

從以上的分析得知不管財政政策或者貨幣政策的變動對本國的國民所得都會產生重大的影響，因此政府是否就可以任意運用財政政策或者貨幣政策來消除景氣循環呢？第 17 章範例八中，我們曾經提及財政政策有嚴重的時間落差問題，而貨幣政策雖較具彈性，但是貨幣政策一樣有嚴重的執行落差問題。例如發生東南亞金融危機時，臺灣經濟成長受到嚴重的打擊，央行想調降存款準備率來刺激景氣復甦，但是一調降存款準備率代表著資金寬鬆，有利於國際投資客炒作臺幣外匯，使得臺幣貶值壓力更加的嚴重，使得央行陷入兩難的局面。

因此政府到底要積極的干預還是採取無為而治，在經濟學上我們稱為權衡 (discretion) 與法則 (rules) 之爭。所謂的權衡政策就是鼓勵政府應該運用所有的相關工具來消除景氣循環，此乃凱因斯學派的主張。反之貨幣學派主張應該尊重市場機制，政府只要堅守所訂定的政策，這就是法則。到底政府應該採用權衡或者法則，似乎沒有一定的答案。

重要名詞

- 淨效益現值準則 (present value of net benefit)
- 內部報酬率準則 (internal rate of return, *IRR*)
- *q* 比例 (q-ratio)
- 擠出效果 (crowding out effect)
- 流動性陷阱 (liquidity trap)
- 窖藏 (hoarding)
- 擠入效果 (crowding in effect)
- Barro 等價定理 (Barro equivalence theorem)
- 貨幣傳導機能 (transmission mechanism of money supply)
- 權衡 (discretion)
- 法則 (rules)

摘要

★ 1. 令 r 代表著折現率，R_t 表示廠商投資計畫在第 t 期的預期收益，而 C_t 表示廠商在第 t 期必須支付的成本，則此投資計畫的淨現值 $NPV=\sum_{t=1}^{N}\frac{R_t}{(1+r)^t}-\sum_{t=1}^{N}\frac{C_t}{(1+r)^t}$。$NPV>0$ 時，表示此投資計畫預期可以獲利，因此值得採行。

★ 2. 假設小林期初投資金額 P_I，預期以後每一期分別可以獲得 R_t 的淨收益，則投資的報酬率（即內部報酬率 r^*）必須滿足 $P_I=\sum_{t=1}^{\infty}\frac{R_t}{(1+r^*)^t}$。

★ 3. q 比例為 $q=\frac{P_eQ_e}{P_IQ_e}$，其中 P_I 為每股的面額，因此 P_IQ_e 表示廠商的重置成本。當市場價格 (P_e) 大於廠商的重置成本 (P_IQ_e) 時，即 $q>1$，則廠商願意增加投資，反之如果廠商重置成本大於市場價格，則廠商投資意願將會降低。

★ 4. 加速原理認為只有廠商預期未來景氣越來越好，廠商投資需求才會增加，與利率並沒有直接關係。當在金融風暴時，利率雖然下跌，可是廠商對未來悲觀，因此投資需求反而會減少。

★ 5. 利率上漲之後對私人投資有不利影響，當投資需求減少時，將引起本國支出下降，導致本國均衡所得減少，這種情形學者稱之為「擠出效果」，如果發生擠出效果，將對提高所得有反效果。

★ 6. 政府支出增加會產生兩個效果，一為簡單凱因斯模型的乘數效果，但是同時因利率上漲也會引起投資減少的擠出效果，此擠出效果將使所得減少，也就是說擠出效果會抵消乘數效果。所以財政政策效果大小將與擠出效果有密切的關係，擠出效果越大，財政政策效果就越小。

★ 7.除了投資陷阱之外，凱因斯還提出所謂流動性陷阱觀念來說明財政政策的有效性，流動性陷阱指在極端不景氣之下，利率處於非常低的水準，因此公債價格必然處於高點，為了獲取資本利得，人民將會窖藏政府所發行的任何貨幣，也就是貨幣需求為一水平線。

★ 8. Barro 等價定理指當政府支出增加時，人民消費支出必減少等量的金額，且人民消費減少的金額與政府以租稅或者公債融通方式無關。

★ 9.「貨幣傳導機能」認為央行調降存款準備率意味著本國的貨幣供給餘額增加，因此將誘使本國利率下跌，刺激本國投資需求增加進而帶動本國的總合需求增加，透過存貨調整機能誘發本國所得的提高，即 $M^s\uparrow\Rightarrow r\downarrow\Rightarrow I\uparrow\Rightarrow AE\uparrow\Rightarrow Y\uparrow$。

★ 10.若存在流動性陷阱，則貨幣需求為一水平線，所以當貨幣供給增加時，利率並沒有下跌，廠商投資需求不會增加，所以貨幣政策無效。

★ 11.政府到底要積極的干預還是採取無為而治，在經濟學上我們稱為權衡與法則之爭。所謂的權衡政策就是鼓勵政府應該運用所有的相關工具來消除景氣循環，此乃凱因斯學派的主張。反之貨幣學派主張應該尊重市場機制，政府只要堅守所訂定的政策，這就是法則。

習題

1. 影響投資的因素為何？
2. 假設某投資計畫期初投入成本為 $C_0=100$，期末收益為 $R=120$，無殘值：
   (1)此計畫的內部報酬率為何？
   (2)若貼現率 $r=20\%$，則淨現值為何？
3. 請說明在投資陷阱與流動性陷阱存在的情況下，貨幣政策無效，而財政政策最有效。
4. 何謂 Barro 等價定理？如果 Barro 等價定理成立，您認為政府要不要拼經濟？
5. 何謂法則？您認為現在的經濟情勢政府是否應採用法則的政策？
6. 如果邊際消費傾向越大，利用圖形說明此時財政政策有效還是無效？貨幣政策有效還是無效？

第 21 章

總合需求與總合供給

自從 2005 年以來，由於中國人民所得大幅提高，使得對能源需求大幅增加，因此導致國際油價大幅飆高，世界性物價膨脹壓力大增。本書前面幾章一直假設物價是穩定的，我們主要研究在景氣衰退中如何透過財政或者貨幣政策來消除景氣循環，但是如今在物價高漲的期間我們必須正面討論一國物價是如何決定？從而尋找在面臨成本推動物價膨脹時的解決之道。

但是如何決定一國的一般物價水準呢？回顧凱因斯的政策理念，只要本國的總合支出增加，廠商必定能夠配合生產所需數量的產出，因此在凱因斯的觀念中，廠商的供給完全是被動的，也就是說供給完全附著在需求的影子中。當然在景氣極端衰退時，這種假定不失為合理的現象，但是在物價膨脹期間，這種設定完全喪失決定價格能力。從個體經濟學中我們了解到價格是由供給與需求共同決定的，所以在總體經濟學透過總合供給與總合需求共同決定一般物價水準也是順理成章。因此本章主要探討決定總合供給與總合需求的因素，及一些相關的應用。

21.1 總合供給曲線

總合供給 (aggregate supply) 指的是一個經濟體系（或者國家）所有廠商所生產財貨與勞務的總合。很多讀者可能認為既然總合供給是由個別廠商的生產加總而來，那總合供給曲線是否由個別廠商做水平加總而得？答案是否定的，原因在於許多廠商沒有供給曲線（如獨占），既然很多市場結構沒有供給曲線，那如何做水平加總呢？

既然總合供給指全國廠商的總生產 Y，而生產量由一國總生產函數來決定，即 $Y=AF(L, K, T)$，但是在短期技術 A、資本 K 與資源 T 是固定的，只有勞動是可變的，因此我們要決定一國總合供給必須同時考量總生產函數與勞動市場均衡狀況，透過勞動市場供需均衡所決定的均衡就業量，再代入總生產函數，就可以決定一國總合供給。

總合供給曲線的斜率

第 10 章要素市場一章中我們已經討論過廠商對勞動的需求與勞工對廠商的邊際貢獻 MRP 有關，在完全競爭市場假設之下，$MRP_L=VMP_L=P\times MP_L$（即廠商多雇用一個員工帶給廠商收入增加的速度），VMP_L 越大廠商雇用員工意願越強，因此我們可以假設勞動需求為 $W^d=P\times MP_L$，其中 W^d 表示廠商願意支付的最高工資。另外一方面，勞動供給決定於勞工預期的實質工資，如果勞工預期拿到的實質工資越高，則勞動供給意願也就越強，也就是說當勞工預期物價上漲時 $(P^e\uparrow)$，勞工會要求比較高的工資水準，因此我們可以假設勞動供給為 $W^s=P^eh(L), h'>0$，W^s 表示勞工所要求的最低工資。如圖 21.1 所示：

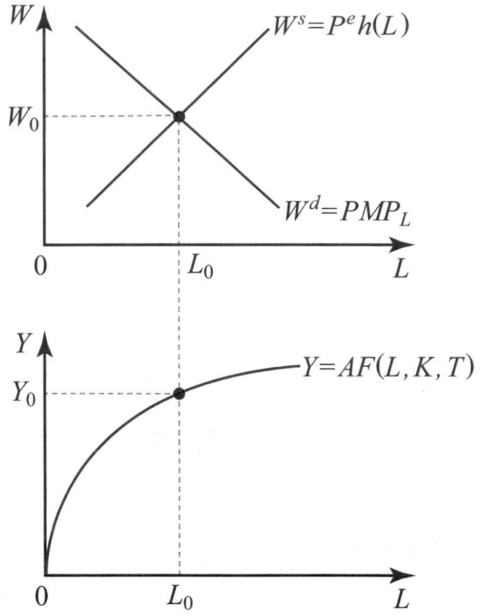

▲ 圖 21.1　總合供給曲線

透過勞動供給等於勞動需求 $W^s = W^d$ 我們可以決定均衡就業量 L_0 與均衡工資 W_0，代入生產函數求得一國總合供給為 Y_0。

當我們能夠決定一國總合供給之後，我們就可以建立總合供給曲線，總合供給曲線指一國總合供給與一般物價水準之間的關係，個體經濟學認為由於報酬遞減法則，所以個別廠商的供給曲線是正斜率。但是總合供給曲線為正斜率的經濟理由卻更為複雜，按照 *Keynes* 觀點，總合供給曲線為正斜率主要有以下理由：

一、勞工患有貨幣幻覺 (money illusion)

所謂的幻覺就是一種錯覺，當廠商提高名目工資時，勞工就以為實質工資增加因而提高工作的意願，完全忽略實際物價已經上漲了，實際上自己的實質工資下降。如果勞工患有貨幣幻覺時，則本國一般物價水準上漲，廠商發現 VMP_L 增加了，因此勞動的需求增加，導致工資上漲。因勞工患有貨幣幻覺，因此提高工作意願，均衡的勞動就業量因而增加，透過生產函數，所以本國的均衡國民生產因此增加。因此一般物價水準與國民所得將呈現正向關係，如圖 21.2 所示：

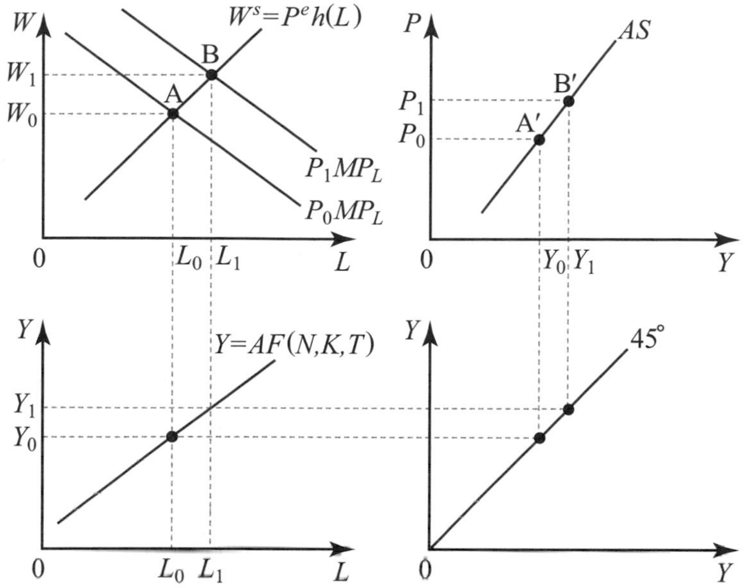

▲ 圖 21.2　貨幣幻覺下的總合供給

當物價由 P_0 上漲為 P_1 時，首先由於勞動需求將由 P_0MP_L 右移至 P_1MP_L，導致均衡就業量由 L_0 增加為 L_1，因此總合供給由 Y_0 提高為 Y_1，我們連接 A' 與 B' 點就可以決定一條正斜率的總合供給曲線。

二、工資向下僵固性

工資向下僵固性 (wage rigidity) 指當廠商調漲工資時，勞工將會提高工作意願，可是當廠商調降名目工資時，勞工以為實質工資下跌，因此寧願賦閒在家也不願工作，這種現象稱之為工資具有向下僵固性。當工資具有向下僵固性時，此時工資一般會高於市場均衡工資，因此當物價上漲時，將帶動勞動需求增加，進而刺激總合供給的增加，如圖 21.3 所示。

假設一開始勞工不願意屈就工資低於 W_0 的工作，於是產生了工資向下僵固性的現象。當工資為 W_0 時，廠商只願意雇用勞動的數量為 L_0，如果此時物價上漲至 P_1，則勞動需求增加至 P_1MP_L，則均衡的就業量將增加至 L_1，本國均衡的產出因而增加至 Y_1。我們連接 A' 與 B' 點就可以決定一條正斜率的總合供給曲線，因此一般物價水準與國民所得將呈現正向關係。

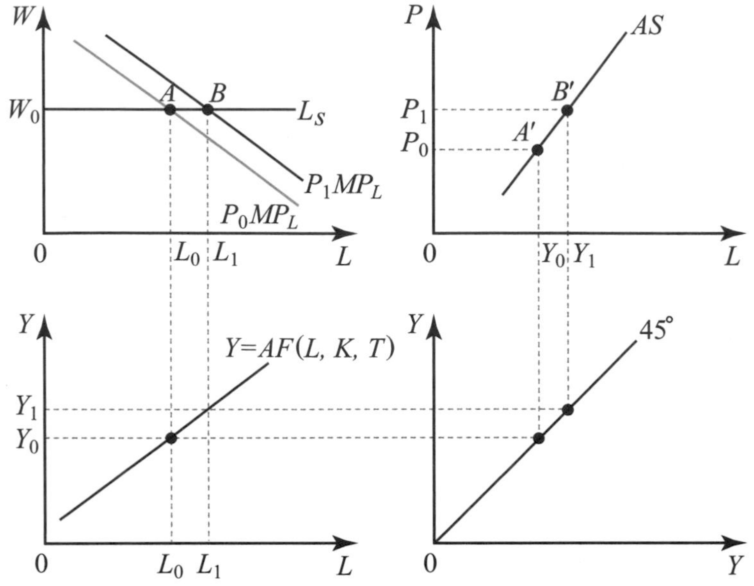

▲ 圖 21.3　工資向下僵固下的總合供給

範例

一、總合供給曲線的計算

為了加深讀者對於總合供給曲線的推導過程，我們介紹一個簡單的數學範例。假設某國政府規定一最低工資水準 $\overline{W}=100$，且總生產函數為 $Y=2L^{1/2}$，則總合供給函數為何？

總合供給曲線為結合勞動市場均衡與總生產函數所得的曲線，因此我們首先必須求取勞動需求函數，由於名目勞動需求曲線為 $W^d=P\times MP_L$，既然勞動邊際生產力為 $MP_L=L^{-1/2}$，因此名目勞動需求曲線為 $W^d=PL^{-1/2}$。由於存在最低工資，因此勞動市場均衡就業量為 $\overline{W}=100=W^d=PL^{-1/2}$，亦即均衡市場就業量為 $L=(\frac{P}{\overline{W}})^2=(\frac{P}{100})^2$，代入總生產函數可得 $Y=\frac{P}{50}$，表示當一般物價上漲時，總合供給會隨之增加。

三、古典學派眼中的總合供給

基本上古典學派假設經濟體系中所有的價格機能都可以充分運作，因此沒有工資向下僵固的問題，另外也假設勞工是理性的，也就是不會有貨幣幻覺的問題，即

$P^e = P$。在這兩個假設之下，由於勞動需求為 $W^d = P \times MP_L$，而勞動供給為 $W^s = P^e h(L)$，我們發現此時勞動市場均衡單獨決定就業量，與一般物價水準無關。亦即透過 $W^d = P \times MP_L = P^e h(L) = W^s$，可得 $MP_L = h(L)$，此時勞動市場均衡就業量 N 與一般物價水準無關，再將 N 代入總生產函數可得總合供給亦將與一般物價水準無關，代表著此時總合供給曲線為垂直線。如下圖所示：

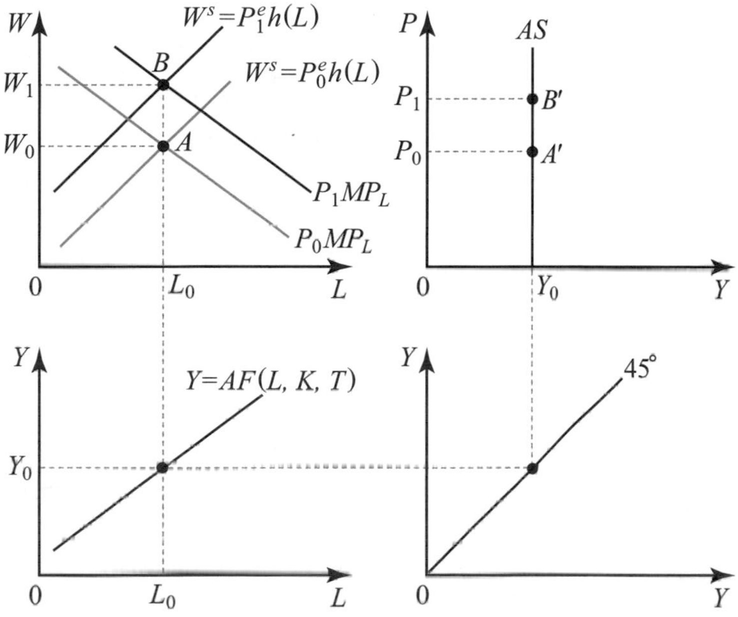

▲ 圖 21.4　古典學派的總合供給曲線

當一般物價水準由 P_0 上漲至 P_1 時，雖然帶動名目勞動需求由 P_0MP_L 增加至 P_1MP_L，但是同時勞工也要求同等漲幅的工資，亦即勞動供給將由 $P_0^e h(L)$ 上移至 $P_1^e h(L)$，所以均衡就業量不變，當我們連接 A' 與 B' 兩點可得垂直的總合供給曲線。

影響總合供給曲線移動的因素

就如同供給量變動是在同一條曲線上移動，因此當一般物價水準或者總產出改變，只會在同一條總合供給曲線移動。而其他因素改變將導致整條總合供給曲線移動，這些包括：

一、成本衝擊 (cost shocks)

例如自 2005 年開始，石油價格高漲，使得本國進口石油量減少，代表著本國可用資源減少（假設石油使用量減少不會影響勞動的邊際生產力），如下圖所示：

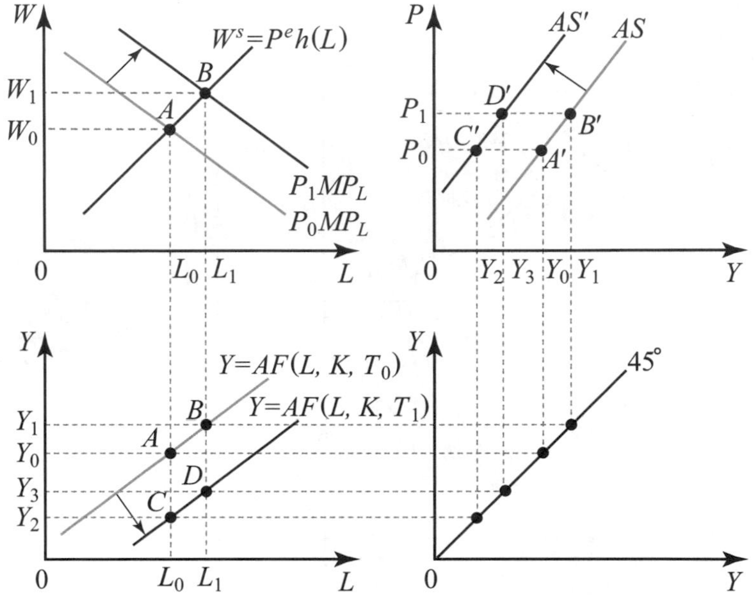

▲ 圖 21.5　石油危機對總合供給曲線的影響

當石油進口量減少時，將使生產函數由 $Y=AF(L, K, T_0)$ 下移至 $Y=AF(L, K, T_1)$，此時在相同就業量下，全國產出分別由 Y_1 下降為 Y_3 以及 Y_0 下降為 Y_2，因此分別連結 C' 與 D' 可得新的總合供給曲線為 AS'，意味著短期供給曲線將因石油危機而左移。屬於成本衝擊的因素非常多，從以上分析可知，凡是對廠商成本不利影響將導致總合供給曲線往左移動。

二、勞動者對於未來物價的預期

凱因斯學派假設勞工患有貨幣幻覺，但是在資訊傳播發達的今天，人民對於資訊收集與對經濟情勢的判斷已日趨理性，因此對未來的物價上漲的壓力或多或少皆能預期。如果勞工預期未來的物價將上漲，則員工必然向雇主要求加薪，因此總合供給曲線將向左移動。如下圖所示：

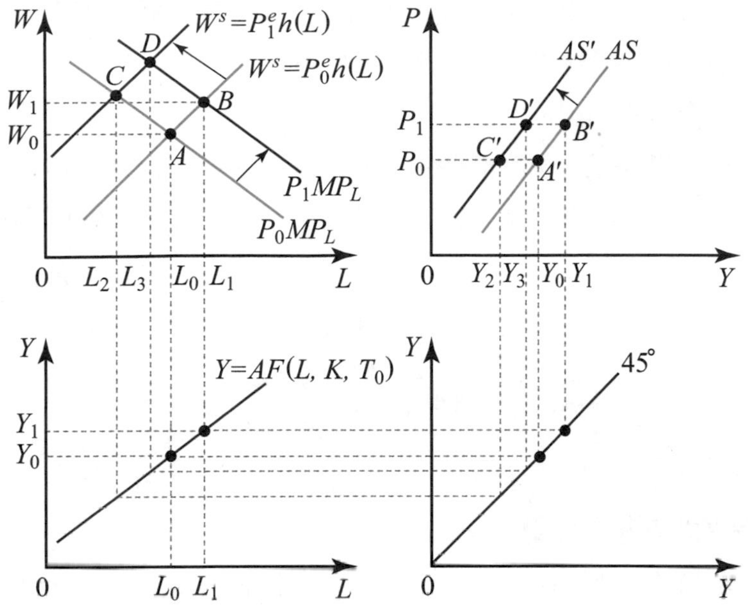

▲ 圖 21.6　預期物價上漲對總合供給曲線的影響

當人民預期物價由 P_0^e 上漲至 P_1^e 時，將使勞工要求更高的工資，所以勞動供給將由 $W^s = P_0^e h(L)$ 左移至 $W^s = P_1^e h(L)$，因此就業量在 P_0 水準之下將由 L_0 減少為 L_2，在 P_1 物價水準之下就業量將由 L_1 下降為 L_3，因此對應的總合供給將減少，我們連接 C' 與 D' 兩點可得新的總合供給曲線，顯然此時總合供給曲線將會左移。

21.2 總合需求曲線

總合需求 (aggregate demand) 指的是一個經濟體系所有人民對最終產品與勞務的需求，而總合需求曲線假設在其他情況不變下（如政府的財政及貨幣政策不變），如果產出能夠充分配合，描寫了本國人民對最終產品與勞務的需求與一般物價水準的關係。或許讀者也會認為總合需求既然描寫全國人民的需求，那麼總合需求曲線也是個人需求曲線的水平加總。不幸這個觀點也是錯誤的，原因在於個別需求曲線為負斜率為替代效果與所得效果交互影響所致，可是面臨總合需求曲線時，由於一般物價水準上漲是指全國物價都在上漲，因此沒有其他東西「可以替代」，所以無法導出負斜率的總合需求曲線。

既然總合需求指的是一個經濟體系人民對最終產品與勞務的需求，因此應該與總合支出 $AE = C + I + G + X - M$ 有密切關係，但是總合支出與廠商的投資有關，而廠商投資又會受到利率的影響，因此如果要求得總合需求曲線，背後一定要求商品市場與貨幣市場均衡，也就是說，總合需求曲線描寫在商品市場與貨幣市場均衡的情況下，一般物價水準與對應總合需求之間的關係。

範例

二、總合需求曲線計算

依照第 20 章範例三的實例，假設某國經濟體系可以用以下數學方程式加以表示：

$$C = 50 + 0.8Y_d$$
$$T = 50$$
$$I = 470 - 300r$$
$$G = 20$$
$$\frac{M^s}{P} = 100$$
$$m^d = 0.3Y - 200r$$

試求總合需求曲線為何？

解：

既然總合需求曲線描寫商品市場與貨幣市場均衡的情況，而商品市場均衡指商品的供給等於需求，$Y = AE$，亦即 $0.2Y + 300r = 500$。而貨幣市場均衡條件為 $\frac{100}{P} = 0.3Y - 200r$。因此我們聯立求解消去 r 得 $Y = \frac{10,000}{13} + \frac{3,000}{13P}$，此即為總合需求曲線。

總合需求曲線為負斜率的原因

對於總合需求曲線為負斜率的理由，經濟學家嘗試提出三個不同觀點：

一、實質餘額效果 (real balance effect)

當物價下跌時，意味著實質貨幣供給增加，因此導致利率下跌，誘使廠商投資需求增加，帶動本國最終產品與勞務的需求增加，即 $P\downarrow \Rightarrow \frac{M^s}{P}\uparrow \Rightarrow r\downarrow \Rightarrow I\uparrow \Rightarrow AE\uparrow$。既然一般物價水準與總合需求呈現反向變動，所以本國的總合需求曲線是負斜率，如圖 21.7 所示：

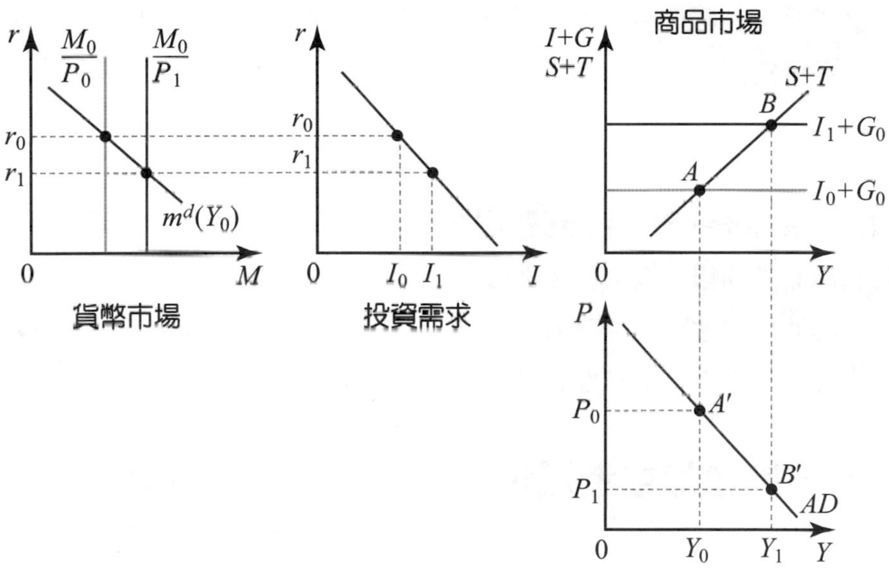

▲ 圖 21.7 實質餘額效果

假設一開始物價水準為 P_0，則實質貨幣供給與貨幣需求共同決定利率水準為 r_0，透過投資需求曲線得到廠商的投資需求為 I_0，因此可得全國的總合需求為 Y_0。現在如果一般物價水準下跌至 P_1，則實質貨幣供給由 $\frac{M_0}{P_0}$ 右移至 $\frac{M_0}{P_1}$ 引導利率下跌，帶動投資需求增加，進而導致全國總合需求增加至 Y_1（注意 Y_1 非最後均衡的總合支出水準！），因此連接 A'、B' 兩點可得總合需求曲線為負斜率。

二、跨期替代效果 (intertemporal substitution effect)

例如當物價上漲時，透過實質餘額效果，同樣會導致利率上漲，當利率上漲時，代表人民在今天多消費產品與勞務的機會成本增加，所以人民將減少目前的消費，增加今天的儲蓄，意味著本國最終產品與勞務的需求將減少，所以本國的總合需求曲線為負斜率。

三、國際替代效果 (international substitution effect)

當本國一般物價水準上漲時，表示本國所生產的財貨變得比較貴，因此本國人民將轉向購買外國的產品，因此本國進口增加。同理，我國出口品將因競爭力下降而減少，這雙重不利影響將使本國最終產品與勞務的需求減少，所以本國的總合需求曲線依然是負斜率。

影響總合需求曲線移動的因素

如同個別需求曲線，其他因素改變將導致整條需求曲線移動，同理如果影響總合支出的「其他情況改變」(不包括一般物價水準與所得)，亦將導致整條總合需求曲線移動，導致整條總合需求曲線移動的因素主要包含如下：

一、政府支出增加或者減稅

當政府支出由 G_0 增加至 G_1 時，表示在一般物價水準不變之下，本國總合支出增加，因此總合需求曲線將會右移，如圖 21.8 所示。

此時 I_0+G_0 將會上移至 I_0+G_1，同理 I_1+G_0 也會上移至 I_1+G_1，因此總合支出分別由 Y_0 增加至 Y_3 與 Y_1 增加至 Y_4，我們連接 C' 與 D' 可得新的 AD 曲線，顯然此時 AD 曲線已經往右移動。

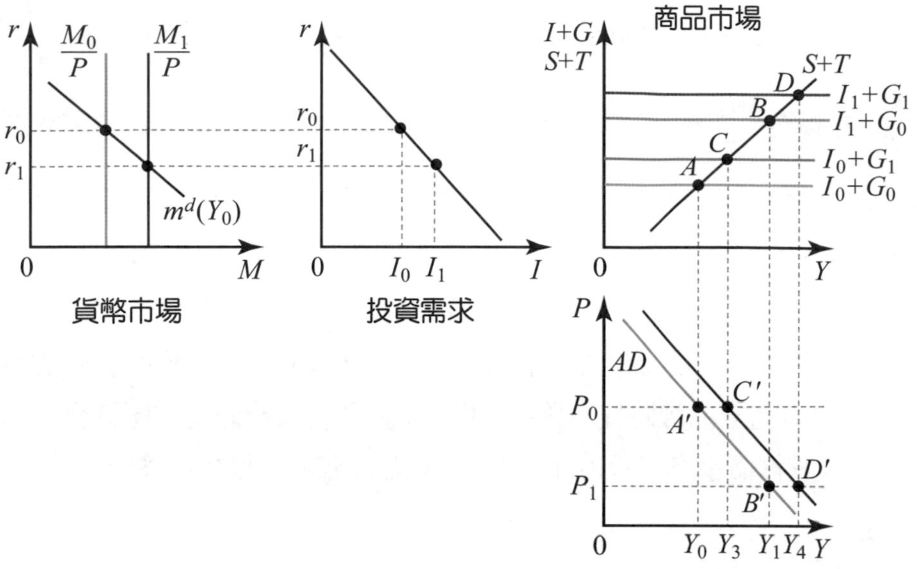

▲ 圖 21.8　擴張性財政政策對 *AD* 曲線的影響

二、貨幣供給增加

當中央銀行增加貨幣供給時，在一般物價水準不變之下，將誘使利率下跌，進而帶動投資需求增加，因此總合支出增加，表示總合需求曲線將會右移，如圖 21.9 所示：

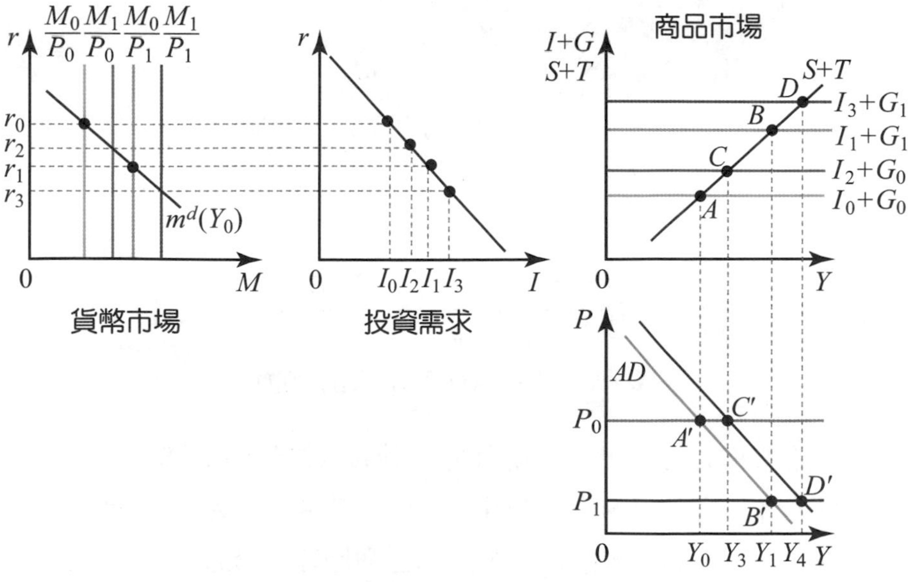

▲ 圖 21.9　擴張性貨幣政策對 *AD* 曲線的影響

由於貨幣供給由 M_0 增加至 M_1，因此實質貨幣供給曲線將分別由 $\frac{M_0}{P_0}$ 右移至 $\frac{M_1}{P_0}$ 且 $\frac{M_0}{P_1}$ 右移至 $\frac{M_1}{P_1}$，利率將由 r_0 下降為 r_2 以及 r_1 下降為 r_3，投資需求將分別由 I_0 增加至 I_2 以及 I_1 增加為 I_3，所以總合支出將由 I_0+G_0 上移至 I_2+G_0，同理 I_1+G_1 也會上移至 I_3+G_1，因此總合支出分別由 Y_0 增加至 Y_3 與 Y_1 增加至 Y_4，我們連接 C' 與 D' 可得新的 AD 曲線，顯然此時 AD 曲線已經往右移動。

從上述說明中，凡是能夠使得本國總合支出增加的政策改變（一般物價水準與所得除外），總合需求曲線將往右移動。相反的，凡是能夠使得本國總合支出減少的政策改變（一般物價水準與所得除外），將使總合需求曲線往左移動。

21.3 短期比較靜態分析

短期間，我們假設勞動供給者患有貨幣幻覺，因此短期總合供給曲線並不會移動，此時本國均衡的一般物價水準決定於總合需求曲線與總合供給曲線的交點，如圖 21.10 所示，$AD=AS$ 決定均衡的物價水準 P_0 及均衡的國民所得 Y_0。

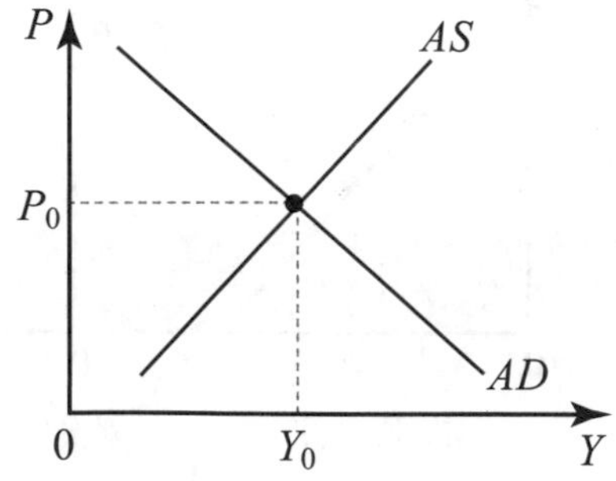

▲ 圖 21.10　AD 與 AS 短期均衡

因為總合需求曲線上每一點都滿足商品市場與貨幣市場均衡的條件，總合供給曲線上每一點均滿足勞動市場均衡的條件，因此其 AD 與 AS 交點也就滿足了所有市場均衡的條件了，表示經濟體系已經達到全面均衡。透過以上 AD–AS 模型，提供我們分析各種不同經濟事件對總體經濟的影響。

範例

三、貶值是促進經濟成長的最好策略嗎？

許多讀者可能認為貶值之後代表我們出口品的價格變便宜了，因此出口增加可以帶動景氣復甦。這種心理從金融風暴發生之後，政府官員眼見泰國、馬來西亞、印尼甚至我們出口最大的競爭對手韓國也大幅貶值時，擔心如果臺幣不跟著大貶，則出口競爭力將喪失，會嚴重影響到本國的經濟成長而感到憂心忡忡。從總合供需圖形可以發現，貶值有「可能」使總合需求右移，但是貶值同時意味著本國的進口原料價格上漲，進而使得本國出口的成本大增，因此貶值將使本國總合供給左移，最終對本國所得影響為何是不確定的，但是我們可以確定的是，物價將因此而大漲。

範例

四、擴張性總需求政策有效嗎？

從短期總合供需圖形分析可知，擴張性的財政政策與貨幣政策似乎有效，但是這個結論忽略勞工可能的反擊。當政府一直採用擴張性的財政政策與貨幣政策來刺激景氣復甦時，其背後隱含物價上漲使得勞工的實質工資降低時，勞工卻無動於衷，這種假定未免也太天真！一般而言勞工短期或有貨幣幻覺，因此可能會忍受較低實質工資，但是長期下，若實質工資一直下降，勞工最後免不了會與老闆談判加薪的事情，也就是最後終必使總合供給曲線左移，如圖 21.11 所示：

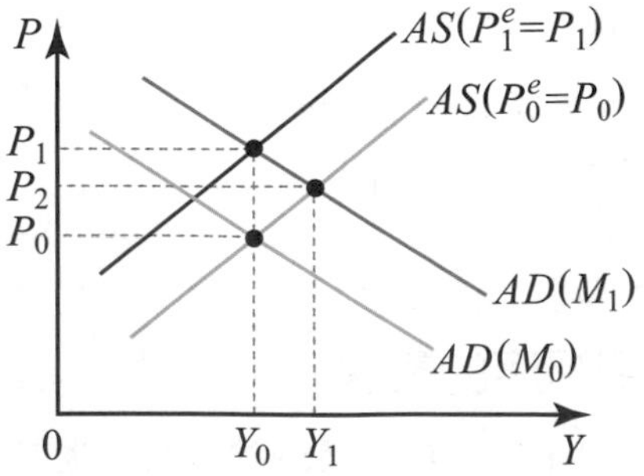

▲ 圖 21.11　長期總需求政策

當政府一開始增加貨幣供給由 M_0 增加為 M_1 時，將使 $AD(M_0)$ 右移至 $AD(M_1)$，短期物價水準由 P_0 上漲至 P_2，所得由 Y_0 增加至 Y_1，但是因為物價上漲使得勞工實質工資受損，勞工因此會要求更高的工資，此時總合供給曲線將由 $AS(P_0^e = P_0)$ 左移至 $AS(P_1^e = P_1)$，因此進一步帶動物價水準由 P_2 上漲至 P_1，但是所得回復至原先的水準 Y_0，表示總需求政策在長期下是無效的。

範例

五、石油危機下的經濟對策——供給面經濟學派的主張

從圖 21.11 中我們發現政府採用擴張性總合需求政策雖然可以刺激所得提高，但是終必引起物價上漲作為代價，但是在石油危機之時，人民對於物價上漲的苦果幾乎已到達「聞虎色變」的地步，此時再火上加油，人民勢必無法忍受，所以擴張性財政與貨幣政策絕對不是石油危機下最好的經濟政策主張。

當發生成本推動的物價膨脹時，一個有效的政策主張應該是同時使所得增加但可以促進物價下跌，對於這種要求在理論上並不困難。因為從總合供給與需求的圖形中，我們可以發現只要能夠刺激總合供給曲線往右移動的因素，將使得國民所得增加又同時可以使物價下跌，因此強調政府應該採取適當政策使得總合供給曲線往右移動的經濟學我們稱之為供給面經濟學 (supply-side economics)。

既然強調總合供給增加，而總合供給為 $Y = AF(L, K, T)$，因此凡是能夠刺激 A, L, K, T 增加的主張都屬於供給面經濟學派的政策觀點。因此供給面經濟學派強調政府應實施減稅刺激勞動工作意願增加，實施投資抵減可以刺激廠商投資意願增加，累積社會的生產能量。另外，太好的社會福利措施只會打擊工作意願，因此政府應該減少社會救濟金如失業津貼等，這樣的話勞動供給者才有積極的誘因去尋找工作，使得總合供給曲線往右移動。

範例

六、知識經濟對本國經濟的影響

1990 年代初期，美國有所謂知識經濟的誕生，也就是不斷透過創新與研發所引起的經濟成長，在這段期間一些相關國家經濟起飛而物價相對穩定，為什麼會有這種現象呢？如下圖所示：

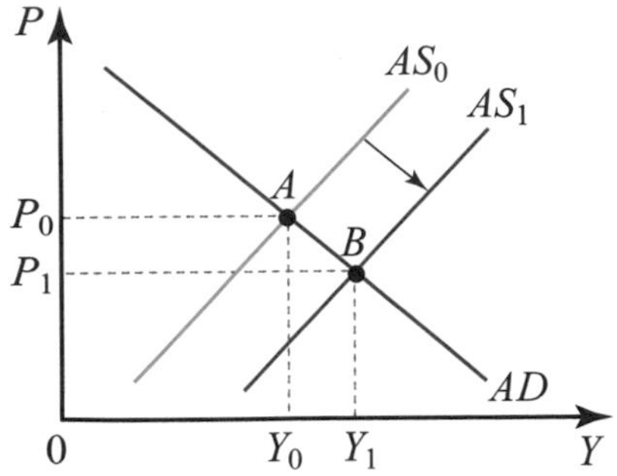

▲ 圖 21.12　知識經濟的影響

當知識經濟帶動總合供給增加由 AS_0 右移至 AS_1 時，將會帶動本國一般物價水準由 P_0 下降至 P_1，而國民所得也會由 Y_0 增加至 Y_1。

範例

七、臺灣人口出生率下跌的影響

臺灣最近幾年人口出生率一直下滑，民國 80 年代嬰兒出生人口超過 40 萬人，可是民國 99 年出生人口已經低於 20 萬人，因此很快臺灣將進入老人社會，對於臺灣經濟影響將會十分深遠，如圖 21.13 所示：

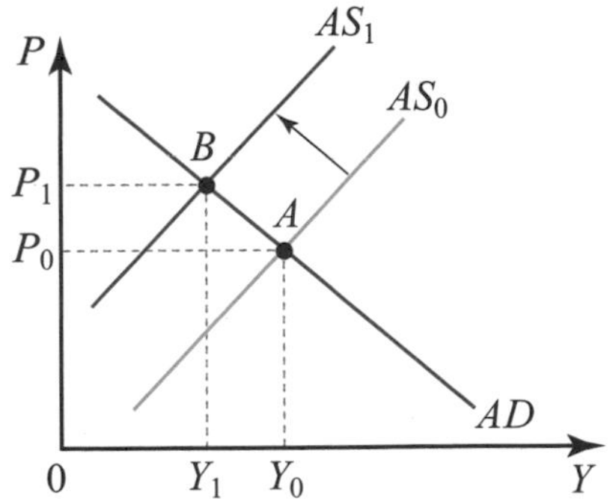

▲ 圖 21.13　人口出生率下跌的影響

當人口出生率下跌時，表示未來可供勞動工作人口將會減少，如果勞動參與率與失業率不變的話，將導致就業人口下降，一國的總合供給將會減少，使得 AS_0 曲線將左移至 AS_1，因此本國一般物價水準由 P_0 上漲至 P_1，而國民所得也會由 Y_0 減少至 Y_1。

從以上分析可知，早期臺灣之所以享受高度經濟成長，可能有部分原因是臺灣人比較會「生」，但是現在既然比較不願意生育下一代，那麼政府就應該給下一代更好的教育，培養下一代有更好的人力資本，提高下一代的生產力，才有可能解決人口出生率下跌對臺灣經濟的衝擊。

範例

八、總合供給與總合需求的計算

假設某國經濟體系可以用下列方程式表示：

供給面：假設某國政府規定一最低工資水準 $\overline{W}=100$，且總生產函數為 $Y=2N^{1/2}$

需求面：

$$C=50+0.8Y_d$$
$$T=50$$
$$I=470-300r$$
$$G=20$$
$$\frac{M^s}{P}=100$$
$$m^d=0.3Y-200r$$

試求一國均衡的所得與一般物價水準為何？

解：

1. 根據範例一，總合供給函數為 $Y=\dfrac{P}{50}$
2. 根據範例二可得總合需求函數為 $Y=\dfrac{10{,}000}{13}+\dfrac{3{,}000}{13P}$

因此我們可以聯立求得均衡物價與所得。

重要名詞

- 總合供給 (aggregate supply)
- 貨幣幻覺 (money illusion)
- 工資向下僵固性 (wage rigidity)
- 成本衝擊 (cost shocks)
- 總合需求 (aggregate demand)
- 實質餘額效果 (real balance effect)
- 跨期替代效果 (intertemporal substitution effect)
- 國際替代效果 (international substitution effect)
- 供給面經濟學 (supply-side economics)

摘要

★ 1.總合供給指的是一個經濟體系(或者國家)所有廠商所生產財貨與勞務的總合。總合供給指全國廠商的總生產 Y,而生產量由一國總生產函數來決定,即 $Y = AF(L, K, T)$,但是短期技術 A、資本 K 與資源 T 是固定的,只有勞動 L 是可變的,因此要決定一國總合供給必須同時考量總生產函數與勞動市場均衡狀況,透過勞動市場供需均衡所決定均衡就業量,再代入總生產函數,就可以決定一國總合供給。

★ 2.總合供給曲線為正斜率主要理由為:⑴勞工患有貨幣幻覺,⑵工資向下僵固性。

★ 3.古典學派假設經濟體系中所有的價格機能都可以充分運作,因此沒有工資向下僵固的問題,另外也假設勞工是理性的,也就是不會有貨幣幻覺的問題,即 $P^e = P$。在這兩個假設之下總合供給曲線為垂直線。

★ 4.導致整條總合供給曲線移動的因素包括:⑴成本衝擊,⑵勞動者對於未來物價的預期。

★ 5.總合需求指的是一個經濟體系所有人民對最終產品與勞務的需求,而總合需求曲線假設在其他情況不變下(如政府的財政及貨幣政策不變),如果產出能夠充分配合,描寫了本國人民對最終產品與勞務的需求與一般物價水準的關係。

★ 6.總合需求曲線為負斜率的理由包括:⑴實質餘額效果,⑵跨期替代效果,⑶國際替代效果。

★ 7.如果影響總合支出的「其他情況改變」(不包括一般物價水準與所得),將導致整條總合需求曲線移動,導致整條總合需求曲線移動的因素主要包含:⑴政府支出增加或者減稅,⑵貨幣供給增加。

習題

1.總合供給曲線為正斜率的可能理由為何?

2.當發生知識經濟、石油危機以及週休二日對總合供給曲線的影響為何?

3.總合需求曲線斜率為負的理由為何?當政府增加國民年金發放以及調降存款準備率對總合需求曲線的影響為何?

4.試分析石油危機對本國所得、物價、利率與就業的影響為何?

5.試分析人口出生率下降對本國所得、物價、利率與就業的影響為何?

第22章

失業與物價膨脹

在面臨景氣循環時，不管景氣對策信號為黃燈或者是綠燈，就個人而言最重要的是痛苦指數的高低。所謂痛苦指數 (misery index) 為失業率與物價膨脹率的加總，失業率提高代表國民所得在減少，而物價膨脹率上漲代表生活成本在增加，這雙重的壓力將使人們的生活水準下滑，所以痛苦指數一直以來廣為各國政府所重視。

▼ 表 22.1　臺灣痛苦指數

年度	106	107	108
物價膨脹率 (%)	0.62	1.33	0.56
失業率 (%)	3.76	3.71	3.73
痛苦指數 (%)	4.38	5.04	4.29

資料來源：行政院主計處。

如上表所示，這幾年來臺灣的失業率一直處於「高檔」，而物價膨脹率卻處於低檔，此因金融風暴所引起通貨緊縮所致。雖然最近三年我國痛苦指數有日漸走高的趨勢，但是相對於鄰近亞洲國家而言，臺灣的痛苦指數比韓國、香港低而略高於新加坡。下圖所示為我國自民國 80 年以來的痛苦指數。

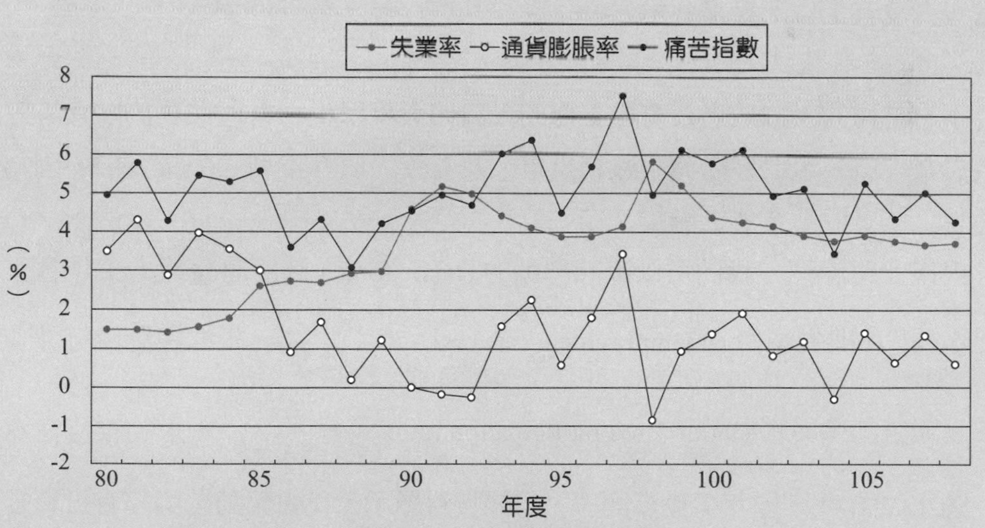

▲ 圖 22.1　我國痛苦指數

本章主要討論失業及物價膨脹，並且說明其機會成本為何，另外也將討論失業率與物價膨脹率之間的關係。

22.1 失業的定義

一般人會認為「沒有工作的人」就是失業，可是這種定義卻無法捉住失業的精神，例如，小明是一個高三的學生，每天除了上課之外什麼都不做，如果我們說小明是一個沒有工作的失業人口，對他而言是相當不公平的說法。因此經濟學家對於失業有相當嚴格的定義。

失業 (unemployment) 指一個有能力工作而且正在尋找工作，可是卻沒有工作的人謂之❶。因此一個沒有能力工作的人或者他根本就不想工作，此時他沒有工作不能算是失業人口。

1. 有能力工作

所謂有能力工作的人基本上必須年滿 15 歲，而且不能因傷殘或者年邁而喪失謀生的能力，因此嬰兒、中小學生、殘障同胞、老人都不列入有工作能力的人口，因此這些人沒有工作不算是失業。

2. 正在積極尋找工作

不想工作的人口或者沒有找工作的人口如大專學生、料理家務的婦女等等均不列入失業人口。至於在臺灣服義務役軍人及監管人口亦不列入失業人口，因為他們雖然想工作，但是卻無法尋找工作。

根據上述詮釋，我們可以定義勞動力 (labor force) 為所有有能力工作且正在尋找工作的人，則失業率 (unemployment rate) $= 1 - \dfrac{\text{就業人口}}{\text{勞動力}}$。根據主計處統計資料顯示，我國勞動參與率 (labor force participation ratio)（$= \dfrac{\text{勞動力}}{\text{總人口}}$）大約維持在 60%。

圖 22.2 為我國歷年勞動參與率，根據資料顯示，我國勞動參與率有日漸升高的態勢，但是如果再觀察男性與女性勞動參與率，我們發現男性的勞動參與率逐年下降，反而女性勞動參與率有輕微增加的傾向，所以我國勞動參與率提高原因是婦女同胞就業意願的增強所致。

❶ 詳細內容可進一步參考張清溪等《經濟學理論與實際》(翰蘆圖書)。

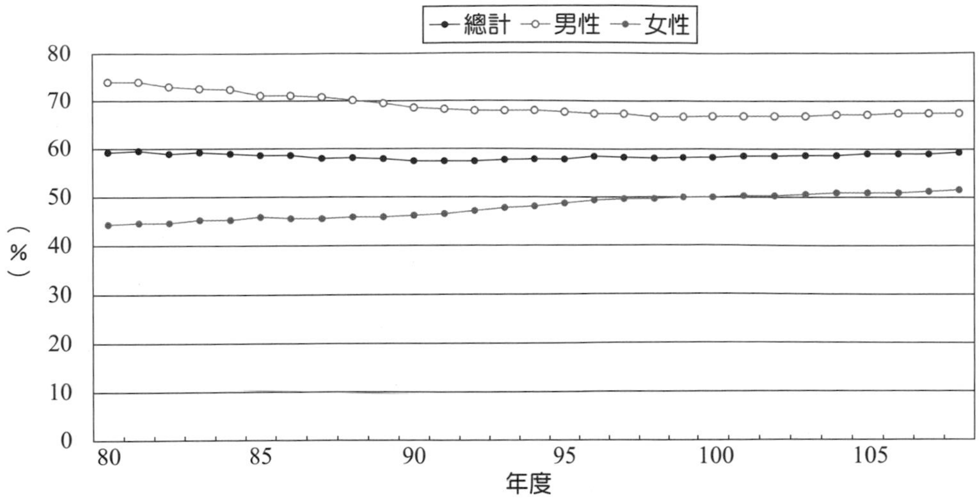

▲ 圖 22.2　我國勞動力參與率

讀者應該特別注意，失業率是以勞動力而不是以全國總人口當做分母，因此即使本國總人口數及就業人口不變，由於勞動參與程度不一樣，可能失業率也不相同。例如，某一個國家如果由於工作難找，勞動者憤而退出就業市場，回家吃自己，此時失業人口少一人，可是勞動力亦少一人，因此失業率將下跌。

失業率是否能夠真實反映一國就業的效率狀況？事實上我們發現世界上許多國營企業員工，由於沒有績效上的壓力，因此養成吃大鍋飯的習性，每天看報紙喝茶，表面上看起來他有工作，可是實際上一點生產力也沒有，此種現象稱之為隱藏性失業 (hidden unemployment)。因此一個國家即使失業率很低但隱藏性失業很高，仍然會造成經濟成長的損失。

22.2 失業的種類及成本

由於失業代表個人所得來源的中斷，因此沒有一個人願意失業閒賦在家，但是造成失業的原因非常多，大致可以分成下列三種：

一、結構性失業 (structural unemployment)

當本國經濟體系的產業結構發生變化而導致的失業謂之，例如：當工業革命發生後，若不熟悉機器的生產技術，將可能面臨到失業的命運。或者從工業社會進入資訊社會之後，如果您不懂得運用電腦，勢必無法與他人競爭而失業，這些由於生產技術發生巨大進步而個人卻無法跟上時代脈動所造成的失業就稱之為結構性失業。

臺灣最近幾年以來也一直面臨結構性失業的問題，例如華隆關廠導致大量員工失業哭訴無門，但是另外一方面臺灣的電子業正處於高峰期，許多高級員工靠著發放股票累積大量財富，形成億萬房屋購買的主力。

就長期經濟發展而言，結構性失業是免不了的機會成本，但是失業究竟屬於資源上的浪費，因此政府依然需要設法解決因結構性所造成的失業問題，最常用的措施包括教育訓練等，讓失業員工有重新出發的機會。

二、摩擦性失業 (frictional unemployment)

係指可以在目前的就業市場找到工作，只是還沒找到工作的失業人口。例如小林想放棄在臺北高薪但繁忙的生活形式，改而到臺東享受較悠閒的生活，因此決定辭職。當小林辭職之後，不一定馬上在臺東就可以找到理想的工作，在小林找到新工作這一段期間的失業，稱之為摩擦性失業。又如，老蕭的女兒剛從淡江大學畢業進入就業市場尋找工作，在老蕭的女兒還沒有找到工作之前，她仍然屬於摩擦性失業。

就實務上來講，摩擦性失業是無可避免的，廠商不可能立刻找到理想的員工，而失業者也不可能瞬時找到理想的工作，彼此都會存在調整的時間。因此要降低摩擦性失業首先就是要減少這調整的時間，例如透過網路來加強就業情報的流通等。但是政府施政亦有些政策會提高摩擦性失業，例如正在推行失業救濟金的保險讓員工無衣食後顧之憂，因此降低他們積極尋找工作的意願，將會導致摩擦性失業的增加。

三、循環性失業 (cyclical unemployment)

係指因景氣循環的變化而帶來的失業，稱之為循環性失業。例如，當金融風暴導致百業蕭條時，許多工作人口因為廠商必須減少雇用勞動而造成失業。可是當景氣好轉時，這些原先失業的人口又可以重新找到工作，完全由於景氣循環所造成的失業才是政府動用財政政策或者貨幣政策所要解決失業的對象。由於循環性失業人口在目前的工資水準之下願意工作，但是卻被解雇，反映出經濟上迫切需要解決的問題，故循環性失業也稱為非自願性的失業 (involuntary unemployment)。

從上述三種失業的種類我們發現結構性及摩擦性失業是經濟發展的必然現象。人們因為新產品的發明而不再需要某項產品，例如蠟燭、木馬桶等，導致這些沒落產業的員工長期失業。而換工作及畢業生找工作的短期失業也是必然發生的。每個國家都會存在這兩種失業，因此我們又定義自然失業 (natural unemployment) 為一個國家只存在有摩擦性失業及結構性失業謂之，而自然失業率則定義為 $\dfrac{\text{摩擦性失業}+\text{結構性失業}}{\text{勞動力}}$。另外經濟學家所稱的「充分就業」(full employment) 並不是指全國人都有工作，而是只存在摩擦性失業人口就稱為充分就業。

自然失業率雖然是經濟體系必然存在的失業狀況，但是其大小卻不是一成不變，當其他經濟因素發生變化時，自然失業率的大小亦可能會發生改變。例如臺灣要加入世界貿易組織 (WTO)，必然對本國許多農業及家畜業帶來相當大的衝擊，這些產業的勞工可能無法立刻自我調整，以因應外國生產成本低廉的競爭，最後將導致結構性失業的增加，因此自然失業率也會增加。

另外政府租稅政策也會影響到自然失業率的變動，例如政府提高各種社會福利津貼將打擊工作意願使得摩擦性失業增加，或者政府實施投資抵減等鼓勵廠商投資方案對自然失業率也有不同程度的影響，如果廠商投資策略是採用機器替代勞力，那麼自然失業率將增加。反之廠商投資策略是採用互補型，即使用較多的新機器連帶也需要更多的勞工，則自然失業率將降低。

不管是結構性失業、摩擦性失業或者循環性失業，只要一失業對國家社會均會造成相當負面的影響，例如根據主計處統計資料顯示，臺灣地區失業率每上升 1 個百分點，將使得實質 *GDP* 減少約 7 個百分點，此即為奧肯法則 (Okun's law)。因此失業將直接影響到本國的民生消費水準。另外大量失業將導致遊民充斥，甚或鋌而走險，造成敗壞社會治安的根源，因此政府對降低失業率不遺餘力。

22.3 物價膨脹

物價膨脹定義

物價膨脹 (inflation) 俗稱通貨膨脹，又以物價膨脹較為貼切。通貨膨脹原意指的是央行通貨發行餘額持續增加，也就是鈔票越印越多。但是如果一直印鈔票，一般物價水準就會一直漲嗎?那倒也未必,至少短期間這兩者之間的關係沒那麼明顯。

經濟學家對物價膨脹有更嚴格的定義，物價膨脹指某一段期間內，一般物價水準在持續上漲。從上述定義可以了解只有少數物品價格上漲不算是物價膨脹，例如葡式蛋塔曾經是臺北糕餅業的主流，許多人為了能夠購買葡式蛋塔大排長龍，導致葡式蛋塔價格節節上揚，雖然葡式蛋塔價格上漲，可是不能稱為物價膨脹，必須所有物品價格上揚才是物價膨脹的要件。

另外，只有物價上漲也不能稱為物價膨脹，必須要「持續」上漲才可以稱為物價膨脹，如果物價短期上漲之後又回跌，這種現象只能說物價產生波動而已。例如颱風過後導致短期間蔬菜價格上漲，可是蔬菜復耕之後，菜價又回跌，這種現象就不被稱為物價膨脹，因為不滿足持續上漲的要件。

物價膨脹發生原因回顧

為什麼會發生物價膨脹呢？證諸歷史的教訓大部分是由於中央銀行政策錯誤與政府預算赤字共同造成，也就是政府支出太多的結果。例如，政府剿共失利軍費支出日益龐大，導致財政惡化極端嚴重，為了應付龐大的軍費支出，央行不得不「日夜趕工」印製大量的鈔票，由於印製的鈔票實在太多了，導致人民對政府所發行的鈔票失去信心而不願意持有，於焉發生超級的惡性物價膨脹，當時上海的物價膨脹率就曾經超過 5 萬倍。

雖然民國 38 年離我們太遠，但是現在一些南美國家一樣飽受物價膨脹之苦，由於這些國家不論外債或者政府發行公債的數量實在太多了，政府無法靠著稅收來償還債務，因此央行如果停止印鈔票替政府還債，則政府將立刻破產。但是隨著公債本利的累積，央行所印製的鈔票將越來越多，代表著央行所發行的通貨越來越不值錢，物價膨脹將越來越嚴重。

這些南美國家的窘境的確帶給我們相當的省思，臺灣最近幾年來社會福利支出大幅增加，例如健保支出、老年年金、失業救濟金等等。各級民意代表及民選官員由於背負日後競選的壓力，無人敢提出這些福利支出背後的財源在哪裡？唯一的方法就是靠著政府發行大量的公債以為支應，這可以從政府公債發行比例上限一直提高得到印證，當公債發行量大幅增加之後的結果就是步上南美國家物價膨脹的夢魘，每年物價膨脹率超過 50% 甚至 100%，這是我們不可不慎的地方。

除了政府支出過多所造成的物價膨脹之外，央行政策的失誤也可能引發物價膨脹。由於早期臺灣外匯相當的短缺，因此為了賺取外匯，央行經常故意低估新臺幣的幣值，鼓勵出口抑止進口，導致國際收支有大幅的順差，對本國物價膨脹形成不少的壓力。例如民國 70 年代，央行為了「拯救」臺灣企業免於新臺幣升值造成倒閉的危機及維持國際收支的順差，故意讓新臺幣緩慢升值，這種政策令國際投機客將大量資金匯入臺灣炒作新臺幣，導致央行為穩定本國物價付出相當的代價。

上述引發物價膨脹完全是由於本國「支出」太多的緣故，因此又稱為需求拉動的物價膨脹 (demand pull inflation)，還有一種稱為成本推動的物價膨脹 (cost push inflation)，是由於生產要素成本增加再配合央行為刺激景氣復甦而釋放大量貨幣雙重因素造成。

成本推動的物價膨脹最著名的例子要算是 1970 年代發生的兩次石油危機，當發生石油危機之後，幾乎造成所有產業的產量減少及生產成本增加，因此導致國民所得減少，一般物價水準上漲。當時許多國家央行為了振興經濟，陸續實施寬鬆的貨幣政策，形成物價更進一步上漲的壓力。人民為了維持實質所得不致縮水轉而向雇主要求更高的工資，這種請求一方面打擊廠商的生產意願，國民所得將減少，另一方面將使廠商生產成本因而增加，廠商為了反映成本而提高物價，造成惡性循環。

除了生產要素價格上漲會引發成本推動的物價膨脹之外，天災人禍也會引發成本推動物價膨脹。例如，民國 88 年 9 月 21 日集集發生百年來大地震，死亡人數超過 2,000 人，連總統都動用緊急命令權救災。一般而言，這種天災會引起物質暫時短缺，物價水準有上漲的壓力，可是這種物價上漲的壓力不算是物價膨脹，因為除非一直地震下去，否則物價不會持續上漲。最怕的是央行為了縮短地震所造成景氣波動，實施寬鬆的貨幣政策，讓人民體認到鈔票越來越「不值錢」，又轉而向雇主要求更高的工資，導致相同的惡性循環。

物價膨脹的靜態理論

透過 AD–AS 的全面均衡模型，我們可以解釋何謂需求拉動的物價膨脹與成本推動的物價膨脹，就傳統教科書認為，成本推動的物價膨脹指由於總合供給不利因素，如石油危機，導致 AS 曲線左移，因此帶動物價上漲與所得減少，如下圖所示：

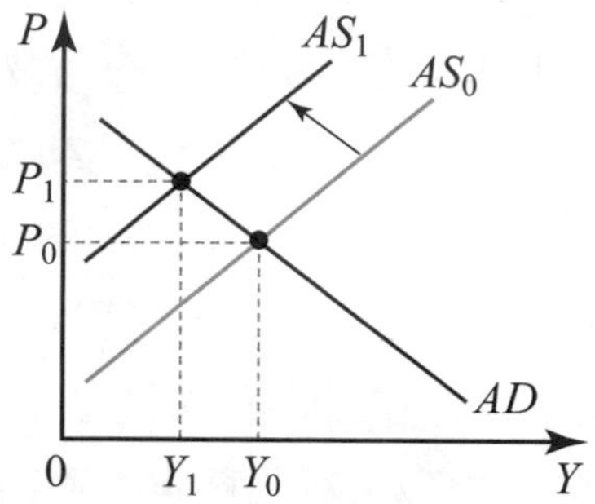

▲ 圖 22.3　成本推動的物價膨脹

由於 AS_0 曲線左移至 AS_1，因此均衡所得將由 Y_0 減少至 Y_1，且物價由 P_0 上漲至 P_1。自 2005 年以來由於石油價格高漲使得臺灣面臨物價上漲，景氣成長遲緩，可以從以上模型得到印證。

另外所謂需求拉動的物價膨脹指政府採用擴張性的總需求政策（例如增加政府支出或者貨幣供給）使得 AD 曲線右移，如圖 22.4 所示：

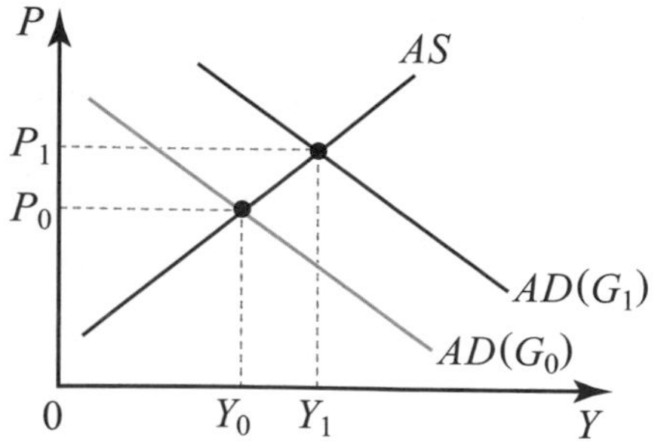

▲ 圖 22.4　需求拉動的物價膨脹

如果政府想提振經濟景氣因而擴張政府支出至 G_1，總合需求曲線將由 $AD(G_0)$ 往右移動至 $AD(G_1)$，短期間，由於勞動供給者患有貨幣幻覺，因此總合供給曲線不動，此時本國的物價將上漲至 P_1，而國民所得增加至 Y_1。由於擴張性的總需求政策會使一般物價水準上漲，因此早期學者認為這是需求拉動的物價膨脹。

物價膨脹的動態理論

物價膨脹的靜態理論只能說明物價上漲的原因而無法說明為何物價會持續上漲，因此動態的物價膨脹理論最主要目的在解釋為何一般物價水準會持續上漲。

根據 Friedman 觀點，之所以發生物價膨脹都是中央銀行的錯，由於央行為了達成某項政策目標犧牲物價的穩定，最終導致物價上漲到不可收拾的地步，其中又以維持充分就業目標最為常見。如下圖所示：

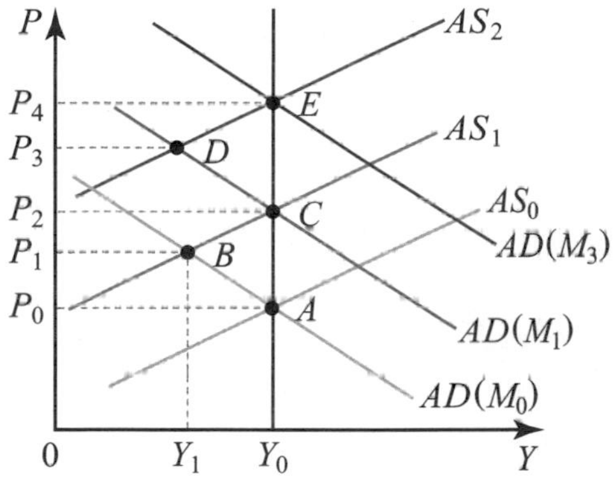

▲ 圖 22.5　物價膨脹的動態理論

如上圖若一開始均衡所得為 Y_0，一般物價水準為 P_0，假設發生石油危機使得總合供給減少由 AS_0 往左移動至 AS_1，短期均衡點由 A 點移往 B 點，因此所得減少至 Y_1，而一般物價水準上漲至 P_1。但是政府可能基於選舉目的必須消除景氣衰退，若央行想藉由增加貨幣供給來刺激景氣以期恢復充分就業的所得水準 Y_0，此舉將使 $AD(M_0)$ 右移至 $AD(M_1)$，因此均衡點將持續由 B 點移往 C 點，物價水準將持續由 P_1 上漲至 P_2。

但是故事還沒有結束，由於物價大幅上漲將引起勞工預期物價上漲導致向老闆要求加薪，因此又將使總合供給左移至 AS_2，一般物價上漲至 P_3，所得水準又低於

充分就業所得 Y_0。為了達成充分就業，央行勢必又增加貨幣供給，如此周而復始造成物價持續的上漲，此即為了維持充分就業的目的而導致的物價膨脹。由此可知若政府不以改善生產力而由增加資金供給來達到充分就業目的，通常都會造成物價膨脹。

解決物價膨脹的方法

要解決物價膨脹有各種不同理論，但是原則上在需求面部分央行首先必須穩定貨幣供給，不讓物價有上漲的「原動力」，二是消除民眾對物價膨脹的預期。當然要做到這兩個要件是非常困難的。原因在於許多國家央行為了償還政府發行公債的債息，必須無止境的發行貨幣，此時如何穩定貨幣供給餘額？另外如果要降低人民通貨膨脹的預期勢必要長期減少總合支出，但是此舉又可能引起景氣衰退不利於選舉，執政者當然不願意。

除了需求面因素以外，政府必須刺激總合供給增加，來緩和物價膨脹，但是刺激產出增加又談何容易？總結過去經濟理論，要解決物價膨脹的可能方法如下：

一、指數連動法

亦即將所有名目變數與物價膨脹率掛鉤，例如將工資、稅率與公債票面利率等隨物價膨脹率同比例上漲來消除物價膨脹所帶來不利的影響，此舉立意雖好，卻很難實施，同時在執行上會有時間落差的問題。

二、價格與工資管制

在物價膨脹期間如果透過增加貨幣供給或者政府支出實屬不宜，所以有些經濟學家認為應從制度面的因素著手。例如限制勞工成本增加的速度，也就是規定企業調薪的幅度不能超過其廠商生產力增加的幅度，這就是著名的所得政策 (income policy)。但是透過所得政策管制物價膨脹有一個致命的缺點就是無法真正消除物價膨脹，只是掩蓋物價上漲的事實。

三、降低貨幣供給成長率

貨幣學派認為物價膨脹歸根究底就是貨幣供給過多所致，因此政府可以採取緊縮性的貨幣政策來壓抑本國的物價膨脹，但是如何降低貨幣供給成長速度又可以分成以下兩種主張：

1. 冷火雞法 (cold turkey)

即央行快速降低貨幣供給來抑制物價膨脹，雖然此法可以很快降低物價膨脹率，但是短期間可能引起很高的失業率。

2. 漸進法 (gradualist)

亦即央行緩慢降低貨幣供給成長率，使物價膨脹率逐漸下降，此法所需降低物價膨脹的時間可能非常長，但是可以緩和失業率大幅提高的缺點。

四、改革稅制

以上方法原則上只是抑止需求增加，而供給面經濟學派認為最佳的方法就是刺激供給的增加，唯有刺激總合供給增加，提高產出才能降低物價膨脹。因此供給面經濟學派認為要改革稅制，降低所得稅率，提高勞動供給的誘因才是最佳的方案。

物價膨脹的成本

為什麼每個人一聽到物價膨脹心中就會浮現一種不安的感覺呢？其實物價膨脹所引起的成本大致可以分成兩種：

一、預期得到物價膨脹的成本

如果每個人都能夠準確預期到物價膨脹的發生，則物價膨脹對經濟體系所造成的成本將微不足道。因為既然能夠準確預期到未來的物價膨脹率，則人們自然會尋找避險的管道，所以物價膨脹所產生的成本只會產生一些微小的成本，如餐廳必須隨物價上漲而更換菜單定價的成本（稱為菜單成本 (menu cost)），或者家計部門將錢存放在銀行生利息，導致提款次數增加引發皮靴成本 (shoe-leather cost) 等等。

二、未預期到物價膨脹的成本

其實物價膨脹之所以可怕在於物價膨脹超出人們的預期或者人類對物價膨脹反應不及而遭受巨大的損失，其成本包括：

1. 資源配置無效率

在物價膨脹的期間，由於在消費者擔心「今天若不買，明天將會後悔」的心理之下，因此將會搶購所有商品，此時價格機能失去指引的作用。所以有些產品可能生產不足，有些產品又可能生產過多，造成資源扭曲的效果。

2. 財富重分配效果

若商業銀行的存款利率調高速度低於物價膨脹速度，則廣大存款戶受害，放款戶受益。此時也有鼓勵多消費的涵義，助長物價膨脹的嚴重性。

3. 物價膨脹稅 (inflation tax)

在物價膨脹期間，由於物價上漲會帶動人民名目所得提高但是實質所得沒有增加，可是適用的稅率卻因累進稅而提高了，導致人們實質稅賦增加。

4. 所得重分配效果更加明顯

由於在物價膨脹期間，一些資本家擁有比較優越的訊息管道，可以事先對物價膨脹所產生不利的影響做出反應，而一些勞工階級相對處於被動地位，因此將造成富者越富貧者越貧的窘境。

5. 影響國際金融的穩定

物價膨脹期間，本國貨幣預期會相對貶值，因此將導致資金往外移動，影響本國國際收支與匯率的穩定。

22.4 物價緊縮

雖然自 2004 年底開始，由於大陸經濟擴張，引起原料需求增加，進而帶動新一波成本推動的物價膨脹，可是早在金融風暴之後，世界各國也曾經面臨物價緊縮 (deflation) 的困擾。物價緊縮剛好是物價膨脹的反面，意指一國物價水準有持續下跌的現象，很多讀者可能會認為物價下跌是好事啊！其實不然。

為什麼世界各國有物價緊縮的現象呢？原因有很多，其中有一個原因是世界許多跨國企業以中國大陸當做生產基地（因人工便宜），當生產完畢之後，再回銷國內，雖然可以使國內物價下跌，但同時也打擊國內就業機會，使得本國勞工因失業而導致購買力下降，廠商將因滯銷使得物價更有下降的壓力，造成惡性循環。所以在物價緊縮期間，臺灣的失業率曾經一度突破 5%，來到 5.17%，因此雖然物價大跌，但是同時所得也大幅減少，看得到卻買不到又有何用！

所以在物價緊縮期間，世界各國政府大力採用擴張性的財政政策希望加以挽救，例如我國曾經實施 800 億緊急就業方案、8100 臺灣啟動等措施，但效果並沒有很顯著。

22.5 菲力普曲線

雖然失業率與物價膨脹率看起來似乎是不同的名詞，但是在經濟發展過程中，失業率與物價膨脹率似乎有某種關係存在，此二者關係由英國學者菲力普觀察英國實證資料從 1861 年到 1957 年間工資上漲率與失業率之間在統計上存在著反向的關係，如圖 22.6 所示。

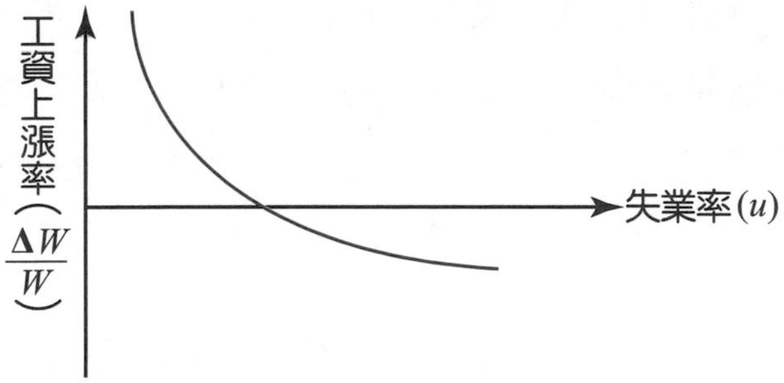

▲ 圖 22.6　傳統菲力普曲線

圖 22.6 意味著工資上漲率 $\frac{\Delta W}{W}$ 越高，則失業率 (u) 越低，不失一般性。我們可以令 $\frac{\Delta W}{W} = \beta(u_f - u)$，其中 u_f 為充分就業率。基本上圖 22.6 只是統計上的資料關係，並沒有經濟上的含意，但是 Keynes 學派看到上述統計結果卻如獲至寶，因為透

過廠商雇用勞動最適條件 $W = P \times MP_L$，取對數之後再全微分可得 $\frac{\Delta W}{W} = \frac{\Delta P}{P} + \frac{\Delta MP_L}{MP_L}$，若勞動邊際生產力的成長率為一常數 $\frac{\Delta MP_L}{MP_L} = \delta$，則我們可以改寫菲力普曲線 (Philips curve) 為 $\frac{\Delta P}{P} = \beta(u_f - u) - \delta = \beta(u_N - u)$，此方程式又稱之為短期菲力普曲線，它描述了物價膨脹率 $\frac{\Delta P}{P}$ 與失業率之間具有反向關係存在，如下圖所示：

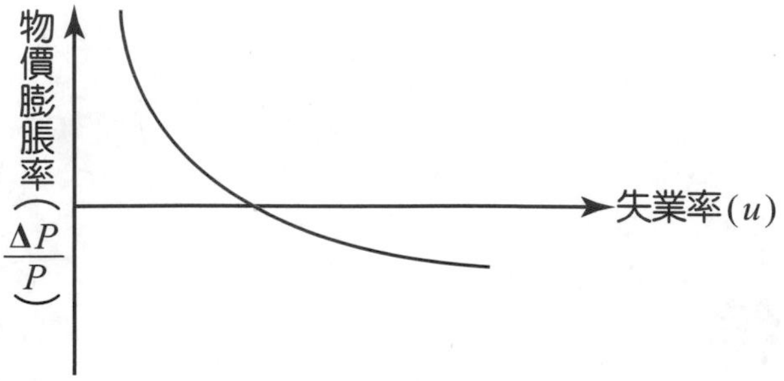

▲ 圖 22.7　短期菲力普曲線

如果物價膨脹率 $\frac{\Delta P}{P}$ 與失業率真的如上圖顯示具有負斜率的關係，那麼至少說明政府對穩定經濟是有用的，因為當政府採用擴張性的財政或者貨幣政策時雖然會帶動物價上漲，但是同時可以降低失業率，提高國民所得。反之在物價緊縮期間，會伴隨著高失業率，這種關係似乎能夠解釋最近幾年（2000 年至 2006 年之間）臺灣的經濟趨勢，物價膨脹率幾乎是負的，但是失業率也突破新高。

因此凱因斯學派認為物價膨脹率與失業率是相互可以替代的，也就是說政府可以選擇高物價膨脹率搭配低失業率或者低物價膨脹率搭配高失業率來使得社會獲得福利極大，也就是說政府可以透過「微調」達成社會福利最大的物價膨脹率與失業率。

但是物價膨脹率與失業率永遠是負向關係嗎？其實也不盡然！美國於 1970 年代發生所謂的停滯性物價膨脹 (stagflation) 的現象，即失業率與物價膨脹率同時增加的現象，這種情形從短期菲力普曲線中是無法解釋的。由於在 1970 年代發生了兩次石油危機，再加上許多歐美國家政府遵循凱因斯觀點，拼命增加支出，導致人民預期未來物價膨脹率提高，將使人民要求更高的工資。當人民要求更高工資時，一方面使廠商生產成本增加，若廠商採用成本加碼法來定價，將使物價上漲，另外一方面，過高的工資也會打擊廠商雇用意願，因此這雙重效果將使社會發生停滯性物價膨脹的現象。

重要名詞

- 痛苦指數 (misery index)
- 失業 (unemployment)
- 勞動力 (labor force)
- 失業率 (unemployment rate)
- 勞動參與率 (labor force participation ratio)
- 隱藏性失業 (hidden unemployment)
- 結構性失業 (structural unemployment)
- 摩擦性失業 (frictional unemployment)
- 循環性失業 (cyclical unemployment)
- 非自願性的失業 (involuntary unemployment)
- 自然失業 (natural unemployment)
- 充分就業 (full employment)
- 奧肯法則 (Okun's law)
- 物價膨脹 (inflation)
- 需求拉動的物價膨脹 (demand pull inflation)
- 成本推動的物價膨脹 (cost push inflation)
- 菜單成本 (menu cost)
- 皮靴成本 (shoe-leather cost)
- 通貨膨脹稅 (inflation tax)
- 物價緊縮 (deflation)
- 菲力普曲線 (Philips curve)
- 停滯性物價膨脹 (stagflation)

摘要

★ 1. 痛苦指數為失業率與物價膨脹率（俗稱物價膨脹率）的加總，失業率提高代表國民所得減少，而物價膨脹率上漲代表生活成本增加，這雙重的壓力將使人們的生活水準下滑。

★ 2. 失業指一個有能力工作而且正在尋找工作，可是卻沒有工作的人。因此一個沒有能力工作的人或者他根本就不想工作，此時他沒有工作不能算是失業人口。

★ 3. 勞動力為所有有能力工作而且正在尋找工作的人，則失業率 $= 1 - \dfrac{\text{就業人口}}{\text{勞動力}}$。

★ 4. 造成失業的原因非常多，大致可以分成下列三種：(1)結構性的失業，(2)摩擦性的失業，(3)循環性的失業。

★ 5. 自然失業為一個國家只存在摩擦性失業及結構性失業，而自然失業率則定義為 $\dfrac{\text{摩擦性失業} + \text{結構性失業}}{\text{勞動力}}$。「充分就業」並不是指全國人都有工作，若社會只存在摩擦性失業人口就稱為充分就業。

★ 6.臺灣地區失業率每上升 1 個百分點，將使得實質 *GDP* 減少約 7 個百分點，此即為奧肯法則。

★ 7.物價膨脹指某一段期間內，一般物價水準持續上漲的現象。

★ 8.引發物價膨脹完全是由於本國「支出」太多的緣故，因此又稱為需求拉動的物價膨脹，還有一種稱為成本推動的物價膨脹，是由於生產要素成本增加再配合央行為刺激景氣復甦而釋放大量貨幣的雙重因素造成。

★ 9. Friedman 認為發生物價膨脹都是中央銀行的錯，由於央行為了達成某項政策目標犧牲物價的穩定，最終導致物價上漲到不可收拾的地步，其中又以維持充分就業目標最為常見。

★ 10.解決通貨膨脹的可能方法：(1)指數連動法，(2)價格與工資管制，(3)降低貨幣供給成長率，(4)改革稅制。

★ 11.若能夠準確預期到未來的物價膨脹率，則人們自然會尋找避險的管道，所以預期到的物價膨脹只會產生一些微小的成本，如餐廳必須隨物價上漲而更換菜單定價的成本（稱為菜單成本），或者家計部門將錢存放在銀行生利息，導致提款次數增加引發皮靴成本。

★ 12.物價膨脹之所以可怕在於物價膨脹超出人們的預期或者人類對物價膨脹反應不及而遭受巨大的損失，其成本包括：(1)資源配置無效率，(2)財富重分配效果，(3)通貨膨脹稅，(4)所得重分配效果更加明顯，(5)影響國際金融的穩定。

★ 13.物價緊縮是物價膨脹的反面，意指一國物價水準有持續下跌的現象。

★ 14.短期菲力普曲線方程式 $\frac{\Delta P}{P}=\beta(u_f-u)-\delta=\beta(u_N-u)$，它描述了物價膨脹率與失業率之間具有反向關係。

習題

1.何謂失業？何謂隱藏性失業？

2.何謂勞動力？

3.失業的種類有哪些？

4.何謂自然失業率？

5.失業的成本有哪些？

6.何謂物價膨脹？

7. 物價膨脹發生的可能原因為何？
8. 物價膨脹發生的種類有哪些？
9. 物價膨脹的成本有哪些？
10. 何謂物價緊縮？物價緊縮有何負作用？
11. 何謂菲力普曲線？它可以解釋在知識經濟中，物價膨脹率與失業率的關係嗎？
12. 如果我國人口數為 2,000 萬，而失業率為 5%，勞動參與率為 50%。另外 15 歲以上人口數為 1,500 萬人，此時我國就業與失業人數各為多少？
13. 如果臺灣的勞動數據如下：適齡工作人口 1,200 百萬，勞動力 800 百萬，就業人口 600 百萬。試求：
 (1)失業人口。
 (2)就業率。
 (4)失業率。
 (5)勞動參與率。
14. 如果臺灣定存利率 10%、稅率 10%、通貨膨脹率 3%，此時實質利率為何？
15. 如果臺灣的菲力普曲線為 $\pi = 0.6(\mu - 0.02) + \pi^{e}$，此時自然失業率為何？

第23章

經濟成長

站在追求社會福利極大的觀點，政府不應以追求經濟成長（通常用國民所得來替代）為唯一的目標，但是臺灣人民目前可以享受高級的生活品質，例如臺灣的家庭中有兩臺以上 LCD（或 TFT）螢幕電視的家庭比比皆是，這種現象可以說明經濟高度成長的結果的確在物質上可以豐富人民的選擇，也就是說經濟成長能夠帶給我們較好的衣食住行，較好的教育，進而提高本國人民的福利，所以各國政府施政都以追求經濟高度成長為唯一的職志。

表 23.1 為亞洲四小龍與中國大陸經濟成長率的比較，由表中資料顯示，臺灣的經濟成長率似乎已經邁入穩定的成熟期，而早期被認為是所得落後的中國，其經濟成長率大都高於臺灣的經濟成長率。為什麼臺灣經濟在民國 60 年代能夠以兩位數成長？而如今臺灣的經濟成長率只剩下 3%。而原先經濟成長落後的中國，最近幾年為何能夠急起直追?這些是相當有趣的問題。因此本章將討論如何界定經濟成長率、經濟成長的決定因素以及經濟成長的代價為何。

▼ 表 23.1　亞洲四小龍的經濟成長率

年度	臺灣	新加坡	南韓	香港	中國
2015	1.5%	3%	2.8%	2.4%	7%
2016	2.2%	3.2%	2.9%	2.2%	6.8%
2017	3.3%	4.3%	3.2%	3.8%	6.9%
2018	2.8%	3.4%	2.7%	2.9%	6.7%

資料來源：行政院主計處。

23.1 經濟成長的意義與測定

經濟成長 (economic growth) 與經濟發展 (economic development) 理論上屬於不同的概念，「臺灣經濟發展的奇蹟」所強調的不只是臺灣高度經濟成長，還包括了臺灣過去經濟發展的策略、制度結構的轉型以及影響經濟成長的一些相關因素，也就是說一國經濟成長與否與經濟發展是相輔相成的。

由於國民福利水準高低基本上與實質所得高低有關而與名目所得較無直接關係，因此在衡量一國的經濟成長通常指的是一國實質總產出的增加，亦即一國經濟成長率定義為 $\frac{\Delta Y}{Y}=\frac{Y_{t+1}-Y_t}{Y_t}$，其中 Y_{t+1}、Y_t 分別表示第 $t+1$ 期與第 t 期的實質總產出。但是人口會「稀釋」一國的總產出，也就是當人口增加時會降低平均每人能夠分到的實質所得，因此經濟學家認為最能夠反映一國福利變動的成長指標應指平均每個人實質產出的增加率。令 $y_t=\frac{Y_t}{N_t}$ 表第 t 期平均每人實質所得，因此平均每人的經濟成長率 (g_t) 定義如下：

$$g_t=\frac{y_t-y_{t-1}}{y_{t-1}}$$

圖 23.1 顯示臺灣地區經濟成長率時間序列圖，自民國 76 年以後，臺灣地區的經濟成長率每下愈況，而且下滑的速度越來越快，直到民國 87 年才「觸底反彈」。可是好景不常，由於世界不景氣再加上國內政治對立，我國經濟成長率在民國 90 年甚至跌到負值，後來又碰到美國次貸風暴，使得經濟成長率為負，雖然民國 99 年出現「報復性」反彈，原因是基期較低原因，最近幾年大致維持 2% 的成長率。到底是什麼不利因素使臺灣經濟成長率下跌？政府應該實施哪些政策才能使臺灣經濟再現奇蹟將是下節討論的重點。

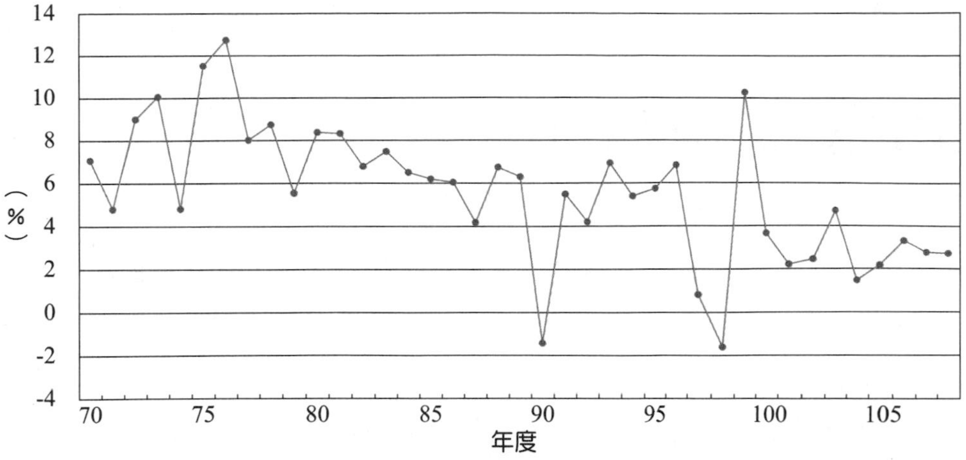

▲ 圖 23.1　臺灣地區經濟成長率

另外圖 23.2 為我國自民國 70 年以來的平均每人實質所得的成長率時間序列圖，其波動情況與圖 23.1 類似，平均每人實質所得成長率大致都是為正，惟二為負的兩次，一個是陳水扁時代的政爭以及 2008 年美國金融海嘯，所以政治穩定與國際金融秩序穩定是支持我國每人實質所得的成長的重要因素。

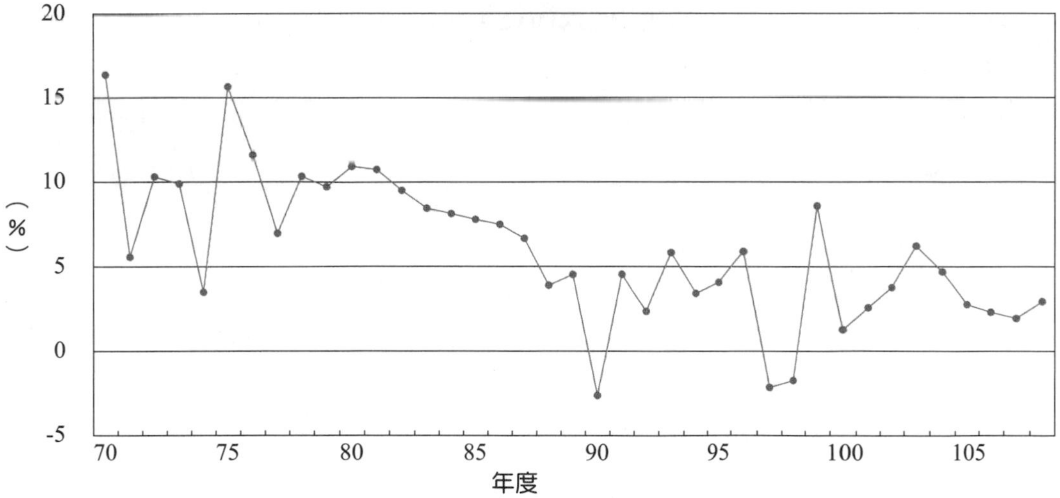

▲ 圖 23.2　平均每人實質所得成長率時間序列圖

23.2 經濟成長的原動力

一個國家之所以有高度的經濟成長，其成功的祕訣在哪裡？其實每一個國家成功的原因各有不同，例如日本靠著模仿、保護以及提高品質在世界經濟舞臺上占有一席之地，韓國企業靠著政府大力金援，造就韓國企業「碩大就是美」而帶動韓國高度經濟成長。反觀臺灣卻靠著中小型企業的活力與應變能力創造了臺灣經濟的奇蹟。就經濟發展而言，這些經驗彌足珍貴，但是就經濟成長理論而言，我們想了解是哪些動力促成一國擁有高度的經濟成長？

在第 5 章中我們曾經討論過生產理論，廠商的產量由其生產函數即四大生產要素來決定，同理我們可以假設一國總的生產由一國四大生產要素配合生產函數共同決定，假設一國生產函數可以寫成下列形式：

$$Y = A \times F(K, L, T)$$

其中 A 代表技術因子，泛指生產技術進步及企業家創新的精神，K 代表資本存量，包含機器、廠房及有利於廠商生產的一切公共建設，L 代表人力資源，包含勞動供給及一切的教育訓練因子等，T 代表一切的自然資源，包含土地礦產等。因此要促進經濟成長不外乎要從增進生產四大要素的效率著手，茲分述如下❶：

一、人力資源

人力資源除了指一國的勞力供給之外，還包括人力資本 (human capital)，也就是指勞動者本身所受的教育、知識、技術及服從性等等一切可以提高勞工生產力的「軟體」因素。當人力資源越豐富，則一國產出也會增加，帶動一國享有高度的經濟成長。

二、資本存量

機器設備可以提高人類生產力自工業革命以來已經表露無遺，英國利用機器取代人力，形成大規模生產的經濟優勢，二十世紀興建大量鐵路，電力設備的完善及

❶ Samuelson & Nordhaus (1998), *Economics*, 16thed., McGraw-Hill.

電腦大量普及造就了二十一世紀生產力的大幅躍進，這些例子告訴我們，擁有越多的資本、完善的公共設施對經濟成長有絕對的幫助。

三、自然資源

擁有大量自然資源的國家可以「開發」自然資源來增進一國的經濟成長，例如沙烏地阿拉伯蘊藏大量的石油以及加拿大擁有大量林業及漁業資源等等。但是豐富的自然資源並不是促進高經濟成長的唯一因素，從四小龍成長過程中可知，這些國家既沒有礦產也沒有自然資源，但是卻都有傲人的經濟成長。

四、技術因子

最近幾年所流行的知識經濟就是指人類在技術上不斷進步與創新，人類生活水準之所以越來越舒適，完全是人類不斷的創新與發明的結果。但是技術的創新與發明並不是從天上自動掉下來的，而是由一群企業家為了獲取超額經濟利潤勇於承擔失敗的風險，努力研發而成，因此企業家精神才是驅動技術再創新的原動力。

五、成長會計恆等式

從以上說明可知，技術進步為影響經濟成長的重要因子，但是如何衡量一個國家的技術進步呢？由於技術是一個非常抽象的觀念，很難有具體直接衡量的工具，因此經濟學家必須透過間接的估計方法來計算，此為著名「梭羅殘差」(Solow residual) 的觀點。

我們假設一國生產函數為 $Y = AK^{\alpha}L^{1-\alpha}$（假設一國資源不變），則取自然對數之後可得：

$$lnY = lnA + \alpha lnK + (1-\alpha)lnL$$

對上式作全微分可得：

$$\frac{\Delta Y}{Y} = \frac{\Delta A}{A} + \alpha\frac{\Delta K}{K} + (1-\alpha)\frac{\Delta L}{L}$$

由於一國勞動成長率、資本成長率以及經濟成長率的資料比較容易直接取得，因此我們就可以透過以上方程式間接估算技術成長率為：

$$\frac{\Delta A}{A} = \frac{\Delta Y}{Y} - \alpha\frac{\Delta K}{K} - (1-\alpha)\frac{\Delta L}{L}$$

23.3 古典成長理論

雖然我們已經討論過經濟成長的四大要素，但是人類經濟成長過程中，每一個時期的「重點」成長因素都不同，例如在農業時期，人力多寡決定一國的經濟成長，就像早期的中國。在工業革命時期，由於機器取代人力，因此只要擁有機器越多的國家，就越強盛，以英國為代表。進入知識經濟時代，只要擁有專門技術與知識就可以創造與累積大量財富，因此時至今日，技術就構成現代經濟成長的動力。為了理解這些演進過程，我們將首先介紹古典的成長理論。

古典成長理論主要有亞當斯密 (Adam Smith) 主張分工合作來促進經濟成長與馬爾薩斯的經濟成長理論，茲分述如下：

一、亞當斯密的經濟成長理論

所謂亞當斯密成長理論就是指專業化分工所帶來的經濟成長，也就是在國貿理論一章中所強調的絕對利益法則，亞當斯密認為只要每個人依照自己的專長分工合作就可以創造雙贏，並且帶動一國經濟成長。如下表所示：

▼ 表 23.2 生產力

	小林	小王
米	10	5
魚	2	8

上表中的數字表示此二人每小時的產出水準，我們可以合理假設小林是農夫，因此生產稻米的生產力高於小王，而小王為漁夫，因此抓魚的技巧優於小林。如果每個人都有 10 小時的原賦，且都各只花 5 小時在生產稻米與抓魚，則此時全國的產出水準如表 23.3 所示：

▼ 表 23.3　全國產出

	小林	小王
米	50	25
魚	10	40

也就是全國總共生產 75 單位的稻米與 50 單位的魚。

亞當斯密認為只要透過專業化的分工，小林專業化生產稻米，而小王專業化抓魚，則此時社會總產出將提高為米 100 單位與魚 80 單位，因此依照亞當斯密的觀點，分工越細，則經濟成長越高。

但是依照專業化生產的概念，經濟成長是否會一直持續下去呢？其實是不會的。亞當斯密認為由於市場容納有限，當市場無法滿足廠商的生產時（即供過於求）將會阻礙到經濟的成長。另外，分工越來越細時，內部的協調及監督也就越來越重要，這些交易成本將阻礙進一步專業化生產的可能性。

二、馬爾薩斯的經濟成長理論

馬爾薩斯在「人口論」中提及由於人口成長是以幾何級數增加，但是糧食卻只能以線性的速度增加，因此大地將無法生產足夠的糧食來豢養大眾，因此最終經濟成長只能提供人類維持生命所需的最低水準，所以經濟學又被稱為是憂鬱的科學 (the dismal science)。

上述觀點是建立在「工資鐵率」(iron law of wage) 上，「工資鐵率」假設維持最低生活所需的工資水準為 W^*，一旦勞動者獲得工資超過 W^*，則人民就有多餘的所得去扶養下一代，生育率就會增加。但是由於邊際生產力遞減法則，人口越多，生產力越低，因此後代子孫所得越低，長期均衡時，每一個人只會賺取扶養自己的所得水準，沒有多餘的「閒錢」去多生小孩，因此人口也就不再繼續成長。

範例

一、人口會吃掉一國經濟成長的果實

從工資鐵率得知，若一國沒有控制好出生率，長期下不可能改善人民的所得及生活水準，最多只能「供養」更多的人口。這也讓我們了解早期臺灣為何

要鼓勵生兩個孩子恰恰好的原因。早期，大陸與印度其實經濟成長不差，但是生活水平卻落後許多，原因在於這些國家人口成長過於迅速，試想要填飽這麼多人的肚子就已經非常的困難，怎麼有多餘的資源從事投資研發的工作？惡性循環的結果將使經濟成長越來越差。所以大陸實施殘忍的一胎化政策，但是殘忍歸殘忍，大陸經濟最近幾年也已經慢慢好轉，這也符合古典成長理論精髓。

23.4 新古典成長理論

概　論

馬爾薩斯的成長理論當然無法解釋現代經濟成長的態勢，例如臺灣民國 40 年代，平均每人國民所得只有 100 美元，94 年已經超過 15,000 美元，因此經濟學不再是憂鬱的科學，而是「希望的科學」。馬爾薩斯成長理論之所以無法掌握到現代經濟成長的脈絡，原因在於馬爾薩斯成長理論主要在捕捉農業時期成長的原動力，在農業時期，人力的增加就是經濟成長的動力。

但是工業革命的經濟成長主要是人們將多餘所得儲蓄起來，廠商再把這些資金用於投資，廠商投資增加代表著機器設備增加，有助於提高勞動的生產力，因此將可提高人們薪資所得，造成良性循環，這就是新古典成長理論的根源。梭羅 (Solow) 體察到這時代的脈動，遂提出了新古典成長理論。

按照梭羅的觀點，馬爾薩斯的成長理論太執著於勞動邊際生產力遞減法則，忽略了資本增加對勞動邊際生產力莫大的貢獻，例如，在馬爾薩斯時代 1 公畝的田地可能需要 10 個農夫，可是現在的美國，播種是用直升機，1 個農夫可以照顧好幾百公畝土地。因此梭羅認為資本深化 (capital deepening) 為經濟成長的主要動力，也就是說隨著經濟成長每個人所擁有的資本數量越多，勞動的邊際生產力也就越高，這也就是經濟持續成長的動力所在。

範例

二、資本深化隨處可見

資本深化在我們周遭屢見不鮮，例如早期能擁有一部 286 電腦的家庭不多，現在每個家庭同時擁有多部電腦比比皆是，甚至筆記型電腦都是平常必備的工具。當擁有筆記型電腦時，任何人都可以在任何地方從事工作，可以節省許多不必要浪費的時間，對於提高個人生產力有莫大的幫助。同理，隨著經濟成長，人民對便捷與快速的交通工具有非常強烈的需求，因此高鐵的興建就是滿足此種需求，隨著一日化生活圈的到來，人們可以節省許多的通車時間用來從事生產，當然可以創造更高的經濟成長。總結以上的觀點，所得越高所能擁有的資本也就越多，也就越能提高人們的勞動邊際生產力，勞工薪資也會跟著水漲船高，意味著經濟成長將帶給人類更高的生活水準。

新古典成長模型的意義

新古典成長模型的理論基本上是建立在以下的假設之上：

(1)勞動成長率 $\frac{\Delta L}{L}=n$ 為一常數。

(2)生產函數為固定規模報酬，不失一般性可以令生產函數為 $Y=AK^{\alpha}L^{1-\alpha}$。

(3)儲蓄占國民所得比例為固定常數 s，即 $s=\frac{S}{Y}$ 為一常數。

(4)技術因子 A 為常數。

第二個與第三個假設對推論長期均衡所得有重要的影響，但是我們先討論在長期均衡下，決定一國經濟成長率的主因為何？

當體系達到長期均衡時，表示體系所有內生變數均不會再改變，也就是說平均每人的資本存量不變（即 $k=\frac{K}{L}$ 不變）。為什麼在長期均衡時，資本深化會停止呢？原因在於資本深化仍然存在邊際報酬遞減的現象。例如，雖然筆記型電腦可以提高個人工作生產力，但是買越多的筆記型電腦所能提高生產力越來越小，而購買筆記型電腦需要支付龐大的費用，當個人覺得筆記型電腦帶給個人利益低於購買筆記型電腦所支付的成本時，您就不會再購買筆記型電腦，也就是說資本深化停止了。

又如政府在興建道路時，會優先選擇在人口多的地區建立完善的道路系統，因為其邊際效益較高。隨著經濟成長，人口少的地區雖然也有基礎的道路建設，但是其「普及率」就沒有都市來得高，原因在於鄉村的道路所能「服務的人口較少」，也就是「邊際效益」較小。當政府發現興建道路的邊際效益小於機會成本時，則政府將不會再興建道路，資本深化停止。

由於 $\ln k=\ln K-\ln N$，因此全微分可得：

$$\frac{\Delta k}{k}=\frac{\Delta K}{K}-\frac{\Delta L}{L}$$

所以長期均衡時，資本深化停止時，k 不變表示 $\frac{\Delta k}{k}=\frac{\Delta K}{K}-\frac{\Delta L}{L}=0$，意味著體系達到長期均衡時：

$$\frac{\Delta K}{K}=\frac{\Delta L}{L}$$

再透過成長會計恆等觀點，$\frac{\Delta Y}{Y}=\frac{\Delta A}{A}+\alpha\frac{\Delta K}{K}+(1-\alpha)\frac{\Delta L}{L}$，由於技術因子 A 不變，因此一國經濟成長率為 $\frac{\Delta Y}{Y}=0+\alpha\frac{\Delta L}{L}+(1-\alpha)\frac{\Delta L}{L}=\frac{\Delta L}{L}$。

上式帶給我們一個很令人意外的結論，在 Solow 成長模型下，如果技術因子不變的話，經濟成長率將只決定於一國的人口出生率，跟這個國家的儲蓄率等其他因素無關，因此又稱為絕對收斂假說 (absolute convergence hypothesis)。如果 Solow 成長模型是正確的話，那號稱臺灣經濟奇蹟原來是因為早期臺灣人口出生率高所帶來的，跟臺灣人勤不勤勞一點關係也沒有。

新古典成長模型的推論

成長理論特性為長期均衡，既然屬於長期均衡，則不會有需求不足的問題，也不會有失業的問題，所以長期均衡下，必定滿足商品供給等於需求，且每一個人都處於充分就業。

由於我們假設總生產函數為 $Y=AK^{\alpha}L^{1-\alpha}$，因此 $y=\frac{Y}{L}=\frac{AK^{\alpha}L^{1-\alpha}}{L}=A(\frac{K}{L})^{\alpha}=A$ k^{α}，其中 k 表示資本深化的程度。由於 $\frac{\Delta k}{k}=\frac{\Delta K}{K}-\frac{\Delta L}{L}$，因此資本深化的速度 $\frac{\Delta k}{k}=$ $\frac{I}{K}-n$，其中 $I=\Delta K$ 表示新增的機器為投資。再代入長期均衡條件 $I=S$，可得 $\frac{\Delta k}{k}=$

$\frac{S}{K} - n = \frac{sY}{K} - n = \frac{sY/L}{K/L} - n = \frac{sy}{k} - n$，因此我們可以求得資本深化的動態調整方程式為 $\Delta k = sy - nk$。

透過 $\Delta k = sy - nk$ 方程式可知，若經濟處於長期均衡時，表示資本深化停止，因此 $\Delta k = 0$，意味著長期均衡時資本深化程度決定於 $sy = nk$，如下圖所示：

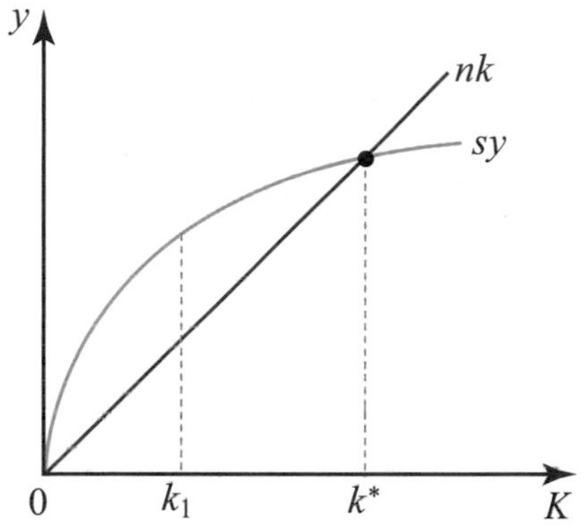

▲ 圖 23.3　Solow 成長模型的均衡

其中 sy 可以「想像」成人民對資本深化的「需求」，而 nk 表示目前資本深化的數量，若一開始資本深化數量為 k_1，表示人民期望的資本深化數量高於當前的數量，因此人民會繼續投資，所以資本深化持續至 k^* 為止，達成長期的均衡。若長期均衡資本深化 k^* 為常數，根據以上說明經濟成長率將決定於人口出生率，所以在 Solow 成長模型中，唯有不斷資本深化才是促進經濟成長的動力。接下來我們將利用以上模型說明儲蓄率與人口出生率變動對經濟體系所造成的影響。

一、儲蓄率增加對體系長期均衡的影響

如果人民提高儲蓄率，意味著人民希望資本深化，如圖 23.4 所示。

當家計部門儲蓄意願增強由 s_1 增加至 s_2 時，將使「資本深化」需求曲線由 s_1y 上移至 s_2y，因此原先資本深化的數量 k_1 無法滿足人民所需，所以資本深化過程啟動直至 k_2 為止。

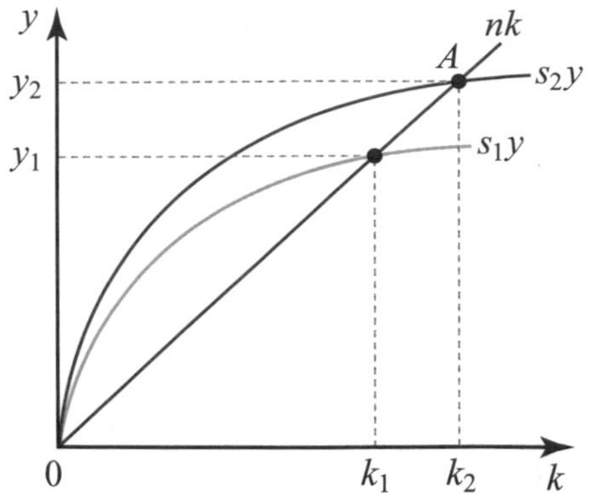

▲ 圖 23.4 儲蓄率變動對經濟成長的影響

因此在長期均衡時每人資本存量由 k_1 增加至 k_2，所以每人的實質所得也將由 y_1 增加至 y_2。表示在長期達到均衡時，每人國民所得提高了，但是由於長期均衡時，k_2 還是常數，只要資本深化沒有持續，則經濟成長率只會等於人口出生率，因此儲蓄率提高只能夠提高每人實質所得，但是對提高經濟成長率一點幫助也沒有。

二、人口出生率提高對經濟體系的影響

若人口出生率提高，在儲蓄不變的情形下，將會稀釋目前的資本深化數量，因此將使人們勞動生產力下降，導致平均每人實質所得減少，如下圖所示：

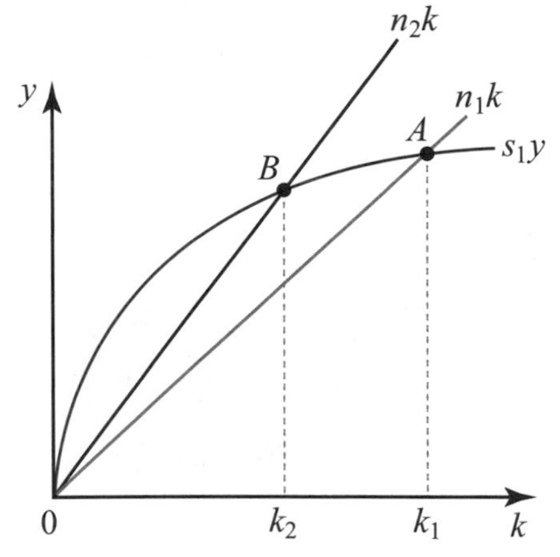

▲ 圖 23.5 人口出生率變動對成長率的影響

當人口出生率 n_1 提高至 n_2 時，代表著相同儲蓄率下資本深化被稀釋了，因此導致 n_1k 左移至 n_2k，此時均衡的資本深化數量減少，導致平均每人實質所得減少，

意味著雖然經濟成長率提高，但是平均每人生活水平下降了。

23.5 內生成長理論

依照梭羅的觀點，任何兩個國家，不管期初的所得差異有多大，只要人口成長率相同的話，則此兩國的經濟成長率將會一致，這個結論用於當今知識經濟時代，則顯得不甚高明。例如美國是世界的強國，也是所得非常高的國家，而衣索比亞是非洲的窮國，我們發現隨著經濟的成長，美國越來越有錢，而衣索比亞卻越來越窮，也就是世界各國間的經濟成長率不是收斂而是發散的，這也是後來內生成長模型 (endogenous growth model) 所稱的絕對發散假說 (absolute divergence hypothesis)。

為什麼富有的國家會越來越富有，貧窮的國家會越來越貧窮？這跟近代經濟成長動力有關。新古典成長理論預測在技術不變的情況下，經濟成長終有一天會停滯不前，但是技術會停滯不前嗎？自從第一次工業革命（蒸汽引擎的發明）及第二次工業革命（電器的發明）後，第三次工業革命（即資訊和生物科技的發展）所憑藉的就是「新知識」，不斷的創新才是經濟成長的原動力，就可以為私人創造鉅額的財富，一個顯著的例子就是微軟 (Microsoft) 總裁比爾蓋茲的成功傳奇。有關內生成長模型主要的論點如下：

一、羅瑪之外部性模型 (spillover model)

我們發現世界上電子廠商有所謂的「群聚效應」，例如美國的矽谷，臺灣的竹科等，這些電子廠為什會設廠在一起呢？依照羅瑪 (Romer) 的觀點就是存在「外部性」效益所致，亦即當廠商增加投資時會創造一些正的外部效果，使得他家廠商可以減少研發成本，轉而研發更高的技術，因此技術因子 A 會隨著全體廠商投資增加而提高。當生產技術因子 A 提高時，一方面促進總產量曲線往上移動，經濟成長提高，另外一方面技術進步時又可以提高每人資本存量，投資增加，造成良性循環。

二、盧卡斯之人力資本模型 (human capital model)

盧卡斯 (Lucas) 對亞洲四小龍在資源缺乏情況下，還能夠維持每年 6% 以上的經濟成長率感到十分好奇，再加上知識經濟展開之後，盧卡斯發現經濟成長的動力在於人力資本而非實質資本，於是提出人力資本模型。盧卡斯認為亞洲四小龍之所以有高度經濟成長主因在於這些國家對教育（也就是人力資本）下了很大的苦心，人力資本提高之後對促進勞動生產力有莫大的幫助，因此使得國民所得提高，所以就能夠投入更多的人力資本，形成一個良性循環。

三、羅瑪之研發模型 (R & D model)

Wintel 帝國（Windows 加上 Intel）之所以屹立不搖在於他們建立一個難以橫越的技術障礙，因此羅瑪認為要維持高度經濟成長的不二法門就是不斷的研發與創新，所以按照羅瑪觀點提高經濟成長率決不是資本深化而已，研發才是最重要的因素。這個觀點也可以說明臺灣最近幾年經濟成長的盲點，為什麼臺灣經濟會被大陸牽著走？為什麼經濟成長率已經大幅趨緩？最重要原因除了政治上的熱鬥之外，另外就是臺灣廠商缺乏研發與創新的動力，而只追求代工的微利，因此經濟成長終究會走到盡頭。

接下來我們將利用圖形說明新古典成長模型與內生成長模型的差異，如下圖所示：

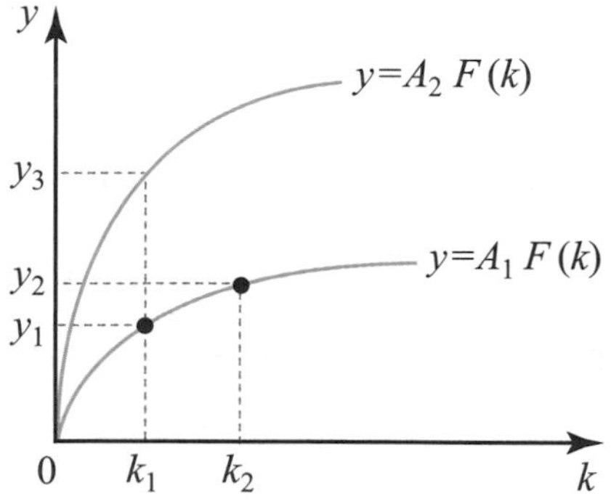

▲ 圖 23.6　內生成長圖形

Solow 成長模型假設技術為外生，因此唯有透過資本深化才能促進經濟成長，也就是只有投資增加使得資本深化由 k_1 增加至 k_2，經濟成長才有可能實現，若資本深化停滯，則經濟成長率不變。而內生成長理論認為技術不斷創新將使 $y = A_1F(k)$ 上移至 $y = A_2F(k)$，此時即使資本不變，總產出也會增加，進而帶動經濟成長。

內生成長理論帶給我們相當大的省思，若要維持長期經濟成長首要目標不是增加儲蓄或者是單純的資本深化而已，我們應該重視研究發展，尤其臺灣擁有高素質人才，因此只要政府能夠重視研發，再創臺灣經濟奇蹟指日可待。

雖然內生成長理論許下一個相當美好的遠景，即經濟成長將無限制的持續下去，技術會持續的創新而帶給人類更好的生活水準。但是「憂鬱的科學」似乎仍然一直在提醒著我們對未來的經濟成長不要抱著太多的樂觀。首先在 1970 年代，一些環境經濟學家認為人類的自然資源如石油等終有一天會耗竭，導致經濟成長無以為繼，這個預言一直到 2005 年似乎得到一些印證。但資源有限似乎是人類追求技術進步的原動力之一，由於自然資源有限，因此人類會努力尋找替代方案，造成技術更進一步的提升。

23.6 經濟成長的代價

除非只有一種用途，否則任何人類的經濟活動都會存在著機會成本，當然追求高度經濟成長也有其機會成本。我們要享受更高的生活水準可能會犧牲到以下各項：

一、犧牲休閒的品質

臺灣的電子業長期有高度成長，這些成長背後都是電子人才辛勤努力工作的結果，科學園區中許多研究人員幾乎都是不眠不休的工作，才帶來今日臺灣的資訊業。所以追求高度經濟成長可能犧牲休閒的品質，導致人民的福利水準下降。

二、犧牲目前消費

Solow 成長理論認為資本深化是經濟成長不二法門，可是資本深化需要增加儲蓄，意味著減少今天的消費。雖然可能創造更美好的未來，但是犧牲目前消費去換取未來更多的消費，則今天所減少的消費就是追求成長的機會成本。

三、環境品質的惡化

任何開發中國家進步到已開發國家，雖然經濟成長了但是通常都會伴隨著環境污染。從早期臺灣經濟成長過程中河川的污染，或者現今中國山川的破壞都是明顯的例子。另外追求高度經濟成長，將使人民生活容易陷入緊張的狀態、交通繁亂、垃圾堆積如山等，這些都是只追求高經濟成長下的產物。

四、經濟痛苦指數增加

隨著高度經濟的成長，通常會使人們所得分配日益懸殊，雖然早期臺灣所得分布還算平均，可是當前貧富懸殊問題已經困擾著社會大眾，這也是只追求成長的代價。

所以只追求經濟成長數字通常會伴隨著極龐大的機會成本，有些學者因而主張「零經濟成長」，這個觀念與「綠色國民所得帳」類似，也就是說「零經濟成長」主張不以高經濟成長率為目標，而是以追求高度生活品質提高人民生活效用為最重要的目標。

重要名詞

- 經濟成長 (economic growth)
- 經濟發展 (economic development)
- 人力資本 (human capital)
- 梭羅殘差 (Solow residual)
- 憂鬱的科學 (the dismal science)
- 工資鐵律 (iron law of wage)
- 資本深化 (capital deepening)
- 絕對收斂假說 (absolute convergence hypothesis)
- 內生成長模型 (endogenous growth model)
- 絕對發散假說 (absolute divergence hypothesis)
- 外部性模型 (spillover model)
- 人力資本模型 (human capital model)
- 研發模型 (R&D model)

摘要

★ 1. 經濟成長與經濟發展理論上屬於不同的概念，「臺灣經濟發展的奇蹟」所強調的不只是臺灣經濟高度成長，還包括了臺灣過去經濟發展的策略、制度結構的轉型以及影響經濟成長的一些相關因素，也就是說一國經濟成長與否與經濟發展是相輔相成的。

★ 2. 假設一國生產函數可以寫成 $Y = A \times F(K, L, T)$，則若要促進經濟成長不外乎要從增進生產四大要素的效率著手。

★ 3. 由於技術是一個非常抽象的觀念，很難有具體直接衡量的工具，因此經濟學家必須透過間接的估計方法來計算，此為著名「梭羅殘差」的觀點，即 $\frac{\Delta A}{A} = \frac{\Delta Y}{Y} - \alpha\frac{\Delta K}{K} - (1-\alpha)\frac{\Delta L}{L}$。

★ 4. 依照專業化生產的概念，經濟成長並不會一直持續下去。亞當斯密認為由於市場容納有限，當市場無法滿足廠商的生產時（即供過於求）將會阻礙到經濟的成長。另外，分工越來越細時，內部的協調及監督也就越來越重要，這些交易成本將阻礙進一步專業化生產的可能性。

★ 5. 「工資鐵率」假設維持最低生活所需的工資水準為 W^*，一旦勞動者獲得的工資超過 W^*，則人民就有多餘的所得去扶養下一代，生育率就會增加。但是由於邊際生產力遞減法則，人口越多，生產力越低，因此後代子孫所得越低，長期均衡時，每一個人只會賺取扶養自己的所得水準，沒有多餘的閒錢去多生小孩，因此人口也就不再繼續成長。

★ 6. 梭羅認為資本深化為經濟成長的主要動力，也就是說隨著經濟成長每個人所擁有的資本數量越多，勞動的邊際生產力也就越高，這就是經濟持續成長的動力所在。

★ 7. 在 Solow 成長模型下，如果技術因子不變，經濟成長率將只決定於一國的人口出生率，跟這個國家的儲蓄率等其他因素無關，因此又稱為絕對收斂假說。

★ 8. 隨著經濟的成長，美國越來越有錢，而衣索比亞卻越來越窮，也就是世界各國間的經濟成長率不是收斂而是發散的，這也是後來內生成長模型所稱的絕對發散假說。

★ 9. 內生成長模型主要包含：(1)羅瑪之外部性模型(2)盧卡斯之人力資本模型(3)羅瑪之研發模型。

★ 10. 經濟成長的代價包括：(1)犧牲休閒的品質，(2)犧牲目前消費，(3)環境品質的惡化，(4)經濟痛苦指數增加。

習題

1. 如何衡量一國之經濟成長？
2. 經濟成長的原動力在哪裡？
3. 請討論亞當斯密成長理論的內容。
4. 何謂工資鐵率？
5. 試說明臺灣所推行的家庭計畫與馬爾薩斯的經濟成長理論有何關連？
6. 試說明馬爾薩斯的經濟成長理論為何不能說明現代的經濟成長現象？
7. 何謂資本深化？資本深化是否有一極限？
8. 試討論內生成長理論的內涵。在政策的制定上與以往有何不同？
9. 為求經濟成長的機會成本有哪些？
10. 如果臺灣的生產函數為 $Y = AK^{0.5}L^{0.5}$，假設 Y 的成長率為 6%，K 的成長率為 2%，L 的成長率為 4%。此時臺灣總要素生產力成長率為何？
11. 如果臺灣的生產函數為 $Y = F(N, K) = N^{0.4}K^{0.6}$，主計處估計我國 $MPC = 0.5$，人口成長率 $n = 2\%$，而機器設備折舊率為 $\delta = 6\%$。當臺灣落在穩定狀態時，每人產出與每人消費分別為何？

Note

第 24 章

經濟發展

- 24.1 經濟發展的階段理論
- 24.2 經濟制度
- 24.3 經濟發展的四大要素
- 24.4 經濟發展理論
- 24.5 臺灣經濟發展歷程

在世界各國經濟發展的過程中，不難發現許多國家其實擁有良好經濟成長的四大原動力——人力資源、資本、自然資源及技術等，但是最後其經濟成長表現卻不是那麼理想，例如前蘇聯，論技術及自然資源都不輸美國，但是平均每人的國民所得卻不及許多開發中的國家。因此一定存在其他因素使得每個國家間的經濟成長會產生如此大的差異，而這正是經濟發展所要探討的主題。

一國的文化、經濟制度甚至是政治結構對總體經濟政策有極大的影響力，此影響力甚至比生產四大要素更重要，所以誠如陳師孟❶所說經濟發展強調的是「社會全面長期進化的過程」，也就是說，這種進化會使得社會的制度及結構獲得調和，從而使得生產要素發揮最大的生產力。

在全球將近 60 億人口中，將近有 10 億人口是生活在赤貧中，也就是三餐不得溫飽，但也有些國家糧食生產過剩，例如美國。美、日等高所得國家其每人年平均國民所得約在 25,000 美元，而一些低所得國家如伊索比亞的每人年平均國民所得不到 100 美元。根據世界銀行的估算，全世界最窮的國家大約占世界人口的 60%，但是其所得只占全世界的所得不到 10%。因此本章主要的課題是探討這些未開發國家應該採取哪些措施來逃離貧窮的魔咒，並且討論臺灣經濟發展成功的經驗。

---

❶ 陳師孟，《總體經濟演義》（翰蘆圖書）。

24.1 經濟發展的階段理論

一、李士特經濟發展五階段

早期的經濟學家或者歷史學家觀察當時世界各國的文明發展，提出經濟發展必經的階段，首先由李士特 (List) 觀察人類「生產」方式的變化歸納出經濟發展的五個階段：

1. 漁獵時期

原始人類除了力氣與有限的智慧以外並沒有任何的生產要素可從事生產活動，因此打獵捕魚是獲取食物的主要來源。在此時期由於捕獲量並不確定，因此人類必須將大部分時間用於狩獵，導致經濟發展極為緩慢。

2. 遊牧時期

為了能夠獲取穩定的食物來源，因此人類慢慢由狩獵進步到遊牧，但是逐水草而居的生活還是無法發揮分工的效率。

3. 農業時期

這是經濟發展起飛的重要里程碑，由於農業的發展代表可以「供養」更多的人口，另外群聚生活代表分工合作的可能，促使經濟效率的提高。

4. 農工業時期

由於經濟發展使得尋找更有效率的生產方式變得非常迫切，因此蒸汽發明所帶動的第一次工業革命應運而生，導致人類生產的效率一日千里。

5. 農工商業時期

工業革命雖然提供人類更多的選擇，但是如何分配這些產出也是一個嚴重的問題，因此商業發展變成一個必然的趨勢，所以經濟發展到最後，農工商會同時並存發展。

二、羅斯托經濟發展五階段

除了李士特之外，另外美國著名的經濟學家羅斯托 (Rostow) 發表了「經濟起飛論」，他認為整個經濟發展可以分成五個階段：

1. 傳統的農業社會時期

此時社會大部分資源都用於農業生產，缺乏現代的技術輔助，因此成長緩慢。

2. 過渡時期

也就是從農業轉換至工業社會的過渡時間，此時新的生產技術開始運用，新興的企業家也開始嶄露頭角，國際貿易逐漸發達，一個嶄新競爭的社會開始茁壯。

3. 飛躍時期

指進入工業化社會的時期。在這一段時間內，存在主要的工業部門帶動經濟快速成長，而且整個政治、經濟及社會制度運作良好，使得經濟飛躍得以持續。

4. 成熟時期

指一切的產業發展至穩定的時期，例如農業進步到高附加價值的精緻農業，或者輕工業進步到精密工業甚至進步到目前資訊業等。在這段期間內，投資會持續的增加至占國民所得的 20%，而農業生產的比重會逐漸降低。

5. 享受時期

指經濟發展至最完美境界，民眾於是能夠享受到最多產品與勞務的消費。

24.2 經濟制度

何謂制度 (institution)？根據諾貝爾經濟學獎得主諾斯 (North, 1992) 的定義為人類的遊戲規則 (rules of the game)，因此經濟制度可以說是人類經濟活動的遊戲規則。當經濟制度一經規範時，人們便依此規則從事經濟活動，若此遊戲規則能夠促使生產要素一起發揮其生產力，則會加速累積國家財富，經濟發展將會往高所得方向移動。如果經濟制度導致生產要素相互抵消其生產力，則經濟發展將在原地踏步。

目前世界各國所實行的經濟制度如何進行分類是一件相當困難的工作，如果依照財產權的歸屬可以分成「公有」及「私有」，如果按照經濟資源配置權力又可以分成「中央集權」與「市場分權」❷，其中又以資本主義 (capitalism) 與共產主義

(communism) 可以分別代表兩個極端的情況。所謂資本主義代表著財產私有與市場經濟，而共產主義實行財產公有與中央集權的經濟制度。

資本主義重競爭強調效率，共產主義注重「公平」，但是經濟學家很難去界定何謂「公平」?因此我們只能從效率的標準去討論共產主義的優劣，從理論上來講，共產主義與自由經濟都可以達到相同完美的境界，只要它能夠滿足下列的一些條件：

1.集權國家領導者的偏好能夠忠實反映民眾的偏好

引用李登輝總統的一句話就是「民之所欲，長在我心」。如果當政者能夠以民眾需要當做施政的依據，那麼中央集權的未來是美好的。但是實際上的情況又是如何呢？

首先，集權國家的領導者通常是以自己的偏好當做是民眾的喜好，例如前蘇聯不顧民生需求極力發展軍事及太空工業，第一顆人造衛星是前蘇聯所發射，其軍事力量媲美美國。但是其他民生產業卻顯得相當的貧乏，我們經常在電視上看到前蘇聯民眾漏夜大排長龍購買民生必需品而感到不可思議。

第二，即使施政者能夠以民眾需要為需要，但是在資源有限的情況下，到底優先執行哪些項目最能滿足民眾需求不無疑問。因為在共產主義下，任何產品的數量與價格都是公定，施政者如何知道未來這些產品的數量剛好能夠滿足民眾的需要，不會過與不及，顯然這是天方夜譚。而且更糟糕的是由於價格都是公定的，因此讓生產者失去誘因去從事改良創新以吸引顧客的購買，這與資本主義的情況大大不同，例如，前東德民眾也有汽車，但是大部分都是統一購買國民車。而在自由經濟下，廠商會絞盡腦汁改良配備性能生產許多品牌及樣式的汽車提供消費者選購，提高消費者的效用。

2.沒有資訊不對稱的問題

也就是人民要完全「效忠領袖」，當領導者的命令一下，各階層執行者會全力以赴，達成任務。這牽涉到共產主義的就業機制，在共產國家學生一畢業隨即被「分派」到指定的工作地點，人民沒有選擇工作的自由。表面上看來，在共產國家沒有「失業」的問題，但是其問題更加的嚴重。

(1)由於企業都是國有，「永遠不會倒」，因此企業負責人就沒有動機積極考核員工是否努力工作。另外，由於員工沒有失業危機感，在追求效用極大下，「偷懶」似乎不可避免，因此共產國家的國營企業效率其差無比。

❷ 詳細分類可參閱張清溪等著《經濟學理論與實際》(翰蘆圖書)。

(2)由於人民的工作是「被指派」的，因此個人的專長經常被忽略，導致整體經濟效率的降低。

24.3 經濟發展的四大要素

在經濟成長一章中已經討論到經濟成長的四大原動力——人力資源、資本、自然資源及技術，而經濟發展是否能夠成功亦決定於此四大要素，但並非決定於此四大要素量的多寡，而是關於制度及政策的考量。

一、人力資源

未開發國家在人力資源方面應該注重控制人口的成長及人力資源的素質。馬爾薩斯的「人口論」對已開發國家似乎發揮不了任何的作用，但是卻深深束縛了許多非洲國家的經濟發展，尤其這些國家經濟越落後，生育率卻越高，因此未開發國家要邁向已開發國家首先必須控制人口成長的速度。

兩岸間對人口成長控制的政策恰好形成一個極為強烈的對比，臺灣基本上是以宣傳及教育的方式鼓吹兩個孩子恰恰好，達到控制人口成長的目的。而中國卻以強制的手段實施「一胎化」政策，在短期間內有效的控制中國人口成長的速度。不管是人道的教育方式或者是殘忍的「一胎化」政策，基本上都達到穩定人口成長的目的。當生育率受到控制後，基本上對小孩的照顧及教育的機會都會比以前更好，導致勞動素質提高，有助於整個國家生產力的發揮。當國民所得增加時，婦女發現養育小孩的機會成本慢慢在增加，因此又打擊生育率，所以當經濟越發展時，全國總人口的增加速度越來越慢，這正是已開發國家人口成長的一個特性。

二、自然資源

一個國家擁有豐富的天然資源並不保證這個國家會有比較好的經濟發展，制度上的設計及政治的清廉往往是決定天然資源是否能夠有效利用的關鍵。

以兩岸的土地改革為例，中國採取的是土地國有制，人民生產所得全部由國家統一分配，任何個人的努力如果無法獲得額外的報酬，則必然打擊個人努力工作的誘因，將使經濟成長受到相當的阻礙。中國早期的國民所得一直遠低於臺灣，與此項制度有莫大的關連，直到鄧小平開放部分財產私有制度，才使得中國經濟產生較強的活力。反觀臺灣，自從三七五減租、公地放領到耕者有其田等措施導致農民有強烈的意願進行資本投資及技術的改良，使得臺灣的每人可耕農地雖少，但是所創造出來的附加價值卻是名列世界前茅。

三、資　本

基本上多數經濟學家都同意落後國家要邁向已開發國家之林必須眾建資本，包括道路、水電及資訊等等基本的公共建設，但弔詭的是未開發國家的國民所得最多只足夠溫飽，何來儲蓄能夠支應這龐大的建設費用？根據統計，已開發國家大約投資 20% 的所得從事資本的建設活動，而落後國家卻只投資 5% 左右，因此已開發國家與未開發國家間生產力的差距越來越大。而更令人氣餒的是由於未開發國家生產力遠遠落後，因此國民所得更形減少，使得可投資金額越來越少，導致富者越富，窮者越窮的窘境，此種現象又稱之為「邪惡的貧窮循環」(vicious cycle of poverty)。

既然落後國家無法依靠自己的儲蓄來促使資本深化，那麼唯一的途徑就是依賴外援。臺灣的經濟奇蹟除了本國人民努力勤奮之外，美援對早期臺灣經濟成長有莫大的貢獻，當時美援有部分是用來支應經濟建設如電力開發、興建道路及開礦等等，這些經建援助奠定了以後臺灣經濟發展成功的基礎。

如果外援是落後國家脫離貧窮的捷徑，是否向外舉債就毫無風險？其實不然，任何的舉債必須把握一個原則，「舉債的邊際利益必須大於其機會成本」，否則過度舉債的結果將會加速拖垮本國的經濟。例如許多的中南美國家大幅向外舉債，但是所借的錢大部分是用來增加消費，最後即使該國全部出口的所得還無法清償當年度的借貸利息，造成國際金融危機，在 1998～1999 年所發生的世界金融危機正肇因於此，導致世界經濟大幅的衰退。

四、技術創新

對於落後國家而言，技術創新是「一個相對優勢」的項目，落後國家不需要重新去發現牛頓的萬有引力定律，不需要再花相當多的時間去研究物質不滅定律等等，因為落後國家沒有那個時間也沒有那個必要從頭開始，他們可以在既有的基礎上去從事技術創新的工作。

但是技術創新並不是一蹴可幾，例如早期臺灣根本就沒有所謂的電子資訊業，但台積電現已成為世界第一大的晶圓代工廠，誰又知道台積電一開始是做電子錶起家的？我們都知道 Intel 就是 CPU 的代名詞，因此周邊的晶片一切以 Intel 制定的規格為準，誰又會想到有一個曾經為 Intel 協力廠的威盛所生產的 PC133 晶片居然能夠與 Intel 打對臺？不僅臺灣資訊業如此，其實連日本何嘗不是靠著技術模仿慢慢蛻變成工業大國？所以技術的模仿實為落後國家邁向已開發國家的一個捷徑。

模仿是否就能夠保證本國經濟發展順利成功？如果答案是肯定的話，那麼世界上就沒有落後國家，因為我們只要將美國所有工業「複製」到落後國家，則一切問題皆可迎刃而解，因此問題不是我們想像中的簡單。這之間還差一個企業家精神，一個成功的經濟發展必須提供一個良好的誘因促使企業家願意冒險集合各種生產要素去創造更多利潤，這包含各種制度因素，例如清廉的政治及司法等等，也就是說政府要提供一個機會完全相同的競爭社會。資本主義與共產主義競爭了幾十年，最後共產主義之所以沒落完全在於資本主義提供了一個競爭的社會促使每個人必須積極發揮他的專長才得以在社會中出人頭地，而共產主義「大鍋飯」心態使得每個人積極在「摸魚」，當然經濟成長的速度遠落後給西方的國家。

範例

韓國三星的崛起

臺、韓兩國的競爭早期是非常激烈的，曾幾何時，韓國已經不把臺灣放在眼裡，氣勢直追日本。其中最重要的就是三星企業的崛起，三星的手機、面板、記憶體等等都是領先世界，三星企業能為何臺灣企業不能？其實早期三星企業也沒有什麼技術，它崛起的過程不外乎兩個，一個是購買其他國家的技術，一個就是重金挖角高科技人才，提高自身的技術水準。就在這短短二十年期間，臺灣企業已經追不上三星企業。

24.4 經濟發展理論

如何幫助落後國家脫離貧窮從經濟理論上大致有三種觀點❸：

一、相對落後假說

這是由哈佛教授 Gerschenkron 所提出，他認為落後國家可以引進先進國家的「次級」技術，慢慢建立自己的工業基礎，可以大幅縮短經濟發展所需的時間，因此落後國家就可以享受較高的經濟成長率。例如，亞洲的印尼、馬來西亞甚或大陸，從生產低階資訊產品如滑鼠、鍵盤等，再慢慢生產較高階的 CD–ROM、硬碟導致最近幾年的高經濟成長率，這正是相對落後假說的論點。

二、均衡成長 (balanced growth) 理論

由 Nurkse 教授所倡導，他認為落後國家主要的現象是勞力過剩而資本不足，因此應該積極吸引外資的投入，而且在農工商各業應該均衡發展齊頭並進。

三、不均衡成長 (unbalanced growth) 理論

由 Hirschman 教授所提倡，他認為落後國家可投入的資源相當的稀少，根本無法支應全面均衡的發展，因此他認為落後國家應該發展最終財貨的製造，所需的原料及半成品可以先從先進國家進口。Hirschman 觀點相當的「實際」，例如臺灣早期「加工出口區」的設立，有助於建立臺灣工業的基礎。

❸ 詳細討論可以參閱熊秉元等所著之《經濟學原理》(雙葉書局)。

24.5 臺灣經濟發展歷程

一、臺灣經濟發展階段

民國 40 年當時臺灣的國民所得只有 83 美元，而今天我們的國民所得已經超過 12,000 美元，為什麼臺灣經濟發展可以如此的成功而受到舉世稱羨？我們首先來回顧臺灣整個經濟發展的過程，再來討論其中成功之處。依照行政院新聞局早期的分類 (http://www.gio.gov.tw/info/ecobook/taiwan-story/economy)，我們可以將臺灣的經濟發展分成下列三個階段：

1. 第一階段（民國 41 年至 69 年）

在民國 37 年至民國 41 年間，臺灣發生了惡性物價膨脹的經濟事件，幸賴美援及優惠定存利率兩項強心針使得臺灣的惡性「物價膨脹」被收服，從此奠定了以後經濟起飛的坦途。可是由於臺灣可耕地不多，因此在比較利益上非常不適合發展農業。不過早期臺灣還是以蔗糖及香蕉為外銷的大宗，民國 41 年農業產值甚至占 32.2%，而工業產值卻只有占 16.7%。之所以有如此「反常」的情勢，是因為臺灣早期並沒有多少的工業基礎，而且外匯存底也極端的匱乏。所以在民國 40 年代工業生產主要是生產進口替代品，以節省外匯的支出，例如生產小家電、肥料及玻璃等等，此時期又稱為進口替代時期 (the period of import substitution)。

到了民國 50 年代，臺灣產業已經慢慢轉型，逐漸由農業轉型至工業社會，因此臺灣農村發生了勞力過剩的問題，此時政府適時設立加工出口區，如潭子加工出口區等。由於勞動力相當豐富，所以比較利益法則告訴我們應該往勞力密集的產業發展，例如傘、鞋及紡織品等等。另外同時因為臺灣勞工便宜，外資也陸續湧入，有了資金的奧援，臺灣出口開始暢旺，此時期又稱之為出口擴張時期 (the period of export expansion)。

可是好景不常，到了民國 60 年代，爆發了兩次的石油危機，且同時引發世界性的停滯性物價膨脹，導致一般民生必需品及工業原料都極為短缺。所以在這段期間之內，政府陸續推動十大建設及石化工業的建設，希望減輕能源危機對臺灣的不利影響。在這一段期間，政府施政主要從事基礎的公共建設及重石化工業的擴建，所以又稱之為第二次進口替代時期。

2. 第二階段（民國 70 年至 84 年）

從民國 70 年代起，國民所得日益提高且外匯存底快速增加，臺灣經濟逐漸擺脫管制，朝向開放與自由化。例如在民國 73 年，國營及公營事業開始民營化，財政部與央行並且降低關稅及廢除對利率及匯率的管制。另外興建新竹科學工業園區，對往後臺灣電子業發展奠定了良好的基礎。民國 80 年初期實行「促進產業升級條例」，對提升投資意願有莫大的幫助。

由於在民國 70 年代，大量出超使得新臺幣從 36 元兌換 1 美元升值到 25 元兌換 1 美元，再加上東南亞的國家，如印尼、馬來西亞、泰國等利用廉價勞工開始發展輕工業，生產勞力密集的產品已經開始不適於臺灣生產，許多勞力密集產業因而無法在國內立足，必須移往東南亞或者中國大陸。

但是臺灣的活力又從絕望中開始復活，臺灣資本主體會到技術密集與資本密集產業將會是下一個十年的主流，過去紡織業及石化工業曾經帶領臺灣各走過十年風光的歲月，而未來將是電子業時代的來臨。新竹科學工業園區的設立就是在這潮流中開始蓬勃發展，科學工業園區吸引了許多優秀的華裔科學家回臺發展電子業，像台積電、聯電等世界知名的大企業就是典型的例子。

自從民國 76 年政府宣布臺灣同胞可到中國探親，導致兩岸的經貿往來迅速蓬勃發展，臺商到中國投資的金額一直名列前茅，而且臺灣對中國市場依賴日深，臺灣的出超甚至一半以上都來自於對香港的貿易順差，由於對中國的依存度太高，使得李登輝總統提出了戒急用忍政策。

3. 第三階段（民國 85 年起）

民國 80 年代起，世界經濟發展趨勢朝向光電科技、精緻農業、生化科技及金融服務等方面。由於世界各國政府及企業深信「大」就是美，拼命擴充企業規模，反而忽略了金融體系的穩定及市場的胃納量，最後導致了東南亞的金融風暴。民國 86 年，泰國因不堪國際投資客的炒作而將匯率制度改採浮動匯率，導致泰銖巨幅貶值，這種金融現象瞬即傳遍亞洲各國，如馬來西亞、印尼、菲律賓及新加坡，連外匯存底最多的國家如香港、臺灣及日本也無法倖免。這段期間內，很多國家對美元匯率均貶值 1 倍以上，而且陷入股價崩跌的慘境。

雖然與其他東亞國家相較，臺灣經濟受到金融風暴的創傷較不嚴重，最主要原因為臺灣沒有外債負擔，而且臺灣的企業大都屬於中小企業，較少受到政府的關愛，因此對環境的反應比較靈敏。但是我們不可忽視臺灣基層金融體系的惡化，雖然臺灣金融機構壞帳比例算是較低的水準約為 4%，遠較韓國 16%、菲律賓 13% 等為低。但是既然金融經濟時代已經來臨，如何維持一個健全的金融體系變成臺灣能否再創經濟奇蹟的關鍵因素。

二、臺灣經濟發展得以持續之因素

總括以上的演進，臺灣五、六十年來的經濟發展，主要有以下正確發展策略與措施，使得臺灣的經濟成長得以持續，這些包括：

1. 注重市場經濟

自從政府播遷來臺，許多的經濟大權仍然掌握在政府的手中，所幸經濟學者劉大中等人力促政府應該盡量減少對市場經濟的干預，使得臺灣經濟得以慢慢活絡。像早期臺灣外匯存底極端的短缺，所以政府採取管制匯價措施，深怕匯率自由浮動後會讓臺幣巨幅貶值，導致廠商成本增加進而引發物價膨脹。可是劉大中先生卻力主應該讓臺幣浮動，在面臨自由競爭的體系下，廠商自己會找尋出路，例如臺灣農民發現種植米糖需要大片農地頗為不划算，因此就改種不須太多土地的高附加價值農產品，如蘆筍、香菇等。

2. 土地改革政策的成功

民國 40 年以來政府陸續實施三七五減租、公地放領及耕者有其田，刺激了農業產值大幅的提升，除了提供全島人民生活所需之外，還可以出口賺取外匯來購買工業原料及機器設備，間接幫助臺灣工業的起飛。

3. 積極發展國際貿易

由於臺灣市場狹小，沒有足夠市場來刺激本身高度經濟成長，因此必須積極發展國際貿易來促進臺灣的經濟成長。因此政府陸續實行一些有效的措施，包括了加工出口區的設立、鼓勵華僑回國投資條例、民國 48 年頒布「十九點財經改革措施」及民國 49 年公布「獎勵投資條例」等都對臺灣經濟發展有著重要的貢獻。

4. 教育的普及

臺灣自然資源貧乏，所能依靠的就是人力資源，因此早期臺灣延長國民義務教育 9 年到現在要延長為 12 年，厚植許多優秀的專職人才，是臺灣經濟得以持續成長的關鍵因素，此也是著名經濟學者 Lucas 認為亞洲四小龍之所以經濟發展冠全球的主因。

但是最近幾年以來，臺灣的經濟發展似乎又碰到瓶頸，2005 年我國股價上漲幅度居四小龍之末甚至為負成長，股市為一國經濟之櫥窗，雖然我們可能認為此因世界油價大漲所致，但是亞洲四小龍同時面對油價上漲，韓國的股市上漲幅度可以超過 25%，為何單獨臺灣股價上漲率為負？

之所以產生如此的結果，大部分學者同意主要是因藍綠政治對立的結果，此無關經濟成長理論，而比較接近經濟發展歷程的選擇。綠色政府認為，為了維持臺灣經濟自主性避免被中共牽制，應該盡量減少到中國投資，以維持長期經濟持續發展，因此「綠色經濟學家」主張我們應拋棄完全競爭市場假設下所標榜的價格機能角色，認為政府可以透過適當的管制來穩定一國的經濟發展，基於此論點，政府限制高科技廠商到中國投資自是必然的結果。

但是「藍色經濟學家」卻持不同的觀點，一個明顯的理由是中國為世界生產基地乃世界潮流，臺灣自不應自絕於趨勢之外，若強制限制廠商赴中國投資，只是使本國廠商喪失市場並且導致競爭力越來越差，終至被淘汰，也就是說畫地自限的結果只是在等長期自殺。

自從馬政府上臺之後，與中國簽訂 ECFA，扭轉扁政府管理的政策之後，終於讓我們有檢視臺灣經濟發展瓶頸的機會。我們發現簽訂 ECFA 之後，其效益並不是非常顯著，經濟成長依然居四小龍之後，當然有很多原因，包括切入時間點太慢或者其他因素等等。但是按照內生成長觀點，要讓臺灣經濟有第二春，單靠擴大市場是不夠的。Apple 一家公司的獲利幾乎就是臺灣所有上市櫃公司獲利的總和的啟示，政府應該提出積極政策誘因，來提高廠商技術水準才是上策。

三、未來臺灣經濟發展的挑戰

2019 年蔡英文總統以極大的支持率當選總統，說明一種新思維誕生，在經濟上應該脫離對中國的依賴，美國總統川普先生標榜的美國優先，何嘗不是這種思維。在馬英九總統任內，整個臺灣的製造業包括出口對大陸依賴非常深，萬一大陸發生動盪，一定會連帶影響到臺灣的企業。而且這些年來，大陸經濟崛起，五險一金政策導致台商經營日漸困難，此時必須有新的突破口，而蔡英文總統的新南向政策，正是為這個突破口提出一個新的方向，但是這不表示臺灣經濟前途是一片坦途，反而在前面有更多的挑戰，正等著我們：

(1)最近幾年區域經濟尤其是自由貿易區 (FTA) 廣泛的簽訂形成世界潮流，因此如何避免中國干擾，能夠加入東南亞國協主導的區域全面經濟夥伴協定 (RCEP) 或者跨太平洋夥伴全面進步協定」(CPTPP) 尤為重要，否則臺灣經濟將有被邊緣化的危機。

(2)中美貿易戰爆發之後，許多廠商被迫面對選邊站的問題，尤其面對的是全世界最大的兩個經濟體，損失任何市場絕不是臺灣企業能夠承擔得起。自從李登輝總統教改之後，廣設大學，培養了很多的高端人才，卻因為市場不足，導致微笑曲線無法連接，使得臺灣大學畢業生起薪倒退 20 年。我們希望在未來這十年間，政府能夠充當火車頭，尋找新市場連接臺灣大學教育的微笑曲線，才能夠維持臺灣長期人均所得持續成長重要因素。

(3)嚴格上來講臺灣面對最重要問題就是研發與技術問題，如果臺灣企業都有像大立光的技術或者台積電的研發實力，任何國家都會需要你，即使如美國強大的技術水平也需要台積電到美國設廠。因此政府如何在未來讓臺灣代工成長轉換為研發成長型的國家，才是政府長期應該關注的重點。

重要名詞

- 制度 (institution)
- 資本主義 (capitalism)
- 邪惡的貧窮循環 (vicious cycle of poverty)
- 均衡成長理論 (balanced growth)
- 不均衡成長理論 (unbalanced growth)
- 進口替代時期 (the period of import substitution)
- 出口擴張時期 (the period of export expansion)

摘要

★ 1.一國的文化、經濟制度甚至是政治結構對總體經濟政策有極大的影響力，此影響力甚至比生產四大要素更重要，所以誠如陳師孟所說經濟發展強調的是「社會全面長期進化的過程」，也就是說，這種進化會使得社會的制度及結構獲得調和從而使得生產要素發揮最大的生產力。

★ 2.李士特觀察人類「生產」方式的變化歸納出經濟發展的五個階段：(1)漁獵時期，(2)遊牧時期，(3)農業時期，(4)農工業時期，(5)農工商業時期。

★ 3. 羅斯托發表的「經濟起飛論」認為整個經濟發展可以分成五個階段：(1)傳統的農業社會時期，(2)過渡時期，(3)飛躍時期，(4)成熟時期，(5)享受時期。

★ 4. 諾貝爾經濟學獎得主諾斯定義制度為人類的遊戲規則，因此經濟制度可以說是人類經濟活動的遊戲規則。

★ 5. 未開發國家在人力資源方面應該注重控制人口的成長及提升人力資源的素質。馬爾薩斯的「人口論」對已開發國家似乎發揮不了任何的作用，但是卻深深束縛了許多非洲國家的經濟發展，尤其這些國家經濟越落後，生育率卻越高，因此未開發國家要邁向已開發國家首先必須控制人口成長的速度。

★ 6. 一個國家擁有豐富的天然資源並不保證這個國家會有比較好的經濟發展，制度上的設計及政治的清廉往往是決定天然資源是否能夠有效利用的關鍵。

★ 7. 由於未開發國家生產力遠遠落後，因此國民所得更形減少，使得可投資金額越來越少，導致富者越富，窮者越窮的窘境，此種現象又稱之為「邪惡的貧窮循環」。

★ 8. 一個成功的經濟發展必須提供一個良好的誘因促使企業家願意冒險集合各種生產要素去創造更多利潤，這包含各種制度因素，例如清廉的政治及司法等，也就是說政府要提供一個機會完全相同的競爭社會。

★ 9. 如何幫助落後國家脫離貧窮從經濟理論上大致有三種觀點：(1)相對落後假說，(2)均衡成長理論，(3)不均衡成長理論。

習題

1. 何謂經濟發展？與經濟成長有何不同？
2. 試說明李士特的經濟發展階段論。
3. 試說明羅斯托的經濟發展階段論。
4. 何謂經濟制度？如果共產主義要達到資本主義的理想必須滿足哪些條件？
5. 經濟發展的四大要素為何？
6. 何謂「邪惡的貧窮循環」？
7. 何謂相對落後假說？其內容如何？
8. 何謂均衡成長理論？其內容如何？
9. 何謂不均衡成長理論？其內容如何？
10. 試述臺灣經濟發展的歷程。
11. 臺灣經濟發展的成功因素有哪些？

Note

第25章

國際金融

「老林有女初長成，年方 16 就要出國留學，老林想要幫愛女準備 10 萬美元出國，於是打了電話問一下銀行老朋友，只要準備新臺幣 300 萬元即可。但是途中遇到塞車，老林想想，反正也無所謂，第二天再去換美元也可以。可是當天晚上，李總統宣布兩國論，老林正為自己國家主權得以伸張而感到興奮之際，一早跑到銀行兌換美元，赫然發現兌換 10 萬美元所需的新臺幣已經漲到 330 萬元，一夕之間，老林多花了新臺幣 30 萬元，為什麼？」

從上述的假設情況已經說明國際金融的特性，國際貿易理論主要探討物物交換，而國際金融主要探討貨幣的問題，例如如何決定匯率以及有關國際收支 (balance of payment) 的問題。為什麼一夕之間兌換美元所需新臺幣的金額會增加？此時中央銀行要或者不要進場干預匯率的波動？干預的經濟後果如何？尤其在金融風暴期間，央行動用了大筆的外匯存底只讓新臺幣對美元匯價從 27 貶至 35，同期間印尼盾、韓元及泰銖對美元貶值都超過 100%，甚至連日本也從 80 貶至 150 日幣兌換 1 美元，中央銀行如此的捍衛新臺幣匯價所為何來？難道中央銀行可以無限制的捍衛新臺幣的匯價嗎？

因此本章首先將介紹一個國家的國際收支內容，據以探討如何決定匯率。另外也將介紹目前世界各國所採行的匯率制度有哪些，其優缺點如何。最重要的是，在金融風暴期間，世界各國競相採取貶值的手段，以期刺激本國的經濟，穩定本國的國際收支，貶值的策略真的有效嗎？也將是本章探討的主題。

25.1 國際收支帳

根據國際貨幣基金 IMF 對國際收支定義為某特定期間內，本國與外國所進行各種交易的記錄。從 IMF 的國際收支定義中，某特定期間通常指一年，而且強調是以交易的時間為準，而非以賣方收到錢為準。例如臺灣在民國 94 年 10 月出口一批電視機到美國，但是直到 95 年 2 月才收到貨款，則這筆帳算在 94 年的國際收支中。另外各種交易除了有償的交易之外也包含了各種無償交易，如老林寄生活費給他的愛女，或者臺灣無償援助科索夫難民等等單方面移轉性支出都算在國際收支帳中。

由於國際收支項目非常的繁雜，因此 IMF（1977 年版）又將國際收支帳細分成以下的項目：

1. 經常帳 (current account, *CA*)

主要包含商品勞務的進出口以及無償的移轉性支出等。

2. 資本帳 (capital account, *K*)

主要包含直接投資及證券投資。

3. 官方準備帳 (reserves)

所謂的官方準備帳指當國際收支產生逆差時央行可以用來支付外匯需求的資產，主要包含外匯及黃金等等❶。

4. 誤差與遺漏 (errors and omissions)

由於國際收支帳採取複式記載，因此借方科目必須等於貸方科目，但是實際上卻因為各種因素如原始資料遺漏等導致借貸雙方不等，因此必須有一平衡科目使之借貸平衡，這平衡科目就是誤差與遺漏項。

但是國際金融情勢瞬息萬變，早期國際收支都是以經常帳為主，資本帳所占的比例極低。但是我們發現世界上的確有一股「熱錢」(hot money) 在世界到處遊走，伺機「大撈一筆」，例如索羅斯集團放空英鎊據聞賺進 10 億英鎊，又如民國 70 年代，新臺幣從 36 元兌換 1 美元升值至 25 美元，國際投機客預期新臺幣會大幅升值，

❶ 國際收支帳內容可參閱萬哲鈺之《國際金融》（雙葉書局）或者李榮謙的《國際貨幣與金融》（智勝文化）。

拼命匯錢進入臺灣，大賺中央銀行的錢，但中央銀行也莫可奈何。有鑑於此，IMF 於 1993 年重新修訂國際收支帳，將原先的資本帳再細分成金融帳 (financial account) 與資本帳❷。但是習慣上，我們仍然習慣將國際收支分成資本帳與經常帳❸。

在經濟學上將國際收支 (*BOP*) 定義為經常帳與資本帳的總和（即 $BOP = CA + K$），如果資金流入（流向臺灣）大於流出，則表示本國國際收支有順差，外匯存底將增加。反之，如果資金流出大於流入，表示本國國際收支有逆差，外匯存底將減少。

表 25.1 為我國自 90 年以來，有關經常帳、金融帳與資本帳餘額相關資料（單位：百萬美元）。

▼ 表 25.1　我國國際收支餘額

單位：百萬美元

年度	經常帳餘額	金融帳餘額	資本帳餘額
90	17,084	4,302	−41
91	24,346	−3,544	−43
92	28,261	−7,735	−18
93	17,263	−5,688	−2
94	14,948	649	−46
95	23,157	19,601	−63
96	32,044	38,932	−25
97	24,794	1,641	−270
98	40,662	−13,488	−50
99	36,726	339	−49
100	37,914	32,027	−36
101	42,925	31,465	−24
102	49,937	41,053	67

❷ 詳細內容可參閱李榮謙的《國際貨幣與金融》（智勝文化）。

❸ 經濟學習慣上還是延用舊版的分類當作分析的基礎。

103	60,607	50,531	−8
104	72,769	65,012	−5
105	71,259	58,530	−9
106	83,093	71,343	−12

資料來源：中央銀行。

從上表可知，我國歷年來經常帳餘額均有出超，而金融帳則變化幅度相當大，在金融風暴期間，金融帳為負，表示資金外移，而近幾年來，外資大量投入本國股市，因此金融帳餘額又為正數。

25.2 匯率定義與種類

匯率意指兩國通貨之間的兌換比，又可以分成兩種表示法，直接匯率 (direct quotation) 與間接匯率 (indirect quotation)。直接匯率又稱美式報價，也就是用美元表示的本國貨幣價格，例如新臺幣對美元的直接匯率為 31 ($E = 31$ NT / \$)，表示 1 美元可以兌換 31 元的新臺幣。因此當匯率值變大（如 $E = 35$），表示本國貨幣貶值，意謂著 1 元新臺幣所能兌換美元的額度越來越少。間接匯率又稱歐式報價，定義為 1 元本國貨幣所能兌換外幣的金額，例如用間接匯率表示新臺幣的匯率水準為 $e = 1 / 30$ \$ / NT，一般只有英國採用此種匯率定義。

匯率變動到底對我們會產生何種影響呢？如果您想出國留學，當民國 76 年匯率是 25 與金融風暴時期匯率為 34 相比，您會想如果我早生幾年多好，因為在民國 76 年兌換 10 萬美元所需的新臺幣為 250 萬，但是在民國 88 年卻需要 340 萬，整整相差了 90 萬新臺幣。

相反的如果您是一個出口廠商，新臺幣若從 $E = 30$ 貶至 $E = 35$ 對您會有何影響呢？假設您出口商品是鐵鎚，一隻鐵鎚國外定價為 100 美元，表示您只要收到 3,000

元 (= 30 × 100) 就可以獲利，當匯率貶至 35 時，您就可以收到 3,500 元的新臺幣，意謂著您的利潤更多，此時或許您會稍微降價以提高銷售量。因此在其他情況不變之下，貶值可以提高本國產品的競爭力，無怪乎在金融風暴期間，多次財金官員為維持本國產品的競爭力，曾經主張讓新臺幣貶值。

但是新臺幣貶值真的可以改善本國對外的競爭力嗎？新臺幣貶值在成本不變的情況下的確可以刺激出口的增加，但是貶值卻可以引發進口原料及進口物價的上漲，原料成本的增加將壓縮廠商獲利的空間。而進口物價的上漲將導致本國一般物價水準跟著上漲，當一般物價水準上揚之後，廣大薪水階級跟著要求加薪，更使得廠商生產成本大幅增加。因此貶值是否真的可以改善本國產品競爭力尚待更進一步實證的研究。

有鑑於此，於是經濟學家更進一步定義實質匯率 (real exchange rate) 來判別本國產品的競爭力是否有改善：

$$\text{實質匯率} = \frac{EP^*}{P}$$

其中 E 代表名目匯率，P^* 代表外國一般物價水準，P 代表本國物價水準。從定義中可以得知實質匯率基本上是反映同質產品兩國間的銷售價格比，例如，一個麥當勞漢堡價值 2 美元，如果匯率為 30，則一個美國漢堡的新臺幣價格為 60 ($= EP^*$)，如果相同的漢堡在臺灣的售價為 50 元，則實質匯率為 $\frac{60}{50} > 1$，表示臺灣的產品價格較低，因此具有競爭優勢。如果不考慮貿易障礙、運輸成本等交易成本，則同質產品在兩國間的價格應該一樣，否則會有套利產生，所以理想的實質匯率值應等於 1，因此當實質匯率大於 1 時，本國貨幣具有升值空間。

從實質匯率定義中亦可得知，貶值不一定能夠改善本國產品的競爭力，萬一貶值之後，本國物價水準相對於外國物價水準漲得太快，則實質匯率反而降低，本國產品競爭力反而惡化。

25.3 匯率決定論

我們每天翻開報紙一定會發現，新臺幣的匯價每天甚至每個小時都在變動，其實這一點都不奇怪，因為新臺幣的匯價既然是一種價格，當然會隨著外匯供需的變動而改變。

假設外匯指的就是美元，決定美元價格的市場稱之為外匯市場 (foreign exchange rate market)，也就是說外匯市場指大眾買賣外匯的場所。目前世界前三大的外匯交易市場包括紐約、東京及倫敦三大交易中心。外匯市場如果按照交割時間不同又可以分成即期外匯市場 (spot market) 及遠期外匯市場 (forward market)，所謂即期外匯市場指的是當簽訂外匯交易契約之後，立即進行交割完成買賣外匯的市場，在即期外匯市場所決定的匯率稱之為即期匯率 (spot exchange rate)。遠期外匯市場指的是當簽訂外匯交易契約之後，在未來三個月、六個月等以後再進行履行交割的義務，遠期外匯市場所決定的匯率稱之為遠期匯率 (forward exchange rate)。

不管是即期或者遠期外匯市場，一定存在著供給者與需求者，藉由供需的價格調整機能可以決定均衡的匯率水準。那麼誰是外匯的需求者呢？如果某一個人跑到臺灣銀行要求「買進」美元者，這個人就是外匯的需求者，因此外匯需求者包含進口商、出國留學或者旅行的人、台積電到國外設廠所需的外匯、國軍購買 F16 的支出等等。那麼這些人的外匯需求跟匯率的關係又如何呢？當匯率越高時（代表本國貨幣貶值），意謂著購買相同外匯數量所必須支付的新臺幣金額增加，根據需求法則，外匯需求將減少，因此外匯需求曲線是負斜率（如圖 25.1 所示）。例如，小林是一個進口商，當匯率是 25 或者 30 時他會購買比較多的美元呢？當然匯率是 25 的時候，因為此時小林支出新臺幣的金額較少。

而外匯的供給者主要包含出口商、外國觀光客、外國留學生、外國投資者等等，外匯供給與匯率的關係又如何呢？如果您是出口商，當匯率是 30 或者 35 時您比較願意賣出您所持有的外匯？當然是匯率等於 35 時，因為這時所能夠換到的新臺幣金額較多，因此外匯供給與匯率呈現同向變動，所以外匯供給曲線為正斜率，如圖 25.1 所示：

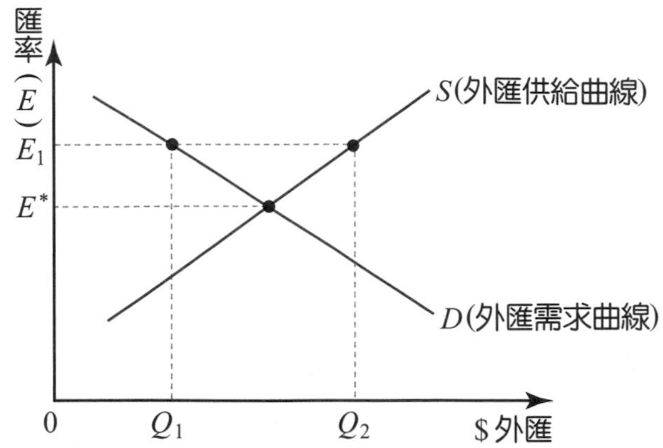

▲ 圖 25.1　外匯供給與需求曲線

從圖 25.1 中，不難發現由供給與需求曲線的交點可以決定均衡的匯率 (E^*)，此時外匯的供給恰好等於需求，因此央行的外匯存底不會增加也不會減少。如果一開始匯率是 E_1，則外匯市場將產生匯率升值的壓力，由於在 E_1 的水準外匯供給者願意出售 Q_2 的外匯數量，可是市場上願意購買的數量只有 Q_1，在這種情況之下外匯供給者只有降價求售，因此本國貨幣將升值。

利用圖 25.1 可以幫助我們理解新臺幣大幅升值一個特殊的現象，民國 76 年臺灣由於有大量的順差，因此在「外國」的關切下，新臺幣從 36 升值至 25，理論上來講，當新臺幣升值，臺灣的國際收支順差應該越來越小，可是實際上卻是新臺幣越升值國際收支順差越多，導致外國要求央行升值幅度應該更大，使得央行真的是有苦說不出。

如圖 25.1 所示當匯率在 E_1 的水準下，由於外匯供給大於需求，因此產生國際收支的順差，如果其他情況不變，當新臺幣升值時 ($E\downarrow$)，外匯供給與需求之間的差距會越來越小，直到升值到 E^* 時，外匯市場達到均衡狀態。可是在新臺幣升值的過程中，沒有一個人知道新臺幣將升值的底線到哪裡，但是大家都預期新臺幣將升值，在這種預期心理下，出口商將爭先恐後的拋售外匯，導致外匯供給曲線往右移動（如圖 25.2 所示），另外一方面進口商將延緩結匯時間，導致外匯需求曲線往左移動（如圖 25.2 所示），因此新臺幣越升值國際收支順差反而越大，如圖 25.2 所示升值之後順差由 $\overline{AB}$ 增加至 $\overline{CD}$。

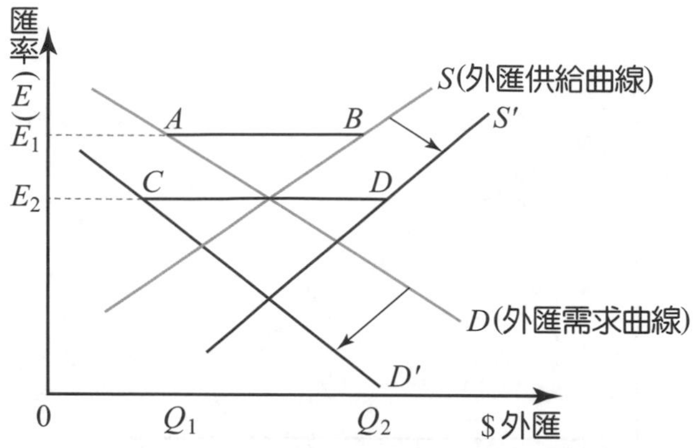

▲ 圖 25.2　匯率預期對外匯市場的影響

如果要從供需理論預測本國均衡匯率基本上是一件「吃力不準確」的工作，因此經濟學家提出一個簡單的方法來預測「理想」的均衡匯率值，這就是著名的購買力平價說（purchasing power parity，簡稱為 PPP）。購買力平價說是建立在單一價格法則 (law of one price) 上，意指如果不考慮關稅、運輸成本及任何的貿易障礙下，同質的產品在兩個國家間的售價應該一樣，如果本國物價為 P，外國物價為 P^*，匯率為 E，則單一價格法則告訴我們：

$$P = EP^*$$

而購買力平價說認為如果兩國間一般物價水準所選擇的財貨與勞務種類一樣，且所占的權數一樣，則匯率應該等於兩國間一般物價水準的比值，即：

$$E = \frac{P}{P^*}$$

在實際應用上，購買力平價說對於短期匯率波動預測能力不太理想，但是長期間具有一定的預測能力。

圖 25.3 為我國即期匯率時間序列走勢圖，顯示自從金融風暴之後，我國對美元匯價由 25 元直升至 35 元左右，最近由於人民幣升值，帶動我國匯價曾經升值至 31 元，但是央行總裁認為民國 94 年淨出口成績不佳，新臺幣沒有升值空間導致匯價又往 33 元移動。

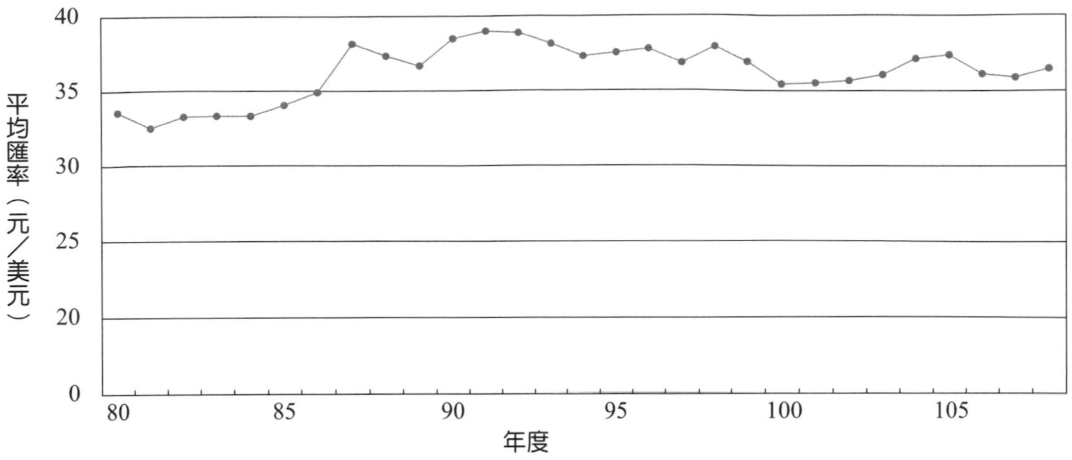

▲ 圖 25.3　我國即期匯率時間序列走勢圖

25.4 匯率制度簡介

國際間所流行的匯率制度，基本上可以分成下列幾種：

一、固定匯率制度 (fixed exchange rate system)

是最早期的匯率制度。如果央行想要維持兩國間的匯率水準固定不變，基本上是要付出相當的代價。如圖 25.1 所示，央行的期望匯率水準 (E_1) 不會恰好等於均衡匯率水準 (E^*)，若央行執意要維持匯率水準在 E_1 的水準，則在外匯市場上必然產生超額的外匯供給，新臺幣因此有升值的壓力。為化解新臺幣升值的壓力，央行必須進場購買多餘的美元，導致央行外匯存底增加，對本國貨幣供給餘額的穩定產生相當不利的影響。

例如，在民國 76 年，央行執意讓新臺幣緩慢升值，讓世界上每一個人都知道「今天不買新臺幣，明天會後悔」，因此世界上的熱錢滾滾流向臺灣，導致臺灣的外匯存底飛快增加，由於「臺灣錢，淹腳目」，使得股市衝上 12,000 點，至今仍然無法改寫新紀錄，房價當然也跟著一飛沖天，使得許多人至今仍然一屋難求。

相反的，在 1998 年的世界金融風暴期間，許多國家幣值該貶而不貶，最後的下場都是「很慘」。以韓國為例，由於企業擴張過於迅速，導致外債高達 350 億美元，韓幣早該貶值，但是韓國政府為減輕這些企業的負擔，讓匯率不致大幅貶值。但是世界投機客趁此「良機」，大力炒作韓幣，最後韓國外匯存底不夠，使得韓國央行放棄對匯率控制，韓元對美元匯價也就從 850 貶值到 2,000。

因此在固定匯率制度體系下，央行雖然可以控制匯率水準的高低，但是卻喪失對本國貨幣供給餘額的控制權，其間的取捨值得斟酌。

二、浮動匯率制度 (floating exchange rate system)

浮動匯率制度顧名思義就是央行放手由外匯市場去決定均衡的匯率水準而不加以干涉，因此均衡時外匯的供給等於外匯需求，央行的外匯存底不變，所以央行如果實施浮動匯率制度，央行就擁有控制本國貨幣的自主權。

雖然浮動匯率有上述的優點，但是它一個最大的缺點是匯率變化太頻繁將導致廠商進出口的匯兌風險大增，因而會妨礙到自由的貿易。有鑑於此，歐盟決定貨幣統合，歐洲聯盟的 25 個會員國共同使用一種貨幣——歐元 (Euro)，因此這 25 個國家間的「匯率」就是固定匯率制度。

三、匯率目標區 (target zones)

由於固定匯率制度有利於國際貿易的進行，但是一旦本國經濟基本面發生惡化時，本國貨幣容易遭受國際投機客的阻擊而大幅貶值。相反的，在浮動匯率體系下，匯率水準可以依照經濟基本面變化得到合理的價位，可是如果匯率變動過於頻繁，本國進出口商必須面對一項難以承受的匯兌風險，因此將阻礙國際貿易的進行。歐洲國家有鑑於此首先實施所謂的匯率目標區，意謂著若央行宣布新臺幣匯率在 (31, 32) 間可以自由波動，則央行不會進場干預外匯的走勢，可是如果匯率波動超出 (31, 32) 的範圍，則央行會進場進行沖銷，讓匯率維持在 (31, 32) 之間浮動。這項措施包含了部分固定匯率與浮動匯率的優點，因此廣為世界各國所採用。

25.5 國際收支的調整

當然國際貿易的目的不在於賺取大量的外匯，因為「外匯」本身無法提高一個人的效用，效用水準是決定於消費財貨與勞務數量的多寡，試想一個國家人民如果持有大量的美元而不能購買 Benz，只能消費國產車，則人民的社會福利水準必然降低。

但是相反的，如果一國有大量的逆差，代表本國對外負債增加，一方面以後要積極「儲蓄」還錢，另外一方面，本國負債增加將增加本國貨幣貶值的壓力，導致本國財富以外幣計價的水準降低。因此當一國碰上國際收支有大量赤字時，莫不積極尋找改善之道。

從經濟理論中如何改善一國的國際收支，大致上有兩種策略，一是透過經濟體系的自動調整機能，另外就是透過政府積極的干預策略，茲分述如下：

一、經濟體系的自動調整機能

類似自動穩定機能，經濟體系存在一些自動機制可以協助一國回復至國際收支的均衡狀態，此種自動機制包括：

1. 價格自動調整機能

由古典學派提出，古典學派認為在金本位制度下（即黃金當做貨幣的交易工具），當一國發生國際收支順差時，代表著黃金將流入本國，因而導致本國貨幣供給增加。如果貨幣數量學說成立（即 $MV = Py_f$），在貨幣流通速度 V 不變且經濟體系維持在充分就業 $y = y_f$ 的假設下，則本國一般物價水準將與貨幣供給呈同比例上漲。當本國物價水準上漲時意味著本國產品將變得相對比較貴，此時將使本國出口因而下降，增加進口，國際收支順差因而減少，直到回復至國際收支均衡狀態為止。

依賴價格自動調整機能是否保證一定可以回復至國際收支均衡？答案顯然是否定的，因為存在類似金本位制度的國際收支系統在現實國際情勢很難成立（頂多歐元是一個近似的例子）。另外各國政府可能對國際資金流通或多或少都會有管制措施、貨幣數量學說無法成立等都會導致價格自動調整機能失效，所以大部分學者同意價格自動調整機能只能夠改善「部分」國際收支的失衡，但是面對根本性的國際收支失衡情況時，可能力有未逮。

2.所得自動調整機能

早期國際收支大部分都是由經常帳所構成，而影響經常帳順差與否的重要因素之一為所得，因此凱因斯學派認為可以透過所得自動調整機能來改善國際收支。在簡單凱因斯模型中，假設出口為一常數，而進口會受到所得的影響，當本國所得增加時，會刺激進口增加，導致經常帳順差減少，進而導致國際收支有逆差的情形，如下圖所示：

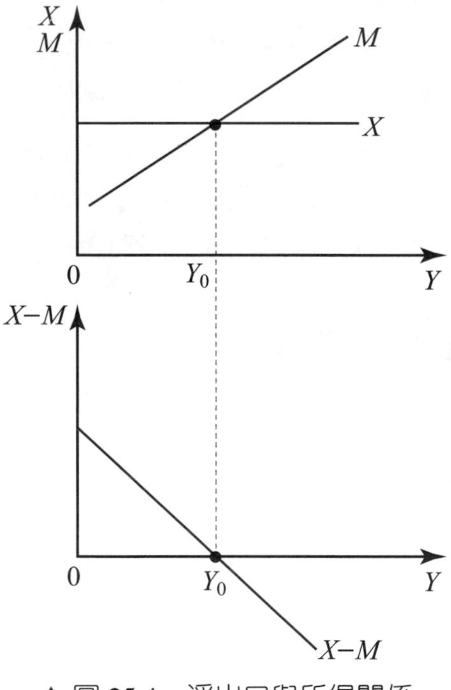

▲ 圖 25.4　淨出口與所得關係

上圖顯示當所得超過 Y_0 時，表示 $M>X$ 因此經常帳產生逆差即 $X-M<0$。

在簡單凱因斯模型中，我們已經討論過浴缸原理，亦即 $I+G+X=S+T+M$，假設政府預算平衡，因此均衡所得決定於 $X-M=S-I$。不考慮加速原理下（即投資為一常數），則隨著所得提高，儲蓄會增加，因此導致 $S-I$ 越來越大，所以 $S-I$ 與 Y 呈正相關。

透過以上的架構我們可以說明凱因斯的所得自動調整機能，假設一開始外國對本國產品喜好增加，導致本國出口增加，因此一開始本國有國際收支的順差，如下圖所示：

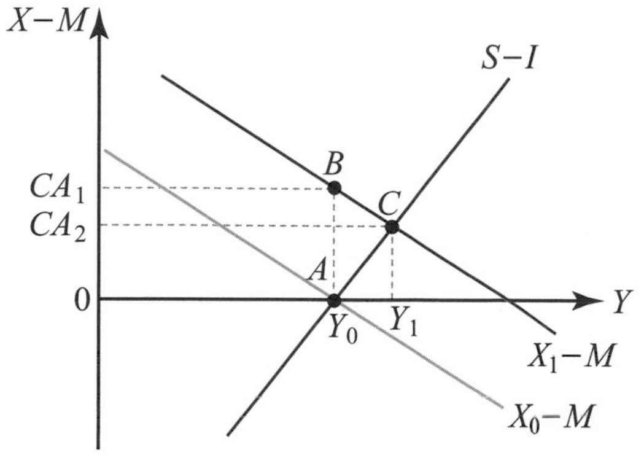

▲ 圖 25.5　所得自動調整機能

當出口由 X_0 增加至 X_1 時，X_0-M 曲線將上移至 X_1-M，導致均衡點將由 A 點往 B 點移動，因此短期經常帳有 CA_1 的順差，但是由於 $X-M>S-I$ 表示預擬支出超過預擬生產，導致廠商存貨減少，因此廠商將會增產，所得提高之後，進口增加，順差將慢慢減少，直至 C 點為止，此時只剩 CA_2 的經常帳順差，由於在均衡時經常帳還是有順差為 $CA_2>0$，表示所得自動調整機能還是無法完全使國際收支達到均衡。

二、政府積極的干預策略

不管是價格自動調整機能或者是所得自動調整機能，其效果微小而且也無法根本解決國際失衡的問題，因此若真的要解決國際收支失衡一般來講都需要政府加以干預，主要的方法有以下幾種：

1.課徵關稅或者限制進口

早期世界各國為了維持國際收支順差，大都採用限制進口或者高關稅，像臺灣早期限制汽車不得進口就是一個明顯的例子。但是這兩種方法可以有效降低本國的進口，進而達到改善本國的國際收支的目的，但是卻很容易遭受到對手國的報復，另外本國人民無法進口所喜好的商品將使本國福利發生無謂損失，因此限制進口或者課徵高關稅改善國際收支的機會成本相當的高。

2. 政府可以降低本國的支出來改善國際收支

由國民會計恆等式得知 $Y = AE = C + I + G + X - M$，因此我們可以將淨出口函數表示如下：

$$CA = X - M = Y - (C + I + G)$$

透過上式我們可以了解，在所得不變之下，可以減少本國支出（即 $C + I + G$）來降低經常帳的赤字。在金融風暴期間，凡是向國際貨幣基金要求紓困的國家，國際貨幣基金都會要求這些國家一定要採取緊縮性的財政政策與貨幣政策，其原因在於緊縮性政策可以減少本國支出，有益於改善經常帳赤字。但是在景氣衰退時減少本國支出，反而使本國有效需求不足，可能會造成更嚴重的不景氣，因此很少有國家會採用緊縮性政策來降低經常帳赤字。

3. 貶　值

貶值是世界各國為改善國際收支最常採用的方法之一，貶值之所以能夠改善經常帳逆差主要是因為貶值可以使本國產品在外國以外幣計價的產品價格降低，達到薄利多銷的目的，進而改善本國的經常帳逆差。但是貶值真的可以改善經常帳的逆差嗎？

日本為我國最大貿易逆差國，政府每每想要藉由對日幣貶值來改善對日本貿易逆差的窘境，但是功效不大，為什麼呢？其原因在於臺灣人民太「愛用」日貨，而日本人對 “made in Taiwan” 的財貨興趣不大，簡而言之就是我國對日本的進口彈性與出口彈性太小所致。

為了讓讀者了解其緣故，我們假設一個非常簡單的情況，臺灣只出口香蕉到日本，而臺灣自日本進口 SONY 電視，其相關資料如下所示：

SONY 電視價格 10,000 日幣

香蕉價格一公斤 50 元新臺幣

臺灣進口 100 臺電視，出口 100 公斤的香蕉

1 元新臺幣可以兌換 2 元日幣

此時臺灣對日本的貿易逆差（以新臺幣計價）為 $50 \times 100 - \frac{1}{2} \times 100 \times 10{,}000 = -450{,}000$ 元。現在如果臺幣對日幣貶值，也就是 $E = 2$ 上升至 $E = 1$，導致臺灣的香蕉在日本變便宜了，可是日本民眾購買量只小幅增加至 102 公斤（代表著臺灣出口的匯率彈性 ε_X 小）。同時雖然 SONY 進口電視的價格變貴了，可是臺灣消費者還是非買 SONY 電視不可（代表著進口的匯率彈性 ε_M 小），例如進口量只小幅減少至

99 臺。此時我們發現臺灣經常帳逆差為 $102 \times 50 - 1 \times 10{,}000 \times 99 = -984{,}900$，也就是貿易逆差更嚴重了。

透過數學模型的運算，我們可以證明當 $\varepsilon_X + \varepsilon_M > 1$ 時，貶值可以改善國際收支（此即為 Marshall-Lerner 條件），反之當 $\varepsilon_X + \varepsilon_M < 1$ 時，貶值反而導致國際收支惡化。由於一般來講短期彈性通常較小而長期彈性通常較大，所以一國貶值之後，短期國際收支反而可能惡化，只有在長期時國際收支才會改善，此種現象稱之為 J-curve。如下圖所示：

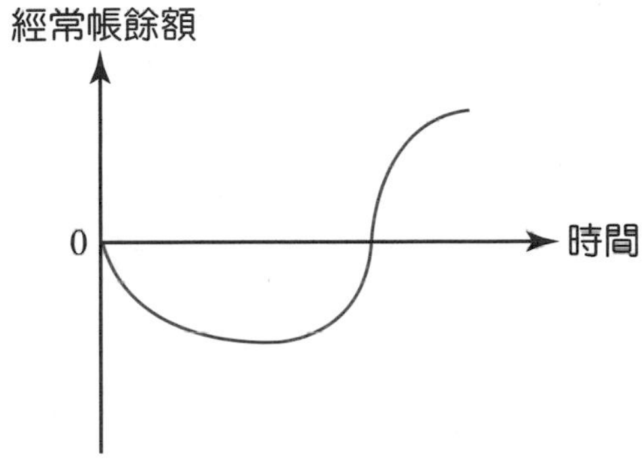

▲ 圖 25.6 J-curve

就臺灣過去資料來看，J-curve 效果並不明顯，如圖 25.7 所示，最近幾年甚至有同向的情形，這表示當前進出口彈性非常小。最近幾年臺灣經常帳順差逐漸縮減，央行為了刺激經常帳順差增加，採用貶值的策略，結果越貶值，順差餘額越少。

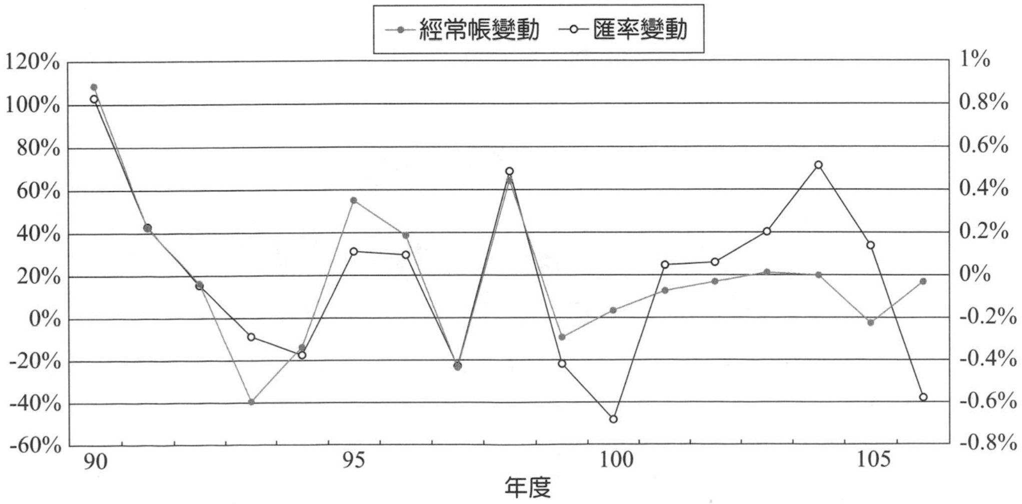

▲ 圖 25.7 匯率變動與經常帳餘額變動的關係

25.6 匯率預測

匯率是外匯的市場價格，既然是一種價格，當然由市場的供需來決定，或許央行可以藉由公開市場操作來影響外匯的價格，可是在長期下免不了要反映其市場機要，金融風暴之所以發生就是有些國家幣值被過度高估，而央行卻死守高估的匯價終被投機客所阻擊。本節主要討論如何預測一國匯價水準。

一、購買力平價說（purchasing power parity，簡稱為 PPP）

我們已經介紹過購買力平價說的觀念，亦即如果不考慮關稅、運輸成本及任何的貿易障礙下，且兩國間一般物價水準所選擇的財貨與勞務種類一樣且所占的權數都一樣的話，則匯率應該等於兩國間一般物價水準的比值，即：

$$E = \frac{P}{P^*}$$

雖然這是一個常用的方法，但是在實證上由於存在非貿易財等因素，使得我們利用購買力平價說去預測匯率效果不太理想，但是長期間則具有一定的預測能力。

透過絕對購買力平價說 $P = EP^*$，對兩邊取自然對數並全微分可得：

$$\frac{dP}{P} = \frac{dP^*}{P^*} + \frac{dE}{E}$$

此即為相對購買力平價說 (comparative purchasing power parity)。相對購買力平價說主要幫助我們預測未來匯率的走向，如果本國物價膨脹率高於外國，則透過相對購買力平價說我們可以理性預期未來本國貨幣將會貶值。

二、利率平價說（interest rate parity，簡稱為 IRP）

早期一國的國際收支大都以經常帳為主，因此由經常帳來決定一國的均衡匯率基本上不會遭受太大的質疑，但是自 1980 年代以後，國際熱錢快速流竄，因此金融帳餘額反而是造成匯率波動最主要的元兇。所以我們有必要探討資金移動因素據以決定一國均衡的匯價，這就是利率平價說。

為什麼國際間資本會移動呢？一個主要原因就是投資者尋找「比較有利可圖」

的國家進行投資或者投機，設想若現在有一元新臺幣的資金，則我們應該將這一元放在臺灣還是存入美國銀行呢？如果臺灣一年定存利率為 i，則到期可以領回 $(1+i)$ 元。如果將資金放在美國生利息，則必須同時考慮美國的定存利率及一年到期的遠期匯價 F。當我們決定將手中一元新臺幣存放在美國銀行時，首先必須轉換成美元，如果即期匯率水準為 E，則可以換得 $1/E$ 元的美元（不考慮交易成本）。若美國銀行的一年定存利率為 i^*，則到期可得本利和為 $\frac{1}{E}\times(1+i^*)$ 美元，如果事先簽訂遠期匯價 F，則到期我們總共可以領回 $\frac{1}{E}\times(1+i^*)\times F$ 的臺幣。

比較存放在臺灣及美國的利益，若 $\frac{1}{E}\times(1+i^*)\times F>1+i$，表示資金存放在美國比較有利，因此資金將外移到美國。反之若 $\frac{1}{E}\times(1+i^*)\times F<1+i$，則資金將流入臺灣。最後若 $\frac{1}{E}\times(1+i^*)\times F=1+i$，則資金不再移動，此時也同時可以決定均衡的即期匯率。

三、大麥克指數

雖然上述兩種理論都言之鑿鑿，可是實務上有些經濟學家發現大麥克指數 (Big Mac Index) 卻更有用，由於麥當勞聯鎖店遍布世界各國，所以可以提供全面性的比較基礎。若臺北一個麥香雞堡值 80 元新臺幣，而美國一個麥香雞堡值 2 美元，則我們可以預期此時美元兌換新臺幣的匯價約等於 $\frac{80}{2}=40$。

範例

中國的熱錢

自從鄧小平的開放政策以來，低廉的工資吸引世界各國到中國投資，中國成為世界各國的生產基地，導致其經濟成長幾乎都是名列前茅。但是，連帶的由於外匯累積過多（超過 2 兆美元），因此引起美國政府的關注，要求中國的人民幣要升值。這種情況下，大家都預期未來人民幣一定升值，意味著就中國而言其 $1+i>\frac{F(1+i^*)}{E}$，因此世界各國熱錢紛紛湧向中國，更進一步使人民幣有更大的升值壓力。

重要名詞

- ◆ 國際收支 (blance of payment)
- ◆ 經常帳 (current account, *CA*)
- ◆ 資本帳 (capital account, *K*)
- ◆ 官方準備帳 (reserves)
- ◆ 誤差與遺漏 (errors and omissions)
- ◆ 熱錢 (hot money)
- ◆ 金融帳 (financial account)
- ◆ 直接匯率 (direct quotation)
- ◆ 間接匯率 (indirect quotation)
- ◆ 實質匯率 (real exchange rate)
- ◆ 即期外匯市場 (spot market)
- ◆ 遠期外匯市場 (forward market)
- ◆ 即期匯率 (spot exchange rate)
- ◆ 遠期匯率 (forward exchange rate)
- ◆ 購買力平價說 (purchasing power parity)
- ◆ 單一價格法則 (law of one price)
- ◆ 固定匯率制度 (fixed exchange rate system)
- ◆ 浮動匯率制度 (floating exchange rate system)
- ◆ 匯率目標區 (target zones)
- ◆ J-curve
- ◆ 相對購買力平價說 (comparative purchasing power parity)
- ◆ 利率平價說 (interest rate parity, IRP)
- ◆ 大麥克指數 (Big Mac Index)

摘要

★ 1. 國際收支定義為某特定期間內，本國與外國所進行各種交易的記錄。從 IMF 的國際收支定義中，某特定期間通常指一年，且強調是以交易的時間為準，而非以賣方收到錢為準。

★ 2. IMF 1977 年版將國際收支帳細分成以下的項目：(1)經常帳，(2)資本帳，(3)官方準備帳，(4)誤差與遺漏。IMF 於 1993 年重新修訂國際收支帳，將原先的資本帳再細分成金融帳與資本帳。

★ 3. 匯率指兩國通貨之間的兌換比，又可以分成直接匯率與間接匯率兩種表示法。

★ 4. 實質匯率 $\frac{EP^*}{P}$，可判別本國產品的競爭力是否有改善。其中 E 代表名目匯率，P^* 代表外國一般物價水準，P 代表本國物價水準。

★ 5. 即期外匯市場指的是當簽訂外匯交易契約之後，立即進行交割完成買賣外匯的市場，在即期市場所決定的匯率稱之為即期匯率。遠期外匯市場指的是當簽訂外匯交易契約之後，在未來三個月、六個月等以後再進行履行交割的義務，遠期外匯市場所決定的匯率稱之為遠期匯率。

★ 6. 單一價格法則意指如果不考慮關稅、運輸成本及任何的貿易障礙下，同質的產品在兩個國家間的售價應該一樣，如果本國物價為 P，外國物價為 P^*，匯率為

E，則單一價格法則告訴我們 $P = EP^*$。而購買力平價說認為如果兩國間一般物價水準所選擇的財貨與勞務種類一樣且所占的權數一樣，則匯率應該等於兩國間一般物價水準的比值，即 $E = \frac{P}{P^*}$。

★ 7. 國際間所流行的匯率制度，基本上可以分成下列幾種：(1)固定匯率制度，(2)浮動匯率制度，(3)匯率目標區。

★ 8. 古典學派認為在金本位制度下（即黃金當做貨幣的交易工具），當一國發生國際收支順差時，本國一般物價水準將與貨幣供給呈同比例上漲。當本國物價水準上漲時意味著本國產品將變得相對比較貴，此時將使本國出口因而下降，進口增加，國際收支順差因而減少，直至回復至國際收支均衡狀態為止。

★ 9. 在簡單凱因斯模型中，假設出口為一常數，而進口會受到所得的影響，當本國所得增加時，會刺激進口增加，導致經常帳順差減少，進而導致國際收支有逆差的情形。

★ 10. 透過數學模型的運算，我們可以證明當 $\varepsilon_X + \varepsilon_M > 1$ 時，貶值可以改善國際收支（此即為 Marshall-Lerner 條件），反之當 $\varepsilon_X + \varepsilon_M < 1$ 時，貶值反而導致國際收支惡化。由於一般來講短期彈性通常較小而長期彈性通常較大，所以一國貶值之後，短期國際收支反而可能惡化，只有在長期時國際收支才會改善，此種現象稱之為 J-curve。

★ 11. $\frac{dP}{P} = \frac{dP^*}{P^*} + \frac{dE}{E}$ 稱為相對購買力平價說。相對購買力平價說主要幫助我們預測未來匯率的走向，如果本國物價膨脹率高於外國，則透過相對購買力平價說我們可以理性預期未來本國貨幣將會貶值。

★ 12. 若 $\frac{1}{E} \times (1 + i^*) \times F > 1 + i$，表示資金存放在美國比較有利，因此資金將外移到美國。反之若 $\frac{1}{E} \times (1 + i^*) \times F < 1 + i$，則資金將流入臺灣。最後若 $\frac{1}{E} \times (1 + i^*) \times F = 1 + i$，則資金不再移動，此時也同時可以決定均衡的即期匯率。

習題

1. 請仔細定義何謂國際收支帳？包含哪些項目？
2. 何謂直接匯率？何謂間接匯率？
3. 何謂實質匯率？
4. 何謂即期匯率？何謂遠期匯率？

5. 何謂購買力平價說？

6. 請簡單介紹匯率制度有哪些？

7. 請說明改善國際收支的策略有哪些？

8. 貶值可以改善國際收支嗎？試提出您自己的看法。

9. 下列那一項會列入臺灣的金融帳？

(1)購買 Intel 股票。

(2)到中國投資設廠。

(3)購買美國政府公債。

(4)無償幫非洲友邦蓋醫院。

(5)出口電腦到美國。

10. 下列哪些因素將使本國貨幣貶值？

(1)出口增加。

(2)歐債危機使得熱錢湧入臺灣。

(3)美國降低利率。

(4)本國所得提高對外國財貨需求增加。

11. 如果 2011 年 1 月新臺幣匯率是 32 NT/$，2012 年 1 月新臺幣匯率是 30 NT/$。另外，假設此期間內臺灣的通貨膨脹率為 4%，美國的通貨膨脹率為 6%，根據相對 PPP，新臺幣預期會貶值還是升值？

12. 假設即期美元匯率為 $E=30$，新臺幣定存利率為 2%、美元定存利率為 4%。如果美元利率上升為 6%，在新臺幣定存利率與預期匯率水準都不變下，那麼即期美元匯率變動為何？

簡明經濟學（修訂二版）

王銘正／著

一、舉例生活化

本書利用眾多實際或與讀者貼近的例子來說明本書所介紹的理論，也與時事結合，說明重要的經濟現象與政府政策。

二、視野國際化

本書除了介紹「國際貿易」與「國際金融」的基本知識外，也詳細說明重要的國際經濟現象與政策措施。

三、重點條理化

每章開頭以時事案例作為引言，激發讀者興趣，並列舉學習重點，有助於讀者對各章的內容有基本的概念，也能在複習時能自我檢視學習成果。

財務報表分析（修訂二版）

盧文隆／著

一、深入淺出，循序漸進

行文簡單明瞭，逐步引導讀者檢視分析財務報表；重點公式統整於章節末，並附專有名詞中英索引，複習對照加倍便利。

二、理論活化，學用合一

本書新闢「資訊補給」、「心靈饗宴」及「個案研習」等應用單元，並特增〈技術分析〉專章，融會作者多年實務經驗，讓理論能活用於日常生活之中。

三、習題豐富，解析詳盡

彙整各類證照試題，有助讀者熟悉題型；隨書附贈光碟，內容除習題詳解、個案研習參考答案，另收錄進階試題，提供全方位實戰演練。

國家圖書館出版品預行編目資料

經濟學／賴錦璋著. ——修訂三版一刷. ——臺北市：
三民，2021
面；　公分

ISBN 978-957-14-7063-4（平裝）
1. 經濟學

550　　　　109021055

經濟學

作　者	賴錦璋
發行人	劉振強
出版者	三民書局股份有限公司
地　址	臺北市復興北路 386 號（復北門市） 臺北市重慶南路一段 61 號（重南門市）
電　話	(02)25006600
網　址	三民網路書店 https://www.sanmin.com.tw
出版日期	初版一刷 2006 年 9 月 修訂三版一刷 2021 年 1 月
書籍編號	S552230
ISBN	978-957-14-7063-4